취업의신
자소서
혁명

취업의 신 자소서 혁명

박장호 지음

지방대 + 토익 235점 + 학점 3.2로
대기업, 공기업, 외국계 기업에
모두 합격한 비결!

BM 성안북스

더이상불필요한
스펙쌓을 필요 없이,
취업시장을돌파할수있는
자기소개서!

첫 번째 책을 출간한 이후 6년 만에 네 번째 개정판을 출간하게 되었다. 이번 책은 급변하는 취업 시장에 대한 내용을 적극적으로 반영하고 올해 새롭게 바뀐 기업의 기출 문제를 대폭 교체하였다. 첫 번째 책은 취업할 때 필요한 자기소개서, 면접 등의 내용을 담은 총론이었는데, 책을 읽은 독자들이 취업할 때 '채용담당자들이 가장 피하고 싶고 읽고 싶지 않은 자기소개서'를 좀 더 구체적으로 알려주는 내용이 필요하다고 했다. 그래서 이번 책을 통해 자기소개서의 모든 것을 알려줄 것이다. 특히 요즘 구직 활동 기간이 평균 10개월 정도 걸려서 취업이 되지만, 취업의 신인 필자가 외국계 기업, 대기업, 공기업에 모두 합격했던 자기소개서 작성 비법을 모두 다 오픈했다.

현재 시중에 나와 있는 자기소개서 책들은 취업준비생에게 내용 그대로 적용하기 어려운 부분이 많다. 자기소개서 작성법과 관련된 책을 사는 구직자 대부분은 자기소개서를 어떻게 작성해야 하는지 몰라서 책을 구매하는 경우가 많은데, 현재 출간된 자기소개서 관련 타 서적들은 자기소개서 작성법보다는 실제 대기업에 합격한 사례를 소개하는 경우가 많다. 이런 경우에는 본인의 상황에 적용할 수 없는 내용인 경우도 있고, 자기소개서의 질이 떨어지는데도 스펙 덕분에 합격해서 '합격자소서란'에 실리는 문제도 있다. 즉, 그대로 적용하면 탈락할 수도 있는 자기소개서 예시가 많은 편이다.

　구직자들의 입장에서 구직자의 마음을 잘 이해해주고 실질적으로 취업에 도움이 되는 사람, 다시 말해 본인이 취업 스킬과 전략에 대한 내공이 있고 정서 케어를 잘해주는 사람이 필요하다고 생각했다. 다음은 취업을 간절히 희망하는 여러분이 이 책을 읽어야 하는 이유이다.

첫째, 초 저스펙으로 주요 기업에 합격한 비결을 담았다

· ·

　필자의 스펙을 공개하자면 '지방사립대 졸업, 학점 3.2, 토익 235점'이다. "과연 저 스펙으로 입사할 수 있는 기업이 있을까?" 싶을 정도로 낮은 스펙이지만 중소기업부터 대기업, 중견 기업, 외국기업 등 모든 종류의 기업에 합격했다. 공부 체질이 아니라서 정량적인 스펙이 좋지 않았지만, 그런데도 합격한 것이다.

　옛날이나 지금이나 자기소개서는 기본(평균) 수준만 넘으면 서류 통과되는 것이 현실이다. 이에 취업의 신에서는 별도로 구직자 관점에서 기업들을 공략했고 그 경험을 교육생들에게 전수하고 있다. 그 결과, 현재 합격 때까지 평균 기간 2.5개월과 합격률 90%를 달성하고 있다.

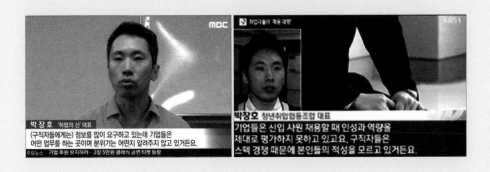

둘째, 돈을 주고 직접 직원을 채용하는 회사 대표의 입장과
다양한 기업의 채용 평가 기준을 결합해서 작성했다

현재 HR아너스포럼이라는 인사담당자 모임을 운영 중이다. 스타트업부터 대기업까지 다양한 종류의 기업 채용 정보와 이들 기업의 채용담당자에게 채용 교육을 진행하면서 얻게 된 노하우를 담았다. 창업가(임원진)와 인사담당자(실무진)가 구직자를 채용할 때 보는 관점은 다르다. 필자는 직접 1인 기업부터 지금의 주식회사까지 키우면서 여러 채용 업무를 진행했다. 또한 대기업, 중견 기업, 강소기업, 공기업 등 다양한 회사와 채용 대행을 하며 채용 업무를 진행했다. 이러한 내공을 바탕으로 취업준비생들에게 실무진과 임원진 각각의 입장에서 자기소개서 작성 방법과 면접 방식을 교육한다. 이 책도 직접 창업해본 경험, 회사를 운영하며 내 돈 내고 채용한 경험, 다양한 기업의 채용 대행한 경험이 있는 취업전문가의 입장에서 솔직하게 썼다. 즉, 어떻게 하면 뽑히고 싶은 사람으로 보일 수 있을지에 대한 진짜 이야기를 책에 담았다.

셋째, 다양한 현장 실무 경력을 쌓은
대한민국 대표 취업전문가의 노하우를 담았다

요즘은 대부분 인사팀 출신의 유투버나 취업전문가, 또는 말 잘하는 취업전문가들이 자기소개서 작성법을 알려주고 있다. 그래서인지, 예를 들면 이 회사만을 위한 지원 동기를 작성해야 하는데, "이 회사에 대한 기업 분석을 제대로 해서 노력한 흔적을 보여 봐."라는 식의 막연한 방법론을 알려주는 취업전문가가 많다. 면접컨설팅을 할 때도 "지금 말하는 태도는 딱딱하니까 좀 더 미소를 밝게 지어 보세요."라는 뻔한 피드백을 한다.

하지만 정말 제대로 된 취업전문가라면 직접 자기소개서를 써서 구직자들에게 예시를 보여주고, 면접컨설팅에서도 구체적인 답변과 표정을 보여주는 등 구직자가 정확한 정보를 알 수 있도록 설명하는 능력을 갖춰야 한다. 필자는 저스펙 출신으로 그동안 500회 이상의 자기소개서를 써보고 면접을 100번 이상 본 경험으로 직접 써서 보여주고(대필은 하지 않는다!), 면접컨설팅에 대한 피드백도 말로만 하는 것이 아니라 직접 시연하며 구직자들에게 올바른 정보 전달을 위해 노력하고 있다.

지금부터 이 책을 읽는 취업준비생 및 일자리 관계자들은 적어도 머릿속에 있던 자기소개서 관련 지식을 초기화하고 책에서 소개하는 내용을 흡수한다면, 자기소개서의 모든 것을 정복할 수가 있게 될 것이다. 여러분이 경험한 것들을 바탕으로 자기소개서 작성하는 방법을 알려주겠다.

이 책을 통해 필자는 자기소개서 작성의 기본부터 완성 단계까지 알려주고, 더불어 서류 통과 확률을 높이기 위한 다양한 합격 사례와 작성 노하우까지 알려주고자 한다. 부디 이 책이 취업준비생들의 경제적 고통과 심리적 부담을 덜어주고, 더 나아가 하루라도 더 빠르게 취업하는 데 도움을 주는 역할을 했으면 좋겠다.

책을 만들기까지 도움을 주신 모든 분들에게 감사드리고, 이향인과 이 책을 작성할 때 도와준 모든 분들에게 고마운 마음을 전한다.

취업의 신 박장호

PART3
모든 기업에서 출제되는 자소서 주요 항목 공략법   117

C 갈등 해결 경험 123

▶ 업무를 수행함에 있어 당신의 의견과 상급자의 의견이 서로 맞지 않을 때 어떻게 행동할 것인지 써라

▶ 본인이 판단하기에 함께 일(학습, 동아리 등)하기 어려웠던 사람(동료, 친구, 상사들)에 관한 경험을 써라

▶ 타인과의 갈등으로 힘들었던 사례와 갈등을 해결하기 위해 어떠한 노력을 했는지 구체적으로 써라

▶ 과제 수행 시 구성원들 간의 갈등을 해결하기 위해 노력했던 경험에 대해 써라

▶ 가장 힘들었던 갈등 상황과 이를 현명하게 극복할 수 있었던 본인의 전략 및 노하우에 대해 써라

D 기존의 방식 개선 경험 · 창의성 발휘 경험 126

▶ 창의성을 발휘한 경험에 대해서 자세하게 소개하라

▶ 기존의 방법과 다르게 창의적으로 생각하고 도전적으로 실행하여 문제를 해결했던 경험을 써라

▶ 발상의 전환 혹은 창의적인 사고를 통해 문제를 해결하고 성과를 이룬 경험을 구체적으로 써라

▶ 자신이 속한 단체나 조직에서 유연한 사고와 창의성을 발휘하여 변화를 주도하거나
  어려운 문제를 해결하였던 경험에 대해 써라

▶ 학창 시절 자신의 독특한 아이디어로 문제를 창의적으로 해결한 경험은?

E 인재상 · 핵심 가치 128

▶ 인재상 중 본인과 부합하는 한 가지를 적고 경험담을 써라

▶ 우리 회사의 인재상 중 본인의 특성과 관련된 항목과 관련 경험은?

▶ 본 회사의 인재상에 근거해 본인이 입사해야 하는 이유는?

▶ 핵심 가치를 발휘한 사례를 경험에 비추어 작성하시오

▶ 핵심 가치를 기반으로 본인이 입사해야 하는 이유를 써라

F 팀워크 · 조직생활 경험 130

▶ 과거 프로젝트 활동 경험을 한 가지 선택하여 자세하게 써라

▶ 조직이나 단체에서 다른 사람에게 믿음을 얻기 위한 방법은?

▶ 타인과의 관계에서 후회했던 상황과 극복 과정을 써라

▶ 팀워크를 발휘하여 성과를 냈던 에피소드를 구체적으로 써라

▶ 공동으로 과업을 수행한 경험을 구체적으로 써라

PART 6

주요 공기업 & 대기업
'자소서 핵심 족보'

성공이 최종은 아닙니다. 실패가 운명이 아닙니다.
계속해 나가는 '용기'가 중요한 것입니다.

| 윈스턴 처칠 |

PART1

취업의 신 박장호

취업의 신의 쓸모 많은
취업잡담

| 채용전문가 취업의 신의 |

'2023년 기업은 채용 방식을 바꿔야 한다'

"구직자 중심의 채용 시장으로 변한지 오래됐다"

우리나라의 채용 전형에는 심각한 문제가 있다. 1970년대에 경제 성장이 본격화되면서 짧은 시간 내에 많은 인력을 뽑기 위해 도입한 대규모 공채 방식을 아직 쓰고 있고, 이에 따른 부작용이 많다. 눈치챘을지 모르지만, 이런 채용 시스템은 출신 대학교, 학점 등 단편적인 스펙 중심으로 지원자를 선발할 수밖에 없다. 이 때문에 구직자 대부분은 스펙 경쟁에 뛰어든다. 높은 토익 점수를 얻기 위해 공부하지만, 영어 실력이 정말 늘어나는 것도 아니고 입사 후에는 실제로 활용하지도 않는다. 면접 전형은 어떤가? 기업에서는 채용을 위해 진행하는 면접 전형에 고작 1시간도 투자하지 않으면서 "평생 일할 인재를 원한다!"라고 말한다. 기업 중심의 채용 시장이 구직자 중심으로 개편된 채용 시장을 따라가지 못하고 있어서 미스매칭이 발생하는 것이다. 이러한 환경은 채용 전형을 통해 선발된 인재가 조기 퇴사를 할 확률을 높일 뿐이다. 이에 대한 증거로 중소기업이나 대기업뿐 아니라 공기업까지 신입사원의 조기 퇴사율이 점점 높아지고 있다. 기업 입장에서는 면접자 모두 비슷한 복장을 하고 답변 내용도 똑같이 외워서 오기 때문에 뽑고 싶은 인재가 없고, 애써 뽑아도 요즘 애들은 인내심이 없어서 금방 퇴사한다고 말한다. 하지만 취업준비생 입장에서는 그런 말을 듣는 게 억울하다. 한 사례로 예전이나 지금이나 기업은 취업 면접 대부분을 딱딱하고 경직된 상태로 진행하기 때문에 구직자는 평상시에도 생각하고 준비했지만, 면접 때에 하고 싶은 말을 못 해서 안타까워하는 경우도 많다. 이처럼 현재, 대한민국 채용 시장은 아수라장이다.

필자는 2011년부터 자기소개서, 필기시험, 면접 등에서 실무 인재 관점의 채용 전형을 진행하고 있다. 참고로 요즘 '실무 인재 채용 전형'이 공기업은 'NCS 전형', 대기업은 '직무 적합성 채용 전형'으로 불리고 있다. NCS 전형의 취지는 정말 마음에 든다. 그러나 걱정되는 점이 두 가지가 있다.

첫 번째는 NCS 전형이 제2의 인·적성 검사로 변질되어 버렸다는 점이다. 기존의 인·적성 검사처럼 요즘 구직자들은 NCS 전형 문제집을 풀고 있으며 외우기식으로 대응하고 있는데, 원래 기초직업 능력을 평가하려는 NCS 채용 전형의 본질을 벗어났다.

두 번째는 현재 우리나라는 4차 산업혁명의 출발점에 서 있는데, 이와 관련된 직무 교육과 자격증을 갖추려면 시간과 노력이 많이 들어가야 한다는 것이다. 하지만 이게 머릿속에 적응이 될 만하면 새로운 지식과 이슈가 쏟아져 나와 버린다. 또한 흑과 백이 있다면 "흑이다.", "백이다."라고 둘 중 하나를 선택하는 것이 한국 사람들의 특징이다. 흑과 백을 섞으면 회색도 나올 수 있듯 다른 선택을 할 수도 있음을 생각하지 못하거나 생각하지 않는 사람이 많다. 앞으로는 이렇게 다른 방향으로 생각하여 문제를 해결해 나가는 인재가 기업을 먹여 살리는데, 우리나라에서는 NCS 전형이 정형화된 게 문제라서 전 세계가 요구하는 사고방식과 거리가 멀다. 그래서 취업의 신에서는 기업과 구직자 모두를 위한 쌍방향 채용 전형을 진행하고 있다.

예를 들어 A기업의 영업관리 직무 적합자를 선발하기 위해 1박 2일 채용촌을 기획, 면접자들과 함께 합숙 면접을 진행했다. 이때 각종 면접 전형을 통해 인위적인 상황에서 인재를 평가한 것이 아니라 여행 컨셉의 자연스러운 환경을 조성해 심층 역량 평가를 진행했다. 구직자 입장에서는 인성과 역량을 부담 없이 보여줄 수 있고, 기업 입장에서는 참가자 중누가 역량이 뛰어난지 자연스럽게 알게 되는 채용 방식을 진행한 셈이다.

채용촌은 일부 대기업에서 진행하는 1박 2일 합숙 면접과 유사한 채용 방식이다. 하지만 대부분의 대기업에서는 경직된 환경에서 인재를 평가하고 지원자는 이런 면접을 예상해서 준비해오는 경우가 많아 본래 모습을 보기 어렵다. 이와 달리 채용촌은 1박 2일의 여행을 통한 심층 평가라 정의할 수 있다. 어떤 미션을 주지 않고 편안한 환경을 조성해 지원자의 평상시 모습을 관찰하고 리더십, 팀워크, 소통 능력을 평가하는 것이다. 이러한 방식은 채용 매니저 뿐 아니라 지원자끼리 누가 더 역량이 뛰어난지 알

취업의 신 1박 2일 채용촌 단체 사진

수 있다. 그래서 기업에서는 면접 결과에 대해 합격 및 불합격 사유를 말하지 않아도 지원자끼리 아는 경우가 많았다.

앞으로 기업의 채용 방향은 이렇게 해보는 것이 어떨까?

1. 입사 전부터 기업 정보를 알려준다. 채용 공고에서는 입사 후 해야 할 일을 안내하고 연봉과 복리 후생 또한 기업 비밀을 보호하는 선에서 공개한다.
2. 실무 인재를 채용하기 위해 자기소개서 항목부터 고친다. 몇 년째 변하지 않는 자기소개서 항목 대신 기업의 현안과 관련된 주제를 주고 풀어보게 한다.
3. 필기시험은 기업의 현안을 반영한 문제로 출제한다. 모든 직무에서 공간 지각 능력과 한자가 필요하지는 않다. 정말 인·적성 검사가 필요한 직무라면 시행하되 그렇지 않은 직무는 자기소개서에서 물어보지 못한, 지원자의 잠재력을 파악할 수 있는 문제를 내서 면접 전형 전에 미리 역량 검증을 하면 된다. 예를 들어 자기소개서 항목을 너무 많이 요구하면 입사지원자들이 지원할 확률이 떨어지므로 기업 상태를 보고 인·적성검사를 필기시험으로 대체해서 직무마다 필요한 역량을 보유하고 있는지 문제 출제로 검증한다.
4. 면접 전형에서 토론 면접과 PT 면접을 시행하되 지원자의 의사소통 능력을 중심으로 역량을 평가하고 면접 전형 전체에서 비중은 적게 둔다. 다대다 면접에서 지원자의 인성과 역량을 판단하기는 시간상 무리이기에 대신 다음 단계인 일대일 면접에서 그동안 채용 전형의 데이터를 바탕으로 시간을 많이 투자하여 지원자의 인성과 역량을 심층 평가한다.

요즘 들어 '페르미 추정법'을 채용 전형에 도입하는 주요 기업이 많아지고 있다. 페르미 추정법을 채용 전형에 사용하는 구글의 경우를 예로 들어 보자. 페르미 추정법이란 정답이 없는 질문을 주고 채용 후보자가 이 답을 풀어가는 과정을 보면서 '문제 해결 능력'을 평가하는 것으로, 이 과정을 시도하는 이유는 즉시 업무에 투입이 가능한 인재를 뽑기 위한 것이다. 반면 우리나라는 주요 기업들이 공채를 통해서 대규모로 신입 사원을 선발하고 장기간 교육 훈련을 해야 실무 역량을 발휘한다. 기업은 최소한의 비용으로 최대의 이익을 창출해야 하는 집단인데, 우리나라 기업과 구글 중에서 어떤 기업이 효율성이 높을지 답은 나와 있다.

다음은 채용 대행을 논의 중인 A기업의 채용 대행 계획서의 일부이다.

1) 자기소개서 전형

(1) 기획 의도
"실패했던 경험이나 크게 좌절했던 경험과 극복 사례는?"과 같은 종류의 자소서 항목은 구직자가 베껴서 쓰는 경우가 많다. 채용담당자 입장에서 서류 평가의 효율성을 위해 기존 7개에서 3개 항목으로 줄이고 소신 지원자를 선별하기 위한 항목으로 구성한다.

(2) 실행 방안 : 소신 지원자 자소서 전형
양보다 질을 위한 항목으로 서류 전형 단계에서 소신 지원자를 선발하면 조기 퇴사 확률을 낮출 수 있다.

① 증권업 지원 동기

(①-1 증권업을 선택한 이유 ①-2 증권업에서 일하기 위해 수행했던 경험 ①-3 증권업에서 일하기 위해 노력했던 점 등을 포함해서 작성)

② 회사 지원 동기

(②-1 증권사 중에서 우리 회사를 지원한 이유 ②-2 우리 회사에 입사하기 위해 노력한 내용 ②-3 우리 회사를 얼마나 알고 있는가? 등을 포함해서 작성)

③ 직무 지원 동기

(③-1 지원하는 직무를 선택한 이유 ③-2 지원하는 직무를 얼마나 이해하고 있는가? ③-3 지원하는 직무와 관련된 경험 등을 포함해서 작성)

2) 필기시험 전형

(1) 기획 의도

일반 기업에서 형식적인 문제로 구성된 인·적성 검사 대신 A기업에 특화된 문제 출제로 경제상식, 증권업종 지식 등을 평가하도록 온라인에서 필기시험을 진행한다. 구직자가 외워서 답을 쓰는 방식으로 변질됐기 때문에 구직자의 부담을 덜어주고 기업은 실무 인재를 뽑기 위한 필기시험으로 진행한다.

(2) 실행 방안 : 소신 지원자 필기시험 전형

자기소개서와 필기시험 전형을 공개했는데, 위와 같이 실무 인재 채용 전형으로 전환해서 진행하면 구직자 입장에서는 최소한의 스펙으로도 더 많은 기회를 얻게 된다. 기업 입장에서는 열린 채용으로 기업 이미지를 높일 수 있으며 역량이 뛰어난 지원자를 면접 전 단계에서 선별할 수 있다. 결과적으로 채용 전형에 들어가는 비용도 감소하며 최적의 인재를 선발할 확률도 올라간다.

---

* 증권업종 문제 예시

① 우리 회사 증권앱을 사용해 봤는가('예'라고 답했을 경우)?

1. 강점은 무엇인가?

2. 보완해야 할 점은 무엇인가?

....

② a. 우리 회사의 주식 수수료를 적고, b. 주식 수수료 기준 가장 높은 회사와 낮은 회사를 적은 후 c. 수수료 편차가 큰 이유를 적어라.

....

③ 코스피 지수가 얼마 전 사상 최고치를 달성했는데, 앞으로 지수가 어떻게 변화될 것인가?

#2

| 커리어전문가 취업의 신의 |

'적성에 맞는 일을 찾는 방법'

적성에 맞는 일을 찾는 방법

500회 이상 진로와 취업에 대한 내용으로 강연하고 지금까지 60,000여 명의 청년과 상담을 하며 느낀 점이 있다. 우리나라 청년들이 가장 어려워하는 부분은 '내가 어떤 일을 해야 하는지' 모르는 것이다. 우리나라의 뜨거운 교육열은 전 세계가 놀랄 정도이지만, 역설적으로 교육의 가장 중요한 목표인 '꿈을 찾는 방법'이나 '나에게 맞는 일을 찾는 방법'은 거의 없다. 내가 교육받았을 때뿐만 아니라

졸업 후 백수일 때
등산 동호회에 가입해서
연인산 정상에서 찍은 사진

몇 년이 지난 지금 대학생들까지도 말이다. 그래서 내가 살아온 경험을 통해 여러분들도 평생 할 수 있는 일을 찾는 방법을 알려주겠다.

1단계 | 과거 경험을 통해서 '적성'을 파악하는 법

필자는 낯을 많이 가리는 성격에 사람도 무서워하는 편이다. 하지만 사람들에게 내가 가진 지식을 알려주고 도와주는 것을 좋아한다. 사람들을 만나는 것도 좋아해서 등산 동호회 활동을 많이 했는데, 한 명과 친해져서 단짝으로 다니는 것보다 다양한 사람과 산을 오르내리며 이야기 나누는 것을 좋아했다. 그렇게 친해진 사람들과 다시 모임을 만들어서 여행도 다녔다. 이런 경험을 통해 나는 컨설팅이 나에게 맞는 적성임을 찾게 되었다. 이 적성을 살려 현재 나는 단체 교육을 통해서 다양한 특성을 가진 교육생들에게 개인별로 맞춤형 취업 노하우를 알려주고 있다.

대학교 4학년 때 아는 지인이 광양 제철소에서 굴뚝을 세우기 위한 벽돌 옮기는 아르바이트를 하러 오라고 했다. 돈도 벌고 여행도 즐길 수 있다고 생각해서 광양으로 내려갔고 한 달 동안 일을 하면서 새로운 곳도 구경하고 재미있게 보냈다.

한 곳에 머무르지 않고 새로운 곳을 찾아다니는 이런 내 성향은 현재 취업의 신 회사에서 점심을 먹을 때 회사 기준 1km 이내 웬만한 식당은 다 다녀왔고, 가끔 외부 특강을 나가는 것에도 영향을

대학교 4학년 1학기 방학 때 광양 제철소 벽돌 나르는 아르바이트를 했는데, 한여름에 땡볕에서 무더위로 고생했던 모습

26

미친다. 외부 특강 일정이 있으면 미리 근처의 맛집을 알아 놓고, 특강이 끝난 후 미리 알아둔 맛집에서 맛있는 식사를 하고 돌아오는 소소한 즐거움을 느끼며 산다.

'젊어서 고생은 사서 한다'

취업준비생 시절에는 이 말을 들을 때마다 속에서 불이 났다. 가진 것도 없는데 돈 주고 고생까지 사야 하냐는 마음의 소리가 목젖까지 올라왔다. 하지만 시간이 지난 지금 이 경험들이 모두 내 취업 무기였고, 인생 지도였다. 텅 비어 있는 지도에 내가 현재 있는 곳, 가고 싶은 곳, 가면 위험한 곳들이 하나씩 채워졌다. 어디로 나아가야 하는지 길이 명확해졌다.

그런 의미에서 여러분들에게 고리타분한 부탁 하나만 하겠다. 시급 좋고 몸 편한 일자리 찾지 말고 본인이 하고 싶은 아르바이트를 하길 바란다. 시급 10,000원을 받아도 시간이 안 가는 일이 있고, 시급 5,000원을 받아도 시간이 잘 가는 일이 있을 것이다.

이 개념을 회사에 그대로 적용해도 똑같다. 연봉 5,000만 원을 받아도 하루하루 출근하는 것이 스트레스이고, 퇴사 욕구가 드는 일이 있다. 반면 연봉 2,000만 원을 받지만, 하루하루가 보람차고 기쁜 일이 있을 것이다. 연봉 많이 주는 회사가 본인의 적성에 맞는 일이라면 아무런 문제도 없다. 하지만 어렵게 입사한 회사가 적성에 안 맞는다면? 돈과 복지를 믿고 버티는 것은 길어봤자 6개월이다. 다니다가 도저히 못 버텨서 자신이 하고 싶은 일을 해야겠다고 뛰쳐나오는 구직자가 의외로 많다.

멀리서 찾을 필요 없이, 필자 본인이 그렇다. 남들이 좋다 하는 대기업, 공기업, 외국계 기업 전부 다녀봤지만, 나의 적성이 안 맞으니 도저히 다닐 수가 없었다. 나도 어떤 기업에선 3일 만에 퇴사했다. 현재는 내가 좋아하는 일을 하고 있으니까 실력도 경력도 늘어나고, 수입도 예전 다니던 회사보다 훨씬 많이 받고 있다. 실패에 대한 두려움은 당연히 있었고, 실패도 했지만 내 안에 쌓인 경험들이 이 길이 옳은 길이라고 끊임없이 알려줬기 때문에 여기까지 왔다고 생각한다.

이 이야기가 결코 나에게만 적용된다고 생각하지 않는다. 이미 발 빠른 사람들은 본인이 하고 싶은 것들을 미리 경험하여 가고자 하는 길로 성큼성큼 발걸음을 옮기고 있다. 내가 하고 싶은 일이 맞는지, 앞으로 직업을 고를 때 어떤 분야의 일을 하고 싶은데 그쪽 처우는 어떠한지, 누군가 알려주면 좋겠지만, 아쉽게도 누구도 알려줄 수 없다. 무엇을 하고 싶은지 잘 모르겠다면, 지금까지 살아온 인생들을 되돌아보면서 소소한 즐거움을 주는 활동들이 무엇이 있었는지 하루라도 시간을 정해서 정리해보는 것이 좋다. 종이와 펜을 들고 좋아하는 것들을 하나씩 적어보아라. 한 가지 예를 들어보겠다.

집에 들어오면 무엇을 할 때 즐거운가?

밥을 먹는 것, 밥을 만드는 것, 씻는 것, 수면, 어지럽히는 것, TV 시청, 게임, 친구와 수다, 홈 트레이닝, 내일 해야 하는 일들 정리, 오늘 못한 일들 해결, 밀린 예능 TV 시청, 영화 감상, SNS, 독서, 애완동물 키우기 등

집이라는 주제를 골랐지만 다양한 주제가 있다. 학교에서 공부 빼고 가장 많은 시간을 투자하는 것이 무엇인지, 친구를 만났을 때 어떤 활동

을 하는 것이 가장 재미있는지, 아르바이트할 때 어떤 일이 가장 할 만했는지, 지하철/버스 등 이동 시간에 가장 많이 하는 것이 무엇인지, 책/영화를 고를 때 어디에 초점을 맞춰서 보는지 등등 많이 정리할수록 본인이 좋아하는 것이 무엇인지, 적성에 맞는 활동들이 무엇인지 자연스럽게 알게 될 것이다.

2단계 | 직장생활에서 '자아 성찰'로 적성 찾기

1 | 필자가 외국계 기업에 입사했을 때

이 회사의 주요 사업 중 하나는 명품 가구이다. 회사에 기여할 점을 찾던 중 예전 등산회에서 청계산을 올라간 기억이 떠올랐다. 이때 현대백화점에서 주요 등산로에 등산객 쉼터를 기증해 나무로 된 벤치가 있었다는 것이 기억났다. 그래서 토요일 근무가 끝나고 정장 차림과 구둣발로 청계산에 가서 어두워지기 전에 청계산 쉼터를 현장 답사 했고, 우리 회사의 가구를 홍보하기 위해 쉼터를 조성하자는 내용의 제안서를 주말 동안 작성했다. 월요일 오전 회의 때 제안서를 발표했고, 돌아오는

회사에 기여하기 위해 정장차림으로 청계산 중턱까지 올라가서 찍었던 쉼터 사진

반응은 "나도 그렇고 윗사람도 이런 거 만들면 피곤해지니까 일단 참아봐."였다. 나는 그 말을 듣고 애사심이 떨어졌다. 그리고 내게 맞는 회사 가치관을 깨달았다.

"안정적인 성향의 업무보다 도전적인 업무가 나에게는 더 맞구나"

2 | 필자가 대기업에 입사했을 때

회사에 출근하면 사수와 차를 타고 대리점과 대형마트를 돌아다니며 거래처 사장님도 만나고 제품 진열 관리도 했다. 몸을 움직이는 일이라 그 전 회사보다 시간은 잘 갔지만 출근한 지 3일째 되는 날 사건이 터졌다. 참고로 나는 술을 한 잔만 마셔도 몸이 빨개지는 타입으로 쉽게 말해 술 체질이 아니다. 그런데 회식을 하는데, 나 포함 3명밖에 없어서 술을 거부할 수 있는 분위기도 아니었고 신입사원이니 상사가 주는 술은 마셔야 한다는 강요로 1시간 동안에 소주 2병을 마신 후 응급실을 실려 갔다가 겨우 살아나서 퇴사했다. 그리고 여기서도 내게 맞는 회사 가치관을 깨달았다.

A대기업 대형마트에서 상품 진열이 잘됐는지, 제품 수량은 충분한지 확인하는 업무를 했었다

"강압적인 분위기의 조직생활은 안 맞구나"

3 | 필자가 공기업에 입사했을 때

공기업에서 근무하며 시간이 너무 안 가서 하루에도 시계를 5번 이상 봤다. 내 자신이 녹슬어 가는 자전거가 되는 느낌이었다.

이번에는 일하기 편하다는 공기업이니 더는 방황하지 않겠다는 기대감을 안고 출근했다. S급 신입사원으로 인정받고 싶었기에 아침 9시 출근이었음에도 7시 50분에 출근해서 사무실 화분에 물도 주고 청소도 하면서 착실하게 일했다. 그런데 어느 순간부터 시간이 가지 않았다. 업무 중에 자꾸 딴생각을 하고 시계를 들여다보는 횟수도 많아졌다. 중소기업부터 공기업까지 다녀봤지만 결국 어떤 회사도 업무 매뉴얼과 교육도 없고 '그냥 내가 알아서 해야 하는구나.'라는 생각에 좌절감이 들었다. 사회공포증이 더욱 심해져서 신경안정제까지 먹었는데, 부작용으로 굉장히 졸리고 식욕도 없는 상태가 이어졌다. 그 와중에도 내게는 어떤 일이 맞을지 고민했다. 화장실에서 졸면서 '종류별로 기업을 다녀봤는데 다 안 맞네… 내가 원하는 일이 뭘까?'라며 고민하다가 드디어 답을 찾았다.

"난 초 저스펙인데 종류별로 기업을 모두 들어갔어. 그리고 회사에 다니는 와중에도 퇴근하면 집에서 채용 공고를 보고 자기소개서를 쓰면서 3개월 동안 공기업 네 곳에 서류를 통과했네? 그동안 구직 활동하면서 취업 특강을 했던 강사나 취업전문가 중에서 나처럼 저스펙인데 다양한 기업에 합격한 사람들은 없네?"

"생각해 보니 그동안 내가 알고 있는 지식을 사람들에게 알려주는 것을 엄청 좋아했잖아? 친구와 만나서 고민 상담해주고 해결책 알려줬어. 취업 스터디 할 때도 내가 가진 지식으로 면접 피드백 하니 스터디 팀원들이 취업전문가 해도 되겠다고 한 적이 있었네?"

"내 적성과 스토리로 봤을 때 취업 교육 사업을 해도 되겠구나? 그런데 이 일을 평생 할 수 있을까? 아, 미래를 예측하는 책을 봤는데 일자리의 전망에서 가장 유망한 직업 중 상위권을 차지하는 위치에 개인 구직 매니저가 있구나. 이 직업의 특성을 보니 내가 지금 하려는 일이네?"

"나 개인 구직 매니저 해야겠다!"

이렇게 과거의 경험 및 직장생활이나 일상생활의 자아 성찰을 통해 자신의 적성을 찾을 수 있다. 여러분들도 필자처럼 먼저 취업을 해서 경험을 쌓고 그 일을 통해서 직업을 찾아서 도약한 후 인생 계획을 통해 커리어를 만들어 보자.

업무 적성 알아내는 보너스 TIP

여러분들에게 필자처럼 여러 번 회사를 옮기며 고생하지 않는 쉬운 방법을 알려주겠다. 지금 내가 아르바이트나 직장생활을 하고 있다면 본인이 하는 업무를 바탕으로 자아 성찰을 해보자.

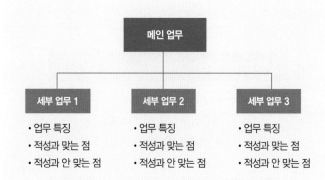

업무 적성 알아내는 방법 표

내가 맡은 메인 업무에서 세부 업무들이 나누어지고, 세부 업무가 1번부터 3번까지 있다면 다음처럼 따라 해보자.

1) 각 세부 업무의 특징을 정리한다.
2) 나와 맞는 점과 맞지 않는 점을 분석한다.
3) 자아 성찰 노트에 기록한다.
4) 공적인 영역뿐 아니라 평상시 즐겨하는 활동 등 사적인 영역에서도 자아 성찰을 한다.

이러한 자아 성찰을 통해 현재의 업무가 내 적성과 잘 맞는지, 안 맞는지를 알게 되면, 현재 또는 앞으로의 인생 계획과 내 업을 찾는데 상당히 도움이 될 것이다.

4 | 처음부터 대기업에 취업해야 이직이 잘된다?

여러 경험을 하다 보면 나에게 맞는 업을 찾을 수 있다고 했다. 하지만 신중한 성격을 가진 구직자는 취업할 때 "첫 직장이 중요하다." "대기업에 들어가야 이직이 잘 된다." 혹은 "어떤 산업군에서 경험하게 되면 그 분야만 계속 일하게 되니까 신중해야 된다." 등 이런 이야기를 주변에서 흔히 듣게 된다. 하지만 이는 사실과 다르다.

A. 업무 전문성을 보유한 직장인 커리어 패스

- 중소기업 → 중견기업 → 대기업
- 중견기업 → 중견기업 → 대기업
- 대기업 → 중견기업 → 중견기업

B. 업무 전문성 + 외국어 능력을 갖춘 직장인 커리어 패스

- 중소기업 → 외국기업
- 중견기업 → 외국기업
- 대기업 → 외국기업

대체로 중소기업에서 업무 전문성을 가지고 경력을 쌓은 직장인 교육생 대부분은 중견기업이나 대기업으로 이직한다. 그리고 영어, 중국어 등 외국어 실력을 갖춘 직장인은 중소기업에서 경력을 쌓은 후 외국기업으로 이직한다.

보도되는 뉴스 등을 보면 중소기업에서 힘들게 신입사원을 경력직으로 키워놓으면 대기업에서 스카우트하는 경우가 많다고 한다. 그런데 이런 사실을 모르고 막연히 중소기업에 취업하면 안 된다는 인식이 있다.

　　정리하면, 나 자신의 '업'을 찾기 위해서라면 첫 직장이 중소기업이어도 좋다. 일단 기업에 입사 후 첫 직장의 규모와 몸담은 산업 분야와 별도로 나 자신이 경쟁력을 갖춘다면 충분히 더 큰 기업에 이직할 수 있고 '업'도 찾을 수 있다. 신입일 때가 가장 취업하기 힘들지만, 경력직이 된다면 이직하기 수월해진다.

혼란의 취업 시장,
'기업 채용담당자는 이렇게 해라'

"페르미 추정 방식의 질문법으로 문제 해결 능력을 보는 것이 대세다"

새로운 정부 정책의 영향과 기존의 채용 방식 변화에 따라 근래에 NCS 전형, 직무 적합성 평가, 블라인드 채용 등 기업에서 새로운 채용 전형이 진행되고 있다. 안 그래도 어떻게 취업을 준비해야 하나 막연한 취업준비생만 더 스트레스를 받고 힘들어지지만, 가만히 있다고 해결되는 건 아니다. 대신 필자가 이제부터 확실한 취업 준비 방법을 알려주겠다.

구직자들은 지금까지 인·적성 공부, 어학 점수, 학점 등 합격에 필요한 정량적 스펙 위주로 취업 준비를 했다. 하지만 기업에서 원하는 것은 일하기 위한 실무 능력이다. 이제부터 취업은 아르바이트와 같은 사회 경험을 통해 직무 수행 능력을 증명할 수 있도록 정성적 스펙을 준비해야 한다. 쉽게 말해서 우리나라의 취업 시장은 공부머리보다 일머리가 뛰어난 신입사원을 원하는 취업 시장으로 진화했다.

〈취업 시장 버전 1.0〉 취업준비생의 취업 준비 방법

토익, 오픽, 토익스피킹 등 어학 점수
MOS 등 사무 자격증
인·적성 공부
동아리, 홍보대사, 서포터즈 등 대외 활동

한 줄 요약 = '정량적 스펙'

〈취업 시장 버전 2.0〉 취업준비생의 취업 준비 방법

아르바이트, 인턴, 계약직 등 사회 경험
신문, 독서 등 일반 상식
생활의 직무화

한 줄 요약 = '정성적 스펙'

그러므로 자기소개서, 인·적성, 면접 등 각 채용 전형 구분 없이 지원자의 실무 능력을 평가하기 위해 다음과 같은 질문을 할 것이다.

질문1. 당신은 세종대왕과 이순신 장군 중 어떤 인물을 선택할 것인가?

1번 학생 : 양반들의 반대 등 어려움을 극복하고 한글을 창제한 세종대왕을 뽑을 것입니다.

2번 학생 : 나라가 빼앗길 상황에서 리더십을 발휘해 전쟁에서 승리를 이끈 이순신 장군을 선택하겠습니다.

매주 취업의 신 회사에서는 '잡콘서트'라는 취업 특강을 하는데, 실무 인재 채용 전형을 대비하는 방법으로 이 질문을 청강생에게 한다. 대부분 위와 같은 대답을 하는데, 주입식 교육의 피해자이기 때문에 대부분 택일해서 단답형으로 대답한다. 그렇다면 내가 답변해보겠다.

취업의 신 : 현재 우리나라의 경제 상황을 봤을 때 저는 세종대왕을 선택하겠습니다. 세종대왕은 백성들의 생활뿐 아니라 경제, 국방, 과학, 전 분야에 걸쳐서 나라의 발전을 이끌었기 때문입니다. 하지만 최근 북한과 남한이 평창올림픽을 계기로 남북 정상 회담까지 열었지만 아직까지도 핵무기 목록을 공개하거나 핵 사찰을 허용하는 등 평화적 조치를 취하지 않고 있습니다. 그렇기 때문에 미국에는 북한에게 더 이상 시간을 주지말고 강경하게 나가야 한다고 주장하는 강경파 정치인들도 있습니다. 그래서 우리나라의 국방 안보의 위기가 찾아온다면 그때는 이순신 장군을 선택하겠습니다.

채용자 입장에서 어떤 지원자가 넓은 시야와 문제 해결 능력을 보유하고 있다고 판단할지 느꼈을 것이다. 기업에서 출제되는 이런 종류의 질문에 대한 정답은 없지만, 구글에서는 페르미의 추정법을 근거한 질문으로 채용 후보자를 평가한다.

더는 기업의 인사담당자들도 속지 않는다. 스펙이 뛰어나다고 해서 회사에 도움이 되는 사람이 아니라는 사실을 말이다. 여러분이 취업에 대해 혼란을 겪을 때 인사담당자들도 똑같이 혼란을 겪고 있다. 인성을 보고 뽑았는데 인성만 좋고 업무 능력이 나아지지 않는 경우도 있고, 스펙을 보고 뽑았는데 1~2년 다니다가 더 좋은 대우해주는 기업으로 이직하는 경우도 있을 것이다. 회사에 잘 적응해서 열심히 일할 직원이라고 생각하고 뽑았는데, 1년도 안 되어 조기 퇴사 하는 사례도 많지 않을까?

이런 상황에서도 인사담당자는 인력이 계속 필요하니 기업을 위한 사람을 뽑는다. 구인 공고를 올리고, 자기소개서를 꼼꼼히 읽어보고, 이 사람이 과연 우리 회사에 필요한 사람인지 아닌지 끝없는 고민 끝에 적합한 사람을 뽑아서 회사로 불러 이야기를 나눈다. 이때 여러 가지 이야기를 나누겠지만, 인사담당자의 속마음을 들여다보면 지원자가 정말 우리 회사에서 '제대로' 일하고 싶은 것이지를 묻고 싶을 것이다.

- 2022년 12월 인사담당자 대상 HR세미나 진행중 -

| 커리어전문가 취업의 신의 |

'미래 일자리 전망과 인생 계획'

2016년 알파고의 등장으로 대한민국 취업준비생의 취업 고민은 더 깊어지고 많아졌다. 인공지능이 인간을 이기는 세상이 오면서 사람의 일자리를 인공지능에게 빼앗기는 광경을 상상했기 때문이다. 실제로도 편의점, 패스트푸드점 등에서는 사람이 하는 일을 인공지능이 대신 대체하고 있는 중이다.

과거에는 복지가 좋고 돈 많이 주는 기업에 들어가고 싶어 하는 청년이 많았지만, 요즘에는 오랫동안 할 수 있는 일을 찾기 위해 기업을 모색하는 청년이 증가하고 있다. 쉽게 말해 평생 할 수 있는 '업(業)'을 찾기 위해 미래 일자리를 궁금해하는 사람이 많아진 것이다.

한 사례로 은행은 '구직자들이 입사하고 싶은 기업'에서 항상 상위권을 차지했었다. 은행은 과거에는 인력을 많이 필요로 하는 오프라인 점포 위주였지만, 현재는 인터넷과 모바일 은행으로 급속도로 재편 중이고 대부분 1층에 있던 은행 지점이 2층으로 이전하고 있기도 하다. 건물 주 입장에서도 과거에는 1층에 은행이 있는 것을 자랑스러워했지만, 요즘은 은행이 오후 4시가 되면 문을 닫고 그 때문에 건물 자체의 유동인구가 빨리 줄어들어서 오히려 피하고 있다. 이러한 영향으로 과거에는 은행권을 지원하는 구직자가 많았지만, 요즘은 은행권에서 채용 인원도 적게 선발하고, 지원자의 숫자 역시 점점 감소하는 추세다.

요즘 4차 산업혁명으로 ICT 산업에 속한 직업이 뜨는데, 필자가 예측하는 미래 직업의 재미있는 사례를 알려주겠다. 현재 영화관에서 영화를 예매할 때 소비자가 직접 좌석을 지정해서 예약하고 있다. 앞으로 3년 안에는 신용카드를 보유한 고객이 개인 정보 활용에 동의할 경우 영화관에서 영화를 예매할 때 자동으로 고객 성향에 맞는 자리를 예약해

영화관 자리 표시

② ④ : 성격이 급한 관람객들이 앉는 통로 자리
① ③ ⑤ : 느긋하고 여운을 즐기는 관람객들이 앉는 안쪽 자리

줄 것이다. 쉽게 말하면 신용카드 구매에 대한 빅데이터 분석을 통해 활동적이고 성격이 급한 소비 패턴을 보이는 고객에게는 통로 자리로 자동 예약하여 영화가 끝나고 곧바로 나가기 편하게 할 것이고, 여유로운 소비 패턴을 보이는 고객은 좌석 가장자리에 배치해 영화 엔딩 크레딧이 끝날 때까지 여운을 느끼다가 여유롭게 나갈 수 있게 할 것이다.

다른 분야의 유망 직업으로는 자율 주행 자동차나 로봇을 연구하고 개발하는 엔지니어가 있다. 하지만 이 직업도 몇십 년이 지나면 AI를 통제하는 분야를 제외한 로봇을 연구하거나 테스트하는 직업 등은 AI로 교체될 것이다. 한 예로 2017년 6월 중순 신문에서 현대제철이 AI 도입으로 철강의 성분 배합 연구 기간을 종전 3개월에서 10일로 단축했다고 보도하였다. 이렇듯 현재는 연구원이 AI를 컨트롤하는 형태이지만 시간이 지나면 AI가 딥러닝을 통해 연구원이 하는 일을 대체할 것이라고 예상한다. 물론 AI에게 연구 주제를 주는 것은 사람이 하는 것이지만 업무 대부분을 AI가 대체하게 될 것이다.

그렇다면 미래 직업 전망에서 가장 유망한 직업 분야는 뭘까? 바로 인간 관리업이다. 즉, AI가 아무리 딥러닝을 해도 사람만이 할 수 있는 직업을 말한다. 한 사람의 취업 준비와 취업 이후에도 평생 경력 관리를 해주는 개인 구직 매니저가 대표적이다. 필자도 28살 때 미래 트렌드에 대한 책을 읽으면서 내 적성에 맞는 일이 개인 구직 매니저임을 알게 됐고 2040년이 되면 정규직의 95%가 사라지고 프리랜서로 경제 활동을 할 것이라고 미래학자들이 예측함을 알게 되었다. 쉽게 말해 프로젝트에 따라 형성되었다 해체되었다 하는 식으로 변화가 일어나는데, 예를 들면 영화를 제작할 때 스태프들이 모여서 제작을 하고 영화 제작이 끝나면 해산하는 것처럼 말이다. 필자는 이 직업에 대한 비전을 보고 이 직업이 뜨기 전부터 경력을 쌓고 있었는데, 작년부터 개인 구직 매니저를 하려는 청년들이 점점 증가하고 있다.

> **취업준비생을 합격시키기 위한 업무흐름도**
>
> a) 구직자의 취업 가능한 스펙 → b) 일에 대한 적성과 일상생활의 성향 파악 → c) 기업 분석 → d) 기업에 지원 시 구직자의 경쟁력, 즉 합격 확률 분석 → e) 입사 후 구직자와 기업의 상호 발전 가능성 진단 → f) 경력을 쌓으며 이직 or 재직

필자는 사업이 성장하는 상황이었고, 기존 사무실은 협소해서 작년 3월에 서초동으로 사무실을 확장 이전했다. 이전하기 전부터 몇 개월 동안 여러 사무실을 물색했는데 서초동 사무실 구조가 5개의 룸으로 되어 있어서 마음에 들었다. 알고 보니 건물 관계자가 말하길, 기존에 중형급 로펌이 있던 사무실이었는데 몇 개월 동안 월세가 밀려 나갔다고 했다. 이때 나는 "3월 18일, 대한민국에서 최초로 뜨는 직업과 지는 직업이 교차하는 상징적인 사건이 일어난 날"이라고 내 나름대로 의미를 부여했다. 대부분 사람은 변호사, 의사, 한의사, 검사, 판사 등 '사'자가 들어가는 직업을 좋아하지만, 장기적으로 추천하지 않는다. 판사의 경우 AI가 과거부터 현재까지 방대한 분량의 판례를 바탕으로 판사보다 정확하게 판결을 내릴 것이다. 물론 AI가 100% 대체하는 것은 아니니 100명 중에서 20명 정도는 살아남을 것이다. 단 한방인 한의사 쪽은 사람의 진맥과

혈을 다루는 특수한 분야라 양방인 의사보다 AI가 대체하는 속도가 느릴 것이다.

취업의 신 서초동 사무실
컨설팅룸 내부 사진

하지만 청년 모두가 개인 구직 매니저를 하라는 것이 아니다. 개인 구직 매니저 이외에도 인간 관리업에 속한 직업은 개인의 이미지 메이킹과 자기계발, 결혼 등 인생을 살아가는 데 도움을 주는 라이프 컨설턴트, 기업이나 개인 사업 등에서 필요한 인재를 공급하는 인재관리자, 심각한 경쟁사회에서 발생하는 마음의 상처를 치유하는 심리상담사 등이 있고 그 밖에 반려동물의 수요 증가에 따른 반려동물 관리사도 있다. 본인이 좋아하는 일과 관련성이 있는 직업에 도전하면 된다. 취업준비생은 직무로 인생 방향을 설정하면 20개 정도인데 직업으로 봤을 때는 10만 개 이상으로 선택의 폭이 넓어진다. 그렇다면 다가올 미래에 대비해 어떤 준비를 해야 할까?

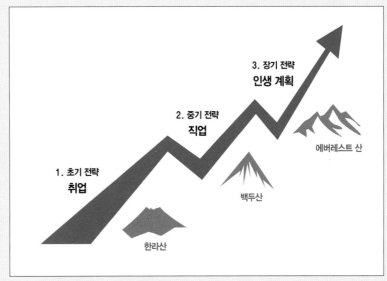

취업에서 인생 계획까지
갈수록 어려워지니
시간이 흐를수록 더욱 철저하게
준비해야 한다.

3. 장기 전략
인생 계획

2. 중기 전략
직업

1. 초기 전략
취업

에버레스트 산

백두산

한라산

1 | 초기 전략 → 취업

먼저 지금 취업준비생이라면 빨리 취업할 것을 권한다. 지금 미래를 대비하고 싶어도 사회 경험이 없으므로 막연하게 느낄 수밖에 없으니 너무 까다롭게 회사를 고르거나 보지 말고 기업에 입사부터 하자. 그다음 회사생활을 하면서 내 적성을 알아가면 된다.

박장호 대표 | 예시 |

처음 취업 시장에 뛰어들었을 때 힘들었지만 저스펙 취업준비생으로 기존의 방식과는 다른 새로운 구직 방법들을 시도해 중소기업부터 공기업까지 모두 합격하면서 나 자신의 특성을 이해했고 직업 쪽으로 시야를 넓힐 수 있었다.

2 | 중기 전략 → 직업

그다음에 PART 1 #2에서 적성에 맞는 일을 찾는 방법과 PART 1 #6에서 뜨는 직업에 대한 내용을 참고하자. 자신을 알아가면서 나에게 맞는 유망한 직업을 찾아보자.

박장호 대표 | 예시 |

회사생활을 경험하며 나에게 맞는 직업이 현재 취업전문가로 불리고 있으며 미래에는 개인 구직 매니저라는 명칭으로 바뀌고 유망 직업으로 선정된 것을 알았음. 그래서 공기업을 그만두고 개인 구직 매니저 직업을 시작함.

---

3 | 장기 전략 → 인생 계획

직업을 찾고 나서 인생 계획을 세운다. 크게 20대 계획, 30대 계획 등 10년 주기로 계획을 세울 수 있으며 직업에 대한 경력이 쌓이면 구체적인 목표와 꿈이 생기기 시작한다. 그렇게 된다면 5년 주기, 1년 주기 인생 계획도 가능하다. 다음은 소프트뱅크 손정의 회장이 세웠던 인생 50년 계획에 대한 내용이다.

소프트뱅크 손정의 회장의 인생 50년 계획		
20대	이름을 알린다	→ 소프트뱅크 창업
30대	사업 자금을 모은다	→ 증시 상장, 야후 투자, 야후재팬 설립
40대	큰 승부를 건다	→ 초고속 인터넷 도입, 보다폰K.K 인수
50대	사업을 완성시킨다	→ 아시아의 대표 정보통신기술(ICT) 그룹으로 발돋움
60대	다음 세대에 경영권을 넘긴다	→ ?
※ 60대 목표 실현을 위해 후진 양성 기관인 '소프트뱅크 아카데미아' 설립		
		자료 : 소프트뱅크 제공

다음은 박장호 대표의 '인생 계획 예시' 중에서 40대 중반까지의 내용이다.

20대 : 내 적성에 맞고 평생 할 수 있는 업을 찾는다.

· 28살 때 찾았다.

30대 초반 : 내 분야의 전문성을 갖추고 사업의 기반을 마련한다.

· 일대일, 집단 교육, 강의 등 모든 종류의 교육을 마스터했다.
· TV, 신문, 잡지 등 주요 언론 매체에 보도됐고 31살 때 취업책을 출간하였다.

30대 중반 : 사업을 성장시킨다.

· 취업 교육 사업에 이어 채용 서비스 사업에도 진출해 다양한 실적을 쌓았다.
· 2019년까지 취업의 신의 각 사업을 계열사 형태로 운영할 계획이다.
· 경기&지방권에 지사를 설립하여 기업에서 원하는 실무 인재를 양성한다.

30대 후반 : 대한민국 1등 일자리 분야 기업으로 성장한다.

· 그룹 회장이 되어 큰 단위의 사업 결정 위주로 하고 그 외 실무는 각 계열사의 사장이 운영하는 체제로 경영 시스템을 전환한다.
· 전국의 청년을 대상으로 진로와 취업을 위해 순회강연을 다닌다.

40대 중반 : 대한민국을 발전시킬 인재를 육성한다.

· 매년 장학생을 선발하여 무상으로 교육을 제공하는 등 대한민국 각 분야에서 세상을 이롭게 한다.

물론 세상일이 전부 계획대로 되지는 않는다. 나 역시 지금의 자리에 오기까지 수많은 시행착오가 있었고, 쓴 맛 나는 실패도 경험했다. 이때 장기적인 인생 계획이 인생의 나침반이 되어주었다. 이 인생 계획은 어떤 존재보다 정직하다. 계획과 목표는 우리를 움직이게 하는 원동력일 뿐만 아니라 노력하는 만큼 돌아오는 것이 바로 나만의 인생 계획이기 때문이다.

'시대 트렌드에 맞는 인재로 거듭나야 한다'

2023년도 역시 경제의 불확실성이 채용 시장에도 많은 영향을 줄 것으로 보인다. 채용 규모 축소, 상시 채용 증가 등 이미 채용 시장에 등장한 현상들이 더욱 뚜렷하게 나타날 것이다.

2020년 기업경영전망 조사에 따르면, 응답자의 64.6%가 장기형 불황이라고 답한 것처럼 절반 가까운 기업이 투자를 축소하고 인력을 조정하는 긴축 경영을 계획하고 있다. 4차 산업혁명 시대로 진입하면서 IoT 기술 및 빅데이터 활용, 인공지능(AI) 등 다양한 첨단 기술들이 발전하고 있지만 경기 체감은 날이 갈수록 어려워지고 있다. 특히 2019년에 들어서 제조업 경기 악화, 주 52시간 도입과 최저 임금 인상 등 노동 정책에 대한 부담은 기업들이 긴축 경영을 펼치고 채용을 소극적으로 하게 하는 요인이 되었다. 2023년의 채용은 이러한 영향에 따라 전년과 같은 수준으로 유지되거나 축소될 것으로 예상하고 있다.

기업들은 장기불황에서 살아남기 위해 투자뿐만 아니라 채용 역시 '저비용 고효율'의 인재를 채용할 것으로 보인다. 이에 대규모 공채를 진행하기보다는 수시 채용을 통해 인재를 확보하거나 상시 채용으로 전환해 필요시에만 해당 직무에 한정해 채용 공고를 내고 인재를 채용할 것이다. 기업 입장에서는 나쁠 것 없지만, 구직자들에게는 어느 회사의 어느 부서에서 언제 채용 공고를 낼지 몰라 답답한 상황을 맞게 될 것으로 보이며, 대규모 공채라는 사회적 압박에서 벗어난 기업들은 채용 인원을 감축할 가능성도 매우 커 보인다.

대규모 공채를 통해 선발해 상당한 비용을 들여 교육 투자를 했음에도 입사 후 1~2년 사이에 이직하는 비율이 높다. 이 점도 채용 방식의 변화를 가져왔다고 볼 수 있다. 장기불황 속 기업들의 채용 방식과 밀레니얼 세대들의 조기 퇴사가 맞물리면서 실무 중심의 인재를 추구하는 채용 전제형 인턴이나 인턴 실습 후 평가 전환 등으로 서류상 평가가 아닌, 실제 업무를 바탕으로 평가해 당장 실무에 투입될 인재를 선발하는 방식으로 확대될 가능성이 높다.

60세 정년 연장, 52시간제 도입, 제조업 불황, 미·중 무역전쟁으로 인한 세계 정세의 불안정 등으로 기업의 대내외 환경이 불확실한 상황 속에서 기업들은 '저비용 고효율'이라는 측면에서 실무에 바로 투입될 수 있는, 효율성이 높은 인재를 원할 것이다. 이와 같은 방식은 조기 퇴사와 같은 실패를 줄일 수도 있다. 이에 구직자들은 불확실한 경영 환경 속에서 해답을 줄 수 있는 인재라는 점을 어필하며 실무 중심의 전문성을 가진 통합형 인재라는 점을 강조해야 할 것이다.

2023년에는 직무 역량과 더불어 실무 중심의 전문성을 가진 '통합형 인재'가 핵심 키워드가 될 것으로 판단된다. 기업들은 어려운 기업 환경 속에서 미래를 선도할 수 있는 인재를 원한다. '2023학년도 문·이과 통합형 수능'과 같이 통합형 인재를 원하는 사회적 흐름에 따라 기업들도 한 분야에 초점을 맞추기보다 다양한 역량을 발휘할 수 있는 멀티플레이어와 같은 실무 중심의 통합형 인재를 원할 것이다.

채용 방식의 또 다른 변화는 AI 채용의 활성화이다. 대기업의 경우 공채 때마다 수많은 지원자가 몰려 서류 검토에만 상당한 시간이 소요되고 있다. 하지만 AI를 이용하면 자기소개서 1건 검토에 3초, 1만 장을 검토하는 데 8시간이면 충분하기에 AI 시스템을 서류 전형과 같은 반복적인 1차 평가 작업에 활용할 것으로 보인다. 그러나 AI 결과를 객관적으로 받아들이되 결정의 참고용으로만 활용하자는 의견도 많은 상황이다. 하지만 AI는 표절 유무 등 언어적으로 빠르게 판단해 잡아내기 때문에 구직자들은 자기소개서에 기업명, 지원 동기, 직무 경험, 직무 역량 등을 지원하는 회사의 특성에 맞게 작성해 지원해야 할 것이다.

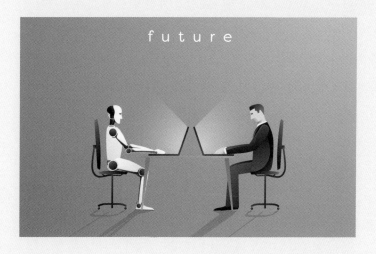

정부의 3대 핵심 신산업 육성을 통해 앞으로의 취업 전망을 유추해 볼 수 있다. 정부가 내세운 3대 핵심 신산업(시스템반도체, 미래차, 바이오) 육성과 산업구조 혁신은 4차 산업혁명 시대에 고부가 가치 미래 산업을 통해 위기를 극복하겠다는 의지를 담은 것으로 보인다. 이를 통해 제조업 부가 가치가 2018년 511조 원에서 2030년 789조 원으로 증가할 것으로 예상된다. 이는 관련 산업의 취업자 수 증가 전망과 일치한다. 또한 제조업의 스마트화를 통해 스마트 공장을 중심으로 2030년까지 AI 공장 2천 개를 구축해 일자리 증가와 같은 선순환이 이뤄질 것으로 보인다.

　2023년 취업 준비를 할 때 가장 강조해야 할 포인트는 직무 역량과 더불어 조직 문화에 가장 적합한 인재라는 점을 강조해야 한다는 점이다. 직무 적합성만 강조되던 2019년과 다르게 조직 문화에 적응할 수 있는 인재, 즉 인재상 부분도 중요하다. '90년대생들이 온다'라는 책이 나올 정도로 조직에서 밀레니엄 신입들이 적용하지 못하고 조기 퇴사하는 것은 기업들에게 큰 문제점으로 인식되고 있다. 스펙의 상향 평준화로 자격증, 학점, 외국어 등이 뛰어난 인재들이 적응을 하지 못하고 떠나는 것은 큰 손해이기에, 2023년에는 오래 근무할 인재인지, 조직 문화에 적합한지 등이 주요 평가 항목이 될 것이다. 최근 기업들의 1순위 인재상이 소통과 협력인 점을 봐도 잘 알 수 있다. 이에 자소서와 면접에서는 직무 역량뿐 아니라 조직 문화에 잘 적응할 수 있는 인재라는 점을 적극 어필해야 할 것이며 구직자 스스로도 그 부분에 대한 인지를 해야 할 것이다.

| 뜨는 직업 vs 지는 직업 |

취업의 신의 팩트 체크

요즘 언론 매체에서 '변화하는 일자리 트렌드'와 관련된 주제를 많이 다루고 있다. 그런데 잘 살펴보면 어느 신문에서는 뜨는 직업이라고 소개한 것이 다른 곳에서는 지는 직업으로 소개되어 나온다. 어설프게 언론 매체나 주변에서 이야기하는 정보로 직업을 선택했다가 커리어가 망가질 수 있으니 이번 장에서는 취업준비생의 관심도가 높은 직업에 대한 현재와 미래 전망에 대해서 구체적으로 알려주겠다. 이 직업을 분석한 내용을 활용해서 독자분들도 다양한 직업에 대한 전망을 파악하는 것이 자체적으로 가능할 것이다.

1 | 조종사, 승무원 등 여행 관련 종사자

뜨는 직업 생활 수준이 높아지고 해외여행객이 점점 증가함에 따라 승무원의 역할이 점점 늘어나는 상태다. 현재 국내 저가항공사와 국내에 취항하는 외국항공사 역시 점점 늘어나고 있으니 조종사나 승무원 등이 직업으로서의 수요는 더욱 늘어날 것이다.

지는 직업 승무원의 주요 업무는 승객 안내, 서비스 제공, 돌발 상황 대처 등이다. 하지만 로봇 기술이 발전하면서 사람을 대체할 수 있는 수준의 기능과 역할을 가진 로봇이 등장하고 있으니 교체될 가능성이 높다. 조종사의 경우 현재에도 대부분의 항공기에서 자동비행장치로 운행하고 있으며 무인항공기의 수요도 점차 늘어나고 있다.

취업의 신의 전망

승무원 종사자 숫자는 감소하지만, 업무 중요도는 높아질 것이다. 예를 들어 현재에는 비행기 한 대에 6명의 승무원이 업무를 수행하고 있다면 3년 뒤에는 승무원 4명, 로봇 2대로 운영될 것이다. 5년 뒤에는 승무원 2명, 로봇 4대로 운영될 것이고, 그 이후에는 승무원은 1명으로만 운영되고 승객들에게 필요한 역할을 제공하는 기능은 비행기 안에서 자체적으로 제공하거나 로봇에게 맡기는 항공사가 등장할 것이다.

조종사의 경우 초창기 장거리 비행기의 운행 시 5명이나 됐던 조종사가 자동항법장치와 통신장비의 발달로 2명으로도 충분히 운영 가능하다. 하지만 장비 및 부품의 이상 등 특이 사항을 대비해서 최소한의 조종사 1명만 운영될 가능성이 크다.

현재 6개월 이상 승무원이나 조종사 등 분야로 취업을 준비하고 있는 취업준비생은 그동안 투자한 시간을 고려했을 때 계속 도전하고, 로봇이 대체되기 전 상위 20% 안에 드는 인재로 성장하면 승무원으로서 지속해서 직업 활동을 할 수 있을 것이다. 하지만 승무원이라는 직업에 대해 단순히 관심만 있는 상태라면 다른 직업을 알아보는 것이 좋다. 단 남자 승무원 지망생은 계속 도전하면 좋은데, 이유는 비행기 안에서 승객의 난동 등 남자의 역할이 필요한 이슈들이 계속 발생하고 있기 때문이다.

　　한편으로 전 세계 장거리 이동수단의 대부분을 항공기가 담당하고 있지만 10년 후에는 전 세계를 연결하는 철도망이 가시화될 것이고, 20년 뒤에는 기차가 항공기를 추월할 것이다. 승객이 필요한 서비스가 있을 때는 좌석에 버튼을 누르면 AI 로봇이 갖다 줄 것이다. 물론 극지방처럼 철도 인프라를 구축하기 어려운 지역은 여전히 항공기가 제 기능을 하고 있을 것이다.

2 | 초·중·고등학교 교사, 대학교 교수 등 교육 관련 종사자

뜨는 직업 현재에도 온라인에서 광범위한 주제의 교육이 무상으로 제공되고 있지만, 학생에 대한 인성 교육과 정서 교육으로 선생님의 역할이 필요하다.

지는 직업 정보 서비스의 발전으로 온라인 교육의 비중이 점점 커지고 있어서 선생님의 설 자리가 점점 좁아진다. 또한, 이미 교사의 정원이 포화 상태에 이르러 시험에 합격해도 교사로 배치받으려면 오랫동안 기다리는 경우도 발생한다.

초·중·고등학교 선생님의 가장 중요한 역할은 학생에 대한 인성 교육이므로 종사자의 숫자가 급격히 감소하지는 않을 것이다. 하지만 수학, 과학 등 교육을 가르치는 정량적 역할은 AI가 담당할 것이므로 학교 선생님은 토론 수업과 정서 상담 등 정성적 역할을 담당할 것이다.

대학교수의 숫자는 점점 감소할 것이다. 과거에는 기술의 발전 속도가 느렸기 때문에 기술과 지식의 경륜으로 대학생을 교육하는 것이 가능했지만 요즘에는 기술 발전 속도가 빠르게 증가하고 있어서 1년만 지나도 죽은 지식이 되는 시대다. 하지만 이공계, 자연계 등 기본적인 지식을 보유해야 하는 전공 교수는 긴 호흡으로 학생들을 교육할 수 있을 것이다. 상대적으로 학생이 쉽게 배울 수 있는 경영 분야 교수는 지속적인 학문 개발을 하지 않는다면 교수 자리를 사이버 대학, TED, MOOK, 온라인 강의 등으로 대체 당할 것이다.

3 | 판사, 검사, 변호사 등 법률 관련 종사자

뜨는 직업 산업이 고도화되고 경제가 발전하면서 법률 관련 분쟁이 해마다 증가 추세에 있다. 특히 사람의 주요 활동 무대가 오프라인에서 온라인 공간으로 바뀌면서 기존보다 많은 접촉이 일어나고 있다. 이 영향으로 명예훼손이나 사기 등 범죄는 급속도로 늘어나고 있어서 변호사의 수요가 증가하고 있다.

지는 직업 전통적으로 취업하면 돈을 많이 벌 수 있는 직업으로 인식되어 있지만 앞으로는 수익을 보장받기 어려울 것이다. 로스쿨이 도입되면서 변호사의 숫자가 늘어났기에 취업이 쉽지 않고, 수임료도 점점 낮아지고 있어서 변호사를 개업했다가 파산하는 경우도 종종 발생하고 있다.

취업의 신의 전망

기존 사회에서 일어난 형사, 민사, 헌법 등 다양한 사건에 대해 과거 판례에 대한 데이터베이스가 축적되고 있는 상태다. 이 영향으로 AI와 빅데이터 기술이 발전하게 된다면 어떻게 될까? 판사는 사건을 진행할 때 들어가는 소요 시간이 평균 1년이 걸린다고 하면 이제는 AI가 법적인 판단을 하는데 필요한 내용을 하루 만에 정리하고 그 내용을 바탕으로 결과가 나오는데 4개월 이하로 줄어들 것이다.

검사 입장에서도 해당 사건에 대한 조사만 집중적으로 하고 그 사건과 유사한 범죄의 발생 원인, 조사 진행 상황, 처벌 내용에 대한 데이터 베이스를 쉽게 이용해서 사건 처리를 빠르게 할 수 있다. 그렇게 된다면 지금까지는 과중했던 업무가 줄어들면서 업무 환경도 좋아지겠지만 그만큼 인력이 남아돌게 되어 결국 필요한 검사 숫자가 줄어들 것이다.

변호사의 경우 인터넷에서 법률 관련 질문을 하고 피드백을 받는 경우가 많은데, 직접 변호사 사무실을 가지 않고도 혼자서 소송 진행이 가능해지므로 변호사의 직업 환경은 점점 열악해질 것이다.

종합적으로 법률 관련 종사자의 숫자는 감소할 것이다. 법률 관련 종사자의 업무는 현재 주관적인 요소가 개입될 수 있는 여지가 많아서 전관예우, 뇌물 등 범죄 행위로 비상식적인 재판 결과가 나오는 경우도 있고 국민의 신뢰도 잃어버린 상태다. 이 때문에 AI가 객관적으로 임무를 수행하는 것이 가능하고 효율성이 보장되어 있어서 일자리 숫자가 감소할 것이다. 하지만 4차 산업혁명 시대에서 인간과 로봇, 인간과 드론, 인간과 자율 주행차 등 신산업에 대한 법률적인 수요는 대폭 증가할 것인데 쉽게 말해 변호사의 경우 뜨는 산업에 대한 전문성을 확보해야 생존할 수 있고 대우가 높아질 것이다.

4 | 의사, 간호사, 간병인 등 보건 의료 관련 종사자

뜨는 직업 진입 장벽이 높은 직군이다 보니 일단 의사가 되면 안정적이고 수입이 높은 직업군이다. 또한 인구 고령화가 고착되면서 질병 예방, 건강 증진, 재활 등에 대한 서비스 수요가 점점 증가하고 있으므로 보건 의료 관련 직종의 인력 수요가 커질 것이다.

지는 직업 진입 장벽이 높다고는 하지만 의사의 숫자도 점점 늘어나고 있고 그에 따라 경쟁 역시 치열해지고 있기에 개원했어도 유지하지 못하고 폐업하는 비율이 점점 증가하고 있다. 또한 해외에서는 원격 진료가 활발하게 진행되고 있어서 의사 한 명이 과거와 비교했을 때 더 많은 환자를 돌보는 것이 가능해졌기에 필요한 의사 수가 줄어들 것이다.

　의료인 등은 10년 후 뜨는 직업으로 언론 매체에서 다뤄지고 있다. 필자의 생각으로는 현재부터 10년까지가 의료인들의 주가가 높은 시기가 되고, 10년 후에는 내리막길을 걸을 것이다. 현재 난이도가 높은 수술 환자의 경우 IBM AI 왓슨이나 수술 로봇 다빈치 등이 활약하고 있지만, 아직 초기 상태라서 대부분 수술에서 의사의 손길이 필요하다. 하지만 10년 뒤 의료용 로봇 기술이 충분히 발달한다면? 실무적인 수술에서 경륜이 높은 의사가 집도할 때 과거에는 새내기 의사를 옆에 두겠지만, 이제는 실수가 적고 숙련된 로봇을 원하거나 선택할 가능성이 높을 것이다. 단적인 예로 치위생사의 경우 이미 3D프린터의 보급으로 이른 시일 안에 기존 인력보다 효율적인 일 처리가 가능해졌기에 점차 일자리가 줄어들 것이다.

　하지만 의료 서비스에서도 사람의 손길이 필요한 부분은 일자리 수요가 증가할 것이다. 심리 상담이나 피부 관리, 마사지, 네일아트 등 인간의 손이 필요한 직업 분야는 로봇이 대체할 수 없기 때문이다.

5 | 취업준비생이 가장 많이 지원하고 있는 일반 사무직

이번엔 글을 읽는 독자들이 직접 지원하려는 일반 사무직에 대한 내용을 다뤄보겠다. 2016년 세계경제포럼에서 인사 총무, 회계, 구매, 기획 등 일반 사무직이 점점 줄어들고 있다고 발표하였다. 사라지는 일자리 710만 개는 대부분 사무직 및 관리직이라고 한다. 이를 바탕으로 신문, 뉴스, 블로그 등에서 사무직은 당장 없어질 직업이니 다른 일을 찾거나 기술을 배워야 한다고 주장한다. 구체적인 근거도 없고 대책도 없이 불안감을 조장하고 있다. 취업준비생은 가뜩이나 취업도 안 되는데 취업을 해도 내가 하는 일이 없어질 거라 하니 더욱 혼란스러워한다.

사실 나도 5년 안에 일반 경리 업무와 총무 업무가 자동화 프로그램으로 대체될 것이라고 강의할 때 말한다. 하지만 이렇게 말하고 끝내지는 않는다. 예를 들면 현재 총무 직무를 위해서 취업 준비를 해왔으면 일단 총무팀으로 입사하고 경력을 쌓은 뒤, 총무팀과 직·간접적으로 연계된 인사팀으로 직무 순환을 통해서 업무 전문성을 쌓길 추천한다. 만약 인사팀의 주요 업무도 AI가 차지하게 된다면 인사팀에서 일했던 경력을 바탕으로 4장에서 다뤘던 인재관리자, 개인 구직 매니저 등 사람만이 할 수 있는 직업을 가지면 된다. 이런 식으로 당장 사무직이 소멸한다고 해서 경력 단절이 되는 것이 아니다. 아직 시간이 충분하니 미리 장기적인 관점에서 커리어를 어떻게 쌓을지 커리어 계획을 세운 후 실행하면 된다.

이렇게 뜨는 직업과 지는 직업에 대한 팩트 체크와 당장 취업준비생과 관련된 일자리를 분석하여 생각을 정리했다. 결론은 어떤 직업이라도 언론 매체에서 알려준 대로만 생각하지 말고 위와 같은 사례들을 바탕으로 장기적인 관점에서 생각하는 힘을 발휘해 미래를 대비해야 한다. 다시 말하면 뜨는 직업이든 지는 직업이든 내가 얼마나 자기계발을 하느냐에 따라서 내 운명이 바뀔 수 있다! 운명은 곧 습관이다. 운명을 바꿀 수 없으니 순응해야 한다는 사람이 간혹 있는데, 이때 아인슈타인의 명언을 알려주고 싶다.

> "어제와 똑같은 삶을 살면서
> 다른 미래를 기대하는 것은 정신병 초기 증세다"
>
> – 알버트 아인슈타인 –

취업하기 위해 취업의 신을 찾아오는 취업준비생이 매년 2천 명은 된다. 이들 중에서 본인이 원하는 조건인 야근 없고 돈 많이 주는 안정적인 기업에 들어가고 싶어하는 청년이 많다. 하지만 그런 좋은 기업에 입사하기 위해 노력했던 친구는 거의 없다. 즉 현실과 이상의 갭이 너무 큰데 그것을 좁히려는 노력은 하지 않고 눈높이만 높은 친구가 많아 안타까웠다. 이 책을 읽는 여러분들은 이제부터라도 실행력을 발휘하여 성공하는 습관을 지녀 자신의 운명을 바꿔보자.

| 미래예측전문가 취업의 신 |

'구직 활동, 제대로 하면 돈이 따라온다'

필자는 취업준비생부터 지금까지 12년 동안 매일 신문을 읽으면서 산업 동향과 경제 흐름을 파악하는 습관을 길렀다. 그 덕분에 교육생이 지원할 기업에 대한 채용 공고를 가져오면 이러한 지식을 바탕으로 그 기업에 대해 분석한 후 우수 기업인지 아닌지 판단하여 추천 여부를 결정할 수 있게 되었고 자연스럽게 기업의 흥망성쇠 역시 미리 보이게 되었다. 취업준비생은 기업을 판단할 때 그 기준을 기업 인지도, 연봉, 복리 후생 등을 바탕으로 단기적 시야에서 보고 판단한다. 필자의 기업 판단 기준은 현재 가치와 미래 가치를 바탕으로 성장 가능성이 높은 기업을 선택하는 것인데, 바로 필자가 추천하는 기업 선택 기준이다.

예를 들면 2011년 10월 즈음 취업 교육 사업을 시작하고 얼마 되지 않아서 어떤 교육생을 '바이오스페이스'라는 회사에 합격시켰다. 이 교육생은 유학을 다녀온 인재였는데, 이 회사는 당시 중소기업이었지만 독보적인 기술력을 가진 회사였다. 이런 내용을 설명해주면서 이 회사 주식이 아직 만 원도 안 되지만 앞으로 급속도로 성장할 테니 이 회사 주식을 사두면 분명히 나한테 감사할 것이라고 조언했다. 시간이 흐르고 내 말대로 이 회사는 성장했고 제품이 워낙 잘 나갔기 때문에 제품 이름을 회사명으로 바꿨다. 바로 '인바디'라는 회사다.

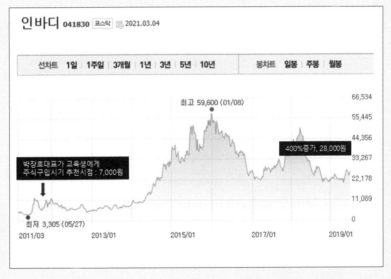

2011년 10월
인바디의 주식은 7천 원대에서
2만 8천 원대로
400% 증가했다

회사의 현재 주식을 보자. 6년 만에 약 4배 증가했다. 쉽게 말해 7천 원대에 주식을 샀으면 6년이 지난 지금 시점에서는 2만 8천 원으로 오른 것이다. 예를 들면 5천 원으로 6년 만기 예금을 넣었다면 이자 수익을 합쳐서 많아 봤자 약 4,500원 밖에 못 번다. 현재 적금 이자가 연 1~2%대임을 고려하면 엄청난 수치다. 아쉽게도 저자는 그때 단돈 200만 원으로 사업을 시작했던 때라 돈이 없어서 주식을 사지 못했다. 하지만 사업을 시작한 지 6년 차가 됐고 어느 정도 자금이 있어서 주식을 샀다. 참고로 주식에 대한 기본적인 지식만 있고 주식 차트에 대한 용어도 잘 모르지만, 회사를 판단할 때 장기적인 관점에서 가치 투자를 하는 타입이다.

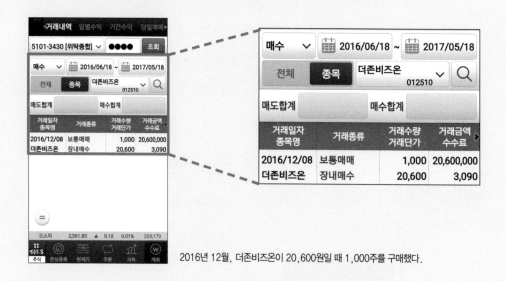

2016년 12월, 더존비즈온이 20,600원일 때 1,000주를 구매했다.

    2016년 12월 즈음 더존비즈온 주식을 20,600원으로 1,000주 샀었다. 이 글을 읽는 분 중에서 더존 프로그램이라고 들어본 사람이 있을 것이다. 총무나 경리 업무를 해봤다면 당연히 잘 안다. 그런데 주식을 사게 된 계기는 2016년, 우리나라에서 전 세계를 떠들썩하게 만든 사건이 일어났는데 바로 알파고와 바둑 기사 이세돌의 바둑 대결이었다. 이세돌이 일방적인 차이로 지는 것을 보고 그때 직감했다. 경영 분야에서 더존비즈온의 회계 처리 프로그램이 총무, 회계, 경리 업무를 하는 인력을 대체하게 될 것이라고.

    그리고 이 회사의 주식은 그다음 해 4월부터 급등해서 5월 12일 31,050원일 때 1,000주를 모두 팔았다. 약 6개월 만에 31,050원으로 50%

가까이 오르고 2,060만 원 투자해서 1,045만 원의 수익을 실현했다. 원래 단기 투자가 아니라 장기적인 관점에서 산 주식인데 생각했던 것보다 빠르게 수익이 난 것이다. 이 회사의 ERP 프로그램 뿐 아니라 클라우드, 정보 보안 등 유망 사업을 등에 업고 앞으로 3년 안으로 주식 1주가 10만 원 이상 갈 것이다. 현재 이 회사의 주식은 6만 원 초반대로, 내가 주식을 산 지 1년 반 만에 3배로 올랐다. 자, 어떤가?

지금까지 설명한 내용이 어떤가? 필자는 더존 프로그램을 사용해본 적이 없으므로 제품 이해도가 없을뿐더러 회계적인 용어도 모른다. 그리고 이공계 출신이 아니므로 디스플레이 기술에 대한 개념이나 관련 지식이 전혀 없는 상태다. 또한, 주식에 대한 지식도 기초만 아는 상태라 차트를 기술적으로 보는 방법도 모른다. 이런 상태에서 일반인이라면 절대로 주식 투자에 손을 뻗지 않을 것이다. 하지만 일상생활을 하면서 우연히 알게 된 회사를 주식 투자할 때 기업 가치를 중심으로 그 기업의 '현재 가치 → 현재와 미래 사이의 중간점 → 미래 가치'를 예측하며 수익을 냈다.

여러분들도 매일 신문을 읽고 주변 환경을 관찰하며 생각하는 습관을 지닌다면 주식뿐 아니라 부동산 등 재테크를 할 때 로우리스크-하이 리턴이 가능할 것이다. 7장을 마무리하며 여러분들에게 알려주고 싶은 것은 간단하다. 취업 준비와 자기소개서를 작성할 때 매일 신문을 읽고 기업 분석을 해야 한다. 이 습관을 지니게 된다면 단순히 주식을 해서 돈을 버는 것을 넘어서 미래를 내다보며 인생을 준비할 수 있을 것이다.

취업 전형의 변화, 변화에 살아남기 위한 취업 전략 – 온라인 면접과 AI 면접

대졸 공채 폐지, 수시 채용 대두, 변화에 살아남기 위한 온라인 면접 전략

'상반기, 하반기 공개 채용'은 이제 옛말이 되었다. 국내 기업의 채용 방식이 현업 부서 주도의 수시 채용으로 바뀌고 있다. 과거에 비해 환경이 다양하고 빠르게 변화해 바로 실무 투입이 가능한 인재를 찾기 때문이다. 기존에 진행되었던 필기시험은 점차 사라지고 이력서, 직무 경험 등을 작성한 경력서, 면접이 합격을 좌우하는 시대가 되었다. 공채 채용 방식에 길들여진 구직자들에게 세상이 커다란 변화를 요구하고 있는 것이다.

효율적인 취업 전략을 세우기 위해서는 기업이 강조하는 '직무 적합성'이 무엇인지 알아봐야 한다. 기업은 지원자가 수강한 과목, 직무 관련 교육, 관심 분야, 동아리 활동, 성장 가능성을 통해 종합적인 관점에서 적합 인재 여부를 파악하려 한다. 이제 높은 학점과 어학 점수만으로는 취업의 문이 열리지 않는다. 회사에 들어가기 위해 어떤 구체적인 경험을 쌓았는지 강력하게 어필해야만 기업의 러브콜을 받을 수 있다.

이런 상황에서 취업 성공을 위한 핵심은 바로 '온라인 면접'에 있다. 코로나 사태 이후 대면 면접을 지양하는 분위기가 강해지면서 비대면 면접을 활용하는 기업이 늘어나고 있다. 아날로그적인 요소가 사라진 100% 디지털 방식의 채용 시스템에서 우리는 어떻게 살아남아야 할까? 어떤 상황에든 방법은 있기 마련이지만 혼자서 묘안을 찾아내는 것은 결코 쉽지 않다. 제대로 된 전문가의 의견을 들어보는 것이 좋지 않을까?

취업의 신이 여러분의 막막한 마음을 시원하게 뚫어주겠다.

온라인 면접 가이드

준비 사항

- **응시 환경** : 카메라, 유선 인터넷, 밝은 조명, 스피커, 마이크(헤드폰)
- **응시 방법** : 외모/복장

주의할 점은 온라인 면접 사전에 파트너(지인, 코치)와 시뮬레이션을 필수로 해볼 것을 권장한다. 테스팅 없이 바로 시행했다가 낭패를 볼 수 있으니 주의하자. 또한 유선 랜선 연결을 추천한다. 무선 와이파이로 접속하면 접속이 원활하지 않을 시, 면접 흐름이 끊길 수 있다. 혹시 모를 돌발 상황 발생의 우려가 있으니 플랜 B로 웹캠이나 휴대폰을 세팅해두자.

AI 면접 가이드

AI 면접 전형이 2020년 7월 35개 이상, 12월 430개 이상 도입되었다. 코로나19 바이러스 대유행으로 비대면 전형이 필수화 되었고, AI 채용이 점점 더 늘어나는 추세이다. 급변하는 시대적인 변화로 자동화 시스템을 도입, 빠르게 자리잡고 있다. 또한 채용 평가를 프로그램화 하면 객관적인 평가가 가능하기에 각 기업들이 이 프로그램의 도입에 시동을 켜고 있는 추세이다. 추가로 채용 절차의 효율성을 꼽을 수 있다. 하지만 AI 면접이 도입된 지 오래되지 않은 전형이다 보니 아직 취준생들에게 확실한 정보가 많지 않은 것은 사실이다. 전형 자체가 늘어나고 게임 전형을 왜 하는 것인지 내재적 불안과 부정적 인식이 있다. AI 전형으로 얻을 수 있는 결과표에는 질문 리스트는 물론, 등급, 직무 적합도, 지원자 키워드, 전체 지원자 분포 등 다양한 레포트가 제공된다.

AI 면접은 자기 분석과 뇌 과학 분석, 심층 분석으로 나뉜다.

1 | 자기 분석

자기 분석에는 기본 면접, 인성 검사, 상황 면접이 있다. 첫째, 기본 면접에서는 생각 30초, 답변 30초를 기억하자. 직무/입사, 지원 동기를 중심으로 자기소개와 같은 기본 질문이 주를 이룬다.

둘째, 인성 검사에서는 자기보고식 탐색으로 10문항당 제한 시간 60초 안에 답을 해야 한다. 질문 수는 기업별로 다르며, 한번 체크 시 수정이 되지 않는다. 직관적으로 답을 해야 하고, 평균 시간 안에 체크해야 하며 정답은 없다. 체크한 답은 수정이 안 되는데 실수 1~2개는 괜찮으니 너무 연연하지 않는다. 마지막 상황 면접은 본연의 모습을 보여줄 수 있는 답변하기 어려운 질문들로 구성이 되어 있다. 예시로 보험 가입을 희망하는 친구의 연락에 어떻게 할 것인지, 소개팅을 나갔는데 지갑을 두고 온 경우 대처 방법은 무엇인지, 공연장 앞쪽에서 새치기를 당한 경우 어떻게 할 것인가 같은 질문들이 나온다. 답변할 때 의미없는 미소를 계속 짓는 것은 마이너스 요인이니 기억하자.

상황 면접 질문 예시

Q1) 공연장에서 티켓을 사려고 기다리는데, 앞사람이 새치기를 한다면?

Q2) TF팀에 무임승차하려는 사람이 있다면?

Q3) 친구가 보험 가입을 요청한다면?

Q4) 고객이 입었던 옷을 가져와 환불해달라고 한다면?

Q5) 3명이 여행 시 둘은 A 코스를, 한 명은 무조건 B 코스를 가기로 원한다면 어떻게 설득할 것인가?

모두 정답이 없는 질문들이다. 생각할 시간 20초를 갖고, 자신감 있게 부정적 인식에서 긍정적 인식으로 개선된, 인식 변화를 보여준다. 인성 검사를 기반으로 한 심층 구조화된 질문들이 제시되다 보니 질문의 예상이 어렵다.

AI 면접에서는 예상외 질문이 많기 때문에 답변 역량을 높여야 한다. 절대 외워서 준비하지 않는다. 처음에 핵심을 얘기하고, 기업 분석을 통해 기업의 비전과 인재상을 고려해서 스크립트를 쓰되 외우지 않고, 구조화시키는 연습이 필요하다. 내용을 구조화시켜 명확하게 전달하는 연습이 필수적이다. 나의 강점이 먼저가 아니라 기업의 니즈가 우선이다. 사기업은 기업/직무/산업/필요역량/상품/인재상에 포커싱을 둔다면, 공기업은 직무기술서를 바탕으로 본다.

2 | 뇌 과학 분석

P6을 기반으로 한 게이미피케이션이다. 게이미피케이션이란, 게임의 매커니즘, 사고방식과 같은 게임 요소를 접목시키는 것이다. 메가 분석으로 8개의 직군이 있다. 8개의 직군으로는 엔지니어, 디자인, 영업/마케팅, 서비스, 연구개발, 생산직, 경영지원, 생산관리가 있으며 앞으로 더 세분화될 것으로 예상된다. 직군별로 다른 게임들이 나온다. 게임이지만 어렵기 때문에 심리적으로 압박을 준다. 다만 다음 심층 분석 결과의 신뢰성을 높이기 위한 것이니 여유를 가지고 임한다. 대표적인 어려운 게임으로 N번째 도형 맞추기, 감정 표정 맞추기, 카드 뒤집기, 원반쌓기 등이 있다. 각 게임이 평가하는 요소는 1~2개이며, 계획 능력, 추론 능력, 정보 처리 능력, 행동 제어가 있다.

점수에만 신경쓰지 말고, 게임 패턴 과정을 분석한다. 게임을 잘 하는 것이 아니라 직무에서 요구하는 역량의 행동 패턴 및 게임 진행 방식을 맞추는 것이 중요하다.

3 | 심층 분석

심층 구조화 면접으로, 기업 맞춤형 질문들이 나온다. 생각 30초, 답변 60초를 기억하자. 답변은 20초 이상 하는 것이 좋다. 예로, 기업의 니즈를 반영한 질문이나 영어로 지원 동기 질문을 들 수 있다.

심층 면접 질문 예시

Q1) 이 세상은 살만한 곳인가? 장단점은?

Q2) 주변에 가장 성공한 사람과 그 이유는? 그 사람과 나의 차이점은?

Q3) 업무는 공동으로 하는 게 나은가 or 각자 역할 분담하는 게 나은가?

Q4) 10년 뒤 가장 만족할 만한 성과는? 그 성과를 달성할 구체적인 계획은?

인성 검사 때 체크한 내용에 대한 숙지가 필요하다. 본인이 표현하고자 하는 인성의 컨셉을 잡고 인성 검사를 하면, 컨셉에 맞춘 심층 구조와 질문 답변이 가능하다. 너무 간절해서 기업에 나를 너무 맞추는 것은 검사 신뢰도를 떨어뜨리니 주의하자.

자주 물어보는 AI 면접 프로세스 Q&A

Q. 맥북 사용해도 되나요?

A. 윈도우, 맥, 브라우저 상관없다.

Q. 에어팟(무선 이어폰) 사용해도 되나요?

A. 노트북 내장 마이크나 무선 이어폰보다는 PC용 카메라, 마이크, 헤드셋, 이어폰을 추천한다. 이어폰의 경우 마이크가 입 근처로 오는 이어폰을 활용하는 것이 좋다.

Q. 유선 랜선으로만 해야 하나요?

A. 무선 와이파이보다 유선으로 하는 것이 좋다. 와이파이가 불안할 수 있다.

그 외 유의 사항

1. 복장

- 기업마다 다르지만, 단정한 사복 착용.
- 정장은 필수 사항이 아니다.
- 탈락 사례 - 모자를 쓰는 경우

2. 장소

- 깔끔한 환경 조성.
- 집이라면 돌발 상황이 많으니 사소한 부분도 주의한다.

  ex. 애완동물, 가족 불화
- 스터디룸
- PC방룸
- 학교 및 회사룸

3. 접속

- 활성화 되어 있는 모든 프로그램은 종료하고 온라인 면접 프로그램만 진행.
- 응시 도중 새로고침은 누르지 않는다.
- 크롬의 경우, 2회 이상 재접속은 제한.

  (KT&G의 경우, 이슈가 있어서 2회에서 5회로 허용되었다.)

4. 그 외

- 마이크 Fail을 꼭 체크한다. 삼성 노트북의 경우 '시큐리티 캠' (사생활 보호 해제)인지 확인하길 바란다.

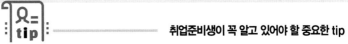

취업준비생이 꼭 알고 있어야 할 중요한 tip

저자는 취업전문가이면서 인사담당자이다. 또한 현재 200명 규모의 인사담당자 단체인 HR아너스포럼의 회장으로 활동하고 있다. 이 모임을 통해 다양한 정보를 접하게 되는데, 그 중 AI 면접이 처음에는 효과가 있었지만 면접 문제가 출제되고, 구직자들이 그에 대한 대비를 하기 때문에 AI 검사를 도입했다가 다시 취소하는 경우가 많아지고 있다고 한다. 그러므로 AI 검사를 준비하되 너무 몰입해서 시간을 낭비하면 안 되고, 채용 공고를 찾아 입사 서류를 작성하는데 비중을 두는 것이 좋다.

인생에서 성공하려거든 끈기를 죽마고우로,
경험을 현명한 조언자로,
신중을 형님으로, 희망을 수호신으로 삼으라.

| 조지프 에디슨 |

취업의 신 박장호

자소서 작성, '기본기'가 좌우한다

자기소개서 프로파일링

자기소개서에 쓸만한 경험이 없어

문제제시 자기소개서를 작성하려고 책상에 앉았는데 몇 시간째 헤매고 있다. 실제로도 여러 가지 활동을 하며 살았는데, 왜 자기소개서를 쓰려고 하면 쓸 만한 경험이 없을까? 이 책을 본 구직자들도 처음 구직 활동할 때를 떠올린다면 공감할 것이다.

대안제시 프로파일링을 작성하기 전에 본인의 경험에 대한 인식의 개선이 필요하다. 빨리 취업하고 싶다고 무작정 입사지원서를 제출해서 서류에서부터 광속 탈락하지 말고 자기소개서 프로파일링을 먼저 작성하자. 자기소개서 프로파일링이란 다양한 사회 경험과 대·내외 활동에 대한 항목을 모아 놓은 '인생 경험 다이어리'라 할 수 있다. 자기소개서 프로파일링을 작성하면 쉽게 자기소개서 소스를 정리할 수 있고, 이를 바탕으로 새로운 자기소개서 항목도 쉽게 쓸 수 있다.

여러 경험 중 서포터즈, 홍보대사와 같은 대외 활동보다 아르바이트, 인턴, 계약직 같은 사회경험을 중점적으로 작성해야 직·간접적 직무 및 실무 경험으로 인정받을 수 있다.

근거제시 에피소드를 통한 역량 어필이 필요한 이유는 인사담당자가 어학 점수, 학점 같은 스펙만으로는 지원자가 직무 관련 실무 인재인지를 파악하기 어렵기 때문이다. 프로파일링은 추후 면접을 준비할 때도 유용하니 자소서와 면접을 효율적으로 준비할 수 있는 핵심 자료라고 생각하면 된다. 이제부터 자기소개서에 쓸 경험을 빨리 찾아내는 방법을 알아보자.

자기소개서
프로파일링 예시

성장 과정

부모님의 직업과 내용

부모님께서는 부동산 사업을 하시며 사람을 상대하는 직업을 가지고 계셨다. 이에 계약을 성사시키지 못하는 상황이 오더라도 낙심하지 않고 계속 도전하는 긍정적인 마음 가짐이 중요하다고 항상 말씀하셨다. 또한 정직하고 친절한 중개로 우수 공인중개사로도 선정되셨다.

부모님께서 하시던 말씀 및 가치관

부모님의 사무실이나 집안 곳곳에는 항상 포스트잇이 붙여져 있었다. 그 포스트잇에는 '긍정적으로 살자'라는 말이 써 있었다. 어딜 가나 이 말을 보고 살아와서 나 역시 '긍정'이라는 가치관을 갖게 되었다. 이 가치관은 생각과 행동의 근간이 되었다.

초등학교 시절 에피소드

어렸을 때부터 남들 앞에서 노래 부르는 것을 좋아했다. 자연스레 다른 사람들 앞에서 분위기를 띄우는 일을 즐기게 되었다. 한 번은 동네 노래자랑 대회에 나가 트로트를 불렀는데, 마침 한 방송 프로그램에서 촬영을 나와서 전파를 탔다. 그 후 동네에서 '리틀 태진아'로 불리게 되었다.

중학교 시절 에피소드

중학교 시절 영어를 잘하지 못했다. 하지만 못하기 때문에 더 열심히 해야 한다는 생각에 틀린 답이라 할지라도 당당히 손을 들고 대답하는 습관을 들였다. 이러한 노력으로 영어 실력은 점점 좋아졌고 나중에는 영어 수업 내 팀별 활동에서 조장을 맡기도 했다.

고등학교 시절 에피소드

고등학교 시절에는 솔직히 공부보다 화장품에 관심이 많았다. 실제로 화장품을 구매해서 사용해보고 그 후기를 블로그에 올리기도 했다. 또 파워블로그를 찾아서 서로 정보를 공유하다 보니 하루 500명 이상의 방문자 수를 기록한 적도 있다. 이처럼 하나의 분야에 몰두해서 전문성을 키우려고 하는 노력을 어렸을 적부터 꾸준히 해왔다.

성격 장단점

장점	단점
• 꼼꼼하다 ex) 롯데카드 센터에서 일할 때 수치와 관련된 업무는 항상 두 번씩 확인했다. • 알뜰하다 ex) 물건을 구입할 때 여러 사이트를 비교한 뒤에 구입한다. • 성실하다 ex) 학교를 다닐 때나 회사에 다닐 때 지각, 결석이 없었다.	• 결정을 내리는데 시간이 오래 걸린다. 보완) 기한을 맞추기 위해 수첩에 마감기한 2일 전날을 마감일로 기록 후 진행한다. • 책임감이 강해 뭐든지 혼자 해결하려는 경향이 있다. 보완) 업무 시 단계별로 중간보고하며 소통을 통해 효율적으로 업무를 처리한다. • 꼼꼼하게 하다 보니 업무 처리에 시간이 오래 걸린다. 보완) 우선순위를 정하고 포스트잇에 붙여놓아 업무를 단계적으로 끝내려고 한다.

아르바이트

1 | 취신식당: 서빙 및 청소(2017. 01 ~ 2017. 03)

워낙 큰 식당이었기 때문에 많은 고객을 응대하고 그릇 청소하는 역할까지 담당했다. 체계적인 식당이어서 오래 일을 한 사람들은 등급이 가장 높았다. 나는 아래 등급이었기 때문에 중요한 역할보다는 간단한 서빙, 청소 등을 담당했는데 내성적인 성격을 바꾸는 계기가 되었다.

2 | 취신호텔 단기 아르바이트(2017. 01 ~ 2017. 02)

서빙 및 그릇 비우기 담당으로 호텔 관련한 기초 지식을 습득하여 고객을 대할 때 자연스럽게 할 수 있도록 했다. 정해진 업무에 금방 적응한 덕에 자주 다니면서 숙련도를 쌓을 수 있었다.

3 | 취신문서고 정리(2016. 10 ~ 2016. 12)

이면지를 정리하거나 청소, 잔심부름을 하는 단순한 작업을 했다. 반복적인 업무를 수행했기에 어려움은 없었지만 직원들의 잔심부름을 도맡아 해야 했기에 신속한 업무 처리 능력을 키울 수 있었다.

4 | 취신예식장, 취신리조트 단기 아르바이트(2015. 12 ~ 2016. 03)

대학 시절 학과장님의 지인 소개로 수시로 일이 생길 때마다 일했다. 특히 리조트에서는 하우스 키핑과 서빙을 하면서 리조트 방을 하루 20개 치우는 역할을 했다. 화장실 청소 같은 힘든 일도 나서서 했다. 하우스 키핑은 힘들었지만 일하는 아주머니 동료 분들과 대화를 많이 하고 친분을 쌓았다.

인턴활동

1 | 취신무역(2017. 03 ~ 2017. 08)

B2B 마케팅의 기초 파악, KYP 상품 등록, 가입 업무, 자료 업로드를 하다가 업무 파악을 일찍 끝내 인턴 기간을 연장하게 되었다. 그 후에는 해외 시장 보고서 작성 등 더욱 능력이 필요한 업무를 담당하기도 했다. 다른 아르바이트생이 들어왔지만 그 사람보다 일을 월등히 잘 해서 인턴 기간이 두 번이나 연장되었다.

2 | 취신텔레콤(2016. 11 ~ 2017. 05)

핸드폰 케이스 제조 회사에 입사하여 SNS 마케팅 및 콘텐츠 기획, 이벤트 기획 및 운영, 페이스북 광고 진행, 체험단 관리, 파워블로그 리뷰, 온라인 사이트 매출 분석 및 보고서 작성, 채널별 배너 이미지 기획, 보도 자료 작성 등의 업무를 담당했다. 이 중에서도 SNS 활동량 증진과 제품 홍보를 위해 영화 예매권 이벤트를 기획하여 포스팅 당 좋아요가 평균 20건에서 120건으로, 공유가 평균 1~2건에서 40건으로 증가했다. 그런데 이후에 마케팅 팀장이 권고사직을 당해서 CS 업무까지 맡게 되었는데, 3개월의 인턴 기간 중 2개월은 거의 CS 업무 처리를 더 많이 했다.

공모전

대학생 창업 공모전(2017. 02 ~ 2017. 05)

대학 시절 창업 동아리 활동을 했고 다같이 뜻을 모아 공모전에 참여했다. 직접 발로 뛰는 시장 조사와 전문가 인터뷰를 통해 정보를 찾았다. 시장 조사를 할 때는 어린 학생들이라 문전박대 당하는 일도 있었다. 하지만 끝까지 도전했고 팀원이 힘을 모아 밤샘 작업도 해가며 전국 2위라는 타이틀을 따낼 수 있었다.

1 | 취신화장품 서포터즈(2017. 05 ~ 2017. 07)

시제품 의견 제시 및 신제품 아이디어 도출, 제품 온라인 홍보 및 타사 온라인 프로모션 조사, 트렌드 파악 및 활용 방안 제시, 오프라인 프로모션 기획 및 브랜드 홍보를 담당했다. 실무를 직접 경험해본 것도 좋았지만 다른 사람과 협력하면서 일했던 것이 재미있었고 지금도 인맥을 이어오고 있다. 관리했던 블로그는 일 평균 1,000명 이상 방문하기도 했다.

2 | 취신투어 서포터즈(2017. 01 ~ 2017. 03)

블로그와 페이스북을 통한 온라인 홍보, 오프라인 모임 및 기획과 어플 홍보 업무를 진행했다. 다른 대학 서포터즈와 함께 오프라인 모임을 기획하여 야광 팔찌를 나눠주는 등 재미있게 활동했다. 조장을 맡았으나 역할을 다하지는 못했다. 하지만 트러블 시 중재하는 역할을 맡기도 했다.

3 | 취신커뮤니티 카페(2016. 12 ~ 2017. 02)

온라인 커뮤니티 게시글 작성 및 댓글 작업, 페이스북 게시글 댓글 작업 등에 참여했다. 카페 운영자들과 원활한 소통 및 친목 관계를 다지면서 사회생활을 익혔다. 교육 프로그램 기획에도 직접 참여하며 유익한 경험을 쌓을 수 있었다. 오프라인 모임 때는 거리가 멀어서 힘들었던 기억이 있지만 즐거웠다.

취신요양원(2017. 01 ~ 2017. 01)

대학교 시절 요양원에서 한 달 동안 주말마다 봉사 활동을 했다. 할머니 할아버지들을 목욕시켜 드리는 일이나 식사 준비를 담당했다. 몸을 제대로 가누지 못하는 분이 많았던데다 한여름이어서 체력적으로 많이 힘들었다. 하지만 봉사하는 삶이 얼마나 희생적인 일인지 깨달을 수 있었다.

동아리

창업동아리 취신잡스(2017. 02 ~ 2017. 06)

창업에 꿈이 있는 사람들이 모여 동아리를 만들었다. 창업에 관심이 있는 사람들인 만큼 신념이나 목표, 추진 스타일이 개성 있고 한편으로는 완고한 면도 있었다. 동아리 장 활동을 하면서 이러한 의견 충돌을 조율하고 해결하는 역할을 많이 했다. 힘들기도 했지만 공모전에서 수상도 하면서 단합을 다질 수 있었다.

총평 막상 자기소개서를 작성하려고 하면 제일 먼저 어떤 사례를 담아야 할지 막막하다. 이때 프로파일링부터 작성하면 막막함이 사라질 것이고 자기소개서 항목 작성 시 필요한 부분만 발췌하여 작업하면 된다. 다른 스펙 쌓느라 시간 보내지 말고 본인 경험 안에 숨겨진 스토리를 발굴하는데 시간과 노력을 들이면 자기소개서 작성은 쉬워진다. 이로써 자기소개서에 드는 고민과 작성 시간이 확연히 줄어들 것이다.

자기소개서 프로파일링 알짜 tip

자기소개서 프로파일링을 작성할 때 3~4줄 정도로 간단히 작성한 후 기업이 좋아할 경험을 골라내서 500자 분량으로 구체적으로 작성해야 한다. 만약 위 항목에 대해 해당 경험을 1단계부터 구체적으로 작성하면 자소서 작성하는 시간이 '시간' 단위가 아니라 '날짜' 단위로 일주일까지 걸릴 수도 있다. 간단히 작성한 다음 자기소개서 항목에 적합한 소스를 찾아낸 후 구체적으로 작성해야 시간을 효율적으로 쓸 수 있다. 앞서 이야기했지만, 시간은 우리를 기다려주지 않는다. 명심하라! 여러분이 취업할지 말지는 여러분의 손에 달려있다!

자소서 소제목 작성법

채용담당자를 한 번에 사로잡아야

 요즘 같은 취업난에 면접관들 역시 하루에도 수십, 수백 장의 서류를 검토해야 한다. 기존 업무만으로도 바쁜데 말이다. 자기소개서에서 가장 처음으로 보는 것은 소제목인데 내용이 식상하다면 눈에 띄지 않아서 면접관들이 바쁠 때에는 읽히지 못한다.

 소제목이 간결하면서도 이해하기 쉽거나 호기심이 유발되는 내용이라면 채용담당자가 읽을 가능성이 높아진다. 소제목 작성 팁은 인사담당자 눈에 띄도록 신문의 헤드라인처럼 소제목을 작성하는 것이다. 주변에서 흔히 볼 수 있는 온·오프라인 뉴스의 헤드라인을 벤치마킹하면 된다.

 소제목을 작성하는 능력은 곧 '필력'을 뜻하는데 채용담당자는 필력이 뛰어나다면 입사하고 나서 본인이 쓰게 될 사업보고서, 계획서, 제안서 등 각종 문서를 작성하는 능력을 보유했다고 판단한다.

소제목
Before & After

성격 장단점

Before

"부드러운 카리스마"

저는 어떤 조직에서든 부스터 역할을 할 수 있는 부드러운 카리스마가 있습니다. 또한 긍정적 성격으로 항상 미소를 지으며 행동하다 보니 새로운 일을 시작할 때의 두려움도 없앨 수 있었습니다. 긍정적 사고 덕분에 표정도 점점 밝아졌고, 행동도 적극성을 띠게 되었습니다. 이에 학과 동아리 회장으로서 팀원들의 화합을 이끌어내어 교내 우수 동아리라는 공통의 목표를 달성한 경험도 있습니다. 이처럼 저는 긍정의 힘을 믿으며 원하는 목표를 이루기 위해 이 힘을 이용할 줄 아는 능력이 있습니다. 반면 완벽을 추구하는 성격으로 인해 때로는 일을 수행함에 있어 효율성을 떨어뜨리기도 했습니다. 하지만 상황을 판단하여 우선순위를 정하는 능력을 기름으로써 이러한 단점들을 보완하고, 필요한 경우 포기할 줄도 아는 마음의 여유를 가지기 위하여 노력했습니다.

COMMENT "부드러운 카리스마"라는 소제목, 어떻게 생각하나? 바쁜 채용담당자가 이 소제목을 보고 본문 내용을 읽고 싶어 하겠는가? 이 지원자는 지금까지 살아오면서 신문이나 책을 전혀 읽지 않은 것으로 판단된다. 신문이나 책을 읽지 않았다면 일반 상식과 지식의 수준이 낮을 것이라고 판단하여 어떤 기업에서든 서류 전형에서 탈락당할 것이다.

◆
이 소제목이 잘못된 이유는 소제목에 대한 고민과 노력을 하지 않았다고 느껴지기 때문이다. 인사담당자는 이렇게 쓴 자소서를 보고 "생각나는 대로 적고 다음 항목으로 넘어갔구나."라고 판단한다.

만나면 좋은 친구, '스마일맨 박장호'

방송 3사 중 M사의 로고송에서 "만나면 좋은 친구~"라는 구절이 있었는데 이를 응용해서 만들었다.

저는 어떤 조직에서든 부스터 역할을 할 수 있는 부드러운 카리스마가 있습니다. 또한 긍정적 성격으로 항상 미소를 지으며 행동하다 보니 새로운 일을 시작할 때의 두려움을 없앨 수 있었습니다. 긍정적 사고 덕분에 표정도 점점 밝아졌고, 행동도 적극성을 띠게 되었습니다. 이에 학과 동아리 회장으로서 팀원들의 화합을 이끌어내어 교내 우수 동아리라는 공통의 목표를 달성한 경험도 있습니다. 이처럼 저는 긍정의 힘을 믿으며 원하는 목표를 이루기 위해 이 힘을 이용할 줄 아는 능력이 있습니다. 반면 완벽을 추구하는 성격으로 인해 때로는 일을 수행함에 있어 효율성을 떨어뜨리기도 했습니다. 하지만 상황을 판단하여 우선순위를 정하는 능력을 기름으로써 이러한 단점들을 보완하고, 필요한 경우 포기할 줄도 아는 마음의 여유를 가지기 위하여 노력했습니다.

COMMENT 본문 내용을 요약하면 성격이 밝아서 긍정적인 마인드를 가지고 있으며 또한 사람들과 쉽게 친해지고 리더십도 있기 때문에 우수 동아리도 만들었다고 했다. 여러 성격의 장점을 어필했는데, 본문 내용을 함축시켜서 소제목을 새롭게 작성했다. 보이는가? 본문 내용은 동일하고 소제목만 바꾸었을 뿐이다. 아까 전보다 훨씬 문장을 이해하는데 도움이 되지 않는가?

학창 시절

"대화와 끊임 없는 노력을 통해 조직을 이끌다"

소제목을 읽었을 때 어떤 내용인지 한 번에 이해가 되지 않는다.

대학교 3학년 때 학과 동아리 인원 30명을 이끄는 대표가 되었습니다. 구성원 대부분은 개성과 자기주장이 강했습니다. 모임을 위해 시간 맞추는 것 자체가 힘들 정도였습니다. 하지만 강압적 대표보다는 대화와 타협으로 조직을 이끌어 나가는 부드러운 대표가 되고 싶었습니다. 토의나 회의 시 조원들의 생각을 골고루 듣고 발언을 이끌어내려고 노력했습니다. 물론 처음에는 생각처럼 잘 되지는 않았습니다. 주변에서는 강압적으로 조직을 이끌어야 한다고 충고하기도 했습니다. 하지만 대화와 타협으로 무슨 일이든 솔선수범을 보인다면 조원이 믿고 따라와 줄 것이라는 신념이 있었습니다. 신입생처럼 먼저 일을 나서서 하고 열심히 하는 모습을 보였습니다. 그러한 노력 끝에 현재는 동아리 팀원 모두 서로 의지가 되는 든든한 버팀목이 될 수 있었습니다. 이러한 경험을 통해 책임감과 부드러운 리더십을 키웠고 한층 더 성장할 수 있는 기회를 얻었습니다.

COMMENT 성격 장단점의 Before보다 소제목 완성도가 높아졌지만 시선을 끌지 못하는 소제목 스타일이다. 문장 형식의 소제목은 구직자들이 가장 많이 쓰는 방식인데 이러한 작성법을 계속 사용한다면 서류 통과 확률이 낮아질 것이다.

A f t e r

"동아리 회장 박장호가 왜 신입생으로 오해 받았을까?"

대학교 3학년 때 학과 동아리 인원 30명을 이끄는 대표가 되었습니다. 구성원 대부분은 개성과 자기주장이 강했습니다. 모임을 위해 시간 맞추는 것 자체가 힘들 정도였습니다. 하지만 강압적 대표보다는 대화와 타협으로 조직을 이끌어 나가는 부드러운 대표가 되고 싶었습니다. 토의나 회의 시 조원들의 생각을 골고루 듣고 발언을 이끌어내려고 노력했습니다. 물론 처음에는 생각처럼 잘 되지는 않았습니다. 주변에서는 강압적으로 조직을 이끌어야 한다고 충고하기도 했습니다. 하지만 대화와 타협으로 무슨 일이든 솔선수범을 보인다면 조원이 믿고 따라와 줄 것이라는 신념이 있었습니다. 신입생처럼 먼저 일을 나서서 하고 열심히 하는 모습을 보였습니다. 그러한 노력 끝에 현재는 동아리 팀원 모두 서로 의지가 되는 든든한 버팀목이 될 수 있었습니다. 이러한 경험을 통해 책임감과 부드러운 리더십을 키웠고 한

의문형 소제목을 사용할 때 주의할 점은 자기소개서 항목 마다 의문형으로 쓰면 오히려 역효과를 낼 수 있으니 항목 중에서 하나만 사용하도록 하자~!

층 더 성장할 수 있는 기회를 얻었습니다.

COMMENT 의문형으로 끝나는 소제목 스타일은 가장 사용하기 쉬운 소제목 작성법이자 "어디 궁금하면 읽어봐~"라고 낚시할 때 좋은 방법이다. 읽는 사람 입장에서는 호기심을 느껴 읽어볼 만한 자소서라고 판단할 수 있다.

문제를 해결했던 경험

B e f o r e

◆ ┈┈┈┈┈┈┈┈┈┈┈┈┈┈┈

속담 형식 이외에도 영어 명언 스타일의 소제목도 피해야 한다. 잘못하면 면접에서 영어 질문이 들어올 수 있다.

"웃는 낯에 침 뱉으랴"

외식 뷔페 회사에서 근무하던 중 출장 전문팀이 생겨 자원해서 출장 관리 업무를 맡았습니다. 업무 수행 중 고희연 출장 서비스를 신청했던 고객에게 서비스가 진행되는 과정에서 문제가 생겼습니다. 한복 치마에 불꽃이 떨어져 구멍이 생겨 고객이 손해 배상을 요구하게 된 것입니다. 이에 현장 담당자에게 자초지종을 확인하고 상사에게 보고하여 빠르게 대처했습니다. 이후 고객지원팀에게 즉각 보고하여 고객에게 빠른 보상이 이어지도록 했습니다. 해피콜 서비스도 실시하여 고객 만족도 조사를 통해 미흡한 점은 보완하고 만족스러운 점은 강점으로 홍보에 활용했습니다. 이 외에도 출장팀에게 안전사고 교육을 실시해 같은 일이 반복되지 않도록 했습니다. 이러한 상황 대처 능력을 바탕으로 ○○ 회사의 고객 만족을 위해 노력을 다하는 박장호가 되겠습니다.

COMMENT 책을 읽고 있는 독자들은 내가 지금까지 쓰고 있는 소제목 유형 중에서 속담 스타일로 작성하고 있는지 검토해야 한다. 본인이 수행했던 내용을 속담으로 함축시키고 싶은 심정은 이해하지만 채용 담당자 입장에서 소제목에 흥미가 없고 그 속담을 좋아할 가능성도 낮아서 그냥 지나칠 확률이 높다. 거듭 이야기하지만, 신문을 생각하라. 신문에서 속담으로 시작하거나 문장으로 시작하는 기사 제목을 본 적이 있는가? 신문을 철저히 벤치마킹 하라! 여러분이 합격으로 가는 길을 열어줄 것이다.

한복에 구멍이 난 위기 상황을 해결한 '박장호의 4분'

외식 뷔페 회사에서 근무하던 중 출장 전문팀이 생겨 자원해서 출장 관리 업무를 맡았습니다. 업무 수행 중 고희연 출장 서비스를 신청했던 고객에게 서비스가 진행되는 과정에서 문제가 생겼습니다. 한복 치마에 불꽃이 떨어져 구멍이 생겨 고객이 손해 배상을 요구하게 된 것입니다. 이에 현장 담당자에게 자초지종을 확인하고 상사에게 보고하여 빠르게 대처했습니다. 이후 고객지원팀에게 즉각 보고하여 고객에게 빠른 보상이 이어지도록 했습니다. 해피콜 서비스도 실시하여 고객 만족도 조사를 통해 미흡한 점은 보완하고 만족스러운 점은 강점으로 홍보에 활용했습니다. 이 외에도 출장팀에게 안전사고 교육을 실시해 같은 일이 반복되지 않도록 했습니다. 이러한 상황 대처 능력을 바탕으로 ○○ 회사의 고객 만족을 위해 노력을 다하는 박장호가 되겠습니다.

호기심을 일으키면서도 '위기 상황 해결'이라는 역량 키워드를 어필하여 내용을 명확하게 했다.

COMMENT 소제목에서 역량 키워드를 언급하며 호기심을 자극하도록 작성했다. 본문에서도 에피소드 구체화를 통해 신뢰도를 높이고 이 경험이 직무와 어떻게 연결될지 이야기 함으로써 역량을 어필했다.

소제목의 효과

〈Before 소제목〉이 왜 잘못됐는지 살펴보자. 이 소제목들은 추상적이고 모호하기 때문에 제목만 읽고서는 내용을 유추할 수 없으며, 궁금증이 생기지도 않는다. 반면 〈After 소제목〉은 그것만 읽더라도 본문 내용을 유추할 수 있으며 말하고자 하는 의도를 명확히 파악할 수 있다. 그러면서도 흥미를 유발하는 표현을 사용하여 호기심을 자극한다. 위의 사례도 내용은 그대로지만, 소제목만 바뀌어도 글에 대한 호기심이 생긴다는 것을 보여주고 있다.

자소서 소제목 번외편

일본여행 5박 6일을 50만 원으로 다녀온 박장호만의 비결

30년간 회사생활을 하신 아버지께서는 평소에도 절약을 강조하셨고 이런 영향으로 저 역시 평소에 절약하는 습관이 있습니다. 고등학교 졸업여행으로 친구와 일본여행을 계획했지만 모은 여행자금은 100만 원이었습니다. 100만 원으로 2명이 5박 6일간 여행하기 위해서는 돈을 효율적으로 써야 했습니다. 부산으로 놀러 가는 친구 형의 차를 얻어 타고 비행기보다 저렴한 배를 이용해 교통비를 10만 원 정도 절약했습니다. 여러 숙박 사이트를 비교하며 저렴하지만 만족할 만한 숙소를 마련했고, 일본 내에서의 이동수단은 도보와 자전거를 사용했습니다. 그 결과 교통수단과 숙소에 대한 비용을 간소화한 덕에 10만 원 비용을 식비로 충당했고, 100만 원 예산으로 두 명 모두 만족스러운 일본여행을 다녀올 수 있었습니다.

> **COMMENT** 학생 신분으로 6일 동안 일본여행을 갈 때 돈이 별로 없어서 비용 절감을 통해 100만 원으로 행복하게 다녀왔다는 내용을 함축적으로 잘 표현했다.

"이렇게까지 했다고?" 취신공모전 팀장의 끈기

2013년 전국대학교 전공연계 교육공모전에서 장점인 끈기를 바탕으로 금상을 수상했습니다. 관심사가 비슷한 4명의 학생들을 1개 조로 묶어서 10개의 교육 프로그램을 구성했고 대학교수님들과 중고생들의 면담 시간을 마련해 전문성을 보완했습니다. 대상자의 성향을 분석하여 개인별 맞춤 커리큘럼을 짜야 하는 방대한 작업이었지만 결코 포기하거나 낙오하지 않고 교육을 완료했습니다. 그 결과, 5주간의 교육이 종료된 후 만족도는 10점 만점에 8점 이상을 달성했고 공모전 금상과 200만 원의 상금을 수상했습니다. 이처럼 결코 포기하지 않는 끈기를 바탕으로 맡은 업무를 오류 없이 수행하면서도 추진력을 발휘하는 인사총무팀 박장호 사원이 되겠습니다.

> **COMMENT** 본인이 끈기를 발휘해 공모전 준비 과정과 프로그램 구성 및 교육 진행까지 책임지고 수행해 금상을 탔던 과정에 대해 7줄로 서술한 내용을 함축시켜 소제목으로 작성했다.

"김○○의 분석력" 참가자가 30명에서 150명으로 증가한 비결은?

2016년 취업의 신 인턴으로 동대문구청과 '청년취업 힐링콘서트'를 진행할 때 분석력을 발휘한 행사 기획으로 참석자 수를 500% 이상 증가시켰습니다. 기존 힐링콘서트는 취업 과정에 지친 구직자의 위로에만 편중해 구직 활동을 위한 정보 전달이 부족했습니다. 저는 구직자들이 채용 정보 검색에 많은 시간을 할애하는 것을 파악하고, 동대문구 내 영업 이익률 3~5% 사이의 강소기업 3곳을 소개하는 '알짜배기 강소기업' 코너를 기획했습니다. 그 결과 관공서 평균 참여 인원 30명 대비 150명 이상의 구직자가 참석했습니다. 이러한 경험을 활용하여 ○○에 입사 후 고객의 입장에서 생각하고 행동하는 자세로 최적의 마케팅 솔루션을 제공하여 산업 내 경쟁력 강화에 기여하겠습니다.

COMMENT 소제목에서 호기심을 자극하도록 질문 방식으로 구성했다. 30명의 참여 예상 인원을 150명으로 5배 늘린 성과는 기업에서 좋아할 소스이기 때문에 이 에피소드를 궁금하게 만들어 읽도록 했다.

[2023 채용 트렌드]
"자소서 소제목 최악의 유형"

롤모델은 카사노바! 영업, 그 이상을 추구하다.

저는 항상 제가 부족하다고 생각합니다. 자신의 모자란 점을 인정할 줄 알아야만 발전이 있을 수 있다고 생각하기 때문입니다.
저는 현재 매일 1시간씩 처음 보는 여성들에게 접근하여 대화를 시도하고 있습니다. 또한 저의 이상형을 만났을 때 매력적인 모습으로 완벽하게 다가가기 위해 저의 모습을 변화시키고 가꾸고 있습니다.

COMMENT 차라리 소제목을 안 쓰는 것이 나을 정도로 과한 표현이다. 나도 취업준비생 때 차별화된 내용으로 작성했었는데, 이 샘플은 파격을 넘어 경악 수준이다. 너무 지나치게 솔직하게 작성했다. 아니, '솔직'이 아니라 '성격이 이상한 사람'으로 보인다. 과한 표현은 삼가라. 오버액션 하는지, 거짓말인지는 면접에서 어차피 들통난다. 서류 통과에 너무 기를 쓰다가 정작 합격이라는 목표를 잃어버린다면 얼마나 안타까운가. 솔직하게 본인이 한 것을 객관적으로 수치화 하는 것이 더욱 효과적이다.

★ 기타 잘못된 자소서 소제목 사례

A. 명언형 ex) No pain, No gain. 이것이 나의 철학
B. 속담형 ex) 일찍 일어나는 새가 벌레를 잡는다
C. 시인형 ex) 작업 현장을 가득 메운 희망찬 웃음소리
D. 이상주의자형 ex) ○○ 그룹의 세계 1위 도약을 위해 준비된 인재

자소서 기본 공식

취업의 신 자소서 4단계 공식만 알면 취업이 빨라진다!

 문제 제시
반드시 취업하겠다는 비장한 각오로 자기소개서를 쓰기 위해 책상에 앉았는데 곧바로 의욕이 떨어지고 공황 상태에 빠진다. 자소서를 쓰는 양식을 모르기 때문이다. 필자는 취업준비생 초보 시절 일주일이라는 시간을 날려먹었는데, 돈으로 환산해보면 하루 일급이 10만 원이라 치면 70만 원이 허공으로 뿌려진 거다.

 대안 제시
취업의 신에서 교육생들에게 자소서 컨설팅을 제공할 때 강조하는 '취업의 신 자소서 4단계 공식'이 핵심이다.

 근거 제시
자소서 4단계 공식이 몸에 배면 기업에서 S급 인재로 인정받을 수 있다. 구직 활동할 때는 단순히 자기소개서를 수월하게 쓰는 보조재 개념으로 보일 수 있지만, 입사 후 이 공식을 문서 작성, 회의 및 보고 등에 적용하면 업무 적응과 효율이 높아진다.

자기소개서를 쓸 때만 활용하는 것이 아니라 면접 답변 공식에서도 활용된다. 특히 1분 자기소개할 때 이 프레임대로 해야 점수를 높게 받는다. 이렇게 말하는 방식이 '엘리베이터 스피치'이기 때문이다.

STEP 1	두괄식 작성 (80자 내외) - 육하원칙 -	어필하고자 하는 지원자의 강점을 육하원칙에 기반하여 한 줄로 작성
STEP 2	경험의 과정 (300자 내외) - 경험 구체화 -	경험의 과정을 구체적으로 서술
STEP 3	경험의 결과 (80자 내외) - 수치화된 결과 -	결과는 수치화 하거나 그것이 불가능하다면 교훈이나 습득한 역량 키워드 언급
STEP 4	기여할 점 (80자 내외) - 회사에 기여할 점 -	지원하는 회사나 직무와 관련하여 어떤 역량을 발휘할 수 있을지 기술

▸ 1단계는 두괄식으로 말하고 싶은 내용을 쓰는데, 여기서 주의할 점은 육하원칙을 근거로 글을 풀어가야 한다. 또한 반드시 6개 조건을 포함하는 것은 아니고 문장의 내용을 쉽게 이해할 수 있다면 육하원칙에서 1개 조건은 빠져도 된다. 하지만 '원인-결과'는 반드시 포함해야 된다.

▸ 2단계는 경험의 과정이다. 프로젝트나 어떤 일이 발생했을 때 어떤 식으로 업무를 해결했는지 그 구체적 과정을 쓰면 된다.

▸ 3단계는 경험의 결과이다. 예를 들어 동아리의 갈등을 해결한 후 구성원들에게 미친 영향이나 학교 축제에서 일일 주점을 하고 나서 매출액이 어떻게 나왔는가 등을 쓰면 된다.

▸ 4단계는 이런 경험을 바탕으로 회사에 기여할 수 있는 역량이나 주특기를 쓰면 된다.

취업의 신 자소서
4단계 공식에 기반한 자소서 예시

Step1 | 육하원칙에 근거한 두괄식 작성(80자 내외) 2018년 롯데리아에서 판매 업무를 하며 주인의식을 발휘해 방문 고객의 객단가를 높이는 아이디어로 매출액을 전월 대비 320만 원 증가시켰습니다.

> **COMMENT** 자소서 전체 내용의 한 개 항목을 한 문장의 두괄식으로 작성한다.

Step2 | 경험의 과정을 서술(300자 내외) 음식 만들기부터 시작해 고객 응대, 매장 청소를 담당했습니다. 원래 근무 시작 시간은 오전 9시였지만 한 시간 먼저 일찍 출근해 매장 바닥을 닦고 다른 동료들이 기분 좋게 하루를 시작할 수 있도록 유니폼을 가지런히 정리했습니다. 일찍 출근해 오픈 준비를 하면서 특징을 발견했는데 오전에 직장인들이 식사를 안 했기 때문에 커피나 빵을 주문해 가는 것을 보고 출근 시간에 맞춰 커피+디저트 세트를 할인된 가격에 판매하면 매출이 증가하겠다는 생각이 들어 점장님에게 제안했습니다.

> **COMMENT** 담당했던 업무와 관련된 에피소드를 어떻게 해결했는지 등 구체적인 과정을 언급했다.

Step3 | 경험의 결과(80자 내외) 얼리버드 직장인 팜플렛을 만들어 홍보한 뒤 매장 오픈 시간을 당겨 오전 7시부터 커피와 디저트 세트를 판매한 결과, 매출액이 320만 원 더 증가했습니다.

> **COMMENT** 경험을 수행하면서 얻었던 교훈, 성과, 습관 등을 숫자나 키워드로 언급했다.

Step4 | 회사에 기여할 점 (80자 내외) ○○그룹에서 주인의식을 발휘해 마케팅팀과 연계하여 매출 목표를 설정하고, 오퍼레이션 및 매출 관리를 놓치지 않아 영업 이익을 달성하는 박장호가 되겠습니다.

COMMENT 자소서 내용을 작성하다가 끝마무리를 어떻게 써야 될지 모르겠다면 회사나 직무에 기여할 점으로 마무리하면 된다.

Step1 서론에 본인이 어필하고 싶은 능력과 그로 인한 성과를 두괄식으로 명확히 표현했다. 추가적으로 성과를 표현할 때 정확한 수치로 어필한다면 더욱 좋다. 그래야 인사담당자가 첫 문장만 읽고도 나머지 내용의 전반을 알 수 있기 때문이다.

Step2 주인의식에 대한 구체적인 사례가 잘 어필되어 있다. 또한 아이디어를 제시하는 모습을 추가로 어필하였다.

Step3 성과를 시간과 %로 수치화하여 명확히 나타냈다. 기타 상황에 대한 설명도 간결하게 잘 기입되어 있다.

Step4 지원한 직무에 맞게 역량을 기술했고 포부를 소개하는 부분도 열정과 의지를 잘 어필했다. 거창한 목표가 아니어서 더욱 진정성 있는 포부라 볼 수 있다.

[2023 채용 트렌드]
"4단계 공식을 익히면 면접에 활용 가능하다"

자소서 작성을 할 때 4단계 공식을 습득하면 자소서 전형 다음인 면접 전형에서도 활용이 가능하다. 다시 말해 처음 면접 보는 구직자는 면접관이 질문할 때 답변을 어떻게 시작해야 될지 모르는 경우가 많은데, 자소서 4단계 공식대로 말하면 된다. 또한 채용 전형 이외에 입사 후 보고서를 작성하거나 업무 소통할 때 똑같이 적용시켜서 말하면 된다. 취업할 때 열심히 노력하여 얻은 자소서 스킬을 일 잘하는 업무 방식으로도 활용하자!

자기소개서 FAQ

Q **자소서를 처음 쓰는데 어디서부터 작성해야 하는지 막막합니다.**

A 이 책은 자기소개서 작성에 막막함을 느낄 취업준비생들을 위해서 만들어진 책입니다. 기본적인 자기소개서 작성법, 항목별 자기소개서 작성법, 직무별 자기소개서 작성법에 대한 예시와 작성 팁들이 각 파트별로 나뉘어져 있습니다. 본인이 어렵다고 생각하는 부분을 목차에서 찾고, 해당 내용을 참고해서 작성하면 됩니다.

Q **자기소개서 쓸 소재가 없어요.**

A 살아오면서 그동안 다양한 경험을 많이 했을 텐데, 자기소개서 작성 항목에 곧바로 대입시키려다 보니까 소재가 없다고 느껴지는 것입니다. 우선 글로 쓸 수 있는 소재를 먼저 정리해 보고, 그다음에 자기소개서 항목에 맞는 경험이 있는지 퍼즐 맞추듯 대입시키면 됩니다. 자세한 내용은 【PART 2 자소서 작성, '기본기'가 좌우한다 #1 자기소개서 프로파일링】편을 참고하세요.

Q **다른 합격 자기소개서를 참고해서 작성하는데 잘 안 써집니다.**

A 다른 합격 사례는 당연히 다른 사람의 사례일 뿐입니다. 그렇기에 본인의 경험과 일치하지도 않으므로 합격 자기소개서와 비슷하게 쓰더라도 잘 써지지 않는 것은 당연합니다. 다른 합격 사례나 예시들은 참고 정도로 하면서 글 속에서 본인과 일치하는 경험이나 본인이 소재로 활용할 수 있는 것들을 발굴해서 본인만의 이야기로 써야 합니다.

자소서 기본 항목 작성법

문제 제시 구직자들은 1개의 자소서를 쓰는데 시간이 너무 오래 걸린다. 한 개 항목을 작성하는데 하루가 지나갈 때도 있다. 2016년부터 구직자를 괴롭히는 자소서 항목이 점점 많아지고 있으며, 구직자들은 전보다 훨씬 구체적으로 써야 하기 때문에 스트레스가 쌓이고 있다.

대안 제시 자소서 내공을 쌓는 것도 중요하지만 그것보다 하루에 2개 이상의 기업에 지원하는 것이 더 중요한데, 빨리 취업하기 위해서 확률 지원을 해야 한다. 그리고 자소서 항목의 의도를 파악해야 한다. 그래야 방향이 빗나가지 않고 쓸 수 있으며 읽는 사람의 입장에서 내용 역시 쉽게 파악된다.

매번 쓸 때마다 기업의 인재상과 역량을 조사해서 작성하지 말자.

지원할 때마다 정성을 들이면 요즘 같은 서류 광탈이 일상화되어 있을 때 멘탈이 붕괴되어 취업 후유증에 시달릴 수 있다. 정말 오래전부터 입사하고 싶던 기업이 아니라면 무조건 노력을 100% 발휘하지 말고 강약을 조절해라.

근거 제시 자기소개서를 효율적으로 쓰려면 역지사지의 입장에서 질문자의 의도를 파악해야 한다. 그래야 쓸 때도 방향이 빗나가지 않고 제대로 쉽게 쓸 수 있고, 읽는 사람에게도 임팩트를 줄 수 있기 때문이다. 그렇다면 어떻게 명확하고 임팩트 있는 자기소개서를 쓸 수 있는지, 각 항목별로 작성법에 대해 알아보도록 하자.

성장 과정

 질문 의도

'과거 성장 과정을 통해 지원자의 현재 모습을 알아보는 항목'으로 과거의 경험이 현재 지원자에게 어떤 영향을 주었고, 어떤 인성과 가치관, 신념을 형성하였는지 알아보기 위한 항목이다. "네가 살아온 과정이 궁금해, 그 안에서 인성을 볼 거야." 다시 말해 어릴 적 환경과 그 영향을 받은 결과물, 즉 가치관, 인성, 성향을 알아보기 위함이다.

 작성 방법

부모님의 말씀이나 가정 환경, 고등학교 이하 학창 시절 경험을 통해서 어릴 적 환경의 영향을 받은 경험을 쓰고 그것을 통해 형성된 내 가치관이나 인성을 어필하는 것이다. 쉽게 말해 '나는 어릴 적에 이러한 환경에서 무엇을 겪었기 때문에 이런 가치관이 있다.' 이런 식으로 작성하면 된다.

 주의 사항

부모님이나 가족을 소개하는 내용이 주가 되지 않아야 하며 대학교 이전 경험을 쓰는 것이 맞다. 인격이 형성된 과정을 보고 싶은 것이며, 이는 성인이 되기 전의 과정에 해당한다. 여러 개의 사건을 나열하기보다는 어필하고자 하는 내용과 관련된 에피소드를 작성하는 것이 효과적이다.

 출제 항목 예시

‣ 성장 과정 중 가치관 및 성격 형성에 중요한 영향을 준 사람은?
‣ 본인의 성장 과정이 어떠한 영향을 미쳤는가
‣ 성장 과정 중 가족으로부터 가장 인상적인 경험을 써라
‣ 본인의 가치관을 정립하게 된 성장 과정을 설명하고 회사에 기여할 점을 써라
‣ 성장 과정 및 성격을 간략히 기술해라

못 쓴 사례

성장 과정 항목

다음 내용을 읽고 책을 덮은 후 기억나는 내용을 떠올려 보라. 명확하게 기억나는 내용이 없을 것이다.

물방울로 바위를 뚫는 꾸준함의 힘

❶ 저는 어떤 목표든 끝까지 매진하는 꾸준함을 갖추었습니다. 어린 시절부터 무언가 시작하면 끝을 볼 때까지 절대 포기하지 않았습니다.

COMMENT 어린 시절 어떤 일을 할 때 포기하지 않는다는 주장에 대해서 뒷받침할 수 있는 근거가 없기 때문에 신뢰성이 없다. 예를 들어 부모님이 떡집을 운영하면서 맡은 일에 대한 책임감을 강조했기 때문에 어떤 일을 시작할 때 포기하는 경우가 없었다고 하면 지원자의 성장 배경을 이해할 수 있다.

❷ 피아노를 오랫동안 배웠고 취미로 종이 접기를 시작하여 최연소 종이 접기 사범이라는 타이틀을 갖게 되었습니다. 꾸준히 키워온 취미는 어느새 저만의 특기가 되어 가정 형편이 어려운 아이들에게 무료 강습을 해주며 성취감을 느낄 수 있었습니다.

COMMENT 취미로 종이 접기를 했는데, 최연소 타이틀을 딴 내용과 절대 포기하지 않는 특징은 연관성이 떨어지기 때문에 문장의 앞뒤가 안 맞는다.

❸ 전공 공부에서도 끈기를 발휘하여 전과를 결심했을 때도 기존의 전공을 소홀히 하고 싶지 않아 두 과목을 열심히 공부했습니다. 내 선택에 책임을 져야 한다는 생각으로 매일 새벽까지 두 개의 전공을 익혔고, 그 결과 두 전공 모두 과 수석의 성과를 거둘 수 있었습니다.

COMMENT 포기하지 않는 특성을 설명하고 종이 접기와 피아노를 어필하며 마지막으로 전공 공부를 제대로 해서 과 수석을 달성했다는 이 내용 전체가 문서 작성 능력이 떨어진다는 것을 스스로 어필하고 있다.

잘 쓴 사례

~~~~~~~~~~

성장 과정 항목

성장 과정 잘 쓴 사례를 보면 글 내용이 숫자와 단어 키워드를 구체적으로 써서 간결하고 이해하기 쉽다. 이 글을 읽는 채용담당자 입장에서는 꼼꼼하게 일 처리 잘하고 표현력이 뛰어난 지원자로 판단할 수 있다.

부모님께 '용돈 받기'보다 주인의식을 발휘한 '21만 원의 성과'

❶ 30년 이상 한 직장에서 회사생활을 하신 아버지께서는 평소 주인의식을 강조하셨고 이런 영향을 받아

COMMENT 지원자의 인격이 형성된 배경이 아버지의 꾸준한 직장생활을 통한 주인의식이라고 나와있어서 이해하기 쉽다.

❷ 고등학교 2학년 때 교내 축구대회에 참가하며 단체 유니폼의 구매를 결정하는 과정에서 발생한 비용 문제를 주인의식을 발휘해 해결했습니다.

COMMENT 자기소개서 첫 번째 공식인 두괄식(육하원칙)을 구체적으로 작성했다.

❸ 팀원들과 회의 끝에 유니폼의 구매 비용은 한 벌당 15,000원이 적당하다고 결론 내렸습니다. 하지만 제작업체에 문의한 결과 18,000원으로 3,000원이 부족한 상황이 발생했습니다. 각자 비용을 더 부담하면 쉽게 해결될 일이었지만 단체 주문을 한다면 충분히 할인을 받을 수 있을 거라 판단했습니다. 업체에 연락하여 30벌 이상 주문할 시 한 벌당 3,000원씩 할인 약속을 받아냈습니다. 이를 위해 다른 9개 팀 주장을 만나 상황을 설명하고 50벌이 넘으면 더 많은 할인을 요구하겠다고 하며 설득했습니다.

COMMENT 예산 부족의 문제를 다른 팀 주장과 협의를 통해 단체 구매로 단가를 낮췄던 경험의 과정을 읽으면서 머리 속에 생생하게 떠오른다. 이 문제 해결 능력과 소통 능력, 팀워크 능력은 전교 회장감이다.

❹ 그 결과, 이미 유니폼을 주문한 3개 팀을 제외한 6개의 팀과의 단체 주문을 약속했고, 70벌 이상의 주문량으로 총 21만 원 할인을 이끌어냈습니다. 이처럼 업무 수행 시 주어진 업무만 처리하는 것이 아니라 팀의 상황을 제일처럼 여기는 신입사원 박장호가 되겠습니다.

COMMENT 9개 팀 중에서 3개 팀을 제외한 6팀을 설득해서 성공시켰다고 하는데 이 지원자는 구매 직무나 영업 직군 등 협상 능력이 필요한 직무에서는 환영 받을 인재다. 21만 원을 절감했다는 사실도 높은 평가를 받을 수 있는 요소이다.

B

성격의 장단점

 '직무의 특성과 지원자의 성격에 대한 궁합을 보기 위함이다.' 쉽게 말해 직무를 수행할 때 반드시 필요한 성격과 피해야 될 성격이 있다. 기업에서는 지원자가 직무에 대한 적합한 성격을 가지고 있어야 업무 수행이 가능하다고 생각하기 때문에 성격 장단점을 통해 지원자의 성격을 미리 파악하려고 한다.

 작성 방법 본인이 보유하고 있는 여러 가지 장점 중 지원 직무와 연관성 있는 장점을 언급하는 것이다. 직무에 해당하지 않는 장점을 쓰는 지원자는 탈락한다. 단점 제시 후에는 보완책과 극복 과정을 반드시 언급해야 한다. 장점과 단점의 비율은 7:3 정도가 적당하다.

◆
단점을 작성할 때는 소제목을 작성하지 말자. 굳이 드러내서 불이익 당하지 말고 장점만 소제목을 써서 강조하자.

 주의 사항 직무와 연관성이 있는 자신의 장점을 하나만 강조하고 여러 개를 나열하지 않는다. 또한 너무 솔직한 단점은 쓰지 말고 상식적으로 허용할 수 있는 단점을 언급해야 한다. 이를테면 '술만 먹으면 필름이 끊긴다.'는 단점은 허용 범위를 넘어선 것이다.

 출제 항목 예시
▸ 조직 내 혹은 타인과 소통하는 과정에서 본인의 장단점을 작성해라
▸ 본인의 장단점 및 구체적인 사례를 서술해라
▸ 본인의 가장 큰 장점과 단점은 무엇인가?
▸ 자신의 장단점과 단점을 극복하기 위해 노력한 경험은?
▸ 본인의 장단점과 입사 후 장점은 어떻게 활용되고, 단점은 어떻게 보완할 수 있는지 작성해라

못 쓴 사례

성격의 장단점 항목

목적지를 향해 쉼 없이 노 젓는 뱃사공

❶ 제가 생각하는 저의 최대 강점은 '주인의식과 열정'입니다. 지금껏 아르바이트 그리고 직장생활을 함에 있어 단 한 번도 주어진 업무만 처리하려 하지 않았습니다. 일례로 저는 첫 회사에서 제안서를 작성하는 기획팀에 배치 받았습니다. 입찰 공고를 확인하고 제안서를 작성하는 업무만 하면 됐지만 이에 안주하지 않았습니다.

COMMENT 이 내용에서 장점의 핵심이 불분명하다. 주인의식과 열정 등 두 가지 장점으로 강조되어 있는데 차라리 '열정'과 '주인의식' 중에서 1개를 선택하고 나머지 1개는 삭제하는 게 더 간결하다. 글 내용을 보면 '열정' 키워드가 더 적합하다.

❷ 열정을 발휘해 쉬는 주말에도 불현듯 회사 매출에 기여할 수 있는 일이라 판단되면 업무를 했습니다. 이처럼 입사 후에도 목적지를 향해 쉼 없이 노 젓는 뱃사공처럼 실적 달성을 위해 노력하겠습니다.

COMMENT 열정을 어필하는 것은 좋지만 주말 업무를 자신의 주관적 판단으로 회사에 기여할 수 있다고 생각했다. 다른 한편으로는 주관적인 기준에 의해서 독단적으로 일을 하는 지원자로 보일 수 있다.

❸ 저의 단점은 술을 마시면 끝까지 간다는 것입니다. 대학 시절 필름이 끊겨 친구 집 신세를 진 적이 많았습니다. 이러한 일을 겪고 더 이상 문제를 일으키면 안 되겠다는 생각에 마음을 고쳐먹었습니다.

COMMENT 내용 자체가 극단적이다. 과거에 술주정이 있었고 현재는 노력을 하고 있다고 하지만 회사에서 '술주정 DNA'를 보유한 지원자는 잠재적 리스크가 있다고 판단한다. 지나치게 솔직하게 쓴 것이다.

❹ 지금은 최대한 술을 마시지 않으려 자제하며 통제력을 키우고 있습니다. 마시게 된다 하더라도 주량을 넘지 않도록 마시고 있습니다. 입사 후에도 문제를 일으키지 않도록 노력하겠습니다.

COMMENT 단점에 대한 보완점이 구체적이어야 하는데 막연하다.

구직자 중에서 성격의 장점을 쓸 때 처음엔 1개의 역량 키워드로 쓴다. 이후 내용을 작성하면서 본인도 모르게 2~3개 역량 키워드를 쓰는데 이 부분을 조심해야 한다.

단점을 적은 후 채용담당자 입장으로 빙의를 해보자. 이 단점이 지원하는 직무와 비교해서 감안해줄 수 있는 단점인지, 그리고 단점의 보완점이 구체적으로 노력한 흔적이 보이는지 말이다.

잘쓴 사례

성격의 장단점 항목

아르바이트생의 분석력, 리서치 회수율 300% 증가

❶ 2014년 경영 컨설팅 회사에서 리서치 연구원 아르바이트를 하며 주인의
식을 발휘해 설문지 회수율을 300% 증가시킨 적이 있습니다. 담당 업무는
거래처에 제품 사용 후기를 받아서 취합하는 일이었는데 설문지 회수율이
약 3~4%로 매우 낮은 상태였습니다. 원인을 찾아보니 거래처에 후기를 요
청할 때 발송 동의를 구하고 메일 주소를 일일이 확인하는 등 단계가 복잡
해 거래처에서 번거롭게 느꼈습니다. 이를 해결하기 위해 설문지를 발송할
테니 메일 주소만 확인해달라고 절차를 줄였습니다. 그 결과 기존의 회신율
보다 3배 이상 많은 설문 조사 회신을 받았습니다.

> **COMMENT** 아르바이트생이라면 문제가 발생하지 않도록 본인 업무만 해도 된다. 회신율이 낮아서 누
> 가 시키지 않았는데 자체적으로 회신율을 3배 증가시킨 내용은 주인의식이 저절로 연상된다. 직접 단어
> 를 써서 내가 이런 장점이나 역량이 있다고 어필하는 것보다 글 내용에서 자연스럽게 장점을 연상되게 하
> 는 것이 진짜 글쓰기 고수다.

❷ 단점은 신중하게 업무를 처리하는 경향이 있어 업무 초기에 여러 가지
일이 겹치면 처리 속도가 늦어진다는 것입니다.

> **COMMENT** 여러 업무가 몰리면 처리 속도가 늦어지는 단점은 누구나 다 겪는 문제이기 때문에 치명적
> 인 단점이 아니라서 이해하고 넘어갈 수 있는 내용이다.

❸ 이를 보완하기 위해 담당 업무와 세부 업무를 정리해서 중요도 순위를
설정한 업무 매뉴얼을 작성했습니다. 그래서 업무 중 새로운 업무가 부여되
면 그 매뉴얼을 보고 중요도에 따라 처리하는 습관을 들이고 있습니다.

> **COMMENT** 보통 성격 단점에서는 '열심히 하겠다.', '노력하겠다.' 식의 막연한 다짐은 공감을 주지 못
> 할뿐더러 신뢰도 가지 않는다. 성격 단점에서 보완점의 단골 키워드인 다이어리, 메모 등의 내용은 식상
> 하다. 그런데 위 보완점은 업무 수행 능력이 뛰어난 직원이라면 한 번쯤 노력한 내용이기 때문에 채용담
> 당자 입장에서 신입사원인데 경력직 사원급으로 업무 수행 능력이 뛰어난 지원자로 판단할 것이다.

자기소개서 FAQ

Q 자기소개서 쓸 때 피해야 하는 것이 있다면 알려주세요.

A 첫 번째, 사실 위주의 경험 나열은 피해야 합니다. 인사담당자는 지원자의 경험을 알고 싶은 것이 아니라, 그 경험에서 지원자는 어떤 행동을 했고, 어떤 것을 깨달았는지 알고 싶은 것입니다. 두 번째, 감상적인 표현은 피해야 합니다. '보람을 느꼈습니다.' '뿌듯했습니다.' '행복을 느꼈습니다.' 이런 내용은 소설이나 에세이에 적합한 표현입니다. 자기소개서는 본인의 능력과 역량이 지원한 직무에 얼마나 적합한지 알아보기 위한 서류입니다. 세 번째, 추상적인 표현은 피해야 합니다. '많은 사람들이 호응했습니다.', '효과가 극대화 되었습니다.', '매출이 급증했습니다.'라는 단어를 남발하게 되면 지원자의 비즈니스 문서 작성 능력이 떨어진다고 생각하게 합니다. 몇 명, 몇 퍼센트, 얼마의 금액인지 정확하게 작성해야 합니다.

Q 자기소개서 4단계 작성 공식이 필요한 이유가 무엇인가요?

A 첫 번째, 책에서 소개한 4단계 공식대로 작성했을 경우 인사담당자가 핵심 내용을 파악할 수 있기 때문에 짧은 시간에 본인이 갖고 있는 역량을 최대한 많이 보여줄 수 있습니다. 두 번째, 자기소개서를 작성할 때 프레임 없이 작성하게 되면 내용이 산만해지고, 분량을 조절하기가 어렵습니다. 취업준비생들은 글쓰기의 전문가가 아니기 때문에 최대한 효율적으로 글을 작성하기 위한 하나의 가이드라인이라고 생각하면 좋습니다.

Q 소제목 작성이 중요하다고 하는데 소제목 쓰기가 너무 어렵습니다.

A 원래 글은 길게 쓰는 것이 쉽고, 짧게 쓰는 것이 어렵습니다. 특히 눈에 띄게 하고 싶어서 색다르고, 창의적인 표현으로 쓰려고 하면 더더욱 어렵게 느껴질 것입니다. 취업 준비를 하면서 시사 상식 등을 준비할 때 신문, 뉴스 기사 등의 소제목들을 꼼꼼히 살피면서 제목 짓기 연습을 병행하면 시간을 효율적으로 사용할 수 있습니다. 【PART 2 자소서 작성, '기본기'가 좌우한다 #2 자소서 소제목 작성법】편을 참고하면 됩니다.

C

사회 경험

'곧바로 써먹을 수 있는 인재인지 미리 알아봐야겠는데?' 지원하는 직무와 직간접으로 관련된 경험이 있다면 서류 통과 확률이 올라간다. 그리고 직무 관련된 경험이 없어도 아르바이트나 인턴 등 사회생활을 수행한 내용을 보고 센스와 끈기를 볼 수 있다. 다시 말해 사회 경험이 거의 없는 지원자는 적응력이 떨어지고 조기 퇴사 확률이 높은 지원자로 본다.

내가 속한 단체나 조직에서 담당했던 업무 내용과 문제를 해결한 과정을 구체적으로 서술한 후 결과치도 작성해야 된다. 대학교 시절 이후 경험을 써야 하며 오래된 경험보다 최근에 경험한 내용을 더 높게 평가한다. 사회 경험 항목에서 특히 아르바이트, 인턴 등 사회 경험을 우대하므로 이 부분을 부각시키도록 한다

경험을 나열하듯이 작성하지 않는다. 이러한 경험이 있다는 것이 포인트가 아니라 경험에서 자신의 역량을 보여주는 것이 핵심이다. 사회 경험을 제외하고 봉사활동, 동아리, 서포터즈, 홍보대사 등을 쓸 경우 '밀림 속의 잡초' 가 아닌 '온실 속 화초'로 판단하여 낮게 평가한다.

▸ **본인의 단체 활동을 시작하게 된 계기와 성과를 작성해라**
▸ **학업 이외에 다양한 경험 중 가장 기억에 남는 것을 기술하라**
▸ **타인을 위해 본인이 배려하거나 봉사한 경험에 대해 서술해라**
▸ **동아리, 인턴, 해외연수 등 본인의 사회 경험에 대해 써라**
▸ **지원 분야의 관련된 교육·실습·인턴십 등 경험을 작성해라**

못 쓴 사례

사회 경험 항목

따뜻한 세상의 연료

❶ 봉사 활동은 따뜻한 세상을 만드는 훌륭한 연료입니다. 저는 학창 시절 '장애인자립생활센터'에서 검정고시반 사회과목 교사로 봉사 활동을 하였습니다. 교육을 전공한 것은 아니지만 제가 가진 지식을 몸이 불편하거나 사회적 활동이 불가능한 이들에게 나눠주며 행복을 느꼈습니다. ....◆

> **COMMENT** 두괄식으로 작성이 안되어 있고 봉사 활동을 통해 느낀 점이 '행복'이다. 지나치게 추상적인 단어일 뿐 아니라 사회 경험 항목에서 요구하는 경험과 다르고 이것이 직무와 어떻게 연결될지 알 수도 없다.

자기소개서를 작성할 때는 본인의 생각을 적는 것이 아니고 '팩트'를 적어야 한다. 그런데 이 내용은 주관적이며 글을 읽는데 방해가 된다.

❷ 그뿐만 아니라 봉사 활동 종료 전, 센터가 원활히 운영될 수 있도록 주변 대학교 학생들을 대상으로, 봉사자 모집에도 앞장섰습니다.

> **COMMENT** 뒤에 솔선수범 했다는 내용이 나오기는 하나 이 역시 막연한 내용이다. 어떤 역할을 담당했고 어떤 역량을 어필했는지 구체적으로 적어야 한다.

❸ 처음에는 저의 보람과 깨우침을 위해 시작한 일이었는지도 모르지만 어떠한 대가 없이 나누며 사랑하며 살아가야 한다는 것이 제가 깨우친 교훈입니다. 앞으로도 사회적 약자들의 '삶의 가치'를 높이고 따뜻한 세상을 만드는데 일조하는 것이 인생 최대 목표입니다.

> **COMMENT** 인생 목표가 언급된 부분에서마저 '따뜻한 세상을 만드는 것'이라는 이상적인 목표에 대해 이야기했는데 비현실적으로 느껴질 수 있다. 봉사 활동을 필수로 원하는 복지관이나 비영리 단체를 지원한다면 좋은 내용일 수 있지만 이 지원자는 사기업을 지원하고 있었다. 실제로 이 교육생의 서류 통과 확률도 낮았다.

잘 쓴 사례

사회 경험 항목

2시간 만에 50개 완판 "판매가 제일 쉬웠어요"

❶ ○○대학교 병원 내 의료기기 판매 가게에서 판매사원으로 일하며 영업력을 발휘해 목표 매출 250%를 달성했습니다.

COMMENT 사회 경험 항목에서 우대하는 아르바이트 내용을 썼다. 그리고 내용 이해에 도움을 주는 두괄식 작성이 훌륭하다.

> 매출을 상승시킨 경험이 있다면 %단위보다 금액을 표시하는 것이 채용담당자 입장에서 직관적이다.

❷ 당시 의료기기 판매 가게는 단순 판매 권유로 매출이 마이너스를 기록하고 있었습니다. 이에 대한 해결책으로 상품 판매 대본을 만들어 환자의 질문에도 명확히 대답할 수 있도록 암기했습니다.

COMMENT 이 내용을 읽으면 자동으로 핵심 파악하는 능력이 있는 지원자로 본다. 누가 알려주지 않았는데 왜 매장에서 제품 판매가 안되고 있는지 원인을 파악해 적었다.

❸ 퇴근 후에는 직접 악관절 정보를 찾아보며 전문적인 용어들을 환자가 쉽게 알 수 있도록 바꿔보는 노력을 기울였습니다. 또한 '턱관절 치료 인형'을 제작해서 병원 입구로 나갔습니다.

COMMENT 문제를 해결하기 위해 노력한 내용을 보면 대부분 기업에서 스카우트를 하고 싶을 정도로 역량이 뛰어난 지원자로 보이게끔 적었다. 퇴근해서 따로 시간을 투자해 제품 공부를 하고 판매 증진을 위해 인형까지 만들었다는 내용을 보면 실무 능력이 뛰어난 지원자로 판단하기 때문이다.

❹ 유동인구가 많았기에 금방 사람들의 관심을 끌었고 시연 2시간 만에 준비한 50개의 수량을 완판했습니다. 적극적인 판매로 저조했던 매출이 증가했고 고객의 마음까지 사로잡았습니다. 이렇게 목표에 대한 전략적 접근과 끈기를 ○○그룹 입사 후에도 십분 발휘하여 실적을 내는데 기여하겠습니다.

COMMENT 적극적이고 능동적인 노력으로 하루에 20개 목표치를 2.5배 초과 달성해서 50개로 수량을 완판했던 사례는 인재임을 알 수 있게 느껴지도록 잘 적었다.

자기소개서 FAQ

Q 두괄식 작성법이 좋다고 하는데, 왜 좋은지 모르겠어요.

A 회사에서 업무를 처리할 때 필요한 시간은 항상 부족하기 때문에 가장 중요한 내용을 먼저 이야기하거나 처리해야 업무 시간을 줄일 수 있습니다. 마찬가지로 인사담당자들은 자기소개서를 하나씩 꼼꼼하게 읽을 시간이 부족합니다. 그래서 앞부분에 가장 중요한 내용이 담겨 있다면, 그 부분만으로도 지원자가 업무를 잘 하는 사람이라고 판단하게 되고, 작성자 입장에서는 본인이 어떤 사람인지 빠르게 알려줄 수 있습니다.

Q 인재상에 맞춰서 자기소개서를 쓰기가 어렵습니다.

A 인재상에 나와 있는 단어를 그대로 활용하려다 보니 발생하는 문제입니다. 작성 전에 본인이 갖고 있는 성격을 하나씩 나열해 보면서 인재상과 가장 비슷한 것을 선택해서 작성하는 것이 도움이 됩니다. 자세한 내용은 【PART 6 주요 공기업&대기업 '자소서 핵심 족보'】편에 나와있는 합격 사례를 참고하여 작성하면 됩니다.

Q 지원 동기 쓰는 것이 너무 어렵습니다.

A 가장 어렵지만, 그만큼 기업에서도 중요하게 생각하는 부분입니다. 다른 항목들은 개인적인 역량을 보여주었다면, 이 항목만큼은 회사의 입장에서 작성하고, 해당 분야에 대한 관심이 있다는 내용을 어필해야 합니다. 자세한 사례는 【PART 4의 취업의 신이 직접 쓴 '지원 동기'로 벤치마킹하라】에 나와 있는 예시와 작성 팁을 참고하여 어떻게 써야 기업 입장에서 좋아할지를 벤치마킹하세요.

Q 인사담당자들이 실제로 접수된 자기소개서를 다 읽긴 하나요?

A 기업에서 자기소개서를 검토하는데 들어가는 시간은 평균 5분~10분 내외인 것으로 알려져 있습니다. 실제로 인사담당자들의 업무가 채용에만 있지 않기 때문에, 시간을 효과적으로 활용하기 위해 지원한 직무에 적합한 인재라고 판단되는 자기소개서에 더 많은 시간을 들여서 확인합니다. 기업마다 자기소개서를 검토하는 방식에 차이가 있을 수 있습니다. 지원자의 모든 항목을 꼼꼼하게 검토하는 기업도 있고, 중요한 부분만 검토하는 기업도 있습니다. 본인이 지원하는 직무에 적합한 인재라는 부분을 최대한 어필하는 게 필요합니다.

입사 후 포부

질문 의도
'우리 회사에서 같이 잘 성장할 수 있을까?' 우리 회사에 잘 적응할 수 있는가를 보기 위함이다. 포부나 기대가 너무 크면 나중에 입사해서 실망해 조기 퇴사를 할 확률이 크기 때문에 이상과 현실을 구분할 줄 아는가 확인하기 위해서 보는 항목이다.

작성 방법
회사에 적응하기 위해 어떤 노력, 능력, 기여를 할 것인지 언급해야 한다. 회사와 관련한 정보, 즉 인재상, 회사 비전, 제품 및 경쟁사 분석 등은 기본, 최신 이슈 및 기사, 협회, 박람회 등 사이트에 방문해 검색하면 알 수 있다. 자기계발 등을 통해 역량을 극대화하여 회사에 기여할 수 있는 계획을 언급하는 것이 좋다. 또한 실현 가능성이 있고 회사에도 이익을 줄 수 있는 포부를 준비한다. 회사 발전과 업무 능력 향상을 위해 노력하는 모습, 일에 방해가 되지 않는 선에서 자기계발에 대한 의지를 부각해야 한다.

주의 사항
직무에 대한 막연한 자기계발 서술 금지, 구체적인 업무 전문성을 키우기 위한 노력을 언급해야 한다. 무리한 계획이나 실현 가능성이 없어 보이는 노력 어필은 지양한다.

출제 항목 예시
▸ 당사에 입사한 후, 본인이 이루고자 하는 목표는?
▸ 지원 분야와 관련해 입사 후 실천 목표를 서술해라
▸ 우리 회사 입사 이유와 어떤 공헌을 할 수 있는가?
▸ 입사 후 본인이 상상하는 조직과 일의 모습에 대해 써라
▸ 입사 후 10년 동안의 회사생활 시나리오와 그것을 추구하는 이유를 작성해라

못 쓴 사례

입사 후 포부 항목

Fastest Follower, 국가대표급 영업전문가로의 성장

❶ 입사 후 Fastest Follower로서 누구보다 빠른 습득력과 적응력을 발휘하여 영업인이 되는데 집중하겠습니다. 그리고 이를 바탕으로 하여 10년 내로, 다양한 사업 분야에서 경험을 쌓고 실무 역량을 배양한 뒤 '영업지도사'로 거듭나겠습니다.

COMMENT Fastest Follower라고 쓰고 추가 설명을 했는데, 입사 후에 신입사원으로서 어떻게 하겠다는 말이 없다. 말로만 하는 단순한 포부로 본인의 꿈을 나열한 것과 다를 바 없다.

❷ 예상치 못한 난관에 부딪힌 후배들이 스스럼없이 찾을 수 있는 선배로서 '사내 최고 영업전문가'로서의 직분을 다하겠습니다. 그리고 20년 내로, 바야흐로 세계 최고 Top1 오피스 솔루션 기업으로 거듭난 ○○의 인재답게 '국가 대표급 영업전문가'로 거듭나겠습니다.

직분, 바야흐로, 이바지 이런 단어는 2000년 대 이후로는 쓰지 않는 말이다.

COMMENT 입사를 하면서 선배로의 포부를 먼저 밝히는 것과 최고 영업전문가, 국가대표급 영업전문가라는 포부는 너무 모호하고 실현 가능성이 없어 보인다.

❸ 시야를 더 넓혀 우리나라의 전반적인 오피스 수준 향상을 위한 컨설팅에 몰두하고, 이를 기반으로 우리 ○○ 회사가 세계 매출 1위를 찍어 더욱더 도약할 수 있는 방안을 마련하여 모두가 '함께' 성장할 수 있는 사회를 만들어가는 과정에 이바지하겠습니다.

COMMENT 포부만 크고 말만 하는 사람처럼 보인다. 회사의 선배들과 경영진들도 하지 못한 세계 매출 1위를 어떻게 하겠다는 것인지 막연한 표현이다. 마치 어렸을 적에 아무것도 모르고 대통령이 될 것이다라고 말하는 것과 같은 셈이다.

잘 쓴 사례

입사 후 포부 항목

업무 매뉴얼을 정독하며 회사의 핵심을 생각하는 사원 박장호

❶ 입사 후 먼저 업무 매뉴얼과 기존 작성된 문서들을 정독해 업무의 이해도를 높이겠습니다. 각 업무를 수행하는 목표와 이유가 무엇인지, 각 업무가 어떤 부서와 연관돼 있는지 파악하겠습니다. 열린 마음으로 조직 문화를 익히고 선배님께 매주 식사를 대접하며 유대감을 형성하겠습니다. 선배님들과 친분이 생긴 후 한 분을 멘토로 두고 노하우를 전수받으며 업무 능력을 향상시키겠습니다.

COMMENT 입사 후에 신입사원으로서 어떻게 할 것인지 구체적으로 적었다. 신입사원으로서 해야 할 일은 영업전문가가 되는 것이 아니라 업무 이해도를 높이고 선배들에게 배우겠다는 마인드이다.

❷ 5년 후에는 업무의 전문성과 경쟁력을 갖추겠습니다. 한국 ○○에서 '마케팅 전략 기획'과 '글로벌 마케팅 전략' 교육 과정을 수강하고 관련 서적을 읽으며 마케팅 기획력을 향상하고 마케팅 최신 트렌드를 파악해 신뢰감 있는 업무 처리를 하겠습니다.

COMMENT 전문성과 경쟁력을 갖추는 말은 앞의 자기소개서와 같은 포부이지만 뒤에 구체적으로 교육 과정과 서적을 언급함으로써 실현 가능성을 더했다. 말만 하는 사원이 아닌 실천하는 신입사원이 되겠다고 말해 진정성을 어필했다.

❸ 해외 마케팅의 전문가이자 조직의 핵심 인재로 거듭나기 위해 항상 배우는 자세로 업무와 조직에 임하는 신입사원 박장호가 되겠습니다.

COMMENT 포부로 끝맺음이 아닌 신입사원으로서의 자세에 대해 말하고 있다. 어떤 회사든지 배우려는 수용적인 자세와 조직에 적응하는 인재를 선호한다. 배우려는 자세 없이 포부만 크면 절대 안 된다.

◆ 사회에서 나이가 어리거나 신입사원은 선배가 사주는 것이 불문율처럼 인식이 되어 있는데 오히려 배우기 위해서 선배에게 식사 대접을 하겠다는 내용은 읽는 입장에서 기특해 보인다.

◆ 구체적으로 업무 전문성을 쌓기 위해 노력하겠다는 의지가 나와 있다. 다시 말해 막연한 입사 후 포부가 아니라 업무 전문성을 가지기 위해 준비된 인재라는 인식을 심어줄 수 있다.

자소서 기본 항목 쓸 때 체크해야 될 것

	평가 항목	평가 점수
1	지원하는 직무와 연관된 에피소드가 있는가?	
2	구체적인 경험의 과정이 나와 있는가?	
3	기업에 대해 알고 있는가?	
4	지원자의 주관적인 생각 위주로 구성되어 있는가?	
5	소제목은 눈에 띄는가?	
6	두괄식으로 서술하고 근거를 제시했는가?	
7	불필요한 말 없이 간결하게 표현되어 있는가?	
8	오타나 띄어쓰기 등 맞춤법에 실수가 없는가?	

매우 우수 A, 우수 B, 보통 C, 부족 D, 매우 부족 E

E

지원 동기

'우리 회사에 진짜로 들어오고 싶은 것 맞나?' 우리 회사를 위해 노력했던 내용을 보고 싶은 것인데 별 노력 없이 대충 지원하는 허수 지원자를 걸러내기 위해 필수로 보는 항목이다.

'열정을 발휘할 것이다.'가 아니라 '열정을 미리 발휘한 내용'을 적어야 한다. 많은 회사들 중에서 왜 우리 회사를 선택했는지 설득력 있게 작성한다. 예를 들면 회사 방문을 통해 입사에 대한 각오를 다졌다던가 기업이나 업종에 대해 구체적으로 분석하고 본인의 생각을 적는 것이 중요하다.

'지원 동기' 항목은 직무보다 회사 컨셉임을 명심하자. 직무 어필은 지원 동기 이외에 다른 자기소개서 항목에서 공략하면 된다. 그리고 홈페이지나 기사에 나온 회사 정보만 작성하면 노력한 흔적이 부족하기 때문에 탈락 확률이 높다.

‣ **회사를 선택하는 기준과 본 회사가 그 기준에 부합하는 이유는?**
‣ **우리 회사에 지원한 동기와 어떤 공헌을 할 수 있는가?**
‣ **회사를 어떻게 알게 됐으며 기여할 수 있는 점은 무엇인가?**
‣ **본사에 관심을 갖게 된 계기와 지원 이유를 작성해라**
‣ **회사에 지원한 이유를 본인 경험을 바탕으로 기술해라**

못 쓴 사례

지원 동기 항목

기본에 충실, 뚝심 있는 외길

❶ 문어발식 확장을 하는 다른 오피스 솔루션 기업과 달리, 복합기, 프린터에만 집중하여 성장을 이루어낸 ○○의 끊임없는 도전 정신! 이는 광고 대행사 취업, 농산물 판매, 고깃집 창업 등 늘 도전적인 것에 가슴이 뜨거웠고, 또 이를 성취해 온 제게 또 다른 도전입니다.

COMMENT 본인만의 소신적인 생각보다는 일반적으로 회사에 대한 내용을 써서 풀어나가고 있다. 기업에 대한 이야기인지, 본인의 이야기인지 불분명하다.

❷ 더 나아가, 그간 교훈을 통해 감히 판단하건대, 국내를 넘어 글로벌 Top1으로의 도약이 유력시되는 기업은 현존하는 국내 기업 중 ○○가 전무후무합니다.

COMMENT 지원 동기는 소신 지원을 보는 것이기 때문에 차별화가 되어야 하는데, 본문 내용의 반이 어디서 주워들은 이야기로 구성되어 있다.

❸ 따라서 국가대표급 영업전문가라는 비전을 품고 달려온 제게 ○○는 너무나도 당연한 꿈입니다. 늘 '기본에의 충실'을 제1의 가치로 삼아 인생을 살아왔기 때문에, 뚝심 있게 외길만을 걸어온 ○○에서 미래를 그려나가고 싶습니다.

COMMENT 지원하는 회사가 아닌 다른 회사 자기소개서에도 쓸 수 있는 일반적인 말을 쓰고 있어 소신 지원자가 아니라고 판단된다.

◆
삼겹살집 창업을 했다고 썼는데 기업에서는 '이 친구 나중에 회사 그만두고 또 창업할 생각이 있는거 아냐?' 이런식으로 오해를 살 수 있다. 창업했던 경험을 쓰면 고생 많이 해서 주인의식이 있다고 판단할 수도 있고 반면에 조직에 적응을 못한다고 생각할 수 있으니 신중히 고려해서 작성하자.

잘 쓴 사례
~~~~~~~~

지원 동기 항목

골든존의 의미

이 골든존이라는 단어는 푸르밀에서만 해당되는 것이 아니라 대형마트, 편의점, 백화점, 아울렛 등 모든 유통 서비스 업종에서 활용되는 핵심 키워드다. 관련 분야의 전문적인 용어를 알아두면 유통관리사 자격증을 보유했지만 현장 지식이 없는 지원자보다 훨씬 높게 평가한다.

매출 상승 10%를 올릴 수 있는 비결, 골든존을 분석하다.

COMMENT 일반인은 모르는 골든존이라는 단어 사용과 매출 상승이라는 단어를 섞어주며 어떻게 문제 해결을 할지 궁금증을 자아내는 소제목이다.

❶ 대학 졸업 후 채용 공고를 찾던 중 우연히 푸르밀의 채용 공고를 봤습니다. 어릴 적부터 푸르밀의 비피더스는 어머니께서 챙겨주시는 필수품이었습니다. 회사에 입사하기 위해 기여할 점을 찾던 중 일반 편의점에서 회사 제품이 어떻게 진열되어 있는지 확인했습니다.

COMMENT 자연스럽게 입사하게 된 계기를 썼다. 억지스럽지 않게 쓰는 것이 좋다.

❷ GS25 역삼본점에서 바닥부터 90~140㎝인 골든존에 자사 제품이 있는지 확인했는데 100㎝ 위치에 검은콩우유가 있었고 130㎝ 위치에 가나초코우유가 있었습니다.

COMMENT 어설픈 기업 분석으로 막연하게 지원 동기를 쓰지 않았다. 직접 찾아가서 제품의 위치를 확인하고 골든존의 의미를 알고 있음을 어필했다. 영업직군에 역량이 있음을 보여준다. 골든존은 90~140㎝까지가 가장 눈에 띄는 라인이다. 직무와 관련된 역량을 어필하는 것이 적합한 인재임을 보여주는 것이다.

❸ 다른 제품군은 한 개의 브랜드에 여러 맛으로 라인업이 되어 있었지만 푸르밀 제품은 각각 분산되어 있었습니다. 대신 우유팩 판매대 왼쪽에 용기 컵 판매대가 있었는데 자사 제품인 카페베네 용기 컵으로는 라인업이 구축이 되어 있기 때문에 우유팩 판매대에서도 카페베네 우유팩 라인업을 구축하면 좋겠다는 생각을 했습니다.

COMMENT 단순히 제품 비치만 확인한 게 아니라 제품 판매대 전체를 넓게 보면서 제품 매출에 기여하는 아이디어를 스스로 생각해서 언급했다. 보통 신입사원들은 시야가 좁다. 시키는 일만 하는데 편의점 진열대의 자사 제품과 타사 제품들의 제품 진열을 넓게 분석해서 기여할 점을 쓴 것이다.

❹ 주변 대형마트로 이동해서 제품 진열을 체크하면서 판매 여사님과 대화를 나눴습니다. 이벤트 특판 시 고객들에게 판매 후 빠른 제품 배송으로 판매된 자리를 보완해야 되는데 이 속도가 늦다는 점을 파악했습니다. 이런 내용을 바탕으로 푸르밀에 입사해서 회사 매출에 기여하는 신입사원 박장호가 되겠습니다.

COMMENT 이 부분은 푸르밀 지원 동기의 화룡점정이다. 대형마트에 가서 판매 여사님과 대화를 나누고 현장의 소리를 직접 들었다. 또 다른 핵심 정보는 바로 특판 이벤트 시 빠른 제품 소진 때문에 충원이 필요하다는 대안도 제시하고 있어 지원자가 인재라고 생각된다.

PART3

취업의 신 박장호

모든 기업에서 출제되는 자소서
주요 항목
공략법

가치관·직업관· 생활신조

 가치관을 통해 지원자의 삶 깊숙이 자리 잡고 작용하고 있는 철학이나 행동 방식 등을 엿보기 위함이다. 어떠한 가치를 가장 중요하게 여기고 있는 사람인지, 또한 어떻게 살아온 사람인지를 알아볼 수 있다. 아무리 직무 역량이 뛰어나도 가치관이 맞지 않으면 회사에 오래 다닐 수 없기 때문에 회사의 구성원이 되기 전 꼭 확인하는 것이 가치관이다. 보통 성장 과정과 연결시켜서 많이 물어보는 편이다.

 본인의 가치관과 회사의 핵심 가치, 비전, 인재상 등을 연결시켜서 작성하는 것이 좋다. 무작정 맞추기 위해 평소 중요하지 않게 생각하던 가치관을 억지로 맞추는 것이 아니라 본인의 가치관 중 회사와 연결할 수 있는 내용을 구체적으로 작성해야한다. 너무 추상적이거나 일반적인 내용이 아닌 본인의 생각을 바탕으로 작성하는 것이 중요하다. 인생 전체를 이야기하기보다는 기업과 직무에 연관되는 특정 사건이나 나에게 영향을 준 사건 위주로 작성하는 것이 좋다.

 가치관을 작성할 때 혼동하지 말아야 할 것은 회사는 개인이 아닌 단체이므로 개인적 가치관이 아닌 사회적 가치관을 적어야 하며 외면적 가치관 보다는 내면적 가치관을 적어야 한다. 속이 보인다면 우발성 지원자 또는 기업의 이상을 자신의 이상으로 착각하고 세뇌시킨 사람으로 보일 수 있다. 그러한 지원자는 입사 시 본인의 기대와 부합하지 않는 경우 퇴사 확률이 높다고 판단될 수 있으므로 주의해야 한다. 운이 좋게 면접의 기회가 생기더라도 꼬리 질문을 피해갈 수 없다.

▸ **자신의 성격/취미/가치관/주변 환경 등을 서술하라**
▸ **자신의 삶에 영향을 미친 경험과 그것이 인생관에 어떻게 작용했나?**
▸ **가치관을 키워드로 하여 삶의 경험을 작성하시오**
▸ **인생에 있어서 본인이 추구하는 최선의 가치는 무엇인가?**
▸ **삶에 있어 가장 중요한 것은 무엇인가?**

잘쓴 사례

가치관 · 직업관 · 생활신조 항목

체대입시생 박장호, 팀의 중요성을 깨닫다.

❶ 30년 이상 영업부에서 회사생활을 하신 아버지께서는 평소 인생은 혼자 가는 것이 아니라고 말씀하시며 희생정신을 강조하셨습니다. 고등학교 3학년 체대입시 측정 평가에서 희생정신을 바탕으로 팀워크를 발휘하여 240위에서 시작하여 2위를 해냈습니다.

COMMENT 본인의 가치관을 중심으로 고등학교 시절 경험을 두괄식으로 작성했다. 지원자의 인격이 형성된 배경이 아버지의 꾸준한 직장생활을 통한 희생정신이라고 말하고 그것을 팀워크에 적용시키며 '팀워크란 희생정신이다.'라는 것을 어필하였다.

❷ 첫 측정 당시 다들 경쟁의식이 강해 개인 기술을 만드는 것에만 급급하여 부진한 성적을 거두었습니다. 이를 극복하기 위해 20명 정도의 친구들과 서로의 기록을 측정해주며 기초 체력부터 늘려 나갔고, 운동 시 서로의 모습을 촬영해주며 몰랐던 기술적 문제점을 보완해나갔습니다. 각자가 개인의 단점만을 보완하고 싶어 했지만, 서로를 위해 각 종목별로 코치를 선정한 후 훈련을 진행했습니다.

COMMENT 기업에서 원하는 팀워크의 핵심은 리더십이 아닌 희생정신이다. 기업은 조직이기 때문에 혼자서 할 수 있는 일이 없다. 조직의 중요성을 어필하면서 팀워크를 발휘한 사례를 구체적으로 작성했다.

또한 팀 구호를 만들어 준비 운동을 할 때 구호를 외쳐가며 공동체 의식을 발전시켰습니다. 개인의 기록으로 측정되는 평가지만 함께하는 동료의 성장이 없이는 결코 개인의 성장도 없다는 것을 인지하고, 뒤처지는 친구를 끌어주며 선의의 경쟁을 했습니다.

COMMENT 업무에 있어 팀플레이 시 서로 공을 차지하려는 경향은 어느 팀이나 가지고 있다. 그런 부분에 대한 우려를 '동료의 성장이 없이는 개인의 성장도 없다.'는 내용으로 해소시켰다.

❸ 결과적으로 연말 측정에서 모두 50위 안에 들었고 개인적으로는 2위의 성적을 거둘 수 있었습니다.

COMMENT 결과에도 본인의 성장만이 아닌 팀원의 기록을 말하며 공동체를 어필했다. 개인의 역량만을 어필하는 경우가 보통 있는데 개인의 역량만 어필하기보다는 팀의 성과에 대한 부분도 어필해 개인의 성과가 더 돋보였다.

❹ 이처럼 업무 수행 시 개인보다 팀을 생각하며 공동체를 1순위로 여기는 신입사원 박장호가 되겠습니다.

COMMENT 본인의 경험을 통해 앞으로의 포부를 다시 한번 강조하였다. 본인의 가치관 중에서 조직생활에 필요한 가치관을 기반으로 작성해 조직에서 필요한 인재임을 어필했다.

B

성공 경험·
실패 극복 경험

누구나 성공과 실패를 겪는다. 그러나 누구도 성공과 실패를 대하는 태도가 같지 않다. 회사생활도 마찬가지다. 업무 속에서의 성공과 실패를 어떻게 대하느냐에 따라 그 사람이 나아가느냐 머무르느냐가 정해진다. 그러므로 성공에 안주하지 않고 실패에 머무르지 않는 끈기와 인내심을 가진 지원자를 선호한다.

실패를 극복했던 사례에 대해서 언급하고 본인이 했던 행동과 노력에 대해서 작성한 후, 본인의 행동과 노력으로 인한 결과와 결과를 통해 얻은 느낀 점을 언급하고 지원 직무와 연관하여 해당 경험을 활용할 수 있는 점을 작성하면 된다.

경험을 적을 때 지나치게 사소한 경험이나 누구나 겪을 수 있는 평이한 소재는 지양한다. 실패의 극복 여부에 대한 내용보다 극복하기 위해 실행했던 노력과 실패를 통한 깨달음을 언급해야 한다.

▸ 지금까지 살아오면서 성공 사례와 실패 사례를 소개하라
▸ 대표적인 실패 사례는 무엇이고 이를 극복하기 위해 어떤 노력을 했나?
▸ 인생에서 겪은 가장 힘들었던 경험은 무엇인가?
▸ 본인이 받은 스트레스 상황을 극복했던 사례를 작성하라
▸ 자신에게 주어졌던 일 중 가장 어려웠던 경험과 그것을 통해 배운 점은?

잘쓴 사례
~~~~~~~~~~

성공 경험 · 실패 극복 경험 항목

엉터리 계산을 일삼던 아르바이트생의 신뢰 회복 비결은 '@@@' 이다

❶ 2018년 빵집에서 아르바이트를 하며 엉터리 계산으로 잃은 신뢰를 철저한 준비성으로 회복과 동시에 140%의 매출 증가를 이루었습니다.

COMMENT 육하원칙으로 실패 경험과 결과를 두괄식으로 어필했다.

❷ 아르바이트를 시작한 지 얼마 지나지 않아 빵의 가격을 잘 몰라 특정 상품의 단가를 착각하는 계산 실수를 저질렀습니다. 마감 시 종합해 보니 총 3만 2천 원의 금액 손실이 있었습니다. 실수를 만회하고 신뢰를 회복하고자 그날, 100여 가지에 달하는 빵을 모두 외웠습니다.

COMMENT 어려움이 닥쳤을 때, 장애물을 어떻게 바라보고, 어떤 방식으로 처리하는 지에 초점을 맞추어 작성한다.

❸ 3주가 지나자 손님이 원하는 빵을 재빨리 찾을 수 있었을 뿐만 아니라 계산이 정확해져 업무 효율성이 130% 증가하였습니다. 그에 만족하지 않고, 향상된 업무 속도로 생긴 여유 시간에 설명서를 읽으면서, 제품의 특징을 파악하여 판매 멘트를 미리 준비했습니다. 이러한 준비성을 바탕으로 크리스마스 시즌에 각각의 고객에게 알맞은 케이크를 판매한 결과 전년 크리스마스 시즌 판매 금액인 780만 원 대비 130% 상승한 1,000만 원의 수익을 낼 수 있었습니다.

COMMENT 빵을 판매하면서 계산을 실수한 것에서 그친 게 아니라 문제를 보완하기 위해 준비성을 바탕으로 판매 이익 증대까지 내용을 잘 구성했다.

❹ 이처럼 저의 강점인 준비성을 바탕으로 준비된 경영과 서비스를 제공하는 신입사원 박장호가 되겠습니다.

COMMENT 경험을 바탕으로 자신의 어떠한 역량을 발휘하여 변화를 이끌어냈으며, 더 나아가 업무 해결에 얼마나 도움이 될 수 있는지 확장하여 작성했다.

C

갈등 해결 경험
갈등 해결·기존의 방식 개선·창의성 발휘 경험

질문 의도

회사는 조직 사회이기 때문에 조직에 적응할 수 있는 인재를 선호한다. 갈등은 발생할 수밖에 없기 때문에 갈등을 회피하는 사람보다는 갈등을 해결할 수 있는 사람이나 갈등을 해결하려고 주도적으로 노력하는 인재를 선호한다. 과거의 단체나 조직 내 갈등을 해결했던 경험이 있는 인재는 리더십이 있다고 판단할 수 있다.

작성 방법

갈등이 생긴 이유와 갈등의 진행 상황에 대해 구체적으로 작성하고 이를 해결하기 위해 본인이 노력한 내용을 작성해야 한다.

주의 사항

반드시 큰 갈등 경험을 적지 않아도 된다. 단순한 이유로 동료나 조직원들 간의 갈등이라도 작성 가능하다. 본인이 해결한 갈등의 경험이 중요한 것이지 갈등이 일어난 크고 작은 문제는 전혀 중요하지 않다.

출제 항목 예시

‣ **업무를 수행함에 있어 당신의 의견과 상급자의 의견이 서로 맞지 않을 때 어떻게 행동할 것인지 써라**

‣ **본인이 판단하기에 함께 일(학습, 동아리 등)하기 어려웠던 사람(동료, 친구, 상사들)에 관한 경험을 써라**

‣ **타인과의 갈등으로 힘들었던 사례와 갈등을 해결하기 위해 어떠한 노력을 했는지 구체적으로 써라**

‣ **과제 수행 시 구성원들 간의 갈등을 해결하기 위해 노력했던 경험에 대해 써라**

‣ **가장 힘들었던 갈등 상황과 이를 현명하게 극복할 수 있었던 본인의 전략 및 노하우에 대해 써라**

잘쓴 사례

팀장 박장호, 어학연수에서 팀원들의 수업 출석률 100% 달성

❶ 2016 필리핀 어학연수 ○○에서 15명 학생의 팀장으로서 리더십을 발휘해 외국인 교수진과 학생들 사이를 조율한 결과 출석률 100%를 이뤄냈습니다.

COMMENT 팀장으로 리더십을 발휘해 조직의 문제를 해결했음을 서두에 어필했다.

❷ 연수 기간이 점점 지나면서 팀원들의 수업 결석률이 40%까지 증가해 현지 학교 측은 결석의 원인을 팀원들의 늦은 취침으로 판단, 취침 시간을 11시로 통제했습니다. 통제 시간을 공지하자 학생들 사이에서는 불만이 쌓이기 시작했고 수업에 정상 참여했던 학생들까지 피해를 보게 되자 팀장으로서 책임감을 느꼈습니다. 취침 시간 통제 3일이 지난 후 직접 담당 교수를 찾아가 종강까지 수업에 100% 출석을 조건으로 통제를 풀어주겠다는 약속을 받아냈습니다.

COMMENT 팀장으로서 책임의식을 갖고 조직의 갈등을 해결하려는 적극적인 모습을 보여줬다.

❸ 나 혼자 출석을 하는 것은 어렵지 않았지만, 팀원들과 함께 2개월 동안 참석하기는 쉽지 않았습니다. 팀원들과 항상 밥을 함께 먹으면서 독려를 했고, 팀원들에게 학교 측에서 취침 시간 통제규칙을 정했던 것은 저조한 출석률을 위해 어쩔 수 없는 조치임을 구체적으로 설명했습니다. 그 결과, 귀국 날까지 2개월 동안 수업과 프로그램 참여율 100%를 이루어 다음 기수는 더 많은 지원을 받아 22명이 가게 됐습니다.

COMMENT 팀원들의 수업 참여를 위해 함께 시간을 보내고 독려하면서 조직을 이끄는 모습이 구체적으로 나와 있으며, 그로 인한 더 나은 성과를 이루어 냈음을 어필했다.

❹ 이러한 경험을 바탕으로 업무에 대한 리더십을 발휘해 조직의 갈등을 해결하고 맡은 업무에 대해 최선을 다하겠습니다.

COMMENT 경험을 바탕으로 조직의 문제를 해결할 수 있고, 리더십을 발휘할 수 있는 인재임이 보여진다. 회사 입장에서 이러한 인재는 반가운 존재이다.

기존의 방식 개선 경험 · 창의성 발휘 경험

 질문 의도

관찰력과 적극성, 문제 해결 능력 및 창의력을 확인하기 위해서 자소서 항목을 구성했다. 문제를 효율적으로 해결하기 위한 상황 판단력과 창의적 문제 해결 능력은 회사생활을 할 때 필요한 역량이다. 왜냐하면 문제 해결 시 경우의 수를 생각하지 않고 한길로만 진행한다면 그 앞은 낭떠러지만이 있기 때문이다. 또한 문제가 발생되었을 때 문제를 해결할 적극적인 의지가 있고 자기주도형 인재인지 파악하기 위한 의도도 있다.

 작성 방법

아르바이트, 동아리, 활동하는 온라인 카페 등 본인의 경험에서 문제를 해결했던 사례를 언급한다. 어떠한 문제가 있었고 그 문제를 자신만의 방식으로 어떻게 해결했는지 구체적으로 작성한 후 이전과는 다른 업무 프로세스나 어떤 결과를 만들었는지 수치화해서 작성하는 것이 좋다.

 주의 사항

기존의 방식 개선이나 창의성을 발휘한 경험이라고 해서 창의성을 너무 거창하게 생각하지는 말자. 창의성이라는 말 때문에 새로운 것을 만들어낸 경험을 찾으려고 애쓰지 않아도 된다. 기존에 진행되던 프로세스에서 개선시키거나 사소한 아이디어를 제시한 경우라도 작성 가능하다.

 출제 항목 예시

▸ 창의성을 발휘한 경험에 대해서 자세하게 소개하라
▸ 기존의 방법과 다르게 창의적으로 생각하고 도전적으로 실행하여 문제를 해결했던 경험을 써라
▸ 발상의 전환 혹은 창의적인 사고를 통해 문제를 해결하고 성과를 이룬 경험을 구체적으로 써라
▸ 자신이 속한 단체나 조직에서 유연한 사고와 창의성을 발휘하여 변화를 주도하거나 어려운 문제를 해결하였던 경험에 대해 써라
▸ 학창 시절 자신의 독특한 아이디어로 문제를 창의적으로 해결한 경험은?

잘 쓴 사례
~~~~~~~~~~~

기존의 방식 개선 경험 · 창의성 발휘 경험 항목

동아리 홍보, 준비한 풍선이 떨어지자 선택한 방법은?

❶ 2017년 학교 축제 기간에 동아리에서 문제 해결 능력을 발휘해 캠페인을 성공적으로 해냈습니다. 부채를 나눠주는 기존의 홍보 방식에서 풍선으로 변경, 현장에서 풍선이 모두 소진되자 즉시 휴대폰 LED를 홍보에 활용했습니다.

COMMENT 자신의 강점인 적극성과 상황 판단력을 두괄식으로 잘 어필했다.

❷ 부채를 나누어 주는 기존 캠페인의 소극적인 방식으로는 사람들의 적극적인 참여를 이끌어내기 부족하다고 판단했습니다. 적합한 홍보 물품을 고려한 끝에, 저렴하면서도 사람들의 눈에 확 띄는 물품은 풍선이라고 생각했고 회의때 제안을 해서 채택됐습니다.

COMMENT 문제 상황을 구체적으로 설명하고 효율적으로 해결하는 과정이 잘 나타나 있다. 창의력이 있는 지원자의 모습을 보여준다.

❸ 축제 당일, 학교 정문에서 신촌역까지 걸어가면서 풍선을 들고 홍보를 진행했는데 예상보다 많은 사람들의 반응과 참여로 준비한 풍선 300개는 신촌역에 도착하기도 전에 모두 소진되어 난감한 상태였습니다. 그때 각자 소지하고 있는 것 중 '휴대폰'이 떠올라 LED 화면에 '취신' 이라는 글자가 반짝이도록 설정해 다 같이 손에 들고 다니며 홍보를 했습니다.

COMMENT 예상보다 많은 사람의 참여로 준비한 풍선이 소진되었으나 순발력을 발휘해 창의적으로 LED를 사용한 홍보 아이디어로 문제를 해결한 점이 돋보인다.

❹ 이러한 경험을 통해 예상치 못한 문제 상황에서 적극적인 자세는 조직을 더 나은 방향으로 이끌어 간다는 점을 배웠습니다. ○○기업에서도 항상 적극적인 자세로 문제 해결 능력을 발휘하는 신입사원 박장호가 되겠습니다.

COMMENT 예기치 못한 문제 상황을 적극적으로 해결하려 했던 경험을 통해 갑작스런 문제 발생 시 효율적으로 해결할 수 있는 인재임이 보여진다. 회사에서는 종종 돌발적 상황이 일어나므로 순발력과 빠른 상황 판단력이 필요하다.

인재상·핵심 가치

 회사의 인재상에 맞는지 확인하기 위한 항목이다. 인재상과 연결시켜 본인의 경험을 물어보는 이유는 지원 직무를 수행하는데 적합한 성향의 인재인지 확인하기 위해서다. 지원자가 실무에 투입될 역량을 갖추고 있다고 하더라도 성향이 맞지 않으면 오래 일하지 못할 수 있기에 사전에 미스매칭을 예방하기 위해 물어보는 항목이다.

 회사의 핵심 가치나 인재상을 바탕으로 본인의 강점을 어필할 수 있는 경험을 선정해 작성해야 한다. 보통 이 항목을 작성할 때 취준생으로서 생각하는 인재상을 바탕으로 본인의 경험을 작성하는 것에만 집중하는데 핵심은 실무자가 되었을 때의 인재상으로 접근을 해야 한다.

 회사가 생각하는 인재상에 본인을 억지로 끼워 맞추면 부자연스러울 수 있으니 자기소개서를 쓰기 전에 본인이 어떤 인재인지 먼저 생각해보는 것이 필요하다.

▶ 인재상 중 본인과 부합하는 한 가지를 적고 경험담을 써라
▶ 우리 회사의 인재상 중 본인의 특성과 관련된 항목과 관련 경험은?
▶ 본 회사의 인재상에 근거해 본인이 입사해야 하는 이유는?
▶ 핵심 가치를 발휘한 사례를 경험에 비추어 작성하시오
▶ 핵심 가치를 기반으로 본인이 입사해야 하는 이유를 써라

잘쓴 사례

인재상 · 핵심 가치 항목

"중국인들에게 판매한 선물 상자, 여기서 얻은 교훈은?"

❶ KCC중국 영업맨이 되기 위하여 직접 중국 사람들에게 판매한 경험이 있습니다. 서울을 방문한 중국인 관광객을 대상으로 직접 상품을 기획하여 판매한 결과 130%의 매출 증가 및 공감 능력의 중요성을 느꼈습니다.

COMMENT 영업 직무를 고려해서 본인의 경험을 두괄식으로 작성했다.

❷ 한국을 대표하는 물건 10여 종을 중국어 설명 글과 함께 선물 상자에 포장하여 중국인 여행객이 귀국 후 지인에게 선물할 '종합 선물 상자로 기획했습니다.

COMMENT 전달하고자 하는 내용을 결론이 들어나는 한 문장으로 작성했다.

❸ 하지만 중국인 관광객은 선물 상자 아이템에 큰 매력을 느끼지 못했습니다. 수십 번의 거절과 잡상인 취급을 당하면서 관광객의 의견을 수립하였고, 이를 토대로 상품과 판매 방식을 개선하였습니다. 다시 관광객의 실제 Needs에 맞춘 상품 라인을 재구성하였습니다. 시간 투자 대비 4상자밖에 판매하지 못했지만, 판매 기획과 상품을 꾸준히 수정하여 실적을 높였습니다. 3달이 지나자 기존 대비 130%의 매출 증가를 해낼 수 있었습니다.

COMMENT 수십 번 거절했지만 여러 방식으로 업무를 경험하며 개선해서 영업률을 증가시켰고 좋은 성과를 이끌어냈음을 강조했다.

❹ 이 경험을 바탕으로 KCC에서 끝까지 도전하고 실천하여 회사에 기여하는 영업사원이 되겠습니다.

COMMENT 경험을 토대로 자신에게 부합한 인재상을 파악하여 입사 후 업무에 임할 자세를 어필했다.

팀워크 · 조직생활 경험

 질문 의도

회사는 개인 혼자만 잘해서 되는 조직이 아니라 상사 및 동료와의 업무 협조를 하는 일이 많기 때문에 무엇보다 업무 협조 능력과 팀워크가 중요하다. 아무리 개인의 역량이 뛰어나도 팀워크가 없으면 회사의 성장에 장애가 될 수 있고, 부서 간 업무 협조하는 일이 상당히 많기 때문에 직장 내에서 원만한 조직생활을 할 수 있는 지원자를 선호한다.

 작성 방법

과거 단체생활에서 긍정적인 마인드로 함께 일했던 사람들과 협력했던 경험이나 팀워크를 발휘하여 성과를 창출한 경험을 작성하는 것이 좋다. 특히 타인과의 협업 과정에서 배려를 해줬던 본인의 역할과 상황을 작성하는 것이 포인트다.

 주의 사항

팀워크 개념에 대해서 인턴 경력 등 큰 단체나 조직의 경험만 작성하지 말고, 소모임, 동아리 같은 작은 규모에서의 활동도 중요하니 본인의 역할을 보여줄 수 있는 경험을 작성하는 것이 좋다.

 출제 항목 예시

▸ **과거 프로젝트 활동 경험을 한 가지 선택하여 자세하게 써라**
▸ **조직이나 단체에서 다른 사람에게 믿음을 얻기 위한 방법은?**
▸ **타인과의 관계에서 후회했던 상황과 극복 과정을 써라**
▸ **팀워크를 발휘하여 성과를 냈던 에피소드를 구체적으로 써라**
▸ **공동으로 과업을 수행한 경험을 구체적으로 써라**

잘쓴 사례
~~~~~~~~~~~

중국어를 모르는 박장호 통역 요원이 중국팀을 이끈 원동력은?

❶ 대학교 3학년 취신대회에서 통역 요원으로 활동하며 소통 능력을 발휘해 중국팀 23명을 우수한 성적으로 이끌었습니다.

COMMENT 자신의 강점을 활용해서 얻은 팀의 성과를 두괄식으로 어필했다.

❷ 원활한 대회 진행을 위해 선수단과 함께 하며 대회 안내, 예산 관리 등으로 중국팀을 8일 동안 관리했습니다. 그러나 팀원 중 2명만이 영어 회화가 가능했고 중국어는 전혀 못 했기에 소통의 부재로 이어져 회의 시간은 1시간 이상씩 소요됐고 일정 전달 착오로 약속된 시간에 늦기도 했습니다.

COMMENT 당시 상황과 맡은 업무에 대해서 구체적으로 작성했으며, 문제 상황에 대해서 사례를 들어 구체적으로 작성했다.

❸ 선수들과 소통하기 위해 '한국어 중국어 번역기' 앱을 설치하고 다음날 일어날 수 있는 의사소통들을 통역 요원들과 미리 연습을 했습니다. 그 결과 선수들과 대화에 지장이 없을 정도가 되었고 회의 시간은 평균 20분 감소했으며 착오없이 일정이 전달되어 중국팀은 20팀 중 종합 성적 2위를 달성했습니다. 이를 통해 팀워크가 단단해졌고 자원봉사팀과 중국선수팀 간에도 유대 관계가 생겨 대회가 끝나고 같이 회식도 했습니다.

COMMENT 문제 상황을 극복하기 위한 해결 과정을 구체적으로 작성했으며, 팀의 성과를 정량적인 성과 뿐만아니라 팀워크가 단단해진 정성적 성과도 함께 어필했다.

❹ 이 경험을 통해 끊임없는 소통은 곧 상호 간의 신뢰로 연결되어 팀워크가 생긴다는 것을 깨달았고 입사 후 팀워크를 제대로 발휘하는 신입사원 박장호가 되겠습니다.

COMMENT 팀워크에 소통 능력의 필요성을 어필하면서 본인이 가진 의사소통 능력을 어필하고 있다. 특히 팀워크에서는 여러 사람들과의 단합으로 소통 능력이 중요하기 때문에 소통 능력을 강조했다.

취업의 신 박장호

취업의 신이 직접 쓴
'지원 동기'로 벤치마킹하라

PART2 E.지원 동기에서 지원 동기 작성법을 기본적으로 설명했다면 이제부터 필자가 직접 작성한 지원 동기 사례를 보고 벤치마킹을 해보자. 취업준비생 시절 초 저스펙 때문에 서류 광탈을 당하다가 고민 끝에 자기소개서에서 가장 중요한 지원 동기 항목을 공략해서 여러 기업에 합격할 수 있었다. 구글에서는 문제 해결 능력을 보유한 실무 인재를 선발하기 위해 도입한 '페르미 추정법'이라는 평가 방식이 있다. 필자 역시 회사의 현안에 대해 문제를 해결하고 발전시킬 방안을 작성해서 제출한 것이다. 여러 가지 지원 동기 샘플을 보고 '이 회사만을 위한 소신형 인재'와 '회사가 원하는 역량을 보유한 실무 인재'로 변신하자!

이제부터 '취업의 신 방송'을 진행하면서 필자가 직접 작성한 자기소개서 사례들을 보여주겠다.

지원 동기야말로 취업준비생들이 가장 어려워하는 부분이다. 솔직한 이야기로, 취업하기 전에는 들어보지도 못한 기업에 무슨 지원 동기가 있겠는가? 지원 동기를 쓰는 동안에는 다들 소설가의 마음으로 작성할 것이다. 하지만 어떤 글짓기를 해야 하는지 몰라 머리를 잡아 뜯으면서. 결국 인터넷에 떠도는 합격 자소서를 벤치마킹하거나 아니면 초록 검색창에 기업 검색을 하고 회사 홈페이지를 검색하며 쓸 내용을 찾는다.
이번에는 그런 고민을 해결하기 위해 여러분들이 보고 참고할 수 있는 내용을 위주로 작성하였다. 일상생활에서 지원 동기를 찾는 방법, 기사를 활용하는 방법, 기업의 고민을 해결해주는 방법 등등 실전에서 활용할 수 있는 패턴들을 작성하였다.
이 파트는 다음과 같이 활용하면 도움이 된다. '주제와 맞지 않은, 좋지 않은 예'를 먼저 보고 본인의 자기소개서와 비교하면서 이런 부분은 보고 배우면 안 된다는 것을 인식하는 것이 좋다. 좋은 예를 보고 벤치마킹하면 지원 동기를 쓰는 것이 더는 어렵지 않을 것이다. 다른 회사에 지원할 자료도 이러한 내용을 바탕으로 벤치마킹해서 사용하면 될 것이다.

골드스타에서 LG로의 화려한 변신

❶ 대한민국 국민이라면 "TV 하면 LG 제품이 최고지!", "골드스타가 최고였지!"라는 말을 많이 들어봤을 것입니다. 그만큼 LG디스플레이의 기술력은 세계 최고라 말해도 손색이 없을 것입니다. ❷ 저도 대학생 때 전자공학을 전공하면서 LG 제품의 회로를 살펴보며 정말 대단한 기술력이라고 생각했고, 꼭 졸업하고 귀사에 입사하겠다는 마음가짐을 가지게 되었습니다. ❸ 글로벌 디스플레이 산업을 이끌어 가고 있는 귀사에서 저는 꼭 필요한 존재가 될 것입니다. 국내뿐만 아니라 세계적으로 알려진 LG에서 국제무대를 누비며 저의 열정과 능력을 마음껏 펼쳐보고 싶습니다. ❹ 귀사의 30년 이상 축적된 기술 노하우와 직원을 가족같이 소중하게 생각하는 마인드, 국제무대에서 뒤처지지 않는 위상은 제가 반드시 귀사에 입사하여 제 능력을 보여줘야겠다는 다짐을 하게 만들었습니다. ❺ 저는 항상 남들과 다른 창의적인 사고를 하고 실패를 두려워하지 않습니다. 자신의 자리에서 인정받는 사람이 되고 싶습니다. 제겐 항상 미래에 대한 지속적인 도전 정신과 목표를 이룰 수 있는 집념과 강한 추진력이 있습니다. 항상 겸손하게 배운다는 자세로 최선의 노력을 다하겠습니다.

COMMENT 총평 | 이제 막 구직 활동을 시작하는 입문 단계의 자기소개서 등급이다. 아마 이 내용을 쓴 사람은 알고 있는 내용은 없는데 어떻게든 생각해내서 쓰느라 정신적인 고통이 상당했을 것이다. 자기소개서는 무에서 무가 아닌 유에서 유를 창조하는 벤치마킹을 활용해서 쉽고 빠르게 작성하자.

세계를 Display 하는 LG, LG를 Display 할 신입사원 박장호

❶ 대학교 4학년 때부터 학교 도서관 신문을 자주 읽었는데 산업 면에서 디스플레이 시장에 대해 관심 있게 봤습니다. 일상생활에서 TV와 모니터 등 사람들이 자주 이용하는 제품의 핵심 부품이기 때문입니다. ❷ LG디스플레이에 지원한 이유는 미래 성장 가능성 때문입니다. 세계 TV 패널 시장은 고해상도와 대형화 트렌드가 형성되어 있는데 LG디스플레이가 세계에서 유일하게 대형 OLED TV 패널을 생산 중이며 2014년 20만 대였던 OLED 패널 생산량을 2015년 100만 대까지 상승시켰습니다. ❸ TV 시장과 별도로 새로운 시장으로 떠오르는 차량용 디스플레이 시장에서 2014년 31% 고성장을 기록한 가운데 2020년까지 매년 10%씩 증가할 것으로 예상합니다. 이에 대비해 파주시에 1조 8000억 원을 투자해 OLED 패널 공장을 짓고 있는데 현재의 시장 점유율 12%를 2018년에 30%까지 끌어올릴 계획을 갖고 있습니다. ❹ 저번 주 금요일 파주 공장에 방문했는데 숲을 지나 왕복 8차로로 둘러싸여 있는 공장의 규모에 압도했습니다. 공장을 둘러보고 돌아오며 세계 디스플레이 시장을 선도하는 LG디스플레이에 꼭 입사해 제 열정을 발휘하겠다고 다짐했습니다.

COMMENT 총평 | 단기적인 안목과 장기적인 안목을 두루 갖췄다. 나무보다 숲을 보는 인재로 보일 것이다. 입사에 대한 열정을 직접 행동하기까지 했다. 지원 동기를 작성할 때 눈앞에 보이는 단편적인 현실뿐 아니라 미래를 보는 통찰력도 어필하자.

주제와 잘 맞는, 좋은 예 | 분석

세계를 Display 하는 LG, LG를 Display 할 신입사원 박장호

COMMENT LG디스플레이의 기업명을 입사 의지로 대처한 센스 돋보이는 소제목이다.

❶ 대학교 4학년 때부터 학교 도서관 신문을 자주 읽었는데 산업 면에서 디스플레이 시장에 대해 관심 있게 봤습니다. 일상생활에서 TV와 모니터 등 사람들이 자주 이용하는 제품의 핵심 부품이기 때문입니다.

COMMENT 신문을 통해 디스플레이에 관심을 두고 있었다는 배경을 자연스럽게 어필했다. 취준생들이 가장 어려워하는 게 첫 스타트 부분인데, 본인이 관심이 있다는 내용을 위 사례처럼 어필하면 된다.

❷ LG디스플레이에 지원한 이유는 미래 성장 가능성 때문입니다. 세계 TV 패널 시장은 고해상도와 대형화 트렌드가 형성되어 있는데 LG디스플레이가 세계에서 유일하게 대형 OLED TV 패널을 생산 중이며 2014년 20만 대였던 OLED 패널 생산량을 2015년 100만 대까지 상승시켰습니다.

COMMENT 회사의 강점을 어필했다. 실제로 신문을 통해 조사했는데 LG그룹과 삼성그룹의 규모가 엄청나게 차이가 있다 하지만 실질적으로 LG디스플레이가 삼성디스플레이를 제치고 있더라. 그만큼 제품 기술력이 뛰어나다. LG가 백색 가전엔 우세하다.

❸ TV 시장과 별도로 새로운 시장으로 떠오르는 차량용 디스플레이 시장에서 2014년 31% 고성장을 기록한 가운데 2020년까지 매년 10%씩 증가할 것으로 예상합니다. 이에 대비해 파주시에 1조 8000억 원을 투자해 OLED 패널 공장을 짓고 있는데 현재의 시장 점유율 12%를 2018년에 30%까지 끌어올릴 계획을 갖고 있습니다.

COMMENT 현재 시점뿐 아니라 미래 사업 전망도 조사해서 어필했다. '현재 이 회사가 좋은 점도 있지만, 1조 8000억 원이라는 대규모 투자로 미래에 이 회사가 더욱 성장 가능성이 높아졌다.'라고 어필했고, 전문 자료 통계치에 대한 주석을 달았다. 이를 응용하면 된다. 회사에서 실무 인재라 판단되어 당장이라도 뽑을 것이다.

LG디스플레이 장점
차량용 디스플레이, 가전, 핸드폰 등에 필요한 부품을 공급하는 회사로서 4차 산업혁명의 시기에서 가장 크게 성장할 기업 중 하나이다. 그래서 나는 2017년 3월에 이 회사 주식을 샀다. 5년 안에 주식이 현재보다 300% 이상 오를 것이다.

❹ 저번 주 금요일 파주 공장에 방문했는데 숲을 지나 왕복 8차로에 둘러싸여 있는 공장의 규모에 압도했습니다. 공장을 둘러보고 돌아오며 세계 디스플레이 시장을 선도하는 LG디스플레이에 꼭 입사해 제 열정을 발휘하겠다고 다짐했습니다.

COMMENT 회사에 방문해서 그 경험담을 구체적으로 썼다. 실제로 방문 안 했는데 자료 조사해 보니 공장 전경이 있는걸 찾아서 저렇게 쓴 것이다. 저렇게 해야 시간도 아껴 쓰고 일단 서류 통과되고 나서 면접 전에 방문하러 가면 된다.

LG디스플레이 지원 동기 핵심 가이드

LG디스플레이 자기소개서 평가 기준은 지원자가 우리 회사에 어떤 지원 동기로 지원하게 됐는지를 중점적으로 평가를 하고, 지원 회사가 어떤 사업을 하고 있는지, 또 내가 입사하고 싶은 만큼 얼마나 노력했는지를 가장 중점적으로 보는 회사다.

주제와 맞지 않은, 좋지 않은 예

❶ 사람은 누구나 개개인의 이름을 가지고 있듯이 제각기 다른 능력을 지니고 있습니다. 미처 발견하지 못한 능력을 타인으로 인해 표출이 되어 활용된다면, 자신의 존재와 가치를 더 높일 수 있게 될 것입니다. 기업에 있어서 어떤 사람이 필요하고 그 사람이 어떤 직무를 맡아야 하는지는 무엇보다도 중요할 것입니다. ❷ 저는 개개인의 능력을 파악하고 발굴하여 적재적소의 배치를 통해 최적의 적임자를 선출할 수 있는 능력을 키우고자 지원하게 되었습니다. ❸ 하루가 발 빠르게 변화하고 성장하는 가운데 그 경쟁 속에서 살아남기 위해서는 제품 및 기술, 품질 등이 필요하겠지만, 저는 사람이 가장 중요한 자산이라고 생각합니다. 어떤 사람이 필요하고 그 사람이 어떤 직무를 맡아 일을 할 때 생산성 및 효율성, 그 속에서의 사람들과의 관계를 판가름할 수 있다고 생각합니다. ❹ 또한 어떠한 일이든지 결과를 이룩하기 위해 최선의 노력과 할 수 있는 열정을 가진 사람만이 그 일을 해낼 수 있다고 생각합니다. 저는 나보다는 남을 위한 서비스 정신으로 국민은행이 필요로 하는 인재가 되겠습니다.

COMMENT 총평 | 이게 실제 합격 자소서라는 게 놀랍다. 전반적으로 너무 막연한 내용밖에 없다. 국민은행에 왜 지원했는지 동기도 안 나와 있고, 구체적인 사례나 예시가 하나도 없다. 채용담당자가 이걸 읽는다면 두 문장 정도 읽고 버릴 수준의 자기소개서다. 그냥 복사, 붙여넣기 한 느낌밖에 안 든다.

생뚱 맞는 내용?
국민은행은 신입사원 대부분을 현장에서 고객을 대면하는 업무를 경험한 후 직무 순환을 통해 스태프 업무를 시킨다. 그런데 처음부터 행원 직무를 지원하는데 인사 업무를 하고 싶다고 표현하면 미스매칭이 발생할 확률이 크기 때문에 탈락시킨다.

주제와 잘 맞는, 좋은 예

복잡한 상품 설명, 영수증 하나로 해결

❶ 평소 자주 가는 국민은행 왕십리 지점을 비롯해 총 10개 지점을 직접 방문했습니다. 방문 시 가장 아쉬웠던 점은 상품 팸플릿들의 가독성이 떨어진다는 것이었습니다. ❷ 팸플릿에는 8개나 되는 카드가 나열되어 있었고, KB국민 star 체크카드의 경우 놀이공원 50%, 영화 3,000원 현장 할인, 카페 10% 청구 할인 등 실속 있는 할인이 많았습니다. ❸ 카드를 만들기 위해 상담을 요청했더니 팸플릿을 주며 간단히 설명해주고 인터넷 홈페이지를 참고하라고 안내를 받았습니다. 홈페이지에도 너무 많은 카드 종류가 있어서 할인 혜택들이 제대로 눈에 들어오지 않았습니다. 이런 문제를 개선하고 고객들의 상품 이해도를 높이기 위해 팸플릿에 명시된 할인 혜택을 직접 이용하겠습니다. ❹ 놀이공원 48,000원에서 50% 할인된 24,000원, 영화 10,000원에서 3,000원 할인된 7,000원, 카페 10,000원에서 5% 할인된 9,500원의 내용을 표시한 영수증을 고객들에게 보여주며 설명하겠습니다. 객관적인 수치를 제공하면 이해도와 신뢰성을 높일 수 있습니다. 이를 통해 저비용 고효율의 마케팅 효과를 실현하며 고객 만족과 조직의 이윤 창출을 모두 추구하는 신입 행원이 되겠습니다.

COMMENT 총평 | 직무 역량을 가진 지원자로 보이기 위해 실무 차원에서 회사 매출에 기여하려고 노력했다. 실제로 은행을 방문해서 상담받은 경험과 고객의 입장에서 문제점을 분석하여 작성했다. 은행 업무에서 중요한 역량이 고객의 니즈 파악과 서비스 마인드이다. 고객의 불편한 점을 먼저 찾아 개선하면 주도적으로 일을 처리하려는 지원자로 인식될 수 있다.

주제와 잘 맞는, 좋은 예 | 분석

복잡한 상품 설명, 영수증 하나로 해결

COMMENT 깔끔하게 소제목을 작성했다. 이것도 신문의 헤드라인을 응용한 것이다. 소제목이 어려운 사람은 신문의 헤드라인을 보고 벤치마킹해서 작성하는 연습을 하자.

❶ 평소 자주 가는 국민은행 왕십리 지점을 비롯해 총 10개 지점을 직접 방문했습니다. 방문 시 가장 아쉬웠던 점은 상품 팸플릿들의 가독성이 떨어진다는 것이었습니다.

COMMENT 평소 지원하는 회사에 대한 관심도를 드러내면서 자연스럽게 문장을 시작했다. 사실 국민은행은 곳곳에 널려있어서 방문할 기회가 엄청 많다.

❷ 팸플릿에는 8개나 되는 카드가 나열되어 있었고, KB국민 star 체크카드의 경우 놀이공원 50%, 영화 3,000원 현장 할인, 카페 10% 청구 할인 등 실속 있는 할인이 많았습니다.

COMMENT 팸플릿에 무수히 많은 카드가 있지만, 사실 고객들은 어떤 상품이 자신에게 맞는 건지 모르는 경우가 많다. 카드를 만들려고 은행에 가면 팸플릿을 봐도 카드 종류가 너무 많아서 무엇으로 선택해야 할지 잘 모른다. 이러한 문제점을 지적했고 직접 사용하는 카드를 기재하여 구체적인 수치를 제시해 신뢰도를 높였다.

◆

뛰는 놈 위에 나는 놈

이렇게 작성한 내용도 훌륭하지만, 면접관은 한 수 높은 사람들이다. 국민은행뿐 아니라 은행 업계에서 20대 직장인, 중년층, 노인층 등 각 타깃으로 가장 카드 혜택이 좋은 상품 내용도 숙지해놓고 있어야 한다. 그래야 면접 시 이 내용에 대한 추가 질문이 들어올 때 답변할 수 있을 것이다.

❸ 카드를 만들기 위해 상담을 요청했더니 팸플릿을 주며 간단히 설명해주고 인터넷 홈페이지를 참고하라고 안내를 받았습니다. 홈페이지에도 너무 많은 카드 종류가 있어서 할인 혜택들이 제대로 눈에 들어오지 않았습니다. 이런 문제를 개선하고 고객들의 상품 이해도를 높이기 위해 팸플릿에 명시된 할인 혜택을 직접 이용하겠습니다.

COMMENT 실제 상담받은 사례를 넣어 현실성을 높였다. 실제로 열 군데 방문해서 물어보니 그냥 고객들이 많이 쓰는 카드 한 개 알려주고 인터넷 홈페이지에 들어가면 잘 나와 있으니 참고하라는 얘기만 들었다. 자기소개서는 직접 체험해본 경험을 써야 신뢰도가 높아진다.

❹ 놀이공원 48,000원에서 50% 할인된 24,000원, 영화 10,000원에서 3,000원 할인된 7,000원, 카페 10,000원에서 5% 할인된 9,500원의 내용을 표시한 영수증을 고객들에게 보여주며 설명하겠습니다. 객관적인 수치를 제공하면 이해도와 신뢰성을 높일 수 있습니다. 이를 통해 저비용 고효율의 마케팅 효과를 실현하며 고객 만족과 조직의 이윤 창출을 모두 추구하는 신입 행원이 되겠습니다.

COMMENT 막연하게 아이디어를 제시한 것이 아니라 영수증을 어떻게 활용할지 구체적으로 나타내면서 실행력을 갖춘 지원자임을 어필했다. 사실 팸플릿만 보면 혜택이 잘 와 닿지 않는다. 실제 사례를 봐야 느낌이 온다.

국민은행 지원 동기 핵심 가이드

국민은행은 사람들과 소통하고 대면 업무를 잘 수행할 수 있는 지원자가 이 회사에서 원하는 인재상이다. 이때 반드시 '말을 잘하는 것'이 소통 능력이 아니라 회사 홍보물, 계약서, 상품에 대한 이해도가 높은 상태에서 문서, 구두, 문자 등 회사의 생각을 전달하는 모든 수단을 잘 활용하는 직원을 원한다.

3 | 롯데시네마

이런 아부쟁이가 있나!
관객 입장에서 가장 관람 환경이 좋은 영화관은 CGV다. IMAX, 4D, 3D 등 영화 상영 기술에서 CGV가 앞서나가고 있기 때문이다. 그러니 이런 식으로 근거 없는 칭찬을 남발하면 오히려 진정성이 떨어진다.

❶ 관객의 입장에서 가장 관람 환경이 좋은 영화관이 롯데시네마라고 생각했습니다. 드리미로 직접 근무해 보니 관객에게 최적화된 영화관을 조성하기 위한 체계적인 노력을 알 수 있었습니다. ❷ 새로운 이벤트, 상영관의 상황 등 매일 변화하는 근무 환경을 드리미에게 철저히 교육하여 고객 서비스에 차질이 없도록 했습니다. 또한, 시설 점검과 환경 조성 역시 전담 인력을 두면서 그 어디보다 쾌적한 상영관 유지를 위해 노력하는 모습이 인상 깊었습니다. ❸ 실제로 근무 중 만난 관객들 역시 영화 관람하기에 가장 편한 좌석이라고 평가해주었습니다. ❹ 현재 롯데시네마는 상영관 서비스의 핵심인 편안함과 가시성을 위해 다양한 상영 기술 개발에 힘씁니다. 그뿐만 아니라 아르떼관, 영화제 후원 등 미래 영화 산업을 이끌어나가기 위한 노력을 하고 있습니다. 영화의 완성은 '상영'에서 이루어진다고 생각합니다. 롯데시네마에서 관객 친화적 상영 서비스를 함께 하는 멀티플렉스 매니저가 되고자 지원하였습니다.

COMMENT 총평 | 전반적으로 본인의 경험이나 일반적인 내용을 나열한 느낌밖에 안 든다. 쓰고 싶은 말은 많은 것 같긴 한데 정리가 하나도 안 되어 있다. 차라리 한 가지 사례를 꼼꼼하게 쓰는 게 나을 텐데 매우 아쉽다. 정성 들여서 쓴 지원 동기 같지도 않고 "나 여기서 일한 경험 있으니 뽑아주세요."라는 느낌이다.

롯데시네마의 충성 고객 유치를 위한 전략은 '착한 마케팅'

❶ 주말에 친구, 가족들과 집에서 20분 거리에 있는 롯데시네마 서울대입구 역점에서 최근 개봉한 영화를 보며 여가를 보내곤 합니다. ❷ 현재 롯데시네마의 경쟁사인 CGV는 '가격 다양화 제도'라는 이름으로 가격을 나누었지만 실제로 가격 인상 효과를 가져와 비난을 사고 있습니다. 롯데시네마도 올해 4월부터 시간대별 가격 차등제를 적용하고 있지만, CGV와 비슷한 전략이라는 점에서 고객들이 불만을 표출하고 있습니다. ❸ 고객들의 신뢰와 기업의 이미지 제고를 위해 현재 과자 업계에서 시행한 '착한 마케팅'을 벤치마킹하는 아이디어를 제시합니다. 오리온 포카칩은 지난해 중량을 10% 늘리는 '착한 마케팅'으로 전년 대비 각각 22% 매출을 올렸습니다. ❹ 물가심사센터에 따르면 CGV는 가격 차등제 실행 후 좌석당 430원의 이익을 얻었습니다. ❺ 고객 충성도나 이탈률을 고려한다면 작은 이익보다는 기업의 이미지 제고와 고객 만족을 위한 가격 유지 정책이 더 효과적이라고 생각합니다. 업무 시 고객들에 대한 롯데시네마의 이미지를 고민하고 조직의 성과에 기여하기 위해 아이디어를 제시하는 신입사원 박장호가 되겠습니다.

COMMENT 총평 | 철저히 기업 입장에서 회사 매출에 기여하려고 노력했다. 진짜 이 회사를 위한 준비된 인재로서 당장 입사시키면 성과를 내기 위해 노력하는 인재로 평가할 것이다. 다른 업종의 사례를 활용해 넓은 시야를 가진 인재라는 점도 어필했다. 실제 영화관은 서비스 업종이다 보니 이미지가 굉장히 중요하다. 그에 맞춰서 지원 동기를 작성해 봤다.

롯데시네마의 아쉬운 점
CGV가 좌석 차등제를 도입해서 가격을 올렸다. 그럼 후발주자는 선도자를 따라잡기 위해 파격적인 아이디어 내기 또는 같이 따라가기 전략이 있는데, 롯데시네마는 후자를 선택해서 아쉽다. 만약 가격을 더 낮췄다면 영업 이익은 낮아지겠지만 요즘은 스마트컨슈머 시대이기 때문에 기업 인지도는 더 올라갈 것이다.

주제와 잘 맞는, 좋은 예 | 분석

롯데시네마의 충성 고객 유치를 위한 전략은 '착한 마케팅'

COMMENT 이 소제목을 보면 어떤 느낌이 드는가? 이런 아이디어를 제시하는 소제목은 항상 눈이 가기 마련이다. 고수들은 소제목만으로 자소서 등급을 평가할 수 있다.

❶ 주말에 친구, 가족들과 집에서 20분 거리에 있는 롯데시네마 서울대입구 역점에서 최근 개봉한 영화를 보며 여가를 보내곤 합니다.

COMMENT 영화 보는 것이 취미인 일상생활을 언급하며 자연스럽게 도입 부분을 작성했다. 도입 부분을 어려워하는 취준생들이 많은데 그냥 일상 이야기를 풀어서 쓰면 작성하기 훨씬 수월해지니 참고하라.

❷ 현재 롯데시네마의 경쟁사인 CGV는 '가격 다양화 제도'라는 이름으로 가격을 나누었지만 실제로 가격 인상 효과를 가져와 비난을 사고 있습니다. 롯데시네마도 올해 4월부터 시간대별 가격 차등제를 적용하고 있지만, CGV와 비슷한 전략이라는 점에서 고객들이 불만을 표출하고 있습니다.

COMMENT 핵심 아이디어를 찾기 위해 뉴스 기사를 통해 관련 업계를 조사해봤다. 경쟁사이자 동종 업계 1위인 CGV의 상황을 언급하며 경각심을 주었다. 인터넷 기사 찾아봤는가? CGV 가격 차등제 실시한 이후 많은 반발을 샀다.

❸ 고객들의 신뢰와 기업의 이미지 제고를 위해 현재 과자 업계에서 시행한 '착한 마케팅'을 벤치마킹하는 아이디어를 제시합니다. 오리온 포카칩은 지난해 중량을 10% 늘리는 '착한 마케팅'으로 전년 대비 각각 22% 매출을 올렸습니다.

COMMENT '착한 마케팅'으로 매출 증가와 이미지 제고 둘 다 잡은 포카칩 사례로 시야를 넓혀 다른 업종에서 잘되고 있는 마케팅을 벤치마킹했다. 실제로 착한 마케팅의 효과는 엄청났다. 포카칩에 이어 초코파이와 칠성 사이다도 '착한 마케팅' 전략을 실행하고 있다. 초코파이도 실제로 전년 대비 21%나 매출이 상승했다.

❹ 물가심사센터에 따르면 CGV는 가격 차등제 실행 후 좌석당 430원의 이익을 얻었습니다.

COMMENT 통계 자료를 활용해 객관적인 자료와 수치를 제시하며 신뢰성을 높였다. 공시 자료를 활용하면 자기소개서의 수준도 올라가고 완성도도 올라가므로 여러분도 적극적으로 활용해라! 요즘 인터넷 검색하면 정보 다 나오는데 어떻게 활용하느냐가 중요한 것이다. 그냥 기사로만 읽고 버릴 건지 본인의 자기소개서에 활용해 수준을 높일 것인지 항상 고민하는 습관을 지녀라.

❺ 고객 충성도나 이탈률을 고려한다면 작은 이익보다는 기업의 이미지 제고와 고객 만족을 위한 가격 유지 정책이 더 효과적이라고 생각합니다. 업무 시 고객들에 대한 롯데시네마의 이미지를 고민하고 조직의 성과에 기여하기 위해 아이디어를 제시하는 신입사원 박장호가 되겠습니다.

COMMENT 기업 입장에서 매출만큼 중요한 것이 기업의 이미지 메이킹이다. 결과가 뻔한데 굳이 욕먹는 걸 감수하면서 정책을 시행하는 것은 지금 시기에서 바람직하지 않다. 차라리 착한 마케팅으로 기업 이미지를 제고시키고 고객을 더 확보하는 것이 효과적이다.

롯데시네마 지원 동기 핵심 가이드

롯데시네마는 현업에서 바로 업무를 수행할 수 있는 인재를 원하고 특히 다른 경쟁사보다 더 큰 수익을 창출할 수 있는 아이디어를 가진 지원자를 원한다. 쉽게 말해서 롯데시네마는 영화관 업계에서 1위가 목표이기 때문에 이 목표에 기여할 수 있는 인재를 뽑겠다는 것이다.

주제와 맞지 않은, 좋지 않은 예

실패는 성공의 어머니이니 실패를 두려워하지 않겠습니다.

❶ KT의 30년 이상 축적된 세계적인 통신 기술력과 노하우들뿐만 아니라 직원을 가족같이 소중하게 생각하는 마인드 및 국제무대에서 뒤떨어지지 않는 명성은 제가 반드시 KT 마케팅 부서에 입사하여 제 능력을 보여줘야 겠다는 다짐을 하게 되었습니다. ❷ 저는 만약 입사하게 되면 컨버전스에 기초한 IP 기반 융합 시장을 선도하고 차별화된 고객 가치를 제공하겠습니다. 그리고 혁신적인 발상과 마케팅 전략으로 IT 산업 발전과 경제 성장에 기여하는 존경받는 기업으로 성장시키겠습니다. ❸ 저는 항상 남들과 다른 창의적인 사고를 하고 실패를 두려워하지 않습니다. 저는 언제나 도전하고 남들이 개척하지 않는 길을 개척하는 사람입니다. 자신의 자리에서 인정받는 사람이 되고 싶습니다. ❹ 제겐 항상 미래에 대한 지속적인 도전 정신과 목표를 이룰 수 있는 집념과 강한 추진력이 있습니다. 항상 겸손하게 배운다는 자세로 최선의 노력을 다하겠습니다.

COMMENT 총평 | 하나의 항목에 역량 키워드가 너무 많다. 사례가 없어서 신뢰성도 안 생기고 강조하고 싶은 역량이 어떤 건지도 모르겠다. 하나의 항목에는 역량 키워드 1~2개만 집중적으로 사례를 통해 어필하는 것이 좋다.

주제와 잘 맞는, 좋은 예

KT 예비사원 박장호의 멤버십 포인트를 통한 사회 공헌 전략은?

❶ 매월 25일이면 'LTE 데이터 룰렛'을 통해 월말에 추가 요금 없이 모바일 인터넷을 사용했습니다. 현재 KT는 데이터가 부족한 고객들에게 미니게임을 통해 재미와 최소 100M부터 최대 1GB의 혜택을 제공하고 있습니다. ❷ 이와 더불어 작년 산업정책연구원이 제정한 2회 CSV 포터상을 수상한 KT는 사회 공헌 문화를 주도하는 기업입니다.

외제차 업계에서 BMW코리아는 화재사고로 고객의 신뢰를 잃었던 상황에서 인천에 BMW드라이빙센터를 개설했습니다. 경험, 즐거움, 친환경을 주제로 드라이빙 트랙을 비롯한 복합문화공간을 조성해 방문객을 현재까지 22만 명을 유치했습니다. ❸ KT도 고객들의 멤버십 포인트로 'LTE 데이터 룰렛'을 발전시켜 사다리 타기 같은 미니게임에 기부금액을 혜택으로 추가해서 고객들에게 재미를 주는 사회 공헌 사업이 가능합니다. 고객들의 멤버십 포인트로 사회 공헌 사업을 진행하면 KT에서 부담하는 사업 비용을 절감할 수 있고 긍정적 사회 공헌 기업 이미지를 동시에 얻습니다. ❹ 업무 수행 시 KT 고객에 대한 기업 이미지와 비용 절감을 동시에 고려해 더욱 넓은 안목을 가진 사원으로 성장하는 사원 박장호가 되겠습니다.

> 다른 업계지만 사회 공헌 사업으로 차별화된 강점을 구축하고 있는 BMW 사례를 소개해서 벤치마킹 아이디어에 대한 신뢰성을 더 높였다.

COMMENT 총평 | 이 지원 동기의 강점은 실제 경험을 살렸다는 점이다. '멤버십 포인트', 'LTE 데이터 룰렛' 이런 단어는 직접 해보지 않고는 절대 작성할 수 없는 것들이다. 취업의 신 취업 스킬 중의 하나는 주변에 관심을 가지는 것이다. 단순하면서도 많이 중요한 스킬이다. 주변에 관심을 가지는 사람이 지원 동기를 쓸 때 지원 기업과 관련 경험을 쓰기 쉬울 거고 따라서 취업도 빠를 것이다. 오늘부터 그냥 지나쳤던 사람과 물건들을 다시 보자! 주변에 관심을 가지자!

주제와 잘 맞는, 좋은 예 | 분석

KT 예비사원 박장호의 멤버십 포인트를 통한 사회 공헌 전략은?

COMMENT 사회 공헌 전략은 다양하다. 어떻게 전략을 짤 것인지 궁금증을 유발한 소제목으로 멤버십 포인트로 어떻게 사회 공헌을 할지 읽어 보게 하는 좋은 사례이다.

❶ 매월 25일이면 'LTE데이터 룰렛'을 통해 월말에 추가요금 없이 모바일 인터넷을 사용했습니다. 현재 KT는 데이터가 부족한 고객들에게 미니게임을 통해 재미와 최소 100M부터 최대 1GB의 혜택을 제공하고 있습니다.

COMMENT 실제 사례를 어필했다. 실제로 KT를 사용하는 사람들은 25일을 기다린다. 지원 동기를 작성할 때 어렵다고 어설픈 인터넷의 합격 자소서를 찾지 말고 지원 기업과 관련된 경험이 있는지 진지하게 생각해보는 게 더 도움이 된다.

❷ 이와 더불어 작년 산업정책연구원이 제정한 2회 CSV 포터상을 수상한 KT는 사회 공헌 문화를 주도하는 기업입니다. 외제차 업계에서 BMW코리아는 화재사고로 고객의 신뢰를 잃었던 상황에서 인천에 BMW드라이빙센터를 개설했습니다. 경험, 즐거움, 친환경을 주제로 드라이빙 트랙을 비롯한 복합문화공간을 조성해 방문객을 현재까지 22만 명을 유치했습니다.

COMMENT 통신사들이 사회 공헌 사업을 통해 경쟁한다는 언론 기사를 통해 아이디어를 얻었고, 대략 언급이 아닌 디테일하게 최근에 입상한 사례까지 작성했다.

❸ KT도 고객들의 멤버십 포인트로 'LTE 데이터 룰렛'을 발전시켜 사다리타기 같은 미니게임에 기부금액을 혜택으로 추가해서 고객들에게 재미를 주는 사회 공헌 사업이 가능합니다. 고객들의 멤버십 포인트로 사회 공헌 사업을 진행하면 KT에서 부담하는 사업 비용을 절감할 수 있고 긍정적 사회 공헌 기업 이미지를 동시에 얻습니다.

COMMENT 사회 공헌 사업이 좋기야 하지만, 기업 입장에서는 비용을 무시할 수 없는데 멤버십 포인트를 통해 그 고민의 부담을 덜어줬다. 기업 입장에서는 얼마나 예뻐 보이겠는가.

❹ 업무 수행 시 KT 고객에 대한 기업 이미지와 비용 절감을 동시에 고려해 더욱 넓은 안목을 가진 사원으로 성장하는 사원 박장호가 되겠습니다.

COMMENT 다시 한번 기업 이미지에 민감한 KT와 비용 절감을 모두 고려할 수 있는 역량과 센스를 겸비한 가진 지원자라는 점을 어필했다.

KT 지원 동기 핵심 가이드

KT는 직원들의 아이디어에서 혁신을 찾고자 '아이디어 위키'라는 사내 채널이 있다. 아이디어 내는 것을 좋아하기 때문에 지원 동기를 작성할 때 실제 이용하면서 반영되었으면 했던 구체적인 아이디어를 제시하는 것이 좋다.

5 | 삼성물산

주제와 맞지 않은, 좋지 않은 예

삼성의 별이 되겠습니다.

❶ 소위 '지잡대'라는 지방 삼류대의 낮은 학력을 지니고 있습니다. 그래도 기회를 얻을 수 있을 것으로 생각하여 지원하게 되었습니다. ❷ 비록 올해부터 SSAT에 바로 응시할 수 없게 되었습니다만, 삼성은 약 20년을 서류 전형 없이 SSAT로 채용 절차를 진행해왔습니다. ❸ 삼성은 신종균 삼성전자 사장이나, 육현표 에스원 사장 등 SKY 및 해외 대학 출신이 아닌 인재들을 CEO에 임명했습니다. 이들을 보며 비록 SSAT가 바뀔지라도 삼성이 학력에서 모든 것을 판가름하는 회사가 아니라고 생각했습니다. '제게도 기회가 주어질 수 있을 것'이라 생각했습니다. 삼성에서 '지방의 별'이 되고 싶습니다. ❹ 학력이 콤플렉스입니다. 그러나 학력이 높다고 일을 잘 하는 사람이 아니라는 것을 몸소 보여주고 싶습니다. ❺ 또한, 사람이 너무 많이 배우면 가장 기본적인 것을 잃어간다고 생각합니다. 건축 업무에 있어 고학력자들보다 기본에 충실해 더 넓게, 더 깊게, 더 꼼꼼하게 행하는 사람이 되려 합니다.

`COMMENT` 총평 | 성격의 단점을 적으라고 해도 이렇게 치명적으로 자신의 단점을 강조하지는 않을 것이다. 특히 이 지원 동기는 글이 두서가 없고, 가독성이 너무 떨어진다. 상황 제시만 해놓고 구체적인 해결 방안이나 노력도 전혀 안 나와 있다. 읽은 후에 지잡대, 삼류대라는 단어만 기억에 남는다. 지원 동기라는 느낌이 전혀 없다.

주제와 잘 맞는, 좋은 예

강남역 지하상가, 주택 분양 완판을 이룬 박장호만의 비결은?

❶ 1인 가구 400만 시대에, 포털 사이트에 1인 가구를 검색하면 제일 첫 번째 나오는 연관 검색어가 '1인 가구 인테리어'입니다. 이를 보고 지하철역 지하상가 모델하우스를 기획했습니다. ❷ 서울의 1인 가구 비율이 올해 27.1%를 찍은 후 2025년 31.3%, 2035년 34.3%를 차지할 것으로 예상하며 20년 후에는 세 집 중 한 집이 1인 가구인 셈이 됩니다. ❸ 그로 인해 20대 후반에서 30대의 연령대, 하루 평균 50만 명 이상의 유동인구가 많은 강남역 지하상가를 택하여 지하형 모델하우스를 선보이고 포미족을 위한 'FM(for me) 하우스'라는 이름을 지었습니다. ❹ 사업 비용은 유동인구가 많은 곳이 임대가 월 1,000만 원 정도이며 권리금 평균 1억 원으로써 1년 기준 총 2억 2천만 원 정도 예상됩니다. 연예인을 모델로 썼을 경우 평균 3억 이상 들며 TV 광고는 1회 당 약 5,000만 원 정도가 드는데, 최소 광고 1회, 연예인을 광고 모델로 쓰더라도 총 3억 5천만 원이 듭니다. ❺ 모델형 하우스는 일회성이 아니라는 점에 큰 비용이 아니라고 생각합니다. 5년, 10년 후에는 더 창의적인 아이디어로 삼성물산의 핵심 인재로 거듭나겠습니다.

COMMENT 총평 | 이번 자기소개서는 수치가 많이 활용됐다. 객관적인 자료를 활용하면서 아이디어 실행 방안을 구체적으로 제시해 신뢰도를 높였다. 진짜 이 회사를 위한 준비된 인재로서 당장 입사시키면 성과를 내기 위해 노력하는 인재로 평가할 것이다. 아이디어가 일회성이 아니라는 점에서 넓은 시야를 가진 인재라는 점도 어필했다. 일회성 아이디어가 아닌 실현 가능한 아이디어를 구체적으로 제시하자. 이 정도 내용이면 어느 기업이라도 채용하고 싶은 지원자로 평가될 수 있다.

주제와 잘 맞는, 좋은 예 | 분석

강남역 지하상가, 주택 분양 완판을 이룬 박장호만의 비결은?

COMMENT 주택 분양 완판, 쉽지 않다. 어떻게 완판 했는지 바로 확인해보고 싶은 소제목이다.

❶ 1인 가구 400만 시대에, 포털 사이트에 1인 가구를 검색하면 제일 첫 번째 나오는 연관 검색어가 '1인 가구 인테리어'입니다. 이를 보고 지하철역 지하상가 모델하우스를 기획했습니다.

COMMENT 요즘 1인 가구의 높은 증가로 TV 뉴스나 신문에도 자주 나오고 있다. 트렌드에 맞춰 자연스럽게 연관시킬 수 있는 아이디어를 제시했다.

❷ 서울의 1인 가구 비율이 올해 27.1%를 찍은 후 2025년 31.3%, 2035년 34.3%를 차지할 것으로 예상하며 20년 후에는 세 집 중 한 집이 1인 가구인 셈이 됩니다.

COMMENT 통계 자료를 활용해 정확한 수치를 나타내며 신뢰성을 높였다. 앞으로 1인 가구 비율이 계속 늘어날 것이라는 걸 객관적 자료를 통해 보여주며 아이디어의 효과성을 미리 보여주고 있다.

◆
1인 가구는 보통 20~30대 직장인들이 많은 비율을 차지하는데 강남역은 서울에서 20~30대의 직장인들이 가장 많이 몰리는 장소 중 한 곳이라 마케팅 효과가 더 뛰어나기 때문이다.

❸ 그로 인해 20대 후반에서 30대의 연령대, 하루 평균 50만 명 이상의 유동인구가 많은 강남역 지하상가를 택하여 지하형 모델하우스를 선보이고 포미족을 위한 'FM(for me) 하우스'라는 이름을 지었습니다.

COMMENT 강남역은 임대료가 비싸서 기업들도 수익 창출보다는 홍보 효과를 위해 매장을 오픈하는 경우가 많고, 그 이유로 강남역을 선택했다는 것을 알 수 있다.

❹ 사업 비용은 유동인구가 많은 곳이 임대가 월 1,000만 원 정도이며 권리금 평균 1억 원으로써 1년 기준 총 2억 2천만 원 정도 예상됩니다. 연예인을 모델로 썼을 경우 평균 3억 이상 들며 TV 광고는 1회 당 약 5,000만 원 정도가 드는데, 최소 광고 1회, 연예인을 광고 모델로 쓰더라도 총 3억 5천만 원이 듭니다.

COMMENT 기존의 광고 비용과 대비해서 효과성을 극대화했다. 연예인을 써서 광고하면 기업 이미지 제고에는 도움이 되겠지만 실제로 본 게 아니라 집이 어떤지 크게 와 닿지는 않는다. 하지만 모델하우스는 직접 볼 수 있으니 훨씬 더 소비자가 공감할 수 있다.

❺ 모델형 하우스는 일회성이 아니라는 점에 큰 비용이 아니라고 생각합니다. 5년, 10년 후에는 더 창의적인 아이디어로 삼성물산의 핵심 인재로 거듭 나겠습니다.

COMMENT 아직 이런 형태의 모델하우스는 보인 적이 없다. 한번 만들어 놓으면 매일매일 사람들이 볼 수 있어 오히려 노출 효과는 더 뛰어나다. 그리고 이렇게 만들어 놓으면 사람들이 SNS나 블로그에 올려서 바이럴 마케팅의 효과도 기대할 수 있다.

일반적으로 지원자들은 뜬구름 잡는 아이디어를 제시할 때가 많은데 객관성과 구체적인 실행 방안을 쓰지 않아서 그렇다! 직무 역량을 가진 지원자로 보이기 위해 실무 차원에서 회사 매출에 기여하려고 노력했다. 기업의 목적은 이윤 창출이다. 최소의 비용으로 최대의 수익을 낼 방안이라면 언제든지 환영한다.

tip

삼성물산 지원 동기 핵심 가이드

삼성물산은 해외 관련 경험이나 업계 동향과 관련된 경험을 강조하는 것이 좋다. 글로벌 인재를 선호하기 때문에 어학연수, 교환 학생, 해외 유학 등 경험을 강조하고 정성적 보다는 숫자로 수치화해 구체적으로 작성하는 것이 좋다.

6 | 아모레퍼시픽

주제와 맞지 않은, 좋지 않은 예

사람을 먼저 생각하는 기업, 아모레퍼시픽

❶ 저는 기업이 그저 이윤을 창출하는 곳이 아니라고 생각합니다. 기업은 사람의 가치를 알고 그 사람과 함께 발전하는 곳이라고 생각합니다. 사람을 생각하는 면에서 아모레퍼시픽은 그 기준에 매우 적합한 기업이라고 생각합니다. ❷ '세계 곳곳에서 일하고 있는 아모레퍼시픽 사람들의 다양성을 존중하고, 일을 통해 자아를 실현할 수 있도록 서로 돕는다.'에서 볼 수 있듯이 직원 한 명, 한 명을 생각하는 아모레퍼시픽의 마음이 담겨 있다고 느꼈습니다. ❸ 또한 '내면과 외면이 조화를 이루는 진정한 美를 창조하여 아름답고 건강하게 살고자 하는 인류의 영원한 꿈을 실현한다.'는 진정한 미에 대해 다시 한번 생각하게 하는 계기가 되었습니다. ❹ 더불어 제가 함께했을 때 서로 발전하고 많은 것을 배울 수 있는 기업이 제가 회사를 선택하는 하나의 기준이 됩니다. ❺ 현재도 그렇지만 앞으로 화장품과 다양한 분야에서 한국뿐 아니라 전 세계 시장을 무대로 하는 만큼 제가 배우고 커나갈 수 있는 부분이 많다고 생각되어 아모레퍼시픽에 지원하게 되었습니다.

COMMENT 총평 | 내용이 좋고 나쁘고를 떠나서 읽고 나서 아무런 느낌이 안 드는 자소서다. 인사담당자들이 가장 싫어하는 자소서가 홈페이지에 있는 내용 그대로 옮겨 적은 자소서인데 자소서의 3분의 1 정도가 홈페이지에 있는 내용 그대로 쓴 거다. 자신의 사례가 전혀 안 나와 있어서 글에 진정성도 안 느껴진다. 자소서에서 지원 동기가 가장 중요한데 이렇게 뻔한 내용만 나열해놓으면 흥미는커녕 눈길도 가지 않는다.

주제와 잘 맞는, 좋은 예

정확한 할인율 표기와 골든존 활용! 아모레퍼시픽의 기업 홍보 전략

❶ 회사에 입사해 기여할 점을 찾기 위해 평소 자주 이용하는 이니스프리 외대역점을 비롯해 총 10개 지점을 방문했습니다. ❷ 방문 시 가장 아쉬웠던 점은 소비자의 신뢰를 떨어뜨리는 할인 문구였습니다. 로드샵의 50% 할인 문구와 비교하면 제품 대부분의 할인 비율은 실제 20~30%밖에 되지 않습니다. 타 브랜드인 네이처리퍼블릭 매장을 가보니 역시 50% 할인 문구가 붙어있었지만, 실제 할인율은 30% 이내의 제품이 많았습니다. ❸ 이런 보여주기식의 할인 마케팅보다 신뢰를 바탕으로 한 마케팅을 펼쳐 나가야 합니다. 처음부터 20%, 30% 할인율을 제대로 정해놓고 정확히 적용하여 판매하는 것이 고객의 신뢰도를 증가시키고 이미지 제고에도 더 효과적이라고 생각합니다. ❹ 현재 국내에선 아직 안티폴루션 제품의 시장이 뚜렷이 형성되지 않았습니다. 최근 미세먼지와 황사에 특히 민감한 소비자의 니즈를 빠르게 적용해 새로운 라인을 런칭하는 아이디어를 생각했습니다. ❺ 이니스프리 외대역점 입구 정면 8m 안쪽에 바닥에서 90~140cm인 골든존에 스킨케어와 클렌징 패키지를 만들어 전시한다면 홍보 효과를 높일 수 있습니다. 이런 방식으로 안티폴루션에 대한 시장 확보에서 선두주자로 나설 기회를 마련할 수 있을 것입니다. ❻ 아모레퍼시픽에서 조직의 성과에 기여하기 위해 아이디어를 제시하는 신입사원 박장호가 되겠습니다.

COMMENT 총평 | 두 가지 아이디어를 제시했다. 먼저 50% 할인 문구는 이제 사람들이 너무 당연하게 생각하고 있으니 고객의 입장에서 회사의 이미지를 높일 수 있는 방안을 제시했다. 둘째, 틈새 마케팅을 하는 안티폴루션 제품을 더 홍보하는 방안을 제시했다. 스펙이 우수한 지원자는 많지만, 입사 후 바로 성과를 낼 수 있는 지원자는 없다. 이처럼 해당 직무에 필요한 역량(판매 촉진 전략, 기획력 등)을 보유한 지원자는 취업이 빠를 수밖에 없다. 직무에 대해 이해하고 직무에 필요한 역량을 보유했다고 어필하자. 이런 자소서는 "입사 후 열심히 배우겠다."는 지원자보다 실무 역량을 갖춘 지원자로 어필이 가능하다.

정확한 할인율 표기와 골든존 활용! 아모레퍼시픽의 기업 홍보 전략

COMMENT 골든존을 어떻게 활용할 것인지 벌써부터 궁금해지지 않는가? 골든존이라는 단어를 잘 활용해보자.

❶ 회사에 입사해 기여할 점을 찾기 위해 평소 자주 이용하는 이니스프리 외대역점을 비롯해 총 10개 지점을 방문했습니다.

COMMENT 일상생활을 언급하며 자연스럽게 도입 부분을 작성했다. 도입 부분을 어려워하는 취준생들은 일상 얘기를 풀어서 쓰면 작성하기 훨씬 수월해질 수 있다.

❷ 방문 시 가장 아쉬웠던 점은 소비자의 신뢰를 떨어뜨리는 할인 문구였습니다. 로드샵의 50% 할인 문구와 비교하면 제품 대부분의 할인 비율은 실제 20~30%밖에 되지 않습니다. 타 브랜드인 네이처리퍼블릭 매장을 가보니 역시 50% 할인 문구가 붙어있었지만, 실제 할인율은 30% 이내의 제품이 많았습니다.

COMMENT 화장품 로드샵을 가보면 전부 '50% 할인', '1+1' 이런 행사 문구가 붙어있다. 그런데 옆에 조그맣게 ~up to 하고 쓰여 있고, 막상 들어가 보면 50%는 별로 없고 죄다 20~30%밖에 할인하지 않는 경우가 대부분이다.

❸ 이런 보여주기식의 할인 마케팅보다 신뢰를 바탕으로 한 마케팅을 펼쳐나가야 합니다. 처음부터 20%, 30% 할인율을 제대로 정해놓고 정확히 적용하여 판매하는 것이 고객의 신뢰도를 증가시키고 이미지 제고에도 더 효과적이라고 생각합니다.

COMMENT 사실 홍보할 때 어느 정도 과장이 필요한 건 사실이다! 하지만 로드샵은 지금 너도나도 전부 50%라는 문구를 붙여놓고 고객들의 관심을 끌려고 한다. 이런 시점에서 '정직한 마케팅'이라는 차별화로 고객들의 신뢰를 높인다면 장기적으로 훨씬 더 이득이 될 것이다. 업계 1위 기업인 만큼 고객에게 신뢰를 주는 마케팅을 했으면 좋겠다.

❹ 현재 국내에선 아직 안티폴루션 제품의 시장이 뚜렷이 형성되지 않았습니다. 최근 미세먼지와 황사에 특히 민감한 소비자의 니즈를 빠르게 적용해 새로운 라인을 런칭하는 아이디어를 생각했습니다.

COMMENT 다른 아이디어도 제시했다. 현재 국내 안티폴루션 제품 시장이 활성화되어 있지가 않다. 미세먼지는 심해지고 마스크는 많이들 쓰고 다니는데 아직 화장품까지는 소비자들의 인식이 미치지 못하고 있는 것 같다. 그래서 안티폴루션 제품을 활용한 아이디어를 제시했다.

❺ 이니스프리 외대역점 입구 정면 8m 안쪽에 바닥에서 90~140cm인 골든존에 스킨케어와 클렌징 패키지를 만들어 전시한다면 홍보 효과를 높일 수 있습니다. 이런 방식으로 안티폴루션에 대한 시장 확보에서 선두주자로 나설 기회를 마련할 수 있을 것입니다.

정확하게 지점 하나를 정해서 언급했다. 실제 방문했던 사실을 기반으로 작성했기 때문에 신뢰도를 높일 수 있고, 어느 위치에 제품을 전시할 것인지도 골든존이라는 마케팅 전략을 활용해 제시했다.

COMMENT 정확하게 지점을 선정하고 위치를 지정했다. 위에 언급된 저 위치가 마트나 편의점에서도 '골든존'이라고 불리며 가장 제품 전시 효과가 뛰어난 위치다.

❻ 아모레퍼시픽에서 조직의 성과에 기여하기 위해 아이디어를 제시하는 신입사원 박장호가 되겠습니다.

COMMENT 자신이 성과를 낼 수 있는 인재라는 것을 다시 한번 어필했다. 이 아이디어가 실현이 안 돼도 뽑아놓으면 주도적으로 일을 하겠다는 생각이 들 것이다.

tip

아모레퍼시픽 지원 동기 핵심 가이드

아모레퍼시픽 지원 동기를 작성할 때는 기업의 이미지 제고와 고객 만족을 높일 방안을 작성하거나 아모레퍼시픽이 전 세계에 아름다움을 전파하는 것을 기업 가치로 생각하기 때문에 해외 마케팅 전략을 작성하는 것이 좋다.

자동차 지식, 영업의 꽃

❶ 대부분의 사람은 자동차 영업을 하기 위해서 갖추어야 할 역량을 커뮤니케이션 역량이라고 말하곤 합니다. 하지만 저는 그렇게 생각하지 않습니다. ❷ 물론 커뮤니케이션 역량도 중요하지만, 그보다 더 중요한 것은 자동차에 대한 기본적인 지식이 함양되어 있어야 할 것입니다. 제대로 된 자동차에 지식이 없는 판매원이 자동차를 팔게 될 경우 고객의 질문에 당황하는 것은 물론이고 고객의 구매로 이어지게 만들기에는 한계가 있을 것으로 생각합니다. ❸ 그렇기에 저는 대학 시절 기계공학을 전공하며 자동차 내부에 관한 전문적인 지식을 함양했습니다. 4대 역학인 내연기관, 자동차공학 등 전공과목을 이수한 것은 물론이고 자동 제어라는 수업을 이수함으로써 설계 및 평가 분야에 대한 이해도도 높일 수 있었습니다. ❹ 4학년 때는 이론적인 것보다는 실무적인 것들에 좀 더 치중을 하기로 하고, 기본적인 경영상식을 위해서 공학과 경영이란 과목을 수강했습니다. 그리고 학부의 전자 기계 트랙 과정으로 3D CAD를 이수할 수 있었습니다. 이러한 역량은 현대자동차라는 한국 자동차를 선도하고 있는 세계적인 기업에서 영업이라는 업무를 좀 더 원활하게 수행할 수 있게 만들어 줄 것으로 생각합니다.

COMMENT 총평 | 회사에 대한 관심도가 드러나 있지 않다. 그냥 다른 자동차 영업 직무에도 사용할 수 있는 자소서라는 생각이 든다. 영업 직무에 지원하는데 이 기업의 영업 현황에 관한 구체적인 언급이 적어, 지원자의 직무 관심도를 구체적으로 어필하지 못했다. 마지막 문장도 너무 임팩트가 없다. 자소서 마지막 문장은 직무 역량을 키우기 위해 진행한 경험을 통해 지원자가 회사에 어떠한 긍정적인 성과를 발휘할 수 있을지와 어떻게 회사에 기여할 것인지를 적극적으로 어필해야 한다.

예비사원 박장호의 현대자동차 미래 전략 핵심은?

❶ 2년 전 아버지께서 2014년식 LF쏘나타를 구매하신 적이 있는데 구매를 도우면서 현대자동차의 할인 프로모션에 관심을 가졌습니다. 당시 경험을 바탕으로 현대자동차 매출 상승을 위한 영업 전략을 기획했습니다. ❷ LF쏘나타의 가격을 알기 위해 자동차 공동구매 네이버 카페에 가입해 문의 글을 올렸고 딜러들에게 안내 쪽지를 받았습니다. LF쏘나타 2017년식 휘발유 2.0 케어 플러스 모델에 옵션은 8인치 네비게이션만 추가했습니다. 딜러들이 보내온 안내 쪽지는 정확한 견적 금액 26,459,930원을 안내하는 경우도 있었지만, 딜러의 연락처와 가격대만 안내하는 경우가 더 많았습니다. ❸ 구매자 입장에서 정확한 가격을 안내받는 것이 다른 자동차 모델과 비교하는데 편리했습니다. 현재도 온라인 공동구매 커뮤니티에서 현대자동차의 견적 요청이 있는 상황으로, 기존 프로모션 할인보다 큰 자동차 공동구매의 수요는 많습니다. 현대자동차의 온라인 공동구매 고객 전담 프로젝트팀을 구성해서 영업한다면 신규 고객을 늘릴 수 있을 것입니다. ❹ 한국자동차산업연구소의 올해 6월 정기보고서에 따르면 공유경제 트렌드와 더불어 카셰어링과 카헤일링으로 나뉘는 모빌리티 서비스 시장 규모가 2030년까지 20조까지 성장할 것이라고 합니다. ❺ 현대자동차도 국내에서는 쏘카와 연계해 카셰어링 서비스에 신차 판촉을 활용하고 있고 해외에서는 가스 기업 린데와 연계해 세계 최초 수소차 카셰어링 서비스로 미래를 대비하고 있습니다. 업무 수행 시 급변하는 환경에서 고객의 처지에서 생각하고 현대자동차의 매출 성장 전략을 도출하는 신입사원 박장호가 되겠습니다.

`COMMENT` 총평 | 미래 기술을 주제로 말하면 자동차 분야는 절대 빠지지 않는다. 현대자동차도 내부적으로도 고민이 아주 많을 거다. 그래서 소제목에 '미래'라는 키워드를 어필했고, 실제 아버지를 도와 자동차 구매 경험을 토대로 지원 동기를 작성해서 아이디어를 제시해 진술한 지원자의 꼼꼼함을 잘 보여줬다.

주제와 잘 맞는, 좋은 예 | 분석

◆ ·············
인사담당자가 읽어보고 싶고 읽은 다음 오래 기억에 남을 자소서를 만들기 위해 실명과 물음표를 활용했다. 소제목 작성법이 궁금하다면 PART2의 #2(p.075)를 참고하면 된다.

예비사원 박장호의 현대자동차 미래 전략 핵심은?

COMMENT 요즘 미래 기술 예시를 들 때 무인자동차, 전기차 등 자동차는 빠지지 않는다. 그만큼 미래에 관심을 두고 있는 분야가 자동차 분야라 미래 전략이라는 키워드를 활용했다.

❶ 2년 전 아버지께서 2014년식 LF쏘나타를 구매하신 적이 있는데 구매를 도우면서 현대자동차의 할인 프로모션에 관심을 가졌습니다. 당시 경험을 바탕으로 현대자동차 매출 상승을 위한 영업 전략을 기획했습니다.

COMMENT 묻지 마 지원이 아닌 진실한 지원자라는 인식을 주기 위해 아버지를 도왔던 경험으로 시작했다.

❷ LF쏘나타의 가격을 알기 위해 자동차 공동구매 네이버 카페에 가입해 문의 글을 올렸고 딜러들에게 안내 쪽지를 받았습니다. LF쏘나타 2017년식 휘발유 2.0 케어 플러스 모델에 옵션은 8인치 네비게이션만 추가했습니다. 딜러들이 보내온 안내 쪽지는 정확한 견적 금액 26,459,930원을 안내하는 경우도 있었지만, 딜러의 연락처와 가격대만 안내하는 경우가 더 많았습니다.

COMMENT 자기소개서는 사실 중심으로 써야 신뢰성을 준다. 실제 견적을 받은 금액을 제시했다. 리얼리티의 끝판왕이다. 인사팀에서 이 지원 동기를 읽으면 묻지마 지원자라는 의심을 한 번 더 해제할 것이다.

❸ 구매자 입장에서 정확한 가격을 안내받는 것이 다른 자동차 모델과 비교하는데 편리했습니다. 현재도 온라인 공동구매 커뮤니티에서 현대자동차의 견적 요청이 있는 상황으로, 기존 프로모션 할인보다 큰 자동차 공동구매의 수요는 많습니다. 현대자동차의 온라인 공동구매 고객 전담 프로젝트 팀을 구성해서 영업한다면 신규 고객을 늘릴 수 있을 것입니다.

COMMENT 지원 기업과 관련된 경험을 통해 자연스럽게 매출을 올릴 전략을 제안했다. 최근에 차량을 구매했는데 현대자동차만 놓치는 부분이 아닐 것이다. 현대자동차를 비롯한 자동차 회사에 지원하는 구직자라면 이 아이디어를 절대 그냥 흘리지 말고 기억해서 면접이든 자소서든 활용하면 도움이 될 것이다.

❹ 한국자동차산업연구소의 올해 6월 정기보고서에 따르면 공유경제 트렌드와 더불어 카셰어링과 카헤일링으로 나뉘는 모빌리티 서비스 시장 규모가 2030년까지 20조까지 성장할 것이라고 합니다.

COMMENT 지원 동기를 쓸 때 지원 기업이 속한 협회를 들어가 보면 의미심장한 통계 자료가 많다. 직접 찾은 의미 있는 통계를 구체적 출처와 내용을 정리해서 작성해 지원자의 논리력, 언어 능력, 문서 작성 능력을 어필했다. 지원 동기 작성이 어렵다면 회사와 관련된 협회에 들어가서 내용을 살펴보고 활용하자.

협회에 들어가 찾은 통계 자료와 언론 자료를 활용해 역량이 있는 지원자라는 것을 어필했다. 지원 동기를 쓸 때 정 자신이 없다면 지원 기업이 속한 협회에 들어가면 도움을 받을 수 있다.

❺ 현대자동차도 국내에서는 쏘카와 연계해 카셰어링 서비스에 신차 판촉을 활용하고 있고 해외에서는 가스 기업 린데와 연계해 세계 최초 수소차 카셰어링 서비스로 미래를 대비하고 있습니다. 업무 수행 시 급변하는 환경에서 고객의 처지에서 생각하고 현대자동차의 매출 성장 전략을 도출하는 신입사원 박장호가 되겠습니다.

COMMENT 요새 대기업도 조기 퇴사율이 높다고 하는데 지원 기업의 미래를 생각하고 있다는 이미지로 호감을 사기 위해 지금 진행되고 있는 현대차의 미래 관련 사업을 설명하고 미래를 책임지는 신입사원이 되겠다는 것을 마지막에 어필했다.

현대자동차 지원 동기 핵심 가이드

현대자동차 지원 동기를 작성할 때는 회사보다 큰 카테고리인 산업이나 시장에 대한 이야기를 통해 이슈를 짚어보고 지원 직무와 연결시켜서 작성하면 좋다.
국산 브랜드 자동차를 수출하는 나라는 세계에 몇 개국밖에 없다. 그중 한자리를 우리나라가 차지하고 있다는 사실은 국산 자동차 수준이 굉장히 높다는 것을 의미한다. 이런 식으로 세계 자동차 시장에서 현대자동차가 가진 가치를 조사하고 해외 이슈에 신경을 쓴다면 채용담당자는 시야가 넓은 지원자로 판단할 것이다.

스타벅스, 그 매력에 빠지다

❶ 저는 인생을 살아가면서 저 자신에게서 보완하여야 할 점을 찾으면 그 부분을 보완할 수 있을 때까지 모든 노력과 열정을 아끼지 않습니다. ❷ 저는 대학교에서 서비스학을 전공하면서 세계 유명한 커피 기업들의 브랜드 전략에 따른 매출 관리 분야를 인상 깊게 배웠습니다. 저의 능력을 통하여 기업 전체의 성장을 향상하는 과정에 매우 관심을 끌게 되었고 특히 스타벅스와 같은 산업의 관리는 주로 소비자들의 소비 행동에서 일어나는 과정을 빠르게 이해해야 하므로 평소 관련 분야를 세심히 관찰하는 습관을 지닌 저와 적합하다고 판단하였습니다. ❸ 그리고 스타벅스 안에서의 업무는 나를 통하여 내부 관리자들의 원활한 직무 처리뿐만 아니라 고객들을 위하여 봉사한다는 기본 서비스 정신이 있어야 한다는 생각을 가지고 준비했습니다. ❹ 그래서 직무에 맞는 바리스타 자격증뿐만 아니라 대학교 시절부터 커피 전문점에서 일한 경력을 가지고 있습니다. 저는 맡은 분야에서 모든 회사 구성원들과 협력하여 지금까지 배웠던 역량을 마음껏 펼칠 준비가 되어 있습니다.

COMMENT 총평 | '저는', '저의' 등 불필요한 말이 너무 남발되어 있다. 거의 한 문장에 한 개씩 나온다. 구체적인 사례도 전혀 없고 막연한 내용으로만 구성되어 있어 읽기 싫어진다. 회사 입장에서 썼다는 느낌이 하나도 안 든다. 그냥 자기 경험과 근거 없는 생각만 끄적거린 느낌이다. 그리고 가장 중요한 회사의 인재상과 엮어야 했는데 하나도 안 되어 있다. 바리스타 자격증과 카페 아르바이트 경험을 열정과 엮으면 좋았을 텐데, 그런 게 전혀 되어 있지 않다.

◆

내 과거를 돌아보자

한 번 이상 스타벅스를 이용한 경험이 있을 텐데 차라리 그 내용이라도 적으면 가점을 더 받을 것이다.

스타벅스커피코리아의 매장 주변 산책 안내도를 통한 매출 증가 방안은?

❶ 스타벅스의 돌체라떼는 대학 시절 달콤한 맛으로 시험 기간의 스트레스를 풀어줬고 채용 공고를 검색하다 스타벅스커피코리아를 발견했습니다. 회사에 기여할 점을 찾기 위해 선릉로점, 역삼역점, GS타워점, 역삼대로점 등 4개 매장을 방문했습니다. ❷ 근처에 사무실이 많은 매장이라 점심에는 자리가 없어 직장인들이 음료를 들고 동료들과 산책을 하는 것을 봤습니다. 이를 보고 스타벅스 매장에 주변 산책로를 약도 형식으로 배치해 고객들의 편의를 충족하는 아이디어를 생각했습니다. ❸ 스타벅스 선릉로점 근처 산책로를 찾아보니 5분 거리에 선릉이 있었습니다. 점심 먹는 시간 30분, 산책로까지 5분, 산책을 10~15분간 하고 다시 사무실로 복귀하면 알맞은 코스입니다. ❹ 12~1시까지 테이블 회전율을 조사한 결과 평균 15분에 한 테이블씩 순환이 됐습니다. 1시간 동안 방문객이 300명이었는데 100명은 다른 곳을 갔고 200명은 15분마다 순환됐습니다. ❺ 고객들이 주문한 음료를 들고 매장을 벗어나게 되면 매장의 고객 회전율과 객단가가 높아져 매출 신장에 도움이 될 것입니다. 또한, 고객들이 스타벅스 음료를 들고 매장 주변을 산책하면 추가 비용 없이 음료를 홍보하는 효과가 있습니다. 앞으로 주어진 업무 시 고객의 니즈와 매출을 동시에 생각하는 신입사원 박장호가 되겠습니다.

외식 업계의 점심시간 고민
직장인들은 점심시간에 무얼 먹을까? 고민하는 것이 아니다. 스타벅스처럼 카페나 음식을 제공하는 식당에선 점심시간에만 직장인들이 몰려들기 때문에 수용 가능한 고객이 넘어서면 판매를 하지 못한다.

`COMMENT` **총평** | 현재 스타벅스는 외형적으로는 꾸준히 성장해 왔지만, 영업 이익률은 작년 기준 6.1%로 매년 하락하고 있다. 그 이유는 모든 매장을 직영점으로 운영하고 있고 목 좋은 곳에 매장을 차리기 때문에 엄청난 임대료가 들어가기 때문이다. 이러한 상황에서는 회사의 손실 없이 두 가지 이득을 얻을 수 있는 아이디어를 제시했다. 인사담당자가 이 자기소개서를 본다면 당장 입사시키면 성과를 내는 인재로 판단할 것이다. 또한, 회사 내부뿐만 아니라 외부 요소까지 고려하여 접목했기 때문에 시야가 넓은 지원자로 인식될 수 있다. 이 아이디어는 카페 모든 지점에 적용할 수 있는 고퀄리티 아이디어다.

주제와 잘 맞는, 좋은 예 | 분석

스타벅스커피코리아의 매장 주변 산책 안내도를 통한 매출 증가 방안은?

COMMENT '매출 증가 방안'이라는 말이 보이는가? 궁금증을 유발해서 다음 내용을 읽고 싶어지는 소제목이다.

❶ 스타벅스의 돌체라떼는 대학 시절 달콤한 맛으로 시험 기간의 스트레스를 풀어줬고 채용 공고를 검색하다 스타벅스커피코리아를 발견했습니다. 회사에 기여할 점을 찾기 위해 선릉로점, 역삼역점, GS타워점, 역삼대로점 등 4개 매장을 방문했습니다.

COMMENT 누구나 공감할 수 있는 일상을 써서 자연스러운 도입 부분을 완성했다.

❷ 근처에 사무실이 많은 매장이라 점심에는 자리가 없어 직장인들이 음료를 들고 동료들과 산책을 하는 것을 봤습니다. 이를 보고 스타벅스 매장에 주변 산책로를 약도 형식으로 배치해 고객들의 편의를 충족하는 아이디어를 생각했습니다.

COMMENT 커피가 나왔는데 자리가 없는 상황은 누구라도 불만스러워할 상황이다. 기다리다가 자리가 없으면 그냥 나오는데 그럴 때마다 가까운 공원이나 산책로가 있으면 산책하면서 마시곤 했다. 주변에 산책로가 있는 것을 보고 산책로 표시를 통해 고객을 매장 밖으로 유도하는 아이디어를 생각해 냈다. 여러분들도 평소 주변에 관심을 두고 관찰하는 습관을 길러라, 전부 지원 동기 소스가 될 수 있다!

❸ 스타벅스 선릉로점 근처 산책로를 찾아보니 5분 거리에 선릉이 있었습니다. 점심 먹는 시간 30분, 산책로까지 5분, 산책을 10~15분간 하고 다시 사무실로 복귀하면 알맞은 코스입니다.

COMMENT 산책로까지 가는 데 걸리는 시간을 나타냈고, 점심 먹고 커피 주문하고 산책한 뒤 사무실 복귀하는 데까지 걸리는 시간을 구체적으로 제시해서 아이디어의 실현 가능성을 높였다.

❹ 12~1시까지 테이블 회전율을 조사한 결과 평균 15분에 한 테이블씩 순환이 됐습니다. 1시간 동안 방문객이 300명이었는데 100명은 다른 곳을 갔고 200명은 15분마다 순환됐습니다.

COMMENT 점심시간에 사람들이 너무 많아서 도대체 몇 명이나 오는지 실제 방문 고객 숫자를 조사해 봤다. 1시간 동안 저 인원이면 엄청난 숫자이지 않은가? 회사 차원에서는 이 많은 인원이 전부 테이크아 웃하면 좋겠다고 생각할 것이다. 특히 카페는 커피 하나 시켜서 자리만 오래 차지하는 고객들을 달가워하 지 않는다.

❺ 고객들이 주문한 음료를 들고 매장을 벗어나게 되면 매장의 고객 회전율과 객단가가 높아져 매출 신장에 도움이 될 것입니다. 또한, 고객들이 스타벅스 음료를 들고 매장 주변을 산책하게 되면 추가 비용 없이 음료를 홍보하는 효과가 있습니다. 앞으로 주어진 업무 시 고객의 니즈와 매출을 동시에 생각하는 신입사원 박장호가 되겠습니다.

COMMENT 보통 신입사원들은 시야가 좁다. 시키는 일만 하는데 회사 매출 증가와 홍보 등 일거양득의 효과를 낼 방법을 찾아 기여할 점을 쓴 것이다. 많은 사람이 스타벅스 음료를 들고 밖으로 돌아다니면 투 자 비용 없이 엄청난 홍보 효과를 거둘 수 있다.

스타벅스커피코리아 지원 동기 핵심 가이드

커피에 대한 지식과 열정을 가지고 스타벅스는 문화창조 공간임을 알고 전파할 수 있으며 고객 중심 사고방식을 가진 사람이 스타벅스의 인재상이다. 어떻게 보면 어렵게 느껴질 수 있으나 카페를 자주 다닌 사람은 이용했을 때의 경험을 밑거름 삼아 인재상과 관련된 에피소드를 적으면 된다.

주제와 맞지 않은, 좋지 않은 예

식품 시장의 획기적인 도전과 성공을 이룬 하림이라는 기업

❶ 식품 시장에서 냉동식품이라는 시장의 첫 도전이자 시장으로의 새로운 바람을 불러일으킨 기업이 바로 하림이라 생각합니다. 지금 20대와 30대에 하림이라는 기업을 모르는 사람이 없을 정도로 하림이 시장에서의 성장을 이어 왔습니다. ❷ 신선제품과, 가공식품의 연구 · 개발은 이미 국내 식료품 시장에 흐름을 만들고, 그 흐름을 이어가고 있는 기업으로 성장했습니다. 1978년 양계 시장의 첫발을 내디디며 시작된 하림의 역사는 지금에 이르기까지 아이들의 간식이 되고, 사람들의 먹거리가 되며, 밥상 한쪽을 책임지는 기업으로의 성장을 이뤘습니다. ❸ 신선제품과 가공식품이라는 분야의 고객들은 나잇대가 어린 고객들이 많은 만큼 기술력과 경쟁력 있는 고객들을 위하는 마음 등 고려해야 하는 부분이 여타 다른 시장에서보다 많을 것으로 생각합니다. 하림의 직무를 수행한다는 것은 그만큼 고객들에게 만족을 줄 수 있어야 하며, 기업에 신뢰를 줄 수 있는 역량을 가지고 있어야 한다는 것입니다. ❹ 흔히 식영과라 불리는 식품 영양학과를 나오면서 식품이라는 분야의 전공 지식을 가지고 있으며, 식품이라는 부분이 얼마나 우리에게 많은 영향을 미치는지 알게 되었습니다. ❺ 직접 공부를 하며 깨달은 점이기 때문에 하림을 위한 인재로의 성장과 더 고객들을 위하는 마음으로 임하는 인재로의 성장을 이룰 것입니다.

COMMENT 총평 | 등급을 매기자면 D급이다. 소제목부터 내용 처음부터 끝까지 막연하다. 자기소개서는 꼼꼼하게 작성하는 것이 포인트다. 또 '식영과'처럼 본인이나 주변 친구들끼리 쓰는 줄임 말을 썼다. 이 부분에서 지원자의 역량을 파악할 수 있는데, 사회 경험이 없고 업무를 할 때 본인만의 생각대로 업무를 할 확률이 높다. 지원자들은 작은 부분이라고 생각할 수 있지만, 자기소개서를 보는 기업이라면 이렇게 작은 부분에서도 지원자의 역량 파악이 가능하다.

2016년 3월 5일의 기억, 그리고 1년 후 '박장호의 직무기술서'

❶ 현재 하림은 기존 닭고기 가공업에서 종합식품회사로 성장하고 있습니다. 최근 익산에 대규모 투자를 단행해 생산공장을 건립하고 있다는 뉴스를 봤습니다. ❷ 3월 5일 오전 10시 5분 KTX를 타고 2시간 걸려 익산에 도착한 후 택시로 20분 걸려 다송리 공장 부지를 방문했습니다. 3만 6천 평 되는 공장용지를 보며 하림그룹의 성장을 직접 체험할 수 있었고 회사 입사에 대비해 함열읍으로 이동했습니다. ❸ 함열역 근처에 금호 맨션이 있었고, 이 주변에 숙소를 구하려고 계획을 세웠습니다. 실제 거주지가 서울이지만 합격이 된다면 즉시 계약을 할 것입니다. ❹ 또한 함열읍에 숙소를 잡아야 하림 본사에서 차로 15분 걸리는 거리이기 때문에 야근하더라도 건강에 무리 없도록 할 것입니다. ❺ 사실 이런 방식으로 노력한 건 아직 입사 전이기 때문에 회사에 기여하기 위해 어떤 구체적인 꼭지를 찾지 못했기 때문입니다. 하지만 새로운 공장용지에 찾아갔던 3월 5일을 기억하며 1년 뒤 회사 성장과 노력한 내용을 성과와 문서로 반드시 보여드리겠습니다.

COMMENT 총평 | 이번엔 전략적이고 화려한 S급 인재의 역량 어필이 아니라 정말 진솔한 구직자의 입장에서 썼다. 위 사례처럼 꼼꼼하게 쓸 수 있는 건 생각의 힘이다. 그리고 여러분들은 평상시에 마음속에 있는 생각과 감정을 표현하는 방법을 모르고 그동안 살아왔다. 학교 수업이나 가족들도 안 알려준다. 근데 이렇게 쓰는 게 자기소개서에서도 먹히고 여러분들의 일상생활에도 좋은 영향을 미칠 것이다. 항상 생각하고 표현하는 습관을 들이자. 그리고 글과 말로 소통을 해라. 이 지원 동기를 쓰는데 걸린 시간은 40분이다.

주제와 잘 맞는, 좋은 예 | 분석

2016년 3월 5일의 기억, 그리고 1년 후 '박장호의 직무기술서'

COMMENT 도대체 3월 5일이 뭐지? 궁금증을 유발하는 소제목으로 시작하였다.

❶ 현재 하림은 기존 닭고기 가공업에서 종합식품회사로 성장하고 있습니다. 최근 익산에 대규모 투자를 단행해 생산공장을 건립하고 있다는 뉴스를 봤습니다.

COMMENT 간단하게 지원 동기 도입부를 시작했다.

❷ 3월 5일 오전 10시 5분 KTX를 타고 2시간 걸려 다송리 공장 부지를 방문했습니다. 3만 6천 평 되는 공장용지를 보며 하림그룹의 성장을 직접 체험할 수 있었고 회사 입사에 대비해 함열읍으로 이동했습니다.

COMMENT 신문기사에 하림그룹이 대규모 투자를 했다는 내용을 입수했다. 익산시 함열읍 다송리 소재 일산4산업단지에 세워진다고 한다. 그래서 직접 찾아가 KTX 탄 시간까지 꼼꼼하게 적어놨으니 이 글을 읽는 회사에서는 정말 신기하게 볼 것이다.

❸ 함열역 근처에 금호 맨션이 있었고, 이 주변에 숙소를 구하려고 계획을 세웠습니다. 실제 거주지가 서울이지만 합격이 된다면 즉시 계약을 할 것입니다.

COMMENT 보통 지방에 본사나 공장이 있는 회사는 정말 골치 아파한다. 대부분 서울 거주자인데 합격해서 지방으로 오면 적응을 못 하기 때문에 조기 퇴사가 심하다. 그래서 회사의 걱정을 고려해서 숙소를 구하겠다고 어필했다.

❹ 또한 함열읍에 숙소를 잡아야 하림 본사에서 차로 15분 걸리는 거리이기 때문에 야근하더라도 건강에 무리 없도록 할 것입니다.

COMMENT 4번은 3번에 이어 한술 더 뜬 거다. 공장은 2017년에 세워지는데 그것에 대비해서 숙소를 구한다고 하면 어처구니없지 않다. 그래서 하림 본사가 어디 있는지 확인했더니 트라이앵글이 되더라. 무슨 말이냐 하면 하림 본사에서 함열읍까지 차로 15분, 공장에서 함열읍까지 15분 걸린다. 함열읍으로 숙소를 구해야 하림 본사나 다송리 공장단지의 가운데서 어디든 배치받더라도 좋은 위치의 숙소이다.

◆

지방소재기업 공략 Tip!

하림처럼 지방에 소재한 기업을 공략할 땐 직접 방문하자. 취업이 되지 않아서 받지 못하는 월급 300만 원 생각해보자. 지방 소재 기업은 사원을 채용해도 지방에 적응을 못 한 퇴사자가 많은데, 지원 단계부터 방문하면 50점은 떼놓은 당상이다.

❺ 사실 이런 방식으로 노력한 건 아직 입사 전이기 때문에 회사에 기여하기 위해 어떤 구체적인 꼭지를 찾지 못했기 때문입니다. 하지만 새로운 공장용지에 찾아갔던 3월 5일을 기억하며 1년 뒤 회사 성장과 노력한 내용을 성과와 문서로 반드시 보여드리겠습니다.

COMMENT 입사 전이라 잘 모르겠으니까 이와 같은 방식으로 썼다고 진솔하게 어필한 것이다. 그리고 1년 뒤에 회사 성장에 노력하면서 준비된 모습으로 성과와 문서로 보여준다고 어필했다.

하림 지원 동기 핵심 가이드

하림은 종합 농수축산 식품 분야 세계 일류기업으로 성장하기 위해 노력하고 있는 회사이며 이 회사에서 가장 중요하게 보는 인재상은 '도전 정신'이다. 창업자 김홍국 회장이 맨손으로 이끌어온 개척 정신이 현재 80개가 넘는 대기업 집단으로 성장한 비결이기 때문에 자소서에서 도전 정신과 관련된 에피소드나 노력한 내용을 기술해야 한다.

10 | 더존비즈온

주제와 맞지 않은, 좋지 않은 예

ERP 시스템의 최고봉이자 ERP 전문가의 최고봉

❶ 영리 기업이든 비영리 기업이든 회계 부서는 핵심적이고, 어느 조직이든 필수 불가결한 존재이며, 기업이 성공하려면 재무구조가 탄탄해야 하고 탄탄한 재무구조는 효율적인 회계구조가 뒷받침되어 있어야 한다고 생각합니다. ❷ 경영자는 변화하는 경영 환경에 신속하게 대처할 수 있도록 생산, 판매, 회계, 인사 등을 통합적으로 관리 및 통제할 수 있어야 하는데 더존비즈온의 핵심 사업인 ERP 시스템이 정보 시스템의 전사적 최적화를 추구할 수 있게 하고, 기업의 모든 프로세스를 통합적으로 관리해주는 프로그램이라고 생각합니다. ❸ 전산회계 운용사로서 기업의 뿌리와 같은 역할을 하는 꿈을 꾸는 저는 기업 경영을 서포트해주는 ERP 시스템에 매력을 느껴 대표적인 ERP 시스템 구축 회사인 더존비즈온에 지원하게 되었습니다.

COMMENT 총평 | 100명의 입사지원자 중에서 하위 20%에 해당하는 수준이다. 더존비즈온의 핵심 사업은 ERP 프로그램 뿐만 아니라 클라우드 사업, 정보 보안 사업 등 사업 다각화가 잘 되어 있는 곳이고 회사 발전이 급속도로 진행되고 있기 때문에 이 내용을 쓰면 서류 통과 확률이 높다.

171

IT를 알면 더존이 보인다! 더존과 4차 혁명을 준비하겠습니다.

❶ 대학을 졸업하고 20대 후반의 남자로서 취업을 앞두고 직업 선택에 대해 고민을 하던 중 올해 1월 초 신문기사를 읽었습니다. ❷ 세계경제포럼에서 앞으로 5년 안으로 사무직 인력 25%가 없어진다고 발표했고 그 인력을 대체하는 것이 IT 기술이라고 나와 있었습니다. 즉시 증권 종목에서 관련 기업을 검토하던 중 더존비즈온을 알게 됐습니다. ❸ ERP, 그룹웨어 등 기업 정보화 분야에서 국내 중견 중소기업을 대상으로 시장 장악력 1위 회사로 파악했습니다. ❹ 따로 조사를 해보니 2013년 기준 국내 대기업은 약 4,400개이고 중소기업은 약 540만 개로 파악했습니다. ❺ 주변 친구들은 무작정 대기업만을 목표로 준비하고 있는 상태에서 경기불황으로 대기업조차도 신입사원급에 대한 구조조정 대상이 되는 현실입니다. ❻ 이 상황에서 현재의 편안함보다는 지금 고생을 하더라도 더존비즈온의 기업 가치를 보고 미래를 투자하겠다고 다짐했습니다.

COMMENT 총평 | 간혹 자기소개서를 너무 잘 쓰면 기업에서는 베껴 쓰거나 전문가의 도움을 받은 것이 아니냐는 오해를 살 수 있다. 그래서 이번엔 취업준비생 시각에서 솔직담백하게 지원한 동기와 기본기에 충실하게 기업과 업종을 분석한 내용, 지원자로서의 소신 있는 생각을 썼다.

IT를 알면 더존이 보인다! 더존과 4차 혁명을 준비하겠습니다.

COMMENT 4차 혁명을 어떻게 준비할지 자소서를 읽어보게 유도하는 소제목이다.

❶ 대학을 졸업하고 20대 후반의 남자로서 취업을 앞두고 직업 선택에 대해 고민을 하던 중 올해 1월 초 신문기사를 읽었습니다.

COMMENT 솔직하게 취준생 입장에서 썼다. 자소서 쓰기 전에 미래에 대한 고민을 하므로 도입부를 솔직하게 썼다.

❷ 세계경제포럼에서 앞으로 5년 안으로 사무직 인력 25%가 없어진다고 발표했고 그 인력을 대체하는 것이 IT 기술이라고 나와 있었습니다. 즉시 증권 종목에서 관련 기업을 검토하던 중 더존비즈온을 알게 됐습니다.

COMMENT 신문을 진짜 제대로 읽는 티가 난다. 그 증거로 접속사가 거의 없다. 왜냐하면 신문은 접속사를 거의 쓰지 않기 때문이다. 자기소개서를 작성할 때도 접속사는 되도록 쓰지 않는 편이 좋다.

❸ ERP, 그룹웨어 등 기업 정보화 분야에서 국내 중견 중소기업을 대상으로 시장 장악력 1위 회사로 파악했습니다.

COMMENT 기업 홈페이지나 네이버 증권에 나오는 기업 분석과 정보를 응용해서 쓰면 된다.

❹ 따로 조사를 해보니 2013년 기준 국내 대기업은 약 4,400개이고 중소기업은 약 540만 개로 파악했습니다.

COMMENT 중견 중소기업에 대한 대략적인 언급이 아니라 더 구체적으로 조사를 해서 중소기업과 대기업의 개수를 파악했다. 보통 신입사원들은 시키는 것만 하는 특징이 있다. 그런데 이 지원자는 거기서 멈추지 않고 더 구체적으로 궁금증을 가지고 국내 기업 개수를 모두 파악했다. 스스로 업무를 찾아서 하는 인재라 증명이 되는 것이다.

❺ 주변 친구들은 무작정 대기업만을 목표로 준비하고 있는 상태에서 경기불황으로 대기업조차도 신입사원급에 대한 구조조정 대상이 되는 현실입니다.

COMMENT 지원자의 소신을 읽을 수 있다. 겉모습만 따지는 것이 아니라 진짜 기업의 가치를 찾아서 기업을 지원하는 지원자라는 것을 어필하고 있다.

❻ 이 상황에서 현재의 편안함보다는 지금 고생을 하더라도 더존비즈온의 기업 가치를 보고 미래를 투자하겠다고 다짐했습니다. ⋯⋯⋯⋯⋯⋯◆

COMMENT '현재의 편안함보다는 지금 고생을 하더라도'라는 문구를 쓴 건 기업의 속내를 미리 파악한 거다. 조기 퇴사가 비교적 높은 회사이고 성장하고 있는 회사이기 때문에 그 고생도 각오가 되어 있다고 어필하기 위해 썼다.

인사담당자들이 기특하게 볼 것이다. 대부분 취업준비생들은 어떤 일을 하는지 모르고 그저 복리 후생과 연봉만을 보고 입사 지원을 하는데 '젊었을 때 고생은 사서 한다.'는 말을 실천하고 있기 때문이다.

더존비즈온 지원 동기 핵심 가이드

더존비즈온의 인재상은 도전과 열정을 가지고 소통과 화합을 바탕으로 책임과 신뢰를 가진 인재다. 원래 이 회사는 기업용 소프트웨어를 대표하는 회사인데 최근 모바일, 전자금융 등 첨단 IT 서비스를 제공하며 급속도로 성장하고 있다. 이 회사의 인재상에 맞고 회사의 성장 가능성을 중심으로 작성하면 된다.

11 | 강남제비스코

제비표 페인트의 발가락이 되겠습니다!

❶ 제비표 페인트로 친숙한 강남제비스코는 1945년 설립된 국내 대표적인 도료 기업으로 건축용, 공업용, 선박 중방식용, 자동차 보수용 도료에 이르기까지 다양한 제품을 생산하고 있습니다. 앞으로도 강남제비스코는 그동안 축적된 기술 노하우와 서비스 시스템을 바탕으로 인체에 무해한 친환경, 고기능성 제품으로 자연과 사람을 생각하는 친환경 녹색 기업으로 성장해 나갈 것이 기대되는 회사입니다. ❷ 저는 이러한 회사에 맞는 인재라 생각되어 지원하게 되었습니다. 우선 누구보다 저는 책임감이 강하고, 다름을 인정할 줄 알며, 어떤 일에도 과감하게 뛰어들어 최고의 결과를 도출해 내려 노력하는 인재입니다. 누구보다 사람을 잘 이해하고 사람과 소통할 줄 아는 인재입니다. 그 때문에 영업 직무를 수행하기 위한 기본적인 역량을 갖추고 있다고 말씀드리고 싶습니다. ❸ 제가 강남제비스코에 입사하게 된다면 회사의 발가락이 되고 싶습니다. 흔히 영업이라는 것은 발로 뛰는 것이라는 말이 있습니다. 발가락은 가장 낮은 곳에서 가장 많은 땀을 흘리는 존재입니다. 때로는 더럽다며 홀대를 받기도 하지만, 몸 전체를 떠받치고 몸이 균형을 잡기 위해 꼭 필요한 존재입니다. 저는 궂은 일도 마다하지 않겠습니다. 회사가 우뚝 설 수 있도록 밑받침의 역할을 다하겠습니다.

COMMENT 총평 | 내용이 전반적으로 구체적이지 않고 모호하며 소제목과 내용에 지원자 본인을 발가락으로 비유해 지원 동기를 작성했는데 읽은 후에 발가락이라는 단어만 기억에 남는다.

욜로족과 싱글족, 틈새시장을 점령하라! B2C 시장을 선도할 신입사원 박장호

❶ 아버지께서 건축 사업을 하시면서 제가 중학교 때부터 일을 도와드렸는데 페인트 중에서 제비표 페인트가 품질이 좋다고 하시며 사용하셨습니다. ❷ 현재 강남제비스코로 사명이 바뀌며 제2의 도약을 준비하는 상태로 회사에 기여할 점을 생각했습니다. ❸ 지금까지 B2B 사업에 주력했지만, 인테리어용 페인트 시장이 커지는 상황에서 B2C 시장을 공략해야 합니다. 현재 1인 가구의 숫자는 500만 명이며 2020년엔 600만 명으로 증가하고 이들이 27조 4천억 원의 셀프 인테리어 시장을 주도하고 있습니다. ❹ 현재 3조 원인 전체 페인트 산업에 비하면 B2C 인테리어용 시장은 지금까지 연 300억 원 규모로 작지만 셀프 인테리어 시장의 확장과 건강에 해로운 벽지를 페인트로 대체하는 흐름에 따라 2020년엔 최소 1,000억 원으로 예상됩니다. ❺ 강남제비스코의 홈페이지를 보면 건축공업, 선박 자동차 제품군은 다양하나 B2C 제품은 없습니다. ❻ 다행히 2015년 홍대거리 미술전을 개최하고 11년 동안 지속적인 페인트 협찬을 했고 작년부터 소비자를 타깃으로 친환경 페인트 제품을 개발하고 있습니다. 강남제비스코의 미래 방향과 제 방향성이 일치하기 때문에 이곳에서 제 모든 역량을 발휘하며 회사를 발전시키는 박장호가 되겠습니다.

COMMENT 총평 | 작성 시간은 총 1시간 30분 걸렸다. 원래 소비재 관련 지원 동기는 작성하기 편한데 B2B 분야는 좀 걸린다. 흔하지 않기 때문에 당최 생각이 안 날 수밖에 없다. 그래서 이렇게 쓸 수 있는 건 취업의 신밖에 없을 것이다. 정리하면 이 지원 동기는 아래와 같이 평가할 수 있다.

1. 생각의 시야가 폭넓은 지원자로 인정받을 수 있다.
2. '회사의 기업 분석은 바로 이렇게 하는 것이다.'라고 인정되는 지원자이다.
3. 통찰력이 느껴지는 S급 신입사원으로 인정받을 수 있다.

욜로족과 싱글족, 틈새시장을 점령하라! B2C 시장을 선도할 신입사원 박장호

COMMENT 최근 화두가 되는 욜로족, 싱글족으로 시작하여 B2C 시장으로의 접근. 강남제비스코의 사업 방향을 읽고 있는 지원자라는 느낌을 주는 안성맞춤 소제목이다.

❶ 아버지께서 건축 사업을 하시면서 제가 중학교 때부터 일을 도와드렸는데 페인트 중에서 제비표 페인트가 품질이 좋다고 하시며 사용하셨습니다.

COMMENT 회사 지원할 때 사용해보거나 친숙한 이야깃거리가 있으면 면접할 때도 물어보기 때문에 좋아한다.

❷ 현재 강남제비스코로 사명이 바뀌며 제2의 도약을 준비하는 상태로 회사에 기여할 점을 생각했습니다.

COMMENT 자연스럽게 도입 부분을 작성한 것이다. 서론에서 갑자기 본론으로 들어가 버리면 어색하니까 도입부를 적어서 부드러운 도입 부분 분위기를 연출했다.

❸ 지금까지 B2B 사업에 주력했지만, 인테리어용 페인트 시장이 커지는 상황에서 B2C 시장을 공략해야 합니다. 현재 1인 가구의 숫자는 500만 명이며 2020년엔 600만 명으로 증가하고 이들이 27조 4천억 원의 셀프 인테리어 시장을 주도하고 있습니다.

COMMENT 핵심 아이디어가 나오기 위해 신문을 통해 관련 시장 조사를 했다. 그랬더니 27조 4천억 원이라는 실제 수치가 나왔다. 홈 리뉴얼 및 셀프 인테리어 시장이 생각보다 정말 컸다.

❹ 현재 3조 원인 전체 페인트 산업에 비하면 B2C 인테리어용 시장은 지금까지 연 300억 원 규모로 작지만 셀프 인테리어 시장의 확장과 건강에 해로운 벽지를 페인트로 대체하는 흐름에 따라 2020년엔 최소 1,000억 원으로 예상됩니다.

◆
이 수치는 전 세계에 3만 개 이상의 매장을 운영하고 있는 맥도날드의 1년 매출액 30조 원과 맞먹는다.

COMMENT 관련 산업군에 이어 강남제비스코의 핵심 사업 시장도 조사해 놨다. 그리고 구체적으로 B2C 시장이 300억 원이라고 나와 있었기 때문에 적었고, 시장이 점점 확대되고 있기 때문에 2020년이 되면 1,500억 원 시장으로 성장할 거라 판단했다.

❺ 강남제비스코의 홈페이지를 보면 건축공업, 선박 자동차 제품군은 다양하나 B2C 제품은 없습니다.

COMMENT 이번에는 홈페이지로 넘어갔다. 신문 조사를 통해서만 본인의 생각을 어필하면 시야가 좁다고 생각할 수 있으니 홈페이지로 시선을 돌려서 분석했다. 역시 B2B 제품으로만 배치되어 있더라. 그래서 B2C 제품도 있어야 한다고 언급했다.

❻ 다행히 2015년 홍대거리 미술전을 개최하고 11년 동안 지속적인 페인트 협찬을 했고 작년부터 소비자를 타깃으로 친환경 페인트 제품을 개발하고 있습니다. 강남제비스코의 미래 방향과 제 방향성이 일치하기 때문에 이곳에서 제 모든 역량을 발휘하며 회사를 발전시키는 박장호가 되겠습니다.

COMMENT 그래도 홈페이지를 보니까 2004년부터 홍대거리 미술전을 할 때 페인트를 지속해서 협찬해주고 있는 것을 캐치했다. 그래서 B2C에 대한 교두보를 마련해 두고 있는 상태다. 다행히 강남제비스코에서도 B2C 시장을 겨냥한 제품을 개발 중이었고 이를 언급해서 이 회사의 방향성과 지원자가 추구하는 방향성이 일치하기 때문에 지원했다고 마무리했다.

tip

강남제비스코 지원 동기 핵심 가이드

강남제비스코는 최근 수년간 이어진 정체에서 탈출하기 위해 분체도료 개발로 신제품을 출시하는 등 끊임없는 성장 노력을 기울이고 있다. 창의적인 생각과 끊임없는 자기계발을 하는 지원자를 원하는데 신문을 많이 읽는다면 자기소개서를 쉽게 작성할 수 있다.

◆

이렇게 적으면 1,500억 원의 수치에 대한 근거를 제시하라고 할 것이다. 핵심 고객인 20~30세대가 예능을 통한 셀프 인테리어에 관심이 있고 평균 셀프 인테리어 비용 및 1인 가구에서 20~30세대가 차지하는 비율을 합쳐 이야기하면 된다. 1인 가구는 현재 500만 가구, 20~30세대 비율은 70% 정도, 1인당 평균 셀프 인테리어 지출 비용은 5만 원이라고 하면 계산이 얼추 맞는다. 이 정도 통찰력이면 회사에서 S급 인재로 인정할 것이다.

◆

창업주의 취미에 따라 기업 행사나 후원 활동, 동아리를 운영한다. 해태제과의 경우 국악 분야를 지원한다. 그래서 기업의 취미와 지원자의 취미가 비슷하다면 스펙이나 자기소개서 평가 이외에 가산점을 얻어서 서류 통과 확률이 올라간다.

주제와 맞지 않은, 좋지 않은 예

한국산업단지공단의 일꾼이 되겠습니다!

❶ 한국산업단지공단의 회사 특성상 사회 흐름과 회사의 방향에 대해 연구하여 회사가 지속적인 발전을 할 수 있도록 방안을 제시하는 사원이 되겠습니다. ❷ 입사 후 전국의 산업단지에 방문해서 회사 정책에 맞는 방향으로 운영되는지 연구하고 회사에 기여하겠습니다. ❸ 그리고 현재 변화하는 산업 트렌드에 맞춰서 산업군마다 색다른 산업단지를 조성해 우리나라의 모든 기업이 산업단지에서 발전할 수 있도록 기여하겠습니다. ❹ 학창 시절 다양한 활동을 통해 팀원들을 관리하는 방법들을 연구했습니다. 한국산업단지공단에 입사하여 체계적인 교육을 받고 싶습니다. 그래서 10년 후 산업단지 전문가로 성장해 후배들을 양성하며 회사의 관리자로 인정받겠습니다. 마지막으로 이 회사를 내가 경영한다는 주인의식을 가지고 넓은 시야와 큰 포부를 가지고 회사를 성장시키겠습니다.

`COMMENT` 총평 | 이 자소서 수준을 보면 스펙이 높은 편이 아니라면 서류 광탈을 많이 당했을 것이다. 회사를 연구한 흔적이 없으며 인터넷에 조금만 검색하면 나오는 이 회사의 인재상 팁을 보지도 않았다.

주제와 잘 맞는, 좋은 예

한국산업단지공단, '지역 경제 평준화 2.0 Ver.'을 제안합니다!

❶ 대학교 3학년 때부터 신문을 통해 중소기업 지원에 대한 기사를 많이 읽었는데, 그중 소상공인은 우리나라 전체 기업의 88%를 차지하는 만큼 국민 경제상 큰 비중을 차지하지만 그에 대한 지원은 미비한 실정입니다. ❷ 특히 젠트리피케이션 현상으로 실질 창업 성공률은 30%에 불과합니다. 성수동 또한 원래는 낙후 지역이었는데 구두 거리가 조성되고 나서부터 지역 경제가 발전되고 있지만 젠트리피케이션 때문에 임대료가 올라 기존 상인들이 내쫓길 위기에 처해 있습니다. ❸ 이런 현상을 개선하기 위해 소상공인진흥공단과 한국산업단지공단의 코퍼레이션을 통해 '소상공인 클러스터'라는 한국산업단지공단의 사업군 확장을 제안합니다. 첫 단계로 구두 거리 조성에 성공한 성수동을 거점으로 '구두 클러스터 라인'을 정착시켜 서울 내 일자리 창출과 국가 균형 발전을 이루고자 합니다. ❹ '성수동 구두 거리'와 같은 어려움을 겪고 있는 '홍대 예술의 거리'도 있지만, 홍대는 무형의 지식이나 서비스의 특색을 갖고 있고 성수동은 제조업을 영위하고 있기 때문에 성수동 구두 거리를 지원해야 한국산업단지공단의 업무 특성에 맞는다고 생각했습니다. ❺ 현재 한국산업단지공단에서는 대규모 산업단지에 대해 지원을 하고 있는데, 2.0 버전으로 성수동 구두 거리를 지원하며 소규모 산업단지를 육성 및 보호를 통해 2.0 버전 한국산업단지공단으로 발전시키겠습니다.

COMMENT 총평 | 이 정도 내용을 보면 한국산업단지공단의 신입사원급이 아니라 최소한 대리급 이상의 내공을 가진 지원자로 볼 것이다. 사실 이 기업의 현황과 작성한 지원 동기 내용이 안 맞을 수 있지만, 기업에서는 이 정도까지 넓은 시야를 가진 지원자를 보지 못하기 때문에 가능성을 보고 서류 통과를 시킬 것이다.

주제와 잘 맞는, 좋은 예 | 분석

한국산업단지공단, '지역 경제 평준화 2.0 Ver.'을 제안합니다!

COMMENT 지역 경제 불공정에 대한 현실적인 문제를 역으로 제안하는 소제목이다. 본인이 인사담당자라면 읽어보고 싶지 않겠는가.

❶ 대학교 3학년 때부터 신문을 통해 중소기업 지원에 대한 기사를 많이 읽었는데, 그중 소상공인은 우리나라 전체 기업의 88%를 차지하는 만큼 국민 경제상 큰 비중을 차지하지만 그에 대한 지원은 미비한 실정입니다.

COMMENT 벼락치기 스타일로 쓸 수 없는 지원자의 풍부한 식견이 나와 있어서 신문을 많이 읽는 인재로 판단한다.

❷ 특히 젠트리피케이션 현상으로 실질 창업 성공률은 30%에 불과합니다. 성수동 또한 원래는 낙후 지역이었는데 구두 거리가 조성되고 나서부터 지역 경제가 발전되고 있지만 젠트리피케이션 때문에 임대료가 올라 기존 상인들이 내쫓길 위기에 처해 있습니다.

◆
낙후된 지역을 고급화한다는 뜻이지만, 현실에선 임대료가 저렴한 낙후된 지역에 중산층 이상의 사람들이 몰리고 지역이 발전하면서 기존에 거주 중이던 원주민을 밀어내는 현상을 말한다.

COMMENT 요즘 부동산 분야에서 골칫거리인 젠트리피케이션 현상과 그 사례에 대해 작성했는데 이 기업과 관련된 이슈를 작성해서 업무 관련 지식을 보유한 지원자이다.

❸ 이런 현상을 개선하기 위해 소상공인 진흥공단과 한국산업단지공단의 코퍼레이션을 통해 '소상공인 클러스터'라는 한국산업단지공단의 사업군 확장을 제안합니다. 첫 단계로 구두 거리 조성에 성공한 성수동을 거점으로 '구두 클러스터 라인'을 정착시켜 서울 내 일자리 창출과 국가 균형 발전을 이루고자 합니다.

COMMENT 원래 이 회사는 제조업 중심의 산업단지 조성이라는 지원 정책을 펼치고 있다. 현재 정부 정책 기조인 중소기업 지원을 위해 소상공인 진흥공단과 협업하겠다는 내용으로 넓은 식견이 보인다.

❹ '성수동 구두 거리'와 같은 어려움을 겪고 있는 '홍대 예술의 거리'도 있지만, 홍대는 무형의 지식이나 서비스의 특색을 갖고 있고 성수동은 제조업을 영위하고 있기 때문에 성수동 구두 거리를 지원해야 한국산업단지공단의 업무 특성에 맞는다고 생각했습니다.

COMMENT 홍대 예술 거리도 젠트리피케이션 현상의 피해 지역이지만 이 기업의 본질은 무형의 서비스 업종보다 성수동 구두 거리같은 제조업이기 때문에 사업 대상에 해당한다고 썼다. 사고의 유연성이 보인다. 신입사원에게 사고의 유연성 또한 필요한 역량이다. 사고의 유연성을 기르자.

❺ 현재 한국산업단지공단에서는 대규모 산업단지에 대해 지원을 하고 있는데, 2.0 버전으로 성수동 구두 거리를 지원하며 소규모 산업단지를 육성 및 보호를 통해 2.0 버전 한국산업단지공단으로 발전시키겠습니다.

COMMENT 지금까지 작성한 내용을 총정리하는 내용으로 깔끔하게 마무리했다.

기존 지원 정책은 성장기의 대한민국에 맞는 역할을 제공했지만, 현재 산업 현황에는 뒤떨어져 있는 상태이기 때문에 회사의 고민을 캐치해서 해결하는 방안을 제시했다

한국산업단지공단 지원 동기 핵심 가이드

한국산업단지공단은 NCS를 기반에 두고 평가하기 때문에 구체적으로 작성하고, 본인의 전공과 공단 업무를 연결하려는 노력과 함께 전국에 본부가 있기 때문에 공단의 특성을 고려해 지방 순환 근무, 순환 보직 등 다양한 환경에 적응할 수 있다는 점을 어필하는 것이 좋다.

취업의 신 박장호

직무별 개념 설명과
자소서 공략법

직무를
알고
자기소개서를
쓰자!

**문제
제시**
직무에 대한 이해 없이 대충 지원하면 바로 '광탈'할 수밖에 없다. 하지만 취업준비생 대부분은 본인이 지원하는 직무에 대해 잘 모르고 지원하는 게 현실이다. 따라서 직무 내용과 필요 역량에 대해 구체적으로 인지하고 있다면 시작부터 차별화된 무기를 갖고 시작하는 셈이 된다.

**근거
제시**
직무 맞춤형 자기소개서를 써야 한다. 그래야 즉시 업무 투입 가능성을 어필할 수 있기 때문이다. 직무별로 요구되는 역량에 대한 정확한 인지는 채용 과정에서 해당 공고와 본인의 매칭율을 높일 수 있는 키포인트라 할 수 있다. 각 직무별 자기소개서 작성법에 대해 구체적으로 들어가 보자.

A 인사

직무 소개

지원자들은 인사팀이 채용만 하는 줄 안다. 하지만 그것이 다가 아니다. 실제 인사 업무는 인력의 적정 수준 유지 및 관리를 위해 다양한 활동을 한다. 세부 업무는 사원의 채용, 배치, 전환, 퇴직, 교육, 인사 고과, 기업 문화, 복리 후생 등의 업무를 기획·관리한다. 인사담당자는 인사 제도 전반에 관해 연구·분석하여 개선하는 업무를 수행한다고 할 수 있다.

필요 역량

사교성만 어필한다고 되는 건 아니다. 진짜 필요한 역량을 보여야 한다. 예로 들면 자료에 대한 분석력과 이를 바탕으로 제도화, 체계화할 수 있는 능력이다. 특히 가치 판단에 대한 기준이 확고해야 하고 이에 따른 실행력과 추진력이 필요하다.

주의 사항

정이 많아서 남의 어려움을 그냥 못 지나친다는 등의 연약함 같은 건 어필하지 않는다. 인사의 중요 업무 중 하나는 노동법과 관련되고 민감한 업무인 '노무'다. 따라서 사람에게 정이 많다는 성격은 인사 업무에서 장점이지만 분명히 단점도 따라온다.

인사팀 합격 자소서

조기 퇴사율 낮추고 3년 장기근로자 만들어낸 아르바이트생 박장호

❶ 대학교 2학년, 2년간 일한 ○○ 카페에서 열정을 발휘해 아르바이트생을 직접 뽑으며 조기 퇴사 문제를 해결했습니다. 카페가 명동에 있어 다국적의 사람을 응대하면서 생기는 업무 강도가 아르바이트생의 조기 퇴사를 초래했습니다. 일을 시작한지 6개월이 지났을 무렵 점장이 아르바이트생 채용 권한을 주셨습니다. (169자)

> **COMMENT** 인사팀에서 하는 업무와 연관성 있는 아르바이트 채용 경험을 적었다. 전공이 인사 직무와 관련성이 없거나 실제 인턴 경험이 없더라도 지원 직무와 연관성 있는 경험을 찾아 어필하면 된다.

❷ 채용을 위해 구인 사이트에 채용 공고를 게시하고 문의 전화에 응대하며 다수의 지원자를 대상으로 1:1 면접을 진행했습니다. (67자)

> **COMMENT** 인사팀의 주요 업무인 채용 업무를 어떻게 진행했는지 실질적 사례를 들어 구체적으로 적었다.

❸ 장기 근무에 초점을 두었고 그다음 다양한 손님을 응대해야 하는 서비스직임을 고려해 지원자의 인상과 인사성, 말의 빠르기에 중점을 두었습니다. (78자)

> **COMMENT** 단순한 채용이 아닌 조기 퇴사율이 높았던 카페의 애로 사항을 해결하기 위해 어떤 식으로 채용을 진행했고, 어떤 점에 중점을 두었는지 구체적으로 작성했다.

❹ 이렇게 1년 6개월간 5명의 아르바이트생을 뽑았고, 관리를 위해 인수인계를 언어가 아닌 커피 제조 레시피를 문서화하여 들고 다니며 외우도록 했습니다. 5명 모두 평균 6개월, 그중 1명은 2년간 일을 함으로써 조기 퇴사 문제를 해결했습니다. (134자)

◆
채용 업무 경험이 없다고 하지만 동아리에서 신입생을 뽑을 때, 카페에서 후임 아르바이트생을 뽑을 때 등의 경험은 있을 것이다. 그런데 이러한 경험이 공식적이지 않고 사소한 경험으로 생각해서 적지 않는 경우가 있는데 적으면 가점을 받는다.

COMMENT 인사팀에서 채용만큼 중요한 업무가 신입사원 교육인데, 직접 문서화하여 진행해 조기 퇴사율의 문제를 해결했고 성과도 구체적으로 작성했다. 조기 퇴사율로 고생하는 인사팀에게는 이 노력을 아는 신입사원이 온다면 두 팔을 벌려 환영이다.

❺ 입사 후, 사람과 인사의 중요성을 항상 인식하며 조직의 성과에 기여할 수 있는 인사관리자가 되겠습니다. (57자)

COMMENT 인사팀에서 가장 중요하게 생각하는 가치에 대해서 언급하면서 인사관리자로서의 가능성을 보여주고 있다.

인사팀에 입사하면 어떤 업무를 하게 될까?

인사팀에서 하고 싶은 업무를 물어보면 대부분 면접을 보고 사람을 평가하는 업무라고 말한다. 인사팀에서는 기본적으로 직원 채용, 훈련, 승진, 임금 결정, 임금 협상, 근로자의 접촉 및 자문 등의 업무를 기획, 지휘 및 조정한다. 하지만 신입사원 때는 채용 공고를 작성해서 업로드하고 면접자에게 문자, 메일, 전화 등으로 연락하는 업무가 대부분이다. 면접 안내, 면접장 세팅 등 기초 업무를 파악하고 최소 대리급 이상이 되야 실제 면접관으로서 투입될 수 있다.

인사팀의 주요 업무 중 입·퇴사자 관리가 있는데, 면접에 최종 합격이 되면 입사자들에게 개인 정보와 관련된 파일을 받기 때문에 문서 관리에 유의해야 한다. 입사를 하면 근로계약서를 작성하고 인사기록카드를 작성하는데, 인사기록카드와 주민등록등본과 통장사본을 스캔해서 보안파일로 관리해야 한다. 근로계약서를 제대로 이해하기 위해서는 노동법과 근로기준법에 대한 기본 상식이 있는 것이 좋다.

입사자의 4대보험 신고를 진행하는데 한번 신고하면 정정 신고가 번거롭기 때문에 처음 할 때 꼼꼼히 해야 한다. 4대보험을 신고할 때는 이름, 주민등록번호, 입사날짜, 월평균급여가 필요하기 때문에 파일로 따로 정리해두면 좋다.

채용을 하기 전에 인사팀이 가장 고생하고 기피하는 업무가 있는데, 바로 퇴사자 관리다. 갑작스럽게 퇴사자가 발생했을 경우는 최대한 우호적으로 응대하고, 무례하게 행동해도 새로운 사람을 뽑아 인수인계를 명확하게 하기 전까진 참는 경우가 많다.

회사에 들어가자마자 본인이 원하는 일부터 할 수는 없다. 어떤 일이든 단계가 있고 그 단계를 거쳐야 하고 싶은 업무를 하는데 인사팀에서 행정 업무만 한다고, 실망해서 퇴사하는 경우가 있다. 행정 업무를 하면서 채용 업무를 간접적으로 경험하고 지식을 쌓은 후 그다음에 채용 업무가 주어진다.

인사기록카드

입사일자					퇴사일자	

	성 명	한 글			생년월일	
사 진 (3×4cm)		한 문				
	주 소					
	E-mail					
	핸드폰			전 화		

성 별	□남 □여	결혼유무	□기혼 □미혼	혈액형		형

가족사항

관계	성 명	생년월일	직 업	동거여부

학력

기 간	학 교 명	전 공	졸업여부
~			
~			
~			
~			

자격사항

취득년월일	자격면허구분(면허번호)	발급기관

병역관계

복 무							미 필		해당없음
군별	역종	병과	계급	군번	입대일자	제대구분	체력등위	미필사유	

경력사항

근무기간	재직기관명	업무내용

기재사항은 사실과 상위 없음을 서약합니다. 성명 :　　　　(인)

B

직무 소개
사업체의 운영에 필요한 각종 행정 업무를 총괄하는 것이 총무의 역할이다. 문서 수발 · 관리, 4대 사회보험 관리, 급여 관리, 비품 및 차량 관리가 주된 업무다. 각종 사내 행사를 계획 · 준비 · 집행하는 것과 관련된 업무도 수행한다.

필요 역량
구직자 대부분이 총무 업무에 필요한 역량으로 단순히 꼼꼼함 등의 사무적 능력만을 생각한다. 하지만 총무 업무는 생각보다 훨씬 세부적이고 구체적이다. 따라서 필요한 역량은 재정 관리, 물적 자원 관리, 인적 자원 관리, 명확한 판단과 의사결정 능력, 조직 체계의 분석 및 평가 등의 능력이다.

주의 사항
업무 집중력에 대한 어필을 하면서 한 가지 일에 몰두를 잘한다는 식의 내용은 넣지 말자. 총무는 다방면의 업무를 시시각각 체계적으로 처리할 수 있어야 하기 때문이다. 따라서 넓은 시야와 여러 가지 일을 동시에 처리 가능한 멀티 능력을 부각시키는 것이 좋다.

총무팀 합격 자소서

3주 동안 주말 출근하며 누락 업무 없이 임무 완수한 신입사원

❶ 2년 전 2개월간 ○○기업에서 주인의식을 발휘해 738명의 전사원 연말 정산 서류 수집, 검토 및 수정 업무를 처리한 경험이 있습니다. (75자)

COMMENT 사무적인 능력이 중요한 총무 업무에 서류 수집, 서류 검토 및 수정 업무를 강조해서 어필했다. 이처럼 총무 업무는 기본적으로 계약서와 문서를 많이 다루기 때문에 문서 작성 능력을 보여줄 수 있는 경험을 어필하면 좋다.

❷ 먼저, 연말 정산 공부를 위해 CFO 아카데미의 '연말 정산 왕초보 교육과정'을 등록해서 2일 동안 16시간의 강의를 들었습니다. 이해가 되지 않는 것은 강사님과 팀장님께 질문했고 사내 인트라망의 작년 품의서를 확인해 해결했습니다. 연말 정산 시즌이 다가오자 평균 하루 5통의 문의 전화를 받았습니다. 전화를 받고 모르는 것은 책을 찾고, 교육기관의 무료 전화 서비스를 이용하여 원하는 답변을 드렸습니다. (226자)

> 총무 업무에서 모르는 업무를 처리하기 위해 스스로 교육을 찾아서 수강했다고 쓴 내용은 총무팀장 입장에선 신입사원의 업무 태도가 좋다고 생각한다. 총무 업무가 생각보다 다양하기 때문에 스스로 업무를 수행하는 인재를 선호한다.

COMMENT 단순히 처리한 것이 아닌 스스로 교육을 듣고 이해가 되지 않는 부분은 먼저 질문했다는 내용이 중심이다. 많은 기업에서 원하는 인재는 질문하는 인재이다. 총무 업무 특성상 업무 범위가 넓어서 일을 하기 전 질문하는 습관이 있다고 어필하는 것은 좋다.

❸ 서류 검토 및 수정 작업은 평일 업무 시간에 다 처리할 수 없었기에 3주 동안 주말에 출근해 누락된 인원 없이 업무를 마쳤습니다. (72자)

COMMENT 평일 업무 시간에 다 하지 못한 업무를 주말 출근을 통해 마쳤다는 점에서 열정이 느껴진다. 연말 정산 때는 주말 출근과 야근을 숙명으로 받아들여야 하는데, 스스로 업무를 마치기 위해 자발적으로 했다는 점은 기업에서 좋게 볼 수 있다.

❹ 처음 맡은 업무였지만 중간보고를 통해 새로운 업무에 도전하며 배운다는 자세로 임했습니다. ○○기업 입사 후 업무를 두려워하지 않으며 무엇이

든 도전하여 경험하고 배움을 얻는 신입사원의 자세로 행동하겠습니다.
(114자)

COMMENT 처음 맡은 업무지만 중간보고를 통해 배운다는 자세로 임했다는 말을 통해 입사하기 전에 '얘는 뽑아도 소통을 잘하겠구나.'라는 보너스 점수를 받을 수 있다. 많은 상사가 중간보고를 원한다. 기억해라. 일을 잘하고 못하고가 아니라 소통을 잘하고 못하고의 차이가 직장생활에서는 엄청난 차이가 된다.

총무팀에 입사하면 어떤 업무를 하게 될까?

총무팀의 업무 중 가장 중요한 업무는 계약서와 거래처 정리다. 거래처가 변경되거나 특이 사항이 있을 때마다 업데이트가 제대로 되어야 나중에 혼선이 없다. 특히 금융 거래나 계약할 때 꼭 필요한 법인 서류인 사업자등록증, 법인등기부등본, 법인인감증명서는 회사 이전이나 상호 변경으로 변경될 경우 2주 이내에 신고를 완료하지 않으면 벌금을 낼 수 있으니 참고하는 게 좋고, 법인 서류는 등기소 무인발급기를 이용하면 되는데 현금과 여분 출력은 필수이다.

총무팀은 비품을 구매하는 업무도 하는데, 회사에서 필요한 A4용지, 건전지, 사무용품 등 필요한 물품을 구매하는 역할을 한다. 비품 구매를 할 때 알뜰하게 사는 방법은 건전지나 정수기 물통 등을 구매하면서 구매하는 시기를 기록해두면 구매가 필요한 시기를 알 수 있어 신입사원으로서 싹싹하다고 예쁨 받을 수 있다. 비품을 구매할 때 무작정 구매가 아니라 회사 입장에서 생각해 비용 절감까지 고려한다면 회사에서 인정받는 인재가 될 수 있다.

총무팀의 업무는 자산을 관리하는 업무가 있는데, 회사의 모든 비품과 전자기기는 회사의 자산이기 때문에 아래의 사진처럼 재산목록표를 바탕으로 진행된다. 재산목록표는 크게 전자제품, 가구 및 잡화, 청결용품 등으로 분류해 수량을 정확하게 파악한다. 새로운 기기를 사면 모델명을 확인해 등록시키고 업데이트 주기나 AS 무상 보상 기간, 위치를 적어두면 좋다. 비품 관리와 별도로 인장 관리와 차량 관리도 총무팀에서 하는데, 인장은 사용인감과 법인인감으로 구분 지어 인감대장을 관리하고, 차량 관리는 법인차량 정비, 운행일지, 임직원 보험 관리를 하는데 운행일지를 잘 작성하면 비용 절감에도 도움이 된다.

비품 관리의 기본 양식 : 재산목록표

특히 이사 갈 때 유의할 점은 이사가는 날짜가 정해지면 거래처들에게 연락해 미리 날짜를 세팅해 두는 것이 좋다. 미리 변경하거나 예약하지 않으면 나중에 추가 비용이 들 수 있기 때문에 미리 이사갈 주소를 거래처에 알리고 법인 서류 변경도 사전에 준비하는 것이 좋다.

재무회계

 많은 회사에서 재무회계/재경 등의 용어를 혼용하여 사용하고 있다. 기존의 전통적인 기업들은 재경 부서에서 재무와 회계의 업무를 함께했고 최근에 조직이 세분되면서 재무팀과 회계팀이 따로 나뉘게 되었다. 참고로 직무 이름은 중요치 않다. 하는 일을 회사에 맞게 부르면 된다. 재무회계 담당자들은 기업 또는 단체의 예산, 회계 등 재정 업무와 재무 상황 평가, 예산 편성 및 각종 재정 운용을 감독하는 역할을 한다. 이 외에도 재정 정책 수립에 참여하는 등 재무 부서의 운영을 기획, 지휘 및 조정한다. 또한 이들은 민간 부문 회사와 정부의 재무, 회계, 경리 및 자금 부서 등에 고용되기도 한다.

> 재경은 한자로 財經, 사전적 의미는 '재정과 경제를 아울러 이르는 말'이고 재무는 한자로 財務, '돈이나 재산에 관한 일'이라는 뜻한다.

재무회계 담당자가 가져야 할 가장 중요한 역량은 재정 관리 능력이다. 그러기 위해선 재무 관련 전문지식을 제대로 알아야 한다. 상법, 증권거래법, 외환거래법, 공정거래법 등 금융 관련 법률지식이나 금융제도에 대해서도 잘 알고 있어야 한다. 이 외에도 조직 체계의 분석 및 평가, 논리적 사고, 꼼꼼함이 필요하며 커뮤니케이션 능력과 대인 관계가 원만해야 한다. 특히 회사의 자산을 담당하므로 정직한 자세가 요구된다.

 재무회계에서 활발함을 어필했다간 실수하기 쉬운 사람으로 인식될 수 있다. 따라서 체계적이고 세세한 것도 놓치지 않는 꼼꼼함과 정확성을 어필해야 한다.

재무팀 합격 자소서

재무팀장님이 "비용 관리 맡겨도 되겠다."라고 할 수 있었던 박장호만의 실무 역량은?

❶ 2년 전 ○○기업 재무팀에서 인턴으로 일하며 정기감사 준비를 하며 꼼꼼함을 발휘해 분기별 비용을 분석했습니다. 당시 맡은 업무는 매일 비용 장부를 살펴보고 매월 비용을 분석하는 것이었습니다. 이를 위해 한국 담당자 및 중국 회계사들과 메일을 주고 받았습니다. (144자)

COMMENT 재무회계 업무에서 중요한 역량인 꼼꼼함을 어필할 수 있는 비용 장부를 살펴보고 매월 비용을 분석했던 경험을 어필했다.

❷ 부서와 언어가 다른 사람들과 원활하게 일하기 위해 표와 숫자를 활용해 명료하게 전달했고 이해한 바를 최종 확인 받았습니다. (68자)

COMMENT 언어가 통하지 않는 다른 나라 사람임을 고려해 표와 숫자로 확실하게 표현했다는 점을 어필했다. 재무회계는 숫자에 대한 이야기를 하기 때문에 명확하고 정확하게 전달해야 한다.

◆
재무회계 직무로 지원하는 사람은 요즘 회계 프로그램이 아무리 좋아도 엑셀 실력이 뛰어나야 한다. 똑같은 업무도 엑셀 실력이 우수하면 하루 만에 처리가 가능하지만 엑셀을 못하면 최소한 3일 이상 걸리기 때문이다.

❸ 이렇게 얻은 자료를 참고하여 월말 분석을 했습니다. 약 3만 라인의 데이터를 100개 항목으로 정리한 후 전년 및 예산과 비교했습니다. (75자)

COMMENT 데이터를 항목별로 정리해 월말 분석과 차이 요인 및 예상 총비용을 계산할 수 있음을 직무 연관성 분석력과 연관시켜 어필했다.

❹ 차이 요인 및 예상 총비용을 팀장님에게 보고하자 "이제 인턴에게도 비용 관리를 맡길 수 있겠다."라고 칭찬해주셨습니다. (66자)

COMMENT 인턴으로서 인정받은 성과를 어필함으로써 입사 후 바로 실무에 투입될 수 있는 준비된 인재임을 어필했다.

193

❺ 입사 후 영업 팀으로부터 매출 데이터를 받고 재무팀원들과 재무제표를 만들 것입니다. 이때 사람들과 기분 좋게 협업하며 자료를 체계적으로 활용하겠습니다. (84자)

COMMENT 자신이 속한 부서와 타 팀과의 협업을 통해 직무를 수행할 수 있는, 소통할 수 있는 인재임을 어필했다.

재무회계팀에 입사하면 어떤 업무를 하게 될까?

회사의 재무 현황과 경영 전략, 사업 계획을 점검하여 이를 바탕으로 자금 수지를 예측한다. 국내외 금융 시장이 어떻게 흘러갈 것인가를 고려해 자금을 조달하고 운용할 계획을 세운다. 자금 계획에 맞게 자금의 흐름을 통제하고 관리한다. 자금의 흐름을 관리하면서 필요한 자금들을 그 성격과 용도에 맞게 조달한다. 자금을 조달하고 관리하기 위해 정기/임시 주주총회, 주식의 양도양수, 배당금 지급 관련 업무를 진행하며, 회사의 경영 방침과 내부 규정을 바탕으로 기업회계기준서 및 세법에 의하여 분개와 전기를 하고, 정확하고 투명성 있게 재무제표를 작성한다. 또한 자금 운용 시 외화나 금리, 환율 등 제반 위험이 발생할 수 있는 리스크를 관리한다.

대표적인 업무로 법인세, 부가세, 소득세 지방세 등 기업 관련 각종 세금의 정산 및 신고 업무를 진행한다. 법인세는 1년에 한 번 진행되며 법인세를 절감하기 위한 방안으로 비용을 처리할 때는 적격증빙(세금계산서, 법인카드 사용)을 하는 것이 좋고, 부득이 하게 현금을 사용했을 경우는 현금영수증 발급이나 간이영수증을 꼭 받는 것이 좋다.

○○ 기업 1년 비용 예측

	항목	금액	개월 수	총액
이용료	사업장 보험료		12	–
	사업장 임대료		12	–
	법인차량		12	–
	통신/인터넷 이용료		12	–
	카드단말기 이용료		12	–
	4대보험		12	–
	법인카드		12	–
	무인경비 이용료		12	–
	공과금(전기세, 수도세 등)		12	–
	사무용품 구입비		6	–
	총 금액			–

	항목	금액/주기	납부	총액
세금	법인세	1년에 1번	1	–
	부가가치세	분기별매출 10% (1, 4, 7, 10월)	4	–
	근로소득세, 지방소득세, 사업소득세	매월 1번	12	–
	총 금액			–

총 액				

* 재무회계팀 1년 비용 예측표 예시

회사는 매출과 비용을 분석해서 경영 활동에 반영한다. 비용 항목 중에서 1회성 비용과 고정 비용이 있는데 이 내용을 잘 구분해서 경영진이 검토하게 해야 직원들이 안 깨진다. 잘 모르고 보면 비용이 갑자기 커진 줄 알기 때문이다. 위의 표는 매출 대비 1년 비용을 예측하기 위해 정리해본 1년 비용 예측표다.

구매

직무 소개

구매는 회사가 요구하는 QCD(Quality, Cost, Delivery)에 적합한 자재를 전략적으로 구매하여 차별화된 원가 경쟁력을 바탕으로 전체 손익에 기여하는 활동을 말한다. 구매팀은 특정 제품을 생산하는 데 필요한 원자재들을 보다 합리적인 가격으로 사기 위해 협력사를 찾아보거나 선정하고, 발주 계약을 처리하며 구매한 원자재를 관리하는 일련의 과정을 담당한다. 도소매 사업체에서 재판매를 위해 상품을 구매하는 역할도 하는데, 이들을 감독하는 구매인이나 보조하는 사람도 여기에 포함된다. 따라서 새로운 원자재에 관해 탐구하며 회사에 더 유리한 방향을 찾는 자세로 임해야 하는 직무이다.

필요 역량

단순히 '꼼꼼함'만을 어필해서는 합격할 수 없다. 업무 진행을 위해서 가장 중요한 역량은 협상 능력이라 할 수 있다. 구매는 다양한 협력사를 두고 여러 가지 자재를 관리하며 일하게 된다. 따라서 좋은 관계를 유지하기 위해 정직한 자세와 여러 계약을 진행하며 알게 되는 정보들에 대해서 보안 규정을 지키는 윤리의식도 필요하다. 구매 프로세스에서는 예상하지 못한 문제가 발생하는 경우가 많다. 이럴 때 복합적인 문제 상황에 대해 논리적으로 판단하며 체계적으로 업무를 처리할 줄 알아야 한다. 그밖에 해당 분야의 원료에 대한 이해, 재무와 회계 지식, 일정 수준 이상의 어학 능력이 필요하다.

주의 사항

직무 특성상 이공계와 경영 계통의 성향이 동시에 필요하다. 따라서 본인이 두 가지 성향을 모두 지니고 있는지에 대해 고민해 볼 필요가 있다. 상경 계열이며 해당 산업에 대한 이해도가 있으면 일을 수월하게 할 수 있다.

구매팀 합격 자소서

납기 정확도 93% 향상 비결의 결과는 '커뮤니케이션'

❶ 2014년 ○○구매팀에 근무하며 커뮤니케이션 역량을 발휘해 납기 정확도를 93%로 향상하는 데에 기여했습니다. 중국 부자재 매각 업무 시, 완제품 생산에 필요한 부자재 형합 문제로 품질 검수가 늦어져 중국으로의 부자재 운송이 지연되었습니다. (134자)

COMMENT 구매팀은 협상 능력이 중요하기 때문에 커뮤니케이션 능력을 중시하는데 의사소통과 관련된 실제 경험을 어필했다.

❷ 문제점을 해결하기 위해서 우선적으로 품질관리팀과 물류팀 담당자와 미팅하여 해결 방안을 모색했습니다. 그 결과 기존 방식과 같이 품질관리팀에 신속한 검수만을 요청해서는 해결할 수 없다는 결론과 함께 현 상황에서 신속한 검수를 완료할 수 있는 Plan B를 도출하였습니다. (150자)

COMMENT 구매팀은 협력 회사와의 관계에서는 본인 회사의 대표로서 의사소통을 하며 의견을 조율한다. 또한 회사 내 구매 업무와 관련된 품질관리팀, 생산관리팀, 물류팀 등 여러 부서와 같이 업무를 조율하는 능력이 필요하다. 그래서 업무 조율과 소통 능력이 있음을 어필했다.

❸ 먼저 협력 업체에 발주 시에 유선상으로 지연 관련 문제를 말하면서 단상자와 용기 등과 같이 형합이 필요한 부자재는 동일한 시기에 납품되어 신속히 검수 완료될 수 있도록 요청했습니다. 긴급 출고 품목의 경우에는 품질관리팀과 협의해 타 부자재 품목보다 우선적으로 검수를 할 수 있도록 협의했습니다. 이후 중국으로 납품하는 부자재 납기 정확도가 전월 대비 75%에서 93%로 증가했습니다. (214자)

COMMENT 기존보다 납기 정확도를 높이기 위해 협력 업체와 소통을 통해 우리 회사의 업무 프로세스를 감안해서 납품시기를 조절했다. 협력사는 '을'의 위치에 있지만 '갑'인 고객이 '을'인 협력사에게 낮은 자세로 소통을 해서 협력사의 협조를 더 많이 받아낸 경험을 적었다.

❹ 유관 부서 및 협력 업체와의 커뮤니케이션을 통해 부자재 납기 관리 업무를 효율적으로 할 수 있다는 것을 배웠습니다. 문제 파악뿐만이 아닌, 문제를 해결하는데 주안점을 찾는 신입사원 박장호가 되겠습니다. (111자)

COMMENT 구매 업무 유경험자로서 현장에서 체득했던 교훈을 적었기 때문에 채용담당자는 지원자가 바로 업무에 투입될 수 있는 인재라고 인식한다.

구매팀에 입사하면 어떤 업무를 하게 될까?

구매 업무는 신규 공급사를 찾아 회사에 이익이 되는 업체와 협상, 가격 확정, 구매 조건을 결정하는 역할로 협력사와는 회사의 대표로, 사내에서는 협력사의 대표로 의사소통을 하며 마케팅, 공장, 해외법인 등의 의견 조율을 하는 역할을 한다. 한 예로 회사에서 자판기를 구매하면 자판기를 고르는 업체 선정부터 자판기에 들어가는 물품관리까지 구매팀에서 한다. 자판기에 들어가는 음료수의 원가와 일반 마트나 편의점에서의 판매가를 비교해 고객들이 이용할 수 있도록 적절한 가격대를 설정하는 것이 구매팀의 업무이다.

* 물품관리대장 샘플

자판기 물품관리대장

번호	주문날짜	음료수명	수량	원가(단가)	투입날짜	수량	판매가	보관장소	보관 수량
1	18-04-11	맥콜	30	11,800원(393)	18-04-13	23	700원	서고	7
2		오란씨파인	30	9,800원(326)	18-08-11	26	700원	서고	4
3		포카리스웨트	30	14,800원(493)		27	900원	서고	3
4		핫식스	30	17,000원(566)		23	900원	서고	7
5	18-04-18	남양17차	30	9,000원(300)	18-08-20	26	700원	서고	
6		레쓰비업소용	30	8,800원(293)		23	600원	서고	
7		롯데트레비레몬	24	1,0900원(454)		17	900원	서고	
8		조지아맥스커피	30	14,500원(483)		26	900원	서고	

취업의 신에서 운영하는 취업 멘토링코스 프로그램 교육생들이 이용하는 음료수 자판기를 예시로 든 것이다. 각 음료 제품의 재고를 늘 파악하고 있어야 교육생들이 편리하게 음료수를 먹을 수 있다. 자주 팔리는 제품과 아닌 제품을 구별하고 그 제품의 소진시기 즈음에 구매를 통해서 원활히 이용할 수 있도록 한다. 참고로 취업의 신의 자판기에서 판매하는 제품 대부분은 거의 제품 구매 원가에 가깝게 제공한다.

E

마케팅

직무
소개

지원자들이 많이 헷갈려 하는 마케팅의 업무 개념을 명확히 정리해보자. 마케팅이란 고객에게 가치를 창출하고 고객과 의사소통하며 조직과 주주에게 혜택을 주는 방법이다. 즉 고객과의 관계를 관리하기 위한 조직적 기능이자 일련의 과정을 말한다. 따라서 마케팅 전문가들은 실질적으로 특정 상품 및 서비스에 대한 현재 판매 수준, 소비자의 취향을 조사·분석하여 효율적인 판매 전략을 수립하고 계획하며 실행한다.

필요
역량

흔히 마케팅 직무에 필요한 역량이라고 하면 톡톡 튀는 아이디어, 창의력을 떠올린다. 하지만 아이디어만 있고 실행 능력이 없으면 빛 좋은 개살구다. 통계 등 데이터를 분석하고 이를 기반으로 기획하는 능력이 있어야 한다. 분석력, 추리력, 기획력 등의 능력도 있으면 좋다.

주의
사항

같은 마케팅이라도 지원 공고에 나와 있는 담당 업무는 천차만별이니, 이 점에 주의하여 해당 업무가 어떤 분야의 어떤 내용인지 자세히 살펴봐야 한다.

마케팅팀 합격 자소서

이틀 만에 세 가지 프로젝트 동시 성공의 핵심은 '열정'

❶ 2014년, 신제품 기자 간담회, 스페인 산악인 방한, 서포터즈 야외 활동 프로그램이 이틀 동안 겹쳤을 때 창의력을 발휘해 세 가지 홍보 프로젝트를 완수했습니다. 기존 기획안은 시간이 부족해 밤을 새워 목표에 따라 처음부터 기획을 다시 했습니다. (137자)

COMMENT 마케팅 업무를 할 때 기존 업무를 발전시키려는 노력을 하지 않고 관습대로 하는 경우가 있다. 그렇지만 이 지원자는 마케팅 업무 개선 내용이 나와 있다. 이것이 기업에서 원하는 인재상이다.

❷ 신제품 간담회에 이어 스페인 산악인 방한 인터뷰를 기획했고, 서포터즈 프로그램의 주제를 해외 전문 산악인과 함께 하는 억새 산행으로 바꿨습니다. 두 가지 홍보 아이템에 대한 기자들의 관심으로 신제품에 대한 100건 이상의 언론 보도와 해외 전문 산악인 후원 브랜드로 2차적인 홍보를 이뤘습니다. (164자)

> 언론 매체에서 100건 이상 노출됐다면 대박 터트린 거다. 기업에서 언론 매체에 광고 기사를 내달라고 할 때 최소 100만 원 이상이기 때문이다.

COMMENT 간담회를 통해 형식적으로 진행하는 것이 아니라 산악인 인터뷰로 좀 더 생생한 제품 홍보를 시도했고 서포터즈와 억새 산행 등 언론 매체에서 좋아하도록 기획한 내용이 마케터로서 뛰어난 능력자로 보인다.

❸ 서포터즈는 흔히 만날 수 없는 해외 산악인과 동반 산행으로 약속한 횟수보다 2배 이상 콘텐츠를 생성했고, 산악인은 한국의 억새 풍경에 만족했습니다. 업무 시 창의력을 바탕으로 고객들의 니즈를 파악해 기존의 성과를 발전시켜 성공적인 홍보를 이뤄내겠습니다. (141자)

COMMENT 이런 참신한 마케팅은 언론 매체, 산악인, 서포터즈 모두 좋아할 수밖에 없을 것이다. 그리고 눈에 보이는 성과도 분명히 나왔으니 어떤 회사든 이 마케팅 지원자의 자기소개서를 보면 좋아할 수밖에 없을 것이다.

마케팅은 시장 조사 분석과 마케팅 전략 수립 업무가 중요하다. 고객, 경쟁사, 시장 환경에 대해 조사하고 분석하는 업무로 시장에서 고객의 니즈와 특성, 트렌드 등을 조사해 이를 바탕으로 수요를 분석하고 예측한다. 경쟁사 및 경쟁 상품에 대한 동향도 파악하고 경쟁 우위와 디자인, 기술, 자금 수준, 홍보 방안 등 차별화 요소를 분석해 판매 확대 및 브랜드 가치를 극대화시킬 전략을 수립한다. 즉, 마케팅은 '어떻게 팔 것인가.'에 초점이 맞춰져 있어야 한다.

마케팅은 수립한 전략을 토대로 액션 플랜을 수립해 관련 부서와 협업을 한다. 특히 영업 부서와 지속적인 협의/지원이 필요하기 때문에 관계를 잘 맺어놔야 한다. 나중에 비용대비 효과 측정 등 성과를 분석할 때 요청할 자료가 많기 때문이다.

상품개발 및 기획하는 MD 직무, 브랜드 관리에 집중하는 BM, 온라인 마케팅 등이 있다. 온라인 마케팅은 주로 회사의 SNS 채널을 운영하고 관리한다. 네이버 블로그, 포스트, 페이스북, 유튜브 등 다양한 채널에 대한 이해가 있어야 하고 본인이 직접 운영해본 경험이 있다면 어필하는 것이 좋다.

마케팅 사무원이 되는 데 특별한 자격증이 필요하진 않지만 인터넷 활용 능력과 컴퓨터를 활용한 문서 작성 능력은 기본으로 갖추어야 한다. 또한, 취업을 하면 일정 기간의 교육 훈련과 현장 견습이 필요하다.

마케팅팀 주간보고 샘플

취업의 신에서 마케팅 활동에 대한 성과 수치가 나와 있다. 각 SNS 채널의 수치를 보면서 어떤 이슈 때문에 성과가 좋았는지, 잡콘서트 참여자 숫자가 왜 적은지 등 마케팅 업무의 특이 사항을 모두 확인 가능하다. 이 내용을 바탕으로 교육 상품을 기획하고, 시기에 따라서 홍보컨텐츠를 기획 제작한다.

1. 네이버 블로그 > 요약

기간 : 2020. 00. 00 ~ 00. 00

주간비교	조회수	순 방문자수	방문횟수	재방문율	총어웃수
이번주	34,313 (2,851▼)	22,376 (2,594▼)	24,786 (2,820▼)	5.8% (0.2%▲)	4,016 (65▲)
지난주	37,164	24,940	27,606	5.6%	3,951

2. 페이스북 > 요약

주간비교	팔로우	좋아요	최고 도달수	최저 도달수
이번주	3,301 (24▲)	3,251 (28▲)	2,424 (1,405▲)	441(110▲)
지난주	3,277	3,223	1,019	331

3. 유튜브TV

주간비교	애청자	누적시청자수
이번주	1,181 (7▲)	23,921 (174▲)
지난주	1,174	23,921

4. 카카오톡 플러스친구

주간비교	총 친구 수	이번 주 친구 추가 수	1:1 대화 요청 수
이번주	898 (96▲)	74 (9▼)	162 (12▼)
지난주	802	83	174

홍보

직무 소개

홍보는 SNS 채널, 언론 매체들에 기업, 상품, 서비스를 효과적으로 알리는 일을 한다. 홍보 전문가는 일반 기업체의 마케팅·홍보 부서에서 상품 판매 전략 수립과 홍보물을 제작하거나 홍보 대행사에서 특정 기업이나 조직, 사람의 특성에 맞게 전문적인 홍보를 담당해 진행한다.

필요 역량

홍보전문가는 신문방송학, 언론정보학, 광고(홍보)학, 국어국문학, 매스컴학을 비롯해 경영학, 심리학, 사회학 계열의 전공자가 많이 활동하고 있다. 커뮤니케이션 광고, 마케팅, 설득, 광고, 홍보 캠페인 분야의 실제적인 지식을 습득하면 유리하다. 하지만 광고 및 홍보 회사의 신입사원 채용 시 보통 전공에 제한이 없기 때문에 비전공자들도 다양한 방법을 통해 관련 지식을 쌓아 취업할 수 있다. 홍보 업무를 위해서는 기본적으로 창의력이 필요하다. 그 외에 중요한 능력으로는 소통 능력, 문제 해결 능력, 분석력 등의 역량이 필요하다. 단순히 홍보 아이디어만 제시하는 것이 아닌 고객과의 소통, 이를 통한 피드백 등의 다양한 역량이 필요하다.

주의 사항

마케팅 업무와 마찬가지로 같은 홍보라도 지원 공고에 나와 있는 담당 업무는 천차만별이다. 따라서 이 점에 주의하여 채용 공고를 면밀히 분석해야 한다.

홍보팀 합격 자소서

우수 사원 박장호, 홍보 기획으로 2번의 특진을 하다

❶ 4년 전 취신기업 홍보팀에 입사한지 1년만에 주인의식을 발휘해 홍보 업무의 체계를 잡고 활성화를 이룬 성과를 인정받아 계장과 대리로 각각 특진을 했습니다. 이전 기사를 살펴보니 제품과 행사 기사가 60% 비중으로, 추가 아이템 발굴로 다각적 홍보 확대가 필요하다고 느꼈습니다. (154자)

COMMENT 이전 기사를 살펴보고 기존의 제품과 행사 기사로 정적인 홍보 방식 비중이 컸던 부분에 아이템을 새로 발굴하며 다각적 홍보 확대를 하려는 분석력을 보였다.

❷ 강점을 분석하니 부산 기업, 신발 OEM 모태 기업, 글로벌 사업 진출이었습니다. 부산 기자 출입처를 찾아가 우호적 관계를 유지해 보도 가능성을 높였고 PR 대행사를 통해 서울 기자 라인을 확대했습니다. (113자)

COMMENT 업무를 수행하기 위해서는 핵심 파악 능력이 중요한데 부산 지역 기업이라는 강점을 어필했다. 이 회사의 본질을 파악한 후 기자와 친분 관계를 형성해서 홍보 효과를 높이는데 주력했다.

❸ 주력 제품은 글로벌 시장 진출과 연계해 산업 발전으로 홍보해 세계로 성장하는 한국 기업으로 인지시켰습니다. 결과, 총 150명의 기자 리스트 확보 및 연간 3천 건이 넘는 보도 성과를 냈습니다. 이 경험을 바탕으로 홍보 활성화에 기여하겠습니다. (136자)

COMMENT 언론 기자를 담당하는 것이 홍보팀의 주요 업무 중 하나인데 부산 지역뿐만 아니라 서울에 있는 기자까지 컨택해서 전국구 단위로 기자 관리를 통해서 홍보 효과를 높였다.

◆ 각 기업의 홍보팀은 기자 리스트를 가지고 있지만 여기에는 죽은 기자 리스트와 살아있는 기자 리스트가 있다. 후자가 정말 중요하고 기자 리스트 관리를 잘한 홍보팀 직원은 회사에서도 처우가 좋다. 그만두면 리스트가 모두 날아가기 때문이다.

홍보팀에 입사하면 어떤 업무를 하게 될까?

홍보팀의 주요 업무는 첫째, 언론과 광고 및 사내 커뮤니케이션 역할을 하는 것이다. 홍보팀은 '어떤 이야기를 사람들에게 알릴 것인지 소재를 찾는 일'을 한다. 이를 위해 회사에서 나오는 제품이나 브랜드에 대한 모든 것을 전문적으로 알아야 한다. 또한 회사 직원들의 이야기를 많이 알고 있으면 좋다. 직원들의 이야기도 회사 이미지를 만들 수 있는 좋은 홍보 소재이기 때문이다. 트렌드도 잘 알아야 자사 제품이나 브랜드를 그에 맞게 어필할 수 있다.

둘째, 일간지 및 경제지, 온라인 등 대외 언론 및 기자와의 커뮤니케이션 보도 자료 작성 및 배포, 기업 이미지를 위한 대외 홍보 활동, 광고물 제작 업무, 광고 대행사와의 향후 광고 계획 및 의견을 공유하고 관리하는 역할을 한다.

홍보팀의 하루 일과를 보면 아침에는 언론 모니터링(인쇄되어 나오는 신문, 인터넷)을 해서 회사와 관련된 이야기, 임직원들이 알아두면 좋을 만한 기사를 서칭해서 내부에 공유한다. 하루 업무에 취재와 자료 작성, 기자 미팅 등이 있고 계획에 따라 업무를 진행하고 취재의 경우는 외부로 나가거나 지방으로 출장을 가기도 하고, 고객들에게 알리기 위해 팸플릿과 회사의 뉴스레터 등을 제작하는 업무를 한다. 홍보팀은 회사의 SNS 채널에 올라갈 컨텐츠를 제작하는 업무를 하는데, 개인적으로 운영하는 것과 달리 한 회사의 이미지를 좌우하기 때문에 타깃층에서 좋아하는 내용이라도 담당 회사 이미지와 수위를 조절해야 한다.

홍보팀은 평판 관리 업무도 하기 때문에 신문 가판이나 포털에 뜬 회사 뉴스를 검색하고 부정적 이슈나 왜곡된 기사가 있을 경우는 해당 매체를 설득해 기사 수정이나 톤다운(기사의 논조를 약화해달라는 것)을 하는 업무를 한다.

리플렛 제작 예시

취업의 신의 취업 교육 프로그램 안내를 위해 홍보팀에서 각 페이지에 들어갈 내용을 정리하여 홍보물을 제작해서 회사에 방문하는 교육생들에게 제공하고 있다.

G

기획

직무 소개

일반적으로 기획이라 함은 회사의 경영 성과를 분석하여 목표 달성을 위한 중장기 전략을 수립하고 회사의 이익을 극대화할 수 있는 방안을 모색하여 기획하는 업무를 말한다. 때문에 기획 부서는 대개 회장 또는 사장 직속으로 조직이 편성되어 다른 본부장들의 일반적인 업무 지시보다 경영진의 명령을 받아 검토, 수행하는 업무를 한다.

필요 역량

기획자로서는 기획 능력 이외에도 창의성, 분석력, 정보 수집력, 커뮤니케이션 능력 등의 역량이 필요하다. 또한 다양한 기획 분야에 따라 회계 지식이 필요하기도 하다. 경영이나 전략 기획을 지원한다면 손익계산서를 작성하고 분석하는 일을 주로 수행하게 되어 손익계산서, 재무 상태 변동표 등에 대한 기본적인 이해가 필요하다.

주의 사항

기획은 종류가 매우 다양하다. 회의 기획, 행사 기획, 정부 정책 기획, 공연 기획, 상품 기획, 게임 기획 등 다양한 분야가 존재한다. 따라서 분야를 잘 분석하고 그에 따른 업무 내용을 판단하여 본인이 준비했던 분야나 평상시 관심사 등을 바탕으로 맞는 기획 업무로 지원해야 한다.

기획팀 합격 자소서

교내 모의주식 투자대회에서 수익률 5% 달성!

❶ 2013년 교내 모의주식 투자대회에 참가해 분석력을 발휘하여 기업 분석을 통해 수익률 5%를 달성했습니다. (59자)

COMMENT 기획 직무에서 꼭 필요한 분석력을 교내 모의주식 투자대회 참가한 경험으로 어필하고 있다.

❷ 주식 투자를 위해 재무제표를 분석한 후 기업과 상품에 대한 조사를 시작했고 당시 한국 연예인의 인기를 기반으로 국내 화장품에 대한 중국인 관광객의 관심도가 높았다는 사실을 알게 되었습니다. 화장품 시장으로 결정한 후 중국인들의 취향을 조사해 금색과 붉은색에 대한 선호를 파악했고 두 가지 색을 주력으로 한 '○○ 화장품'의 궁중 마케팅이 주목을 받을 것으로 판단했습니다. 추가로 언론 동향과 재무 상태를 분석한 후 브랜드 '취신화장품'을 소유한 취신생활의 주식에 투자했습니다. (266자)

기획 업무는 보통 숫자나 데이터와 관련된 정보를 다루는 업무가 많다. 이 지원자는 주식 투자를 할 때 재무제표를 분석하면서 정량적인 지표와 더불어 이 기업의 마케팅 활동인 정성적인 지표 두 개를 모두 감안해서 투자 결정을 했다는 것은 기획 업무에 소질이 있다는 것이다.

COMMENT 기본 시장 조사와 현황을 언급하고, 이에 따른 중국인 관광객의 관심도가 높은 상품을 선택했다는 사실과, 언론 동향과 재무 상태 분석이 가능함을 언급해 분석력과 회계 지식이 있음을 어필했다.

❸ 예상대로 매출이 전년도 대비 20% 증가해 거래에 있어 손해 없이 이익을 얻었습니다. 입사 후 체계적인 분석력을 바탕으로 시장의 흐름을 파악하고 상품을 기획하는 신입사원 박장호가 되겠습니다. (106자)

COMMENT 실질적으로 증가한 수치를 구체적으로 표현해 정확도를 더했다. 기획 직무에 있어서 없어서는 안될 분석력의 중요성을 다시 강조하며 회사에 기여할 수 있는 인재임을 어필했다.

기획팀에 입사하면 어떤 업무를 하게 될까?

기획은 회사의 미래상을 그리고 결과물에 대한 성과 분석 및 전략을 제시하는 업무로 M&A 업무, 신규 투자, 신사업 진출 검토, 중장기 전략 수립, 조직 개편 등을 하며 최고경영진 직속으로 조직이 편성되는 경우가 일반적이다. 기획팀은 임원회의가 있으면 한 장의 정리보고서를 만드는 일과 비서팀과 연락해 최고경영진의 스케줄을 확인해 회의 시간과 날짜를 확정해 공지하는 역할도 한다. 경영 자료를 보고 분석하는 업무와 사업 계획을 정하는 업무를 하기 때문에 매년 연말이 가장 힘든 시기이다. 다음 연도 사업 계획, 매출액 목표와 팀별로 달성해야 하는 일에 대해서 정해야 하기 때문에 쉽지 않다. 기획팀은 예산 배정 업무도 하고 이사회나 주주총회를 열고 주가 관련 보고나 주주들을 상대하는 업무도 한다. 기업 공시 사이트에 분기마다 사업보고서를 올려야 한다.

기획 업무를 쉽게 풀어낸 내용이다. 교육생이 두 기업을 모두 합격해서 어떤 회사에 입사할 지 행복한 고민을 하고 있을 때 기획 업무를 바탕으로 어떤 기업을 선택하는지 의사결정을 했다.

* 기획팀 업무 예시 : 2곳에 동시에 합격했을 때 입사할 곳을 정하는 방법

구분	중요도	A기업	B기업
출퇴근시간	2		V
연봉	3		V
업무전문성	4	V	
회사성장성	5	V	
기업인지도	1		V
총점수		9점	6점

- 1단계 : 자신이 추구하는 기업에 대한 항목들을 정리하기
- 2단계 : 정리한 항목에 대해 우선순위 정하기
- 3단계: 가장 높은 순위는 5점, 가장 낮은 순위는 1점으로 정하고 기업 비교하기
- 4단계 : 총 합계 점수가 높은 기업에 입사하기

이렇게 회사에서 신사업이나 제품 철수 등 중요한 의사결정을 할 때 데이터를 정리해 도움을 주는 업무를 한다. 이 기획 업무는 실생활에서도 활용할 수 있다. 여러분들은 일상생활에서 수많은 선택을 하는데, 이성을 만날 때도 두 명 중에 한 명과 사귄다면 두 명에 대한 외모, 지적 능력, 배려, 돈 등 본인이 생각하는 중요도를 바탕으로 결정하면 된다.

영업

직무소개

영업은 기본적으로 제품이나 서비스를 제공 및 판매하는 업무를 말한다. 그 분야로는 국내 영업, 해외 영업, 제품 영업, 서비스 영업, 기술 영업, B2C(일반 개인 고객을 대상으로 하는 영업), B2B(회사를 고객으로 하는 영업), B2U(대학교 및 교육기관 대상 영업), B2G(공공기관 대상 영업) 등이 있다.

필요역량

무조건 찾아가서 사달라고 하는 것이 영업은 아니다. 앞서 언급한 다양한 분야에 따라 영업 스타일은 달라진다. 다양한 성향의 고객을 상대해야 하므로 적극적이고 활달한 성격이 필요하다. 화술, 설득력, 협상 능력, 상황 대처 능력 등이 요구되며 무엇보다 고객에게 신뢰감을 줄 수 있어야 한다. 신뢰감이란 고객 및 거래처가 본인에게 관리를 받는다는 느낌을 말한다. 영업을 1,2,3단계로 나눈다면 1단계는 상품 이해도를 바탕으로 한 영업. 2단계는 그 이해도에 더불어 경쟁사에 대한 경쟁력을 바탕으로 한 영업. 그리고 3단계는 시장의 흐름을 이해하여 미래를 예측하고 가치를 창출하는 영업이다. 취업 전 영업 활동 경험 또는 서비스 관련 경험이 있으면 취업이나 영업 업무 수행에 유리하다.

주의사항

영업, 영업관리, 영업지원을 혼동하지 말라. 그리고 국내 영업, 해외 영업도 많은 차이가 있다. 또한 제품 영업, 서비스 영업, 기술 영업 등에 따라 요구되는 사항들은 매우 다르다. 때문에 매번 활동성, 적극성에 대한 역량만을 표출한다고 해서 되지는 않는다. 예를 들어 제품, 서비스 영업의 경우에는 그러한 활동성과 도전 정신 등이 필요하지만 기술 영업이나 B2B 영업의 경우에는 분석적인 역량과 전문성, 명확한 가치 판단 등의 역량이 필요하기 때문이다. 그러므로 지원 분야에 따라 필요한 역량과 직무 형태를 철저하게 분석해야 한다.

자전거 유통 회사에서 3,000만 원의 신규 계약을 달성한 열정

❶ 2년 전 자전거 유통 회사 영업직으로 일할 당시 강인한 열정으로 3,000만 원 상당의 신규 계약을 달성했습니다. (63자)

COMMENT 실제 영업직으로 근무하면서 계약 성립으로 달성했던 성과를 제시하며 두괄식으로 영업직으로의 역량을 강조했다.

❷ 신규 계약을 목표로 하던 매장 사장님으로부터 4번의 영업 방문에도 제품 소개를 거절당했지만, 그때마다 새로운 영업 전략을 세웠습니다. (74자)

COMMENT 영업을 하면서 거절당한 경험도 있는 점과 이에 굴하지 않고 새로운 영업 전략을 세워 도전하는 내용을 바탕으로 직무 역량을 어필하고 있다. 영업은 기본적으로 거절당하는 경우가 많기 때문에 거절에 대해서 두려워하지 않는 사람을 선호하며 어떠한 상황에서도 도전하려는 도전 정신을 중시한다.

◆
영업 업무를 하면서 엄청 힘들지만 성과를 내기 위해 노력했던 내용을 "주기적으로 방문하면서" 이런식으로 대략적으로 쓰면서 제대로 살리지 못한 상태로 자기소개서를 제출하는 지원자가 많다. 하지만 이 지원자처럼 영업 업무의 과정을 구체적인 숫자와 키워드로 쓰면 채용담당자가 영업 역량을 정확히 파악할 수 있다.

❸ 매일 오후 7시 퇴근길에 방문해 매장 밖에 진열된 자전거와 제품 박스를 나르며 매장 마감 정리를 도와드렸고, 주말에도 방문해 4시간씩 자전거 조립과 정비를 하며 매장 업무를 도왔습니다. 이렇게 매일 한 달간 방문하고 매장의 일을 돕다 보니 매장 직원들과 '형, 동생'이라고 부를 만큼 친해졌고 사장님께서도 취급하고 있던 제품에 관심을 보여 3,000만 원의 계약을 맺을 수 있었습니다. (215자)

COMMENT 영업에 가장 중요한 역량인 친화력을 어필하고 있다. 단순히 판매가 아닌 사람의 마음을 얻어내는 것이 영업이기 때문에 친화력은 기본 바탕으로 있어야 한다.

❹ 이 경험을 통해 끊임없는 열정은 어떠한 어려운 일도 극복할 수 있는 자세라는 점을 배웠습니다. 입사 시 ○○코리아에서도 강한 도전 정신과 열정으로 주어진 목표를 반드시 완수하는 영업사원 박장호가 되겠습니다. (115자)

COMMENT 경험을 바탕으로 지원 직무에 적합한 인재임을 다시 강조했다. 어려운 일도 극복할 수 있는 자세는 영업인에게 있어 꼭 필요한 자세로 입사 시 어필하면 영업 직무에서는 환영받을 수 있다. 실제 영업 경험이 아니더라도 도전 정신과 열정을 어필할 수 있는 경험, 실패를 극복했던 사례를 바탕으로 작성하면 좋다.

영업팀에 입사하면 어떤 업무를 하게 될까?

영업이란 이익을 창출하기 위해 만들어진 제품을 거래를 통해 고객에게 전달하는 것으로 일반 영업, 서비스 영업, 기술 영업, 광고 영업 등이 있다. 단지 물품이나 서비스를 사고파는 일에 그치는 것이 아닌 신규 고객 발굴 전략 수립, 고객 관리, 매출 보고 등의 업무를 한다. 영업은 일반적으로 B2C 영업과 B2B 영업이 있는데, B2C 영업은 불특정 일반 대중을 대상으로 하는 영업으로 보험, 자동차, 가전제품, 의류 등을 판매하고, B2B 영업은 기업, 기관, 조직 등을 대상으로 솔루션, 사무자동화 시스템 등을 기업에 납품하는 형태로 총판, 대리점을 이용한 채널 영업과 기술 영업이 속한다.

영업은 기존 고객을 비롯하여 잠재적인 구매 고객을 파악하여 판매를 위한 제품 설명 및 추천, 계약 조건의 협의 및 계약서의 작성, 배달 계획의 수립, 사후 처리 등의 업무를 수행한다. 자사 및 타사의 제품 정보, 경쟁 업체, 시장 상황 등에 관한 정보를 파악하고 이를 영업 활동에 반영한다. 상품의 특장점은 물론 거래처와의 마케팅과 광고, 유통에 이르기까지의 모든 흐름을 이해해야 영업이 가능하기 때문에 회사에 대해서 전문가가 되어야 한다.

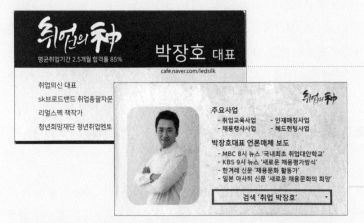

잠재 고객 명함 샘플 : 취업의 신에서 하는 영업 업무 중 하나는 채용 서비스(채용 대행, 채용 마케팅)를 기업에 제안하고 주기적인 연락을 통해 성과를 내는 것이다. 그래서 이렇게 잠재 고객의 명함에 기업담당자들의 성향과 특이 사항을 정리해둔다.

◆ 기업에 제안했을 때 담당자의 관심도를 10점 만점 기준으로 몇 점인지 적거나 표정(웃음, 무표정, 시큰둥 등)을 간략하게 표기해 다음 미팅 때 참고한다.

◆ 미팅에 소요한 시간을 보면 일에 대한 관심도를 알 수 있기 때문에 기업담당자와 미팅에 소요한 시간과 주로 이야기했던 키워드를 적어두면 다음 미팅 때 수월하게 이야기할 수 있다.

영업관리

직무
소개 기업의 영업 생산성을 증대할 목적으로 현장 영업 활동에 관련된 제반 관리 업무
(유통, 실적, 전산, 서류, 통계, 결산 등)를 수행한다. 영업 전략을 수립하거나
영업 전략에 따른 영업 지침을 현장영업원에게 전달한다. 영업 활동에 수반되는
서류 작성, 통계 작성, 영업 문서 작성, 영업 결산, 실적 결산 등의 업무를 수행
한다. 제품 및 서비스의 판매에 따른 유통 지원, 전산 처리, 매출 정산 등 후선
지원 업무를 수행한다. 영업을 촉진하기 위한 프로모션, 홍보, 교육, 운영 관리
(매장 등에 대한) 업무를 수행하기도 한다. 학습지나 보험 영업 지원들을 관리하
는 업무도 있다.

 영업관리 직무는 사람 관리 능력, 소통 능력이 가장 중요하다. 영업인들을 직접
관리하기도 하지만 거래처 사람들을 응대해야 하는 경우도 있기 때문에 그들의
요구 사항에 대응이나 효율적인 영업을 위한 소통이 중요하다. 담당하는 업무에
따라 교육 수준과 필요한 지식이 다르지만 경영, 경제, 법, 회계, 행정, 광고, 홍
보, 무역 관련 학과를 전공하면 취업에 유리하다. 특별히 요구되는 자격증은 없
으나 인터넷 활용 능력과 컴퓨터를 활용한 문서 작성 능력이 필수적이다.

 영업관리라고 해서 영업 실적을 신경 쓰지 않는다는 것은 잘못된 생각인데, 관리
업무를 바탕으로 매출을 올리는 역할도 수행하기 때문이다. 소개에서 말한 바와
같이 영업관리도 산업군에 따라 요구되는 능력이 다르다. 그러니 산업군별 영업
직무의 특징에 대해 파악해야 한다.

영업관리팀 합격 자소서

영업 업무는 신규 시장 개척으로 고객 확보 등 매출을 상승시키기 위한 역할이다.
영업관리는 거래처를 관리하고 기존 매출을 유지하며 거래처 이탈을 막는 것이 메인 업무이다. 물론 실적을 크게 올리고 신규 고객 확보도 중요하지만 이 업무 내용은 서브 업무다.

인턴임에도 주인의식 발휘해 15개 거래처를 발굴한 박장호!

❶ 대학교 2학년 때 홈쇼핑 인턴 근무 시 주인의식을 발휘해 15개 거래처를 발굴했습니다. 벤더사 주 업무는 화장품 방송 상품 기획 및 방송 디스플레이 제작이며, 회사는 신사업으로 ○○대리점 업무를 했고, ○○기저귀 영업 업무를 맡았습니다. 기존 거래처였던 ○○대리점을 공략하면 입소문 마케팅으로 다른 거래처가 확보될 거라 판단했습니다. (186자)

COMMENT 영업이 계약 성립 중심이라면 영업관리는 거래처 관리가 핵심이기 때문에 기존 고객 관리를 잘하면서 새로운 고객을 유치하겠다는 생각이 아주 좋다. 원래 영업할 때 입소문이 중요하다.

❷ 대리점에서 점주와 상주하면서 특이점을 발견했습니다. 첫 출산인 산모들은 육아 경험이 부족하여 기저귀의 크기를 잘 가늠하지 못해 산후조리원 퇴원 시 항상 기저귀 교체 단계 시기를 문의하는 점을 파악하여 첫 구매 시 크기별 샘플을 제공함으로써 산모에게는 편의를 제공하고, 대리점에는 충성 고객 확보 판매 전략을 제안했습니다. (179자)

COMMENT 대리점에 상시 근무를 하면서 점주에게 호감도를 높이고 이 대리점의 애로 사항을 해결해 주면 신임을 얻을 수 있기 때문에 점주의 니즈를 제대로 충족시켰다.

❸ 다른 영업사원은 직접 방문을 통해 영업을 했지만, 저는 대리점 사장님의 진정한 요구를 파악함으로써 시간이 지나자 신규 거래처에서 먼저 연락이 오는 횟수가 증가해 그 결과 전달 대비 130%의 매출 증가를 달성했습니다. 입사 후 어떠한 어려움이 닥치더라도 주인의식을 통하여 위기를 극복해 나가겠습니다. (167자)

COMMENT 방문 영업은 효과가 있지만 효율성은 떨어진다. 이 지원자는 영업관리 업무에 충실하면서 영업까지 가능한 인재임을 어필했다. 단순히 아이디어만 제공한 것이 아닌 대리점의 니즈를 정확히 파악하여 판매 전략을 제안해 매출을 증대시켰다.

영업관리팀에 입사하면 어떤 업무를 하게 될까?

영업관리는 고객사 방문 및 홍보, 거래 성사 시 followup(후속조치), 사고/불량건 발생 시 응대, 컴플레인 상담 등 내적인 영업 부서의 업무를 처리한다. 영업관리는 외적인 영업보다 활동 범위가 광범위하다. 영업사원들의 영업 활동을 관리, 일별/월별/연 매출 등 실적 관리 및 보고, 예상 월/연 매출 작성 및 실제 매출 followup, 지사나 거래처별 협업 시 조율 업무 등을 한다.

* 거래처 리스트 정리된 파일

취업의신 채용서비스 제안 기업리스트(00박람회)					
■ 일시/장소: 2000.00.00(월) 10:00 ~ 17:00 / 코엑스 Hall D					
번호	소재지	담당자 / 소속	특이사항 (반응/요청사항)	채용마케팅	채용대행
1	경기도 화성시	경영지원부문 인사팀	혼자 채용설명하자니 피곤 (피곤한 모습 역력)	V	V
2	서울시 금천구	인재채용팀	이미 헤드헌팅 아웃소싱중		
3	천안시 서북구	경영혁신팀	좋은반응 - 경력, 높은 조기퇴사, 업무량과다	V	
4	용인시 수지구	영업본부	좋은반응 "우리가 너무 작아서..."	V	V
5	서울시 영등포구	HR팀	과장과 대면, 사업추진에 관심	V	
6	서울시 금천구	인사실	이례적으로 신입 채용중. 긍정반응		V
7	서울시 강서구	기획조정실	시큰둥		
8	서울시 중구	인재전략팀	경계 미소		
9	경기도 안산시	총무교육팀	특이(신기)하다며 웃음	V	
10	서울시 강남구	경영지원팀	조기퇴사율이 높아서 고민중. 분위기 좋음.		V

취업의 신과 채용 대행 업무를 했던 기업의 목록이 나와 있는데 채용 마케팅, 채용 대행 중에서 거래했던 내용과 몇 번 진행했는지 등이 나와 있다. 이런 기업 리스트를 바탕으로 담당 직원이 바뀌더라도 영업관리 업무를 효율적으로 수행할 수 있다.

영업지원

J

 직무 소개
영업지원 업무는 영업사원이 업무를 효율적으로 진행할 수 있도록 사무적으로 지원하는 직무라 할 수 있다. 또한 영업 과정에서 이루어지는 모든 행정적인 업무를 처리하는 일을 하기도 한다. 예를 들면 영업관리와 영업지원 사원들이 영업활동을 하면서 필요한 영업 자료를 만들거나 사용한 회사의 비용을 처리하는 업무, 사무실에서 거래처와 계약을 하는데 필요한 문서를 작성하거나 거래처에서 사무실로 걸려오는 전화 응대 업무 등을 한다.

 필요 역량
영업지원의 주된 업무는 다양한 문서 작업을 진행하는 것이기 때문에 꼼꼼함과 세세함이 필요하다. 사소한 사항이라도 놓치면 안되기 때문에 세밀한 서류 분석 능력이 필요하다.

주의 사항
비교적 문서 작업이 많으므로 구직자 본인의 성향을 잘 파악해야 한다. 실제로 활동적인 사람 대부분은 영업지원 업무를 힘들어하는 경우가 많기 때문이다.

영업지원팀 합격 자소서

80개 거래처 DB 구축으로 평균 2주의 업무 시간을 단축시킨 준비된 인재 박장호

❶ 3년 전 6개월간 ○○기업 인턴으로 일하며 80개 거래처 DB를 구축해 평균 2주의 업무 시간을 단축했습니다. 당시 맡은 업무는 거래처의 견적서 작성과 기존 거래처 DB를 정리 작성하는 업무를 맡았습니다. 자료가 정리되어 있지 않아 1개 거래처 자료를 찾는데 평균 20분 이상 시간이 지체되는 문제가 발생했습니다. (175자)

COMMENT 영업지원은 영업을 지원하는 업무로 주로 사무 업무가 많기 때문에 문서 작성 능력이 중요하다. 거래처의 견적서를 작성하고 기존 거래처의 거래 내용이 담긴 DB 관리는 영업지원 업무의 중요한 업무이다. 실제로 DB가 제대로 작성되어 있지 않아서 시간이 오래 걸려 계약이 파기되는 경우도 있기 때문에 신속하게 거래처 자료를 찾을 수 있게 준비해둬야 한다.

❷ 업무를 효율적으로 할 수 있도록 거래처 관련 자료를 기업 기초 정보부터 기계와 관련된 전문적 사항들까지 정리해 DB를 구축해야 한다고 건의했습니다. DB 구축을 목표로 영업사원들에게 전달받은 전문 자료와 이에 대한 설명 사항들, 직접 찾은 기업 기본 정보를 통합해 80개의 거래처를 정리했습니다. (165자)

COMMENT 보통은 정리된 문서를 보는 것도 귀찮아서 새로 문서를 작성하려고 하지 않는다. 하지만 기존 업무를 개선하려고 제안했다는 내용을 통해 주도적으로 업무를 하는 인재임을 어필했다.

❸ 거래 경험이 있는 회사와 재거래하는 경우 예상 업무 시간보다 평균 2주의 시간을 단축했습니다. 이를 통해 일을 체계적이고 효율적으로 하는 법을 익혔습니다. (86자)

COMMENT 거래처 DB 관리를 통해 달성한 성과에 대해서 구체적으로 작성했다. 영업지원은 효율적으로 업무 처리하는 것이 중요하기 때문에 시간을 단축시킨 성과를 어필하는 것이 좋다.

◆ 대기업부터 중소기업까지 거래처 DB가 없는 경우가 많고, 있어도 다음 후임자가 업무 수행 시 파악이 되지 않는 경우도 많다. 후임자가 거래처 DB를 정리하고 싶어도 워낙 복잡하기 때문에 엄두를 못 낸다. 취업 후 영업지원 업무에서 반드시 거래처 및 고객 DB가 있는지 파악해라.

❹ 입사 후 목표의식을 가지고 체계적이고 효율적으로 업무를 수행하는 사원 박장호가 되겠습니다. (50자)

COMMENT 효율적으로 업무 처리를 할 수 있다고 다시 한번 어필했다. 기업에서는 효율적인 업무 처리를 중시하기 때문에 당장이라도 채용할 것이다.

영업지원팀에 입사하면 어떤 업무를 하게 될까?

영업지원은 입금율, 미수금, 금주 입금 금액, 중간 관리 판매 수수료, 매출 마감, 정산–포인트, 금액 할인 행사 등 입금 중심으로 매출 등록된 금액이 실제로 입금이 완료되어야 본연의 업무가 끝난다.

영업지원은 상품이나 서비스에 대해 문의하는 고객을 상대하는 업무도 하는데 전화 응대는 기본이고 요새는 카카오톡 플러스 친구로 응대하는 경우가 대부분이다. 카톡으로 1:1 채팅을 통해 제품이나 서비스를 안내하며 영업이 필요한 경우 방문 영업은 방문 날짜를 잡고, 상담이 필요한 경우는 영업사원과 스케줄을 조율해 고객이 방문할 날짜를 약속잡고 장소와 시간을 안내한다.

* 영업지원 – 고객 응대

평상시 다른 사람을 도와주는 것을 좋아하면서 내가 한 일을 정리하는 것이 습관이 되어 있다면 영업지원 업무와 본인의 성격이 맞는 것이니 영업지원 직무를 지원하면 된다.

매주마다 잡콘서트를 진행하는데 청강생들이 취업의 신 카카오톡으로 회사 위치를 문의하거나 늦게 도착하는데 입장 가능한지 등을 질문한다. 이때 영업지원 담당자가 고객들의 문의 사항을 처리한다.

K

해외영업

직무 소개

해외영업은 회사의 제품, 상품, 서비스를 해외 고객에게 판매하기 위하여 해외 시장을 조사, 상품 분석, 해외 마케팅 전략을 수립하고, 잠재 고객을 발굴하여 거래를 제안, 협상하고 계약을 체결하는 것을 주요 업무로 하며, 고객과의 계약 이행, 클레임 처리 및 고객 관리를 포함하는 업무에 종사하는 직무 분야이다.

필요 역량

전 세계를 대상으로 하는 해외영업 업무에 있어서 능통한 영어 실력은 필수이며 제품과 지역에 따라 제2외국어의 능력도 필요하다. 해외영업을 하다 보면 각국의 상황에 따라 여러 가지 변수가 발생하기 마련이며, 해외 시장에 대한 정보와 그 정보를 분석할 수 있는 능력, 제품에 대한 지식과 수출입 업무에 대한 지식이 필요하다. 또한 그 나라에 대한 이해를 바탕으로 상품을 소개하고 회사의 이익을 가져다 줄 수 있는 추진력과 많은 거래 업체의 생각과 조직의 이슈들을 분석 및 파악하여 이에 대한 해결책을 이끌어내고 최종적으로 거래를 성사시킬 수 있는 협상 능력도 필요하다.

해외영업 전략 중의 하나가 기술 영업이기에 해외 수출입 파트너와 협상 시 제품에 대한 지식과 기술, 전공 분야에 대한 이해도는 아주 중요하며 신뢰감을 심어주는데 플러스 요인으로 작용한다.

주의 사항

해외 유학 경험이 있다고(영어 실력) 전부 무역, 해외영업팀에 입사할 수 있는 것은 아니다. 직군의 특성상 해당 분야에 대한 지식이나 트렌드, 실무에 대한 파악이 중요하다. 해외영업은 대부분 공개 채용으로 이루어지며 퇴사나 결원이 생길 때는 수시 채용의 형태로 이루어진다. 즉, 해당 직무와 관련된 기본 업무를 담당했더라도 실무 경험이 있어야 유리하다.

해외영업팀 합격 자소서

이번 자기소개서는 현직자의 업무 내용이 아니라 구직자가 살아오면서 해외영업 업무와 관련된 에피소드를 적어서 합격했던 내용이다.

오스트리아 뮤직페스티벌에서 200명의 참가자를 모은 비결?

❶ 2015년 7월 오스트리아의 뮤직페스티벌에서 한글 부스를 주최하고 분석력을 발휘해 하루 200명의 외국인이 참가하는 성공을 거뒀습니다. (75자)

COMMENT 외국인을 참가시킨 행사 경험을 통해 외국어 점수만 높은 지원자가 아니라 외국어 능력을 보유해서 곧바로 외국인과 만나더라도 문제 없는 수준이라고 생각이 들 것이다.

❷ 부스 계약에 실패한 한국 문화 이벤트를 분석한 결과 대부분은 한국인의 입장에서 콘텐츠를 기획했다는 공통점이 있었습니다. (66자)

COMMENT 실패한 문화 이벤트를 분석, 공통점을 찾아냈다는 점으로 시장 정보를 분석할 수 있는 능력을 어필했다.

❸ 이에 유럽 특유의 아날로그 감성과 엽서 등을 분석, 한국 전통 그림이 그려진 엽서에 한글 이름을 캘리그래피로 쓰는 기획을 했습니다. (73자)

COMMENT 다른 부스와 어떻게 차별화를 줬는지 에피소드를 구체적으로 서술했다.

❹ 행사 당일 목표치 대비 20% 이상을 달성해 축제 담당자에게 러브콜을 받고 한국 대사관에서는 지원 제의를 받았습니다. (65자)

COMMENT 축제 담당자에게 정규직 제안을 받은 경험으로 기업에서 선호하는 인재임을 어필했다.

❺ 이러한 경험을 통해 해외영업에 대한 매력을 느꼈습니다. 이러한 글로벌 역량과 사회 경험을 바탕으로 ○○금속의 발전에 힘쓰겠습니다. (72자)

COMMENT 이 경험으로 해외영업에 대한 직무 이해도를 직접 습득했음을 어필했다. 일반적으로 해외영업은 외국어 능력만을 생각하는데 해외 시장 정보 분석 능력과 제품에 대한 이해도도 중요하다. 시장 분석 능력과 제품에 대한 이해도가 없다면 아무리 외국어를 잘해도 영업은 어려울 것이다.

해외영업팀에 입사하면 어떤 업무를 하게 될까?

해외영업은 회사의 제품, 상품, 서비스를 해외 고객에게 판매하기 위하여 해외 시장을 조사, 상품 분석, 해외 마케팅 전략을 수립하고 잠재 고객을 발굴하여 거래를 제안, 협상하고 계약을 체결하는 업무를 한다. 각 나라의 특성을 이해하고 판매 전략을 수립해 바이어들을 만나고, 유력한 바이어를 선발하거나 가장 적합한 바이어를 선정하는 업무도 한다.

입사 후 업무 초반에는 바이어를 만나는 일보다 컴퓨터로 이메일을 보내는 작업이 많다. 영어를 잘하면 좋지만 이메일 영어는 쓰다 보면 익숙해지기 때문에 유창하지 않아도 되고 생각하는 만큼 외국인을 만나고 해외에 나가는 일 역시 많지 않다.

* 해외영업 업무 관련 예시

주요 해외 전시회 일정(2018년 기준)
https://cafe.naver.com/trendhunting/241365(2018 해외 전시회 일정)

전시회명	장소	산업 분야	홈페이지	날짜
2018 뭄바이 식품박람회	인도 뭄바이	농식품 전반	https://www. figlobal.com/india/	09.27~ 09.29
2018 파리 식품박람회	프랑스 파리	농식품 전반	https://www. sialparis.com/	10.21~ 10.25
인코스메틱스 아시아	태국 방콕	뷰티	sia.in-cosmetics. com	10.30~ 11.01
2018 광저우 수출입상품 교역회	중국 광저우	농수산식품, 생활용품	http://www. cantonfair.org.cn/ en/index.aspx	10.31~ 11.04
2018 홍콩 국제 미용박람회	홍콩	이미용 제품 및 기기	https://www. cosmoprof-asia. com/en-us	11.14~ 11.16
2018 베이징 식품박람회	중국 베이징	농식품 전반	http://www. anufoodchina.com/	11.21~ 11.23
시카고 방사선 의료기기 전시회	미국 시카고	레이저 및 적외선, 정밀광학	https://www.rsna. org/	11.25~ 11.30

해외에서는 다양한 전시회가 많이 열리기 때문에 해외 영업담당자들은 해외 전시회 일정을 확인 후에 해외 출장 일정을 잡으면 효율적으로 출장을 다녀올 수 있다.

219

연구개발
(R&D)

연구개발은 시장에서 요구하는 고객의 요구 사항, 생산 공정을 반영하여 제품을 연구하며, 신제품을 설계, 기획하는 일을 한다. 또한 설계 입력, 설계 출력(도면), 설계 타당성 조사, 유효성 검증, 설계 변경 등의 업무를 하고 있다. 즉, 제품의 사양 설계, 기술 개발 등이 주된 업무라고 할 수 있다. 제품이 개발되면 생산기술, 생산관리 부서와 협업하여 제품을 양산한다. 테스트로 생산하고 피드백을 통해 품질을 체크한다. 본격적인 생산이 들어가면 고객으로부터 피드백을 받고 그것을 분석하고 보완하여 공정을 수정한다.

연구개발은 직무에서 사용할 전공 지식이 중요하기 때문에 전공과목이나 전공심화 과정 이수 여부를 중요하게 생각한다. 개발 직무의 경우 기존의 제품에 사용했던 사내 자료를 토대로 개선책을 제시하기 때문에 자료를 분석할 줄 아는 능력과 외국어 실력도 중요하다. 타 부서와 협업이 많기 때문에 의사소통 능력도 중요하다. 연구개발 팀원은 끊임없이 연구하고 최신 기술을 받아들여야 연구 분야의 전문가로 성장할 수 있다.

연구개발직은 전문 분야인 만큼 분야가 세분화되어 있으므로 분야, 연구 내용 등에 대한 타겟팅이 필요하다. 회사가 향후 출시할 제품이나 서비스 등과 관련된 과목이나 프로젝트를 수행한 경험이 있는지 보기 때문에 전공 지식을 잘 알아야 한다.

연구개발팀 합격 자소서

업무 효율 개선으로 10시 야근을 6시 정시 퇴근으로 개선하다!

❶ 2018년 식품안전센터 현장 실습 당시 업무량 과부하로 인한 야근을 해결하기 위해 주인의식을 발휘해 팀원들의 정시 퇴근에 기여한 적이 있습니다. 실습을 진행했던 12월~2월은 크리스마스와 설날이 있어 유독 검사해야 할 품목이 많은 시기였습니다. 당시 미생물 평가팀의 평균 퇴근 시간은 저녁 10시였습니다. (170자)

COMMENT 야근이 많은 연구개발팀 업무에서 본인의 업무 외에 다른 팀원의 업무를 소화하며 회사에 기여한 경험을 바탕으로 업무를 효율적으로 할 수 있는 인재임을 어필했다.

❷ 현장 실습생이지만 이 회사의 사원이라는 주인의식을 갖고 팀원들의 업무량을 덜어드릴 일을 찾았습니다. 그중 배지 제조와 페트리 필름에 라벨링을 하는 일은 단순 반복 업무였지만 시간이 4시간 이상 걸리는 일이었습니다. 오전에 출근해 검사 항목을 파악하여 7종의 미생물 배지 3L를 제조하고 페트리 필름에 검사 항목을 라벨링해 한쪽에 정리해두었습니다. (193자)

COMMENT 현장 실습생이지만 주어진 업무만 하는 것이 아니라 반복적인 시험 업무 안에서 업무 효율성을 위해 업무를 개선했던 내용이 좋다. 이렇게 쓰면 입사 후 주인의식을 바탕으로 업무를 할 수 있는 인재라고 인식한다.

❸ 그 결과 1월부터는 일주일에 3일은 정시 퇴근이 가능해졌습니다. 이 경험을 통해 조직을 위해 기꺼이 희생할 수 있는 태도가 조직 전체에 긍정적인 영향을 미친다는 것을 깨달을 수 있었습니다. 이러한 경험으로 회사에 주인의식을 갖고 헌신하는 사원 박장호가 되겠습니다. (147자)

COMMENT 조직을 위해 기꺼이 희생할 수 있는 태도를 보이며 주인의식을 갖고 일할 수 있는 인재임을 강조했다. 회사생활은 조직생활이기 때문에 개인주의보다는 팀워크를 중시하며 주인의식을 가진 인재를 선호한다.

◆ 원래 연구개발팀의 특성상 회사 스케줄에 따라서 야근이 상당히 많다. 그래서 정신력과 체력이 뒷받침되어야 하는데, 특히 여성 지원자들은 체력이 약하다는 기업들의 고정관념이 있으니 체력 관리와 관련된 내용을 자기소개서와 면접 때에 어필하면 유리하다.

연구개발 부서에 입사하면 어떤 업무를 하게 될까?

연구개발 부서는 신제품 및 기존 제품을 고객의 니즈에 맞게 수익성 있는 제품으로 개발해 신규 사업 확대를 위한 기술적 토대를 구축한다. 신상품 전략을 바탕으로 상품군 및 컨셉트를 설정하고 국내외 정보 수집을 통한 신상품 아이디어 수집 및 제안 상품에 대한 시장 환경을 조사하고 분석한다. 신제품을 위해 전략을 수립하는 업무로 아이디어를 구현하고 테스트하는 역할을 한다.

연구개발 보고서

과제번호	H100C0000	해당단계 연구기간	2000.00.00~ 2000.00.00	단계구분	단계없음		
연구사업명	중사업명	조성사업					
	세부사업명	국가임상시험사업					
연구과제명	대과제명	기술개발					
	세부과제명	*세부과제명을 작성합니다.*					
연구책임자	해당단계 참여 연구원 수	총: 명 내부: 명 외부: 명	해당단계 연구개발비	정부: 천원 민간: 천원 계: 천원			
	총 연구기간 참여 연구원 수	총: 명 내부: 명 외부: 명	총 연구개발비	정부: 천원 민간: 천원 계: 천원			
연구기관명 및 소속부서명			참여기업명				
국제공동연구	상대국명:		상대국 연구기관명:				
위탁연구	연구기관명:		연구책임자:				
요약 (연구개발성과를 중심으로 개조식으로 작성하되, 500자 이내로 작성합니다)			보고서 면수				

연구개발 보고서 예시

취업의 신은 연구개발을 하는 회사가 아니기 때문에 이번 샘플은 제약 업종 내 일반 기업의 연구개발 보고서 초안을 가져왔다. 연구개발팀은 수익을 창출하는 부서가 아니기 때문에 정부 보조금을 받아서 진행되는 경우가 있다. 이때 연구 기간이 3년으로 여유 있는 것처럼 보이지만 실제는 아닌 경우가 많은데, 제약 업종에서 신약이 출시될 때까지 평균적으로 걸리는 기간이 12년이기 때문이다.

M 생산/공정관리

 직무 소개

생산/공정관리는 기업의 사업 목표를 바탕으로 생산량을 계획하고 물적/인적 생산 자원을 관리하는 직무다. 생산 전반에 대한 스케줄 및 공정 진행률 관리와 작업 능률적인 부분을 검토하고 종정 개선, 신기술과 신공법의 적용을 통한 제품 개선, 생산 라인 운용을 하는 등 개선이 필요할 때 이를 개선하는 역할을 수행한다.

 필요 역량

생산/공정관리는 산업공학 전공자를 우대하며 공장 전체를 이끌어나가야 하므로 나무가 아닌 숲을 볼 수 있는 안목과 리더십이 필요하다. 많은 협력사와 다른 부서와 커뮤니케이션이 많은 직무로 공장 전체의 사업 및 생산 전반에 대한 이해가 빠르고 협상이나 추진을 잘할 수 있는 스킬이 있어야 한다. 생산/공정관리는 크게 생산 부서와 현장 사이에서 발생하는 생산기술 관련 부분을 신경쓰기 때문에 현장과 부딪히는 일이 많다. 생산에 오차가 있으면 안되기 때문에 남자보다 여자를 선호하는 경향이 있다.

 주의 사항

지원 시 생산/공정관리와 생산기술 부분을 혼동하지 않도록 주의해야 한다. 생산기술은 회사마다 차이가 있어 같은 직무라도 회사마다 차이가 있을 수 있기 때문에 채용 공고를 자세히 봐야 한다. 현장에 따라서 언성이 높아지고 예상치 못한 변수가 오갈 수 있기 때문에 문제 해결 능력이나 상황 대처 능력이 중요하다.

생산공정관리팀 합격 자소서

이번 자기소개서는 현직자의 업무 내용이 아니라 구직자가 8주간 인턴생활을 하며 겪은 에피소드를 적어서 합격했던 내용이다.

신속하고 빠른 업무 적응 능력, 신입사원 박장호의 전략은?

❶ 2015년 ○○기업 기술팀에 8주간 근무하며 빠른 업무 적응 능력을 발휘해 폐러빙포 처리 시간을 10% 단축시켰습니다. 액정 디스플레이 패널 제조 러빙 공정에 필요한 러빙포 제조 시 불량이 발생하게 되면 바로 폐러빙포가되는데 한 여름날 밖에서 처리를 하려면 엄청난 노동과 시간이 필요했습니다. (164자)

COMMENT 두괄식으로 성과를 먼저 도출하여 가독성을 높였다. 또한, 신속하고 빠른 업무 대처 능력을 어필했다.

❷ 이러한 점을 주임님과 상의했고 폐러빙포 거치대를 제작하게 되었으며 엘리베이터를 통해 이동 동선을 단축시켰습니다. 그 결과 2시간가량 필요했던 폐러빙포 처리 시간을 20분 줄일 수 있었고 8주간의 근무가 끝날 때는 성실한 근무 태도로 직원분들의 인정과 칭찬을 받았습니다. (150자)

COMMENT 생산관리 업무로서 문제 발생과 문제 해결을 위한 대처와 결과까지 자세하게 서술하여 문제 해결 능력과 커뮤니케이션 스킬, 성실함이 나타나도록 구체적으로 서술했다. 생산관리는 업무 특성상 생산 설비를 바꾸거나 이동하는 등 기존 업무를 개선시키기 힘든 속성을 가지고 있다. 하지만 이동시킬 때 직접 운반에서 엘리베이터 운반으로 개선을 시켰기 때문에 회사에서 좋아하는 업무 경험이다.

❸ 입사 후에는 기존에 작성되어 서류철 해놓은 문서와 매뉴얼을 정독하여 선배님들이 하셨던 업무를 숙지하면서 제가 맡은 업무에 대해 적응하려고 노력하겠습니다. 대학교에서 배운 섬유학적 지식을 바탕으로 각종 전시회나 박람회에 참석하여 시장 동향을 파악하고 회사와 팀에 기여할 방안을 스스로 생각하는 사원 박장호가 되겠습니다. (177자)

COMMENT 입사 후에 신입사원으로서 선배들과의 좋은 유대관계를 유지하고 빠른 업무 투입이 가능한 인재임을 강조했다.

전반적인 업무로 원자재 수급 관리, 생산 계획, 공정 관리 및 개선, 원가 관리, 외주 관리 업무를 수행하게 된다. 원/부자재 조달 구매 및 자재 관리는 협력사별 일일 자재 입고 관리 업무와 월별 협력사 및 외주임 가공업체 대금 정산 업무, 자재 물류 환경 개선 및 대차운영 관리 업무를 한다. 또한 전산/실물 자재 관리 업무를 수행하게 된다.

생산 계획 및 통제 업무는 크게 세 가지로 나뉜다. 월별/주별 제품 생산 계획 작성 및 통제 업무와 주별 필터 생산 계획 작성 및 통제 업무가 있다. 마지막으로 생산 계획 대비 실적 분석 및 출하 정보 분석 관리 업무가 있다. 생산 기획은 공장 제조 원가 분석을 하고, 생산 라인 효율 분석 및 개선 업무를 수행한다. 소집단 개선 시스템 구칙 및 관리(클러스터 활동) 업무 또한 겸한다

* 생산관리 업무 관련 예시

24시간 돌아가는 공장 특성상 대부분 야근이 잦으며 끊임없이 업무가 주어지게 된다. 교대 근무 때문에 체력 관리는 필수이고 라인에 대한 업무를 하다 보니 사람 간의 협업이 많으며 공장 개선을 위해서 화학이나 반도체 관련 전공 지식이 필요하다. 사무직이라고 해서 앉아서 컴퓨터만 하는 것이 아니라 직접 작업 현장을 돌며 어떤 부분을 개선해야 하고 어떻게 생산 목표를 이루어 낼 것인가 고민하고 계획하여야 한다.

사업 목표와 연계한 생산 계획을 수립하기 위해 영업, 마케팅 부서에서 나온 수요 예측 및 영업 수주에 따른 생산 요구량을 파악하고 생산 요구량에 근거한 연간 생산 계획을 수립하는 업무를 한다. 생산 계획에는 생산 가능량과 제품 재고량을 반영하며 생산 계획에 따른 생산 인원의 운영 계획을 수립하고 충원 필요시 인사 부서에 충원을 요청하여 부족한 인원을 수용하여야 한다.

품질관리/ 보증

직무 소개

품질관리 직무는 기업의 제품을 소비자가 안전하게 사용할 수 있도록 제품의 품질을 유지하고 관리하며 품질 요구 사항을 파악하고 이를 적용하여 신뢰할 수 있는 제품을 만드는 직무이다. 안정된 품질과 규격 표준을 유지하기 위해 생산 전단계에 걸쳐 품질을 관리하고 회사 제품의 품질을 향상시키고 품질 경쟁력을 확보하는 역할을 하며 주로 품질 정책 수립, 품질 관리(QC) 및 보증(QA), 품질 개선 활동 등을 수행한다. 이를 위해 법적 요구 사항, 고객 요구 사항 등의 품질 요구 사항을 파악하고 이를 반영하여 생산 제품과 공정에 대한 품질 정책과 목표, 계획을 수립하는 직무이다.

필요 역량

모든 요소를 체계적으로 분석해야 하기 때문에 필요한 데이터를 다루는 통계, 분석 능력이 필요하고 생산 제품에 대한 전공자와 전기전자통신 등 시험 관련 자격자를 우대한다. 직무 관련 자격증으로 품질경영기사, 6시그마 등의 자격증을 취득해 두면 직무 관련 취업을 준비하는데 큰 도움이 될 것이다. 영어 및 제2외국어가 가능한 사람일수록 보다 많은 기회와 수당 등 선택의 폭이 넓어지게 된다. 인성적인 측면에서는 시험 데이터에 대한 신뢰도를 높이기 위해 정직과 성실성, 빠른 상황 판단력과 센스 및 대처 능력 또한 필요하다.

주의 사항

실험계획법, 통계적 품질관리 기법, 품질 경영, 생산 시스템 등에 대한 지식이 많이 요구되기 때문에 산업공학과, 산업경영학, 경영학과 출신들에게 적합하지만, 생산하는 제품에 대한 특성이나 지식 또한 중요하므로 생산 제품과 밀접한 관련이 있는 전공 지식을 갖추고 있는 것이 좋다. 예를 들면 화학 제품 생산 기업은 화학과, 화학공학과 출신이 많으며 식품회사에서는 식품공학, 화학공학과 출신들이 주로 활동한다. 즉 자신의 전공 및 관련 자격증에 맞는 전략이 필요하다.

품질관리팀 합격 자소서

1,500개의 분석 프로젝트 기한을 3주에서 2주로 당길 수 있던 비결?

❶ 2015년 ○○기업에서 근무할 때 협동심을 발휘해 시료 1,500개 분석 프로젝트를 마쳤습니다. 당시 다른 기업에서 의뢰 중인 사업이 있었고, 신규 사업 기한이 3주밖에 남지 않은 상황이었습니다. (109자)

COMMENT 품질관리 직무는 생산 현장에서 근무하면서 생산직 관리자 및 노동자들과 대면해야 할 일이 많기 때문에 사람들과의 의사소통이 가능하며 협동할 수 있는 점을 어필한 것은 좋은 인재임을 보여준다.

❷ 계획적으로 일을 진행하는 것이 시간 절약 면에서 중요했기에 동료들의 스케줄을 고려하여 업무를 공정하게 분담했습니다. 출장팀으로부터 받은 시료 리스트를 토대로 업무 분담표를 작성했습니다. 총 4팀으로 시료 재고 조사 및 정리팀과 분석팀 3팀으로 나눴습니다. 분석 항목 특성상 기본이 되는 실험을 먼저 진행했고 실험 결과 나온 분석값을 토대로 다른 팀은 값이 튀는 시료만 분석함으로써 효율적으로 업무를 진행했습니다. 맡겨진 업무를 수행한 후 시간적 여유가 있을 때는 다른 팀의 업무를 도와줬습니다. (276자)

COMMENT 어떤 회사든지 업무 시간을 단축하고 효율적으로 업무를 수행한 경험은 좋아한다. 계획적으로 업무를 수행할 수 있는 직무적 성향이 있는 인재임을 어필했다.

❸ 그 결과 예상했던 기한보다 1주일 더 일찍 프로젝트를 마칠 수 있었고 거래 업체로부터 신뢰를 인정받아 추가적인 사업을 맡게 됐습니다. 업무 시 분석력과 협동성을 바탕으로 주어진 목표를 달성하는 신입사원 박장호가 되겠습니다. (124자)

COMMENT 결과를 명확히 강조하고 입사 후 경험을 바탕으로 본인의 장점인 분석력과 협동성을 바탕으로 업무를 수행할 것을 강조하며 마무리를 잘했다.

tip

품질관리팀에 입사하면 어떤 업무를 하게 될까?

품질 정책 수립, 품질 관리(QC), 품질 보증(QA), 품질 개선 활동

법적 요구 사항, 고객 요구 사항 등의 품질 요구 사항 파악 후 이를 반영하여 생산 제품과 공정에 대한 품질 정책과 목표, 계획을 수립한다. 품질 문제를 사전에 예방하고 품질 요구 사항을 충족시키기 위해 제품/공정에 대한 전반적인 품질 검사를 실시하고 원재료 및 부자재를 구매하는 단계부터 제품 개발 및 생산 공정, 출하에 이르기까지 모든 단계에 걸쳐 품질 검사 업무를 수행하게 된다.

* 품질 보증(QA), 품질 관리(QC) 비교

- **품질 보증(QA : Quality Assurance)** – 생산이 완료된 제품들에 대해 품질 요구 사항을 만족시키고 있는지 시험하고 측정한다. 또한 ISO(International Standardization Organization)와 같은 품질 경영 시스템을 구축하고 관리하며 품질 진단(품질 감사)을 실시한다. 이러한 활동을 통해 제품의 품질 신뢰성을 확인한다.
- **품질 관리(QC : Quality Control)** – 품질 요구 사항을 충족시키기 위해 제품/공정에 대한 전반적인 품질 검사를 실시한다. 원부자재를 구매하는 단계부터 제품 개발 및 생산 공정, 출하에 이르기까지 모든 단계에 걸쳐 품질 검사를 실시한다. 품질 검사 결과 부적합 사항이 발견되면 해당 부서에 통보하고 품질 협의를 통해 원인 분석 및 대책을 수립한다. 품질 관리 활동으로 편차 없고 안정된 품질과 표준화된 규격을 유지한다.

IT/SW

기업 웹 사이트와 모바일 앱을 개발하는 사람들은 IT 프론트엔트 개발자고, 회원 정보를 쉽게 관리할 수 있는 툴이나 해커로부터의 침입을 예방하기 위한 보안 기능 프로그램 등을 개발하는 사람들은 IT 백엔드 개발자라고 볼 수 있다.

프로그래밍에 사용되는 C, C++, JAVA 등과 같은 다양한 언어를 다룰 수 있어야 하며 컴퓨터 및 소프트웨어 동작에 대한 기본 원리를 숙지하고 있어야 한다.

직무 소개

IT 직무는 크게 IT 기획과 IT 개발로 나눌 수 있다. IT 기획은 해당 기업의 중장기 사업 계획 및 전략 수립, 관리 체계 구축 및 운영, 경영 혁신 성장 발전을 위한 기획 업무로 보면 된다. IT 개발은 서비스를 구현하기 위해 프로그램을 만드는 개발자로 SW 개발의 경우 제품 또는 기업 내에서 필요한 기능을 찾아내 프로그램을 개발하는 직무이다. 구체적으로 모바일 개발, 웹 개발, 시스템 소프트웨어 개발, 응용 소프트웨어 개발, 임베디드 개발 등의 개발 업무자와 최근 빅데이터 전문가, 데이터베이스 관리자, 정보보호 전문가, 컨설턴트 등으로 더 세분화되어 있다.

필요 역량

개발자가 갖춰야 할 가장 기본 중의 기본은 직무와 관련한 지식이다. IT 기술이 의료, 건설, 자동차 등 매우 다양한 분야와 융합되기 때문이다. 정해진 규칙에 맞춰 일하기보다는 본인이 개발한 기술이 사용될 분야와 산업을 폭넓게 이해할 수 있는 열린 눈 또는 창의력이 필요하다. 개발자라고 해서 자리에 앉아 개발만 하는 것은 아니다. 개발자들이 작업한 것은 모두 웹이나 모바일, 서비스 등에서 구현되어야 하기 때문에 프로젝트 단위로 타 팀과 협업할 일이 많다. 때문에 여러 사람과 함께 원활히 커뮤니케이션을 할 수 있는 능력이 필요하다.

주의 사항

실무를 진행하다 보면 최신 언어나 업데이트된 정보들을 습득하기 위해 영어를 읽고 이해하는 능력이 필요하다. 또한 프로그래밍을 하다가 막히는 부분이 있으면 해외 사이트에서 해답을 찾는 경우가 많은데, 이때 역시 영어가 필요하다. 개발 직군은 인력 공급이 꽤 많은 직무 중 하나다. 때문에 본인 스스로 전문지식을 지속적으로 쌓아가지 않으면 하급 인력에 머무를 수밖에 없다. 연봉이나 처우 등에서 만족할 만한 수준에 도달하고 싶다면 새로운 정보와 기술을 지속적으로 공부함으로써 업계에서 도태되지 않도록 노력해야 한다.

웹개발팀 합격 자소서

이번 자기소개서는 현직자의 업무 내용이 아니라 구직자가 직무 관련 인턴생활을 하며 관련된 에피소드를 적어서 합격했던 내용이다.

인턴사원 박장호가 문제해결사가 될 수 있었던 이유는?

❶ 2017년 1월부터 3개월간 ○○기업에서 인턴생활을 하며 개발 실력과 문제 해결 능력을 길렀습니다. 근무했던 차량관제팀은 운송업이나 대중교통 사업과 같이 많은 차량이나 화물을 실시간으로 모니터링할 수 있는 시스템을 개발하여 고객사에 유지 보수 및 서비스를 하는 팀으로 당시 직무는 사수로부터 업무에 대한 교육을 받으며 과제를 해결하고 보고하는 것이었습니다. (199자)

COMMENT 차량 교통을 모니터링할 수 있는 웹 개발 직무와 관련된 에피소드를 구체적으로 적어서 업무에 바로 투입될 수 있음을 어필했다.

❷ 2개월 차에 팀에서 웹 기반의 화물주선관제 시스템을 반응형으로 개발을 하고 있는 중 게시판 부분을 저에게 맡겼습니다. 개발을 계획대로 진행하다가 회사에서 Oracle DB 라이센스가 만료되어서 갱신에 비용이 많이 드니 무료 DB인 Maria DB를 사용하라는 지시가 내려왔습니다. (156자)

COMMENT 본인이 어떠한 것을 개발했는지 구체적 사례를 제시했다.

❸ 가장 곤란했던 것은 Oracle과 Maria DB의 기본키 생성 방식이 다른 점이었습니다. Oracle은 Sequence를 이용하여 생성하지만 Maria DB는 MySQL 기반이라 다른 접근법이 필요했습니다. 기본키가 문자열과 숫자로 이루어져 있기 때문에 auto increment를 사용할 수 없어 함수를 만들어서 리턴값을 받아오게 쿼리문을 작성했습니다. (199자)

COMMENT 개발 시 문제되었던 상황을 설명하고 어떻게 해결했는지를 구체적으로 기술함으로 문제 해결 능력을 어필했다. IT 전문 용어의 개념을 정확히 알고 작성해야 하며, 전문 용어에 대한 이해는 면접에서도 필요한 부분이므로 정확히 알도록 하자.

❹ 이렇듯 기업에서는 어떠한 변수로 인해 얼마든지 프로젝트 내용이 변경될 수 있다는 것을 알았고 이에 대처하기 위해서는 다양한 경험을 통해 문제 해결 능력을 길러야 한다는 것을 깨달았습니다. 어떠한 문제 상황에 처해도 당황하지 않고 실력을 바탕으로 문제를 해결할 수 있는 신입사원 박장호가 되겠습니다. (166자)

COMMENT 기업에서 가장 선호하는 문제 해결 능력을 어필했다. IT 쪽은 언제든 문제가 발생할 수 있기 때문에 문제에 대한 대응 능력이 중요하다.

웹 개발팀에 입사하면 어떤 업무를 하게 될까?

웹 개발팀은 HTTP프로토콜을 커뮤니케이션 매체로 사용하는 WWW기반의 웹 페이지나 웹 사이트를 개발하는 업무를 하게 된다. 서버 구축 환경에 최적화시키는 프로그램을 작성하고 웹 사이트 게시판, 카테고리, 회원가입 등 여러가지 기능이 원활하게 작동되도록 만드는 업무를 하며 사용하는 언어는 JAVA, JSP, C#, Python 등 종류가 많다. 그중 JAVA를 제일 많이 사용하고 웹 개발자로 취업을 준비하는 사람이라면 프로그래밍 언어를 가르쳐 주는 전문기관에서 교육을 받아 취업을 준비할 수 있다. 모바일 앱 개발팀은 다양한 유저의 사용 패턴을 예상하여 수많은 경우의 수에 대비하여 크래시 없는 안정적인 앱을 개발하고 그 기능이 곧바로 수억 명의 사람에게 전달되어 피드백을 받을 수 있으며 새로운 앱을 만들더라도 빠르게 수천, 수만 명의 유저가 사용하게 할 수 있어 끊임없는 배움을 몸소 느낄 수 있다.

웹 프로그래밍은 개발 능력,SQL 작성 및 튜닝/ 리눅스 및 NT서버 등의 IT 지식이 필요하고 직접적으로 실적을 쫓는 직무가 아니기 때문에 성과에 대한 압박이 적고 전반적인 IT 지식이 자연스레 쌓이게 되나 업무 자체가 타 부서의 개발 프로젝트를 위한 시스템을 개발 및 운영하기 때문에 핵심 업무는 아니라는 단점이라면 단점, 장점이라면 장점이 있다.

* IT 개발팀 업무 관련 예시

웹 개발자는 클라이언트 측 스크립트를 제작하는데 웹 브라우저에서 실행되는 코드를 만들고 이를 통해 고객이나 클라이언트들이 웹 사이트에 접속했을 때 보이는 것을 결정하는 작업이다. 필요에 알맞은 커스텀 코드를 만들고, 웹 사이트의 레이아웃부터 웹 페이지의 기능까지 모두 개발하는 업무이다.

**직무
소개**

MD는 'Merchandise(상품)'이라는 용어에 사람/직업을 나타내는 'er'을 붙여 상품 기획자라는 뜻을 가지고 있다. 고객의 니즈를 파악해서 상품을 발굴하고 관계 부서, 거래처와의 조율, 상품에 대한 마케팅, 가격 구성과 컨셉 등을 정하고 출시해서 판매할 수 있도록 기획한다. 여기서 끝나는 게 아니라 바로 고객의 반응을 파악하고 매출 관리, 재고 관리 등 사후 관리까지 한다. MD의 직무는 기획 MD, 영업MD, 바잉MD, 생산MD, VMD, 온라인MD, 패션MD까지 다양하다. 참고로, 기획은 전체적인 상품 구성 기획을 담당, 영업은 상권 분석과 매장 수요 및 고객의 니즈 파악, 바잉은 상품을 수입하고 구매, 생산은 상품을 공장과 연결하고 납기, 입출고 등의 관리, VMD는 매장에 맞도록 전시하고 진열하는 역할을 한다.

**필요
역량**

식품, 생활용품, 화장품, 가전, 패션용품, 가구, 전자제품 등 다양한 분야에서 일할 수 있다. 분야별로 상품의 매출과 직결되는 MD의 직무는 마케팅 능력과 커뮤니케이션 능력이 중요시된다. 그리고 상품을 배치하고 구성하는 감각과 색채 감각, 관찰력이 있어야 한다. 보통 디자인 계열의 졸업자들이 활동적인 MD 분야로 진출을 많이 한다. 이 분야에 취업을 하기 위해서는 누구보다 트렌드에 민감하고, 자신이 잘 알고 관심있는 산업 분야의 영역이 있어야 할 것이다.

**주의
사항**

업종별로 차이가 있기 때문에 지원하는 업종에 맞는 역량을 어떻게 준비해야 할지 고민한다. MD가 되기 위한 필수 자격증이나 스펙은 따로 없으며, 지원하고자 하는 분야의 관련 경력이 있거나 전공자면 관련 MD 채용에 유리할 순 있다. 그러나 전공이나 스펙보다 중요한 것은 지금의 트렌드를 잘 파악하고, 이를 유통 분야에 적용할 수 있는 능력이다. 회사는 자기소개서와 필요시 포트폴리오 위주로 본다. 성적이 미달이어도 다른 역량을 어필하면 서류 전형 통과는 문제 없을 것이다.

MD팀 합격 자소서

뛰어난 분석력으로 XXX 콘서트 굿즈 재고 소진율 90%를 달성한 비결은?

❶ ○○몰에 근무할 당시 상품 발주 MD 보조 업무를 하면서 분석력을 통해 판매 7일 만에 재고 소진율 90%를 달성한 경험이 있습니다. (74자)

COMMENT 분석력을 요구하는 MD 업무에 상품 발주 업무를 강조해서 어필했다. 기본적으로 고객의 니즈 분석 및 유통 프로세스 파악 능력을 보여줄 수 있는 경험을 어필하면 좋다.

❷ XXX 콘서트 굿즈에 대한 발주 제안 리스트를 보며 수요가 높은 발주 품목과 예상 판매 수량을 예측하고자 했습니다. XXX 콘서트 굿즈는 일반 고객이 아닌 팬들의 규모와 성향에 따라 달라질 것을 예상해 카페, SNS, 블로그 등을 찾아보며 팬 층을 분석했습니다. 그중 소통이 가장 활발하게 되는 곳을 중점으로 팬들의 의견을 확인하며 선호도가 높은 상품 위주로 발주 품목에 순서를 매겼습니다. 추가로 일반 상품의 시중가를 찾아보고 가격 대비 합리적인지 파악하여 발주 수량을 예측했습니다. (271자)

COMMENT 많은 기업에서 원하는 인재는 능동형 인재이다. 위 지원자는 '콘서트 굿즈'라는 상품 분야에서 젊은 층들이 애용하는 온라인 매체들을 서칭하고 상품들을 분석해서 합리적인 수량을 예측했다. MD 업무 특성상 빠른 판단력과 해당 분야에 맞는 분석력 등을 이러한 프로세스 경험으로 어필한 것이 강점으로 보였을 것이다.

❸ 조사 후 우선순위를 매긴 발주 리스트와 예상 수량을 적은 리스트를 전달해 드렸고, 10대 소녀층이 많은 팬 특성상 설 연휴에 받은 용돈으로 상품을 구매할 것으로 예상하여 설 이전에 예약 판매로 오픈할 것을 제안했습니다. (122자)

COMMENT 대상 고객과 상품 판매 기간을 고려해서 제안을 한 부분은 팀에서 받아들여지지 않을 수도 있지만, 객관적인 내용과 함께 의견을 제안한 태도가 적극적인 인재로 어필될 것이다.

❹ 그 결과 오픈 1일날 재고 소진율 60%, 연휴 기간 동안 재고 소진율 90%를 달성했습니다. ○○기업 입사 후에도 이러한 분석력과 추진력 있는 자세로 임하겠습니다. (92자)

COMMENT 보조 업무를 하고 있지만 적극적인 제안을 통해서 성과를 냈음을 보여준다. 다른 지원자에 비해 업무 파악도가 높다고 평가받을 수 있다.

MD로 입사하면 어떤 업무를 하게 될까?

제품 판매와 매출 관리에 이르는 모든 일을 담당한다. 공통적으로 시장 조사, 유통 채널 조사, 제품 및 서비스의 기획, 마케팅 방향 설정, 매출 관리를 맡아 처리한다. 시장의 환경, 기업의 요구에 따라 직무가 세분화 되어 있어 다양한 방면의 학습을 요구한다. 오프라인으로는 상권 검색, 판매 촉진 전략 구상, 업계 동향 모니터링, 전년 대비 물량 규모 기획 등을 하며, 온라인으로는 상품 노출 전략 기획, 채널별 판매 전략 구상, 고객 만족도 분석 등이 있다. 현재, 코로나로 인한 무인 매장 운영, 비대면 판매가 늘어나고 있기 때문에 새로운 방법으로의 매출 향상 방안도 고민해야 한다.

상품 정보를 고시하고, 판매 수수료율도 조정하기 때문에 꼼꼼함과 커뮤니케이션 능력은 필수이다. 세부적인 내용까지 파악해야 하기 때문에 주변 사물을 자세히 관찰하는 능력을 기르는 것이 업무 역량 향상에 도움이 된다.

슈퍼바이저

 직무소개

슈퍼바이저란 매장 운영에 필요한 전반적인 업무들을 하며, 본사와 가맹점과의 의사소통을 담당하는데, 전체적인 매장 관리, 직원 관리, 매장 정기 방문, 현장 개선 및 전체적인 시설물 관리 등의 업무를 본다. 또한 점포의 환경, 상황, 상품 관리, 본사 정책, 가맹점 지도 등의 업무를 보며 가맹점별로 판매 촉진을 일으키는 일도 담당한다.

 필요역량

슈퍼바이저는 프랜차이즈의 꽃이라 불린다. 본사와 점주, 고객 사이에서 운영을 돕는다. 브랜드에 대한 이해와 매뉴얼을 중심으로 가맹점 QSC(품질·서비스·위생), VOC 관리(고객 불만 관리), 손익 계산, 마케팅, 점포 개발 등 가맹점에서 일어날 수 있는 모든 업무를 숙지하고 수행해야 한다. 이에 따라 입사 후 초기 6개월~1년 동안은 해당 직영점에서 근무를 원하는 경우도 있다. 분석력, 돌발 상황 대처 능력, 과감한 조언 또한 서슴지 않아야 한다.

주의사항

필수적으로 필요한 자격증은 따로 없다. 운전면허증이 있으면 좋다. 체력적으로나 정신적으로 소모가 많은 일이다. 가맹점주와 소통 시 이루어지는 법적 사항에 대한 것도 있기 때문에 관련 지식들을 쌓아놓는 것이 좋다. 음식점이나 카페 아르바이트 경험을 통한 매장에 대한 이해도와 활약상들을 자소서에 작성해서 역량을 어필해야 한다.

슈퍼바이저팀 합격 자소서

Takeout 판매량 분석시트 제작으로 영업 계획의 판도를 바꾸게 된 이유는?

❶ 일일 테이크아웃 판매량 분석을 영업 계획에 반영하여 판매량을 20% 상승시킨 경험이 있습니다. (52자)

COMMENT 슈퍼바이저를 할 때 매장 판매 분석을 통해 영업 계획을 세우고 판매량을 상승시킨 경험을 어필했다. 구체적인 수치화를 통해 신뢰성을 보일 수 있다.

❷ 테이크아웃 판매가 일일 평균 30건 이상 발생하는 매장에서 근무할 당시 데이터 수집이 잘 되지 않아 테이크아웃 판매량과 정보를 정확히 집계할 수 없는 문제가 있었습니다. 이를 해결하기 위해 테이크아웃 판매량 시트를 만들었습니다. 세 군데 업체와 매장 주문 전화를 구분하여 품목, 판매량, 판매 금액을 작성했고 전월 대비 증감율과 월별 추이 표를 작성했습니다. POS키를 따로 만들어 테이크아웃 품목은 그 POS키로만 키인 할 수 있도록 교육하고, 일 매출 보고 시 테이크아웃 판매량을 매출비로 작성하여 정확한 비중을 계산하도록 했습니다. 월별 테이크아웃 판매 실적을 집계하여 분기별로 주문이 많이 들어오는 업종, 주문 시간대, 평균 가격대, 행사 내용을 분석하였습니다. (373자)

COMMENT 문제점 및 구체적인 해결 방안을 예시를 들어가며 설명했다. 실제 매장에서도 자주 일어나는 상황이므로, 인사담당자가 이 글을 읽으면 바로 실무 수행이 가능한 인재로 볼 것이다.

❸ 상반기 주문 추이로 봤을 때 스튜디오에서 테이크아웃 주문이 많은 것을 확인하여 스튜디오 영업 계획을 세웠었는데, 하반기 주문 추이를 집계하니 병원 주문 점유율이 10% 이상 상승세인 것으로 파악되어 병원 관련 영업을 다음 분기 영업 계획에 반영할 수 있었습니다. (146자)

COMMENT 장기적인 관점에서 사안을 바라보며 다음 일을 미리 준비하는 것을 강조해서 실무에서도 무난한 업무 수행 능력을 기대할 수 있게끔 잘 정리해 적었다.

❹ 그 결과 4분기에 1분기 대비 테이크아웃 판매량이 20% 상승했습니다. 이러한 경험으로 입사하여 효율적으로 업무를 수행할 수 있는 사원이 되도록 하겠습니다. (87자)

COMMENT 체계적인 분석과 실행력으로 판매량을 대폭 상승시킨 경험은 기업에서 듣고 싶어하는 사례이다. 준비된 지원자로 인식될 가능성이 크다

슈퍼바이저로 입사하면 어떤 업무를 하게 될까?

슈퍼바이저 직무는 다수의 매장 손익 관리, 매출 증진 방안 마련, QSC 관리를 하는 직무이다. 본사와 가맹점주와의 가교 역할을 담당하여 본사의 지침을 전달하고 점주들의 운영을 전문적으로 지원하고 매출 성장에 기여하는 역할도 한다. 단기적으로는 주어진 매장의 점주들과 소통하고 각 매장에 대한 상권 분석 및 프로모션 분석을 통해 매출을 증대시킬 수 있는 방안을 모색한다. 서비스와 위생은 매장 운영에 있어 가장 필수적인 요소이기 때문에 QSC 관리를 잘 할 수 있도록 지속적인 피드백을 한다.

담당 매장의 매출 향상과 컴플레인율을 신경 써야 하며, 이슈가 있을 경우 재빠르게 대처하는 역량이 필요할 것이다. 입사 후 업무 과정과 사례를 모아 업무 메뉴얼의 개정 및 개편하는 것도 슈퍼바이저가 하는 일 중 하나에 포함된다.

위 사진은 교육생이 아르바이트 할 때 직접 메뉴를 살펴보면서 이름, 상품의 특징 등 매출 향상에 도움이 될지 분석했던 자료이다. 슈퍼바이저 업무를 지원할 계획이라면, 일상생활에서도 위와 같이 적용해보면 좋을 듯 하다.

PART6

취업의 신 박장호

주요 공기업&대기업
'자소서
핵심 족보'

#1 공기업

#2 대기업

PART 6에서는 주요 공기업과 대기업의 '자기소개서 핵심 족보'를 공개했다. '대기업, 공기업의 합격 자소서 샘플'이라고 해서 대기업, 공기업만을 지원하는 자소서라고 오해해선 안 된다. 국내 90% 이상의 기업은 자소서 항목을 만들 때 기존에 나와 있는 대기업, 공기업과 유사한 항목을 넣기 때문에 기업의 규모만 다를 뿐이지 지원하는 방식은 비슷하다. 본인이 지원하는 기업의 자소서 항목과 비슷한 항목을 찾아 각 항목 당 출제 의도와 작성 가이드 및 합격자 샘플을 참고하면 도움이 될 것이다.

#1
공기업

현재 대부분 공공기관 및 지방 공기업에서 블라인드 채용이 시행되고 있다. 이력서에서 생길 수 있는 불합리한 차별을 배제하고 지원자가 지원하는 직무에 대한 실무 역량을 중심으로 채용하는 것이다. 그렇기 때문에 공기업의 자기소개서 항목이 의미하는 바를 정확히 파악하고 관련된 직무 경험을 적는 것이 유리하다. 다양한 공기업 자기소개서 항목과 합격 사례들을 바탕으로 이번 취업 시장에서는 반드시 서류 통과를 해보자!

---

1 | 한국전력공사(KEPCO)

2 | 한국공항공사(KAC)

3 | 국민건강보험공단(NHIS)

4 | 한국가스공사(KOGAS)

5 | 한국토지주택공사(LH)

"Smart Energy Creator"

기업 소개

한국전력공사는 전원 개발 촉진, 전력 수급 안정화, 국민 경제 발전에 기여를 목적으로 설립된 시장형 공기업이다. 한국전력공사의 역할은 전력 자원의 개발, 발전, 송전, 변전, 배전 등이다. 2014년 전남 나주로 이전했다. 34개의 발전소, 9개의 전력관리본부, 192개의 변전소 등으로 이루어져 있으며 뉴욕, 파리, 북경 등 6개의 해외 사무소를 갖추고 있다.

비전과 목표

한전은 미래지향, 도전혁신, 고객존중, 사회책임, 소통화합을 핵심 가치로 하여 'Smart Energy Creator'를 비전으로 하고 있다. 창조와 융합의 에너지로 새로운 미래 가치를 창출하며 깨끗하고 편리한 에너지 세상을 열어가는 기업이 되는 것이다. 또한 글로벌 에너지 산업의 혁신적인 '가치창조자'로서 비전을 수립하고 인류와 사회에 기여하는 세계적인 에너지 기업으로 도약하는 것을 목표로 하고 있다.

인재상

- **기업가형 인재** : 회사에 대한 무한 책임과 주인의식을 가지고 개인의 이익보다는 회사를 먼저 생각하는 인재
- **통섭형 인재** : 융합적 사고를 바탕으로 Multi-specialist를 넘어 오케스트라 지휘자와 같이 조직 역량의 시너지를 극대화하는 인재
- **도전적 인재** : 뜨거운 열정과 창의적 사고를 바탕으로 실패와 좌절을 두려워하지 않고 지속해서 새로운 도전과 모험을 감행하는 역동적 인재
- **가치창조형 인재** : 현재 가치에 안주하지 않고 글로벌 마인드에 기반을

둔 날카로운 통찰력과 혁신적인 아이디어로 새로운 미래 가치를 충족해
내는 인재

기업 리뷰

대기업 못지않은 연봉으로 일과 삶의 균형을 이룰 수 있다. 업무 분위기는
다소 보수적이고 권위주의적이라는 평가가 있다. 정규직은 정년까지 안정
적으로 근무할 수 있으나 지역별 순환 근무제다. 해외 지사가 있기 때문에
해외로 진출할 수도 있다. 공기업 중에서도 높은 네임밸류를 가지고 있고
복지가 좋다. 본사가 나주에 있다는 점이 단점으로 꼽히기도 한다.

#높은연봉 #지방순환근무 #보수적 #좋은복지 #해외진출

자기소개서 기출 문제

한국전력공사 | 2020년 상 · 하반기 대졸 수준 신입사원 공개 채용 자기소개서

1. 한국전력공사의 4가지 인재상 중 본인과 가장 부합된다고 생각하는 인재
상을 두 가지 선택하여 그렇게 생각하는 이유를 본인의 가치관과 연계하여
교육 사항, 경험/경력 등 구체적인 사례를 들어 기술하여 주십시오. (700자)

2. 한국전력공사에 지원하게 된 동기, 희망 직무를 선택한 이유, 그리고 입
사 후 포부를 본인의 교육 사항, 경험/경력 등과 연계하여 구체적으로 기술
하여 주십시오. (700자)

3. 최근 한국전력공사 또는 한국전력공사의 사업과 관련된 주요 이슈에 대
해 언급하고, 그것에 대한 본인의 견해(문제의 원인, 개선 방안 등 포함)를
기술하여 주십시오. (600자)

자기소개서 항목별 작성법

1. 한국전력공사의 4가지 인재상 중 본인과 가장 부합된다고 생각하는 인재상을 두 가지 선택하여 그렇게 생각하는 이유를 본인의 가치관과 연계하여 교육 사항, 경험/경력 등 구체적인 사례를 들어 기술하여 주십시오. (700자)

출제의도/작성가이드

한국전력공사의 인재상에 맞춰 작성해야 하는 항목이고, 두 가지 인재상을 선택해야 한다. 각 인재상별로 유형이 구분되어 있기 때문에 본인에게 적합한 유형을 확인하는 것이 중요하다. 인재상과 관련된 에피소드를 찾아 그 당시 본인이 맡은 역할과 구체적인 행동이 드러나도록 320자 기준으로 두 가지 사례를 작성해 하나씩 인재상을 보여주는 것이 효과적이다.

합격자 샘플

"1시간 업무 단축과 100만 원 손해 예방의 비결, 박장호의 주인의식"

영풍문고에서 재고 관리 업무를 할 때 주인의식을 발휘해 업무 시간 2시간을 1시간으로 단축하고 100만 원의 손해를 예방한 경험이 있습니다. 보통 주말 오전에 상품이 7상자 이상 운반되었고, 수량 확인, 진열을 동시에 해야 해서 오전 아르바이트생이 혼자 하기에는 일이 많았습니다. 오후 아르바이트였기에 시간에 맞춰 가도 됐으나 30분 일찍 가서 점심시간을 활용해 일을 도왔고, 그 결과 불량 상품 한 상자를 사전에 발견하여 100만 원의 손해를 예방했습니다.

앞으로 주인의식을 갖고 협력이 필요한 일을 스스로 찾아 한국전력공사에 기여하겠습니다. [345자]

"열정을 발휘한 응대"

운전면허 시험장 교통안전 교육 지원을 할 때 쉬는 시간을 이용해 응시자의 주요 문의 사항을 직원에게 질문, 숙지하고 열정을 발휘하여 응대한 경험이 있습니다.

맡은 업무는 교육 카드 관리, 기기 관리, 뒷정리였습니다. 하지만 운전면허 응시자들이 신체검사나 면허 갱신에 관해 질문하는 경우도 있었습니다. 직원 두 명이 한 시간에 20명 이상의 응시자를 응대해야 했습니다. 하지만 쉬는 시간에 3명 이상의 응대는 어려웠습니다.

첫 안전 교육이 끝난 쉬는 시간을 활용해 시설, 신체검사 관련 문의를 직원에게 물었고, 모범 답변을 만들어 빠르게 숙지했습니다. 그 결과 두 번째 교육 시간부터는 쉬는 시간에 6명 이상을 응대할 수 있었습니다. [367자]

COMMENT 제한된 자원을 활용해서 최대한의 효율을 낼 수 있는 가치창조형 인재에도 부합하고, 한국전력공사의 소통화합이라는 핵심 가치와 연결한 통섭형 인재임을 내용에 잘 녹였다. 사무직 업무를 수행하며 팀원의 의견을 조율해 업무에 적용할 수 있음을 잘 어필했다. 700자 분량으로 자소서를 작성할 때는 1개의 경험보다 2개의 경험을 각각 320자씩 써야 가독성이 높다. 1개의 경험을 700자로 쓰게 되면 읽다가 무슨 내용인지 모르게 되니 주의해야 한다.

2. 한국전력공사에 지원하게 된 동기, 희망 직무를 선택한 이유, 그리고 입사 후 포부를 본인의 교육 사항, 경험/경력 등과 연계하여 구체적으로 기술하여 주십시오. (700자)

출제의도/작성가이드

지원 동기와 입사 후 포부를 물어보는 내용이다. 단순히 에피소드를 나열하는 것에서 그치지 말고, 경험을 바탕으로 성과를 녹여내는 것이 좋다. 성과에 대해 구체적으로 작성할 때는 정량적인 수치나, 객관적인 결과가 있어야 신뢰성을 높일 수 있다. 한국전력공사에서는 내가 희망하는 직무에 대한 분석과 입사 후 해당 직무 분야에서 어떤 계획을 가지고 일할 것인지를 중점적으로 평가한다.

합격자 샘플 **한국전력공사 행정직의 인재 '박장호 예비사원의 다짐'**

한국전력공사는 발전 사업, 송배전 사업에 주력하고 있습니다. 국내에서는 최근 에너지밸리 사업을 통해서 에너지 신사업에 대한 적극적인 투자로 지역 경제 활성화에 힘쓰고 있습니다. 또한 국외에서는 두바이 스마트시티 건설에 투자하여 국제적으로도 명성을 얻고 있습니다. 공기업으로서 사회 경제와 기술 발전에 힘쓰는 한전을 보며 입사하고 싶다는 생각이 들었습니다.

한국전력공사에 입사하기 위해 에너지 사업에 관심을 갖고 산업화와 환경오염 과목을 수강한 경험이 있습니다. 한 학기동안 산업화와 환경오염 과목을 수강하며 발전 이론과 원리, 신재생 에너지 관련 지식을 습득했습니다. 또한, 대학 시절 판결전문을 분석하고 요약하는 활동을 하며 관련 법조항을 적용했던 경험이 있습니다. 민사소송법 수강 후 소송 절차와 요건을 분석해보기 위해 직접 지방 법원을 방문하여 민사 소송을 참관하였습니다. 원고, 피고의 주장과 재판 절차에 대해 분석하고 보고서를 작성했습니다. 이를 위해 3개월 동안 수업 시간이 끝난 오후 6시부터 10시까지 이틀을 제외하고 몰입을 한 결과 평가에서 A+을 받았습니다.

입사 후 발전 이론과 전공 관련 경험을 바탕으로 법무 관련 업무에서 역량을 발휘하고 싶습니다. 특히 자산 관리, 사업 관련 업무에서 법무 역량을 발휘하여 한국전력공사에 기여하겠습니다. [679자]

COMMENT 법무 관련 직무를 지원하는 내용인데 실무 인재로 인정받을 수 있는 내용이다. 한국전력공사에서 원하는 도전적 인재상에도 부합하다. 학교 교육, 팀 프로젝트, 아르바이트, 인턴 등의 경험 중 학교 교육 경험에서 자발적으로 행동한 일을 구체적으로 서술했고, 입사 후의 실무 기여 계획까지 드러냄으로 질문 의도에 맞게 작성했다.

3. 최근 한국전력공사 또는 한국전력공사의 사업과 관련된 주요 이슈에 대해 언급하고, 그것에 대한 본인의 견해(문제의 원인, 개선 방안 등 포함)를 기술하여 주십시오. (600자)

출제의도/작성가이드

이슈 관련 글을 쓸 때, 회사나 산업군을 철저히 염두에 두고 이슈 선정을 해야 한다. 사회 이슈는 회사, 산업군과의 연결고리를 갖고 있어야 한다. 단, 너무 직접적으로 연결되는 이슈는 흥미가 없다. 또한, 여러 가지 소스를 한 번에 서술하는 게 아니라 명확한 키워드를 한 가지만 선택해서 명료하게 글을 마무리하는 것이 좋다.

철저한 사업 관리와 제도 개선으로 에너지밸리 문제 해결

빛가람 에너지밸리 문제가 이슈가 되고 있습니다. 광주·전남 혁신
도시를 중심으로 지역 경제 활성화를 목표로 시작된 사업이지만 현재까지
협약 대비 실적이 저조합니다. 투자 기업이 많지 않고 투자 금액이 예상에
못 미치는 상황입니다. 현재 이자 지원을 받으면서 토지 매입 후 설비를 구
축하지 않는 기업, 기업과 사무실만 임대한 기업도 동일한 이자 지원을 받
는 등 관련 제도의 관리가 미흡합니다. 현재 에너지밸리 투자 펀드의 경우
광주·전남 전체를 투자 대상으로 하고 있기 때문에 실제 에너지밸리 투자
유치 기여도가 낮은 실정입니다. 문제를 해결하기 위해서 투자 혜택 지원
대상을 애너지밸리 지역 투자 기업으로 좁히고 에너지 밸리에 지속적으로
투자하는 기업에게만 이자 감면 혜택과 투자 펀드를 제공해야 합니다. 또한
관련 기업들의 투자 계획, 정기적인 보고를 의무화해서 한 달에 한 번 정기
적으로 투자 상황과 사업 내용을 확인할 필요가 있습니다. 사업 투자율을
높이기 위해서 에너지밸리 지역에 투자하는 기업에게 이자 감면 혜택뿐만
아니라 기술 개발 비용을 지원하는 등 창업·벤처 기업에게 필요한 관련 지
원 제도를 더 확충하는 것도 중요합니다. [611자]

COMMENT 주위를 관찰해서 사회적인 문제를 정확히 알고, 그 문제점을 해결하고자 고민, 해결, 개선
하는 방안을 자세하게 적었다. 사회 이슈와 자신의 신념을 잘 드러냈으며, 본인의 생각을 잘 어필했다.
지역 사회와의 상생 추구에 적합한 내용으로 좋은 평가를 받았다. 이번 한국전력공사에서 기준으로 삼는
미래지향, 사회적 가치와도 상통한다.

CHECK POINT

한국전력공사 채용 방식에서 보는 2023 채용 트렌드

- 한국전력공사 인재상 중에서 가장 중요한 인재상은 주인의식을 가지고 조직을 먼저 생각하는 기업가형 인재이다. 인턴 경험이나 아르바이트 경험이 없다면 동아리 및 조모임 등 학교 활동에서 먼저 나서서 조직을 이끌었던 경험을 쓰면 된다.
- 본사가 나주로 이전했고 각 지방에 지사가 있기 때문에 신입사원 교육 후 지방으로 배치받을 수 있다. 자기소개서에서 타지에서 생활했던 경험을 쓰면 높은 점수를 받는다. 이유는 지방 근무가 있기 때문에 타지 생활을 못 하는 지원자는 조기 퇴사 가능성이 있다고 볼 가능성이 있기 때문이다.
- 한국전력공사 신입사원 사무직은 학력 및 전공 제한이 존재하지 않는다. 그러나 송배전, 통신, IT 분야의 경우 관련 학과 전공자이거나 해당 분야 자격증을 소지한 경우만 지원할 수 있다.

"Biz&Life를 창조하는 WORLD-CLASS 공항기업"

기업 소개

한국공항공사는 김포, 김해, 제주, 대구, 광주, 청주, 양양, 무안, 울산, 여수, 사천, 포항, 군산, 원주 등 14개의 지방 공항을 통합 관리하는 공기업으로 각 공항을 효율적으로 건설·관리·운영, 항공 산업의 육성·지원으로 항공 수송을 원활하게 하고 국가 경제의 발전과 국민 복지의 증진에 기여한다. 주된 사업 영역은 공항 시설의 관리·운영과 공항 개발 사업 중 항공기·여객·화물 처리 시설 및 공항 운영상 필요한 시설 등의 신설·증설·개량 사업, 주변 지역 개발 등이 있다.

비전과 목표

운영 공항 20개에 8대 신기술을 도입하여 미래형 공항 운영을 앞당기고 미래 신사업을 추진해 지속 성장 동력을 확보할 계획이다. 기존 터미널에서 경제, 문화 등 다양한 서비스로 공항의 새로운 가치를 창조하고 공익성과 수익성이 조화된 공기업의 대표적 운영 모델을 구축하는 공항 그룹으로 도약할 전망이다.

인재상

- **전문인** : 글로벌 스탠더드를 목표로 노력하는 사람
- **융합인** : 다양한 분야에 유연하게 반응하는 사람
- **배려인** : 타인을 존중하며 공동체 발전에 기여하는 사람

기업 리뷰

3~4년마다 순환 직무 체제로 다양한 업무와 업무 지역에서 근무를 해볼 수 있다. 항공 분야에서 전문성을 가지고 일할 수 있다. 휴가 사용이 자유롭고 공기업의 특성상 보수적인 분위기와 승진 및 인사 체제에 비효율이 존재한다.

#높은연봉 #가족적인분위기 #각종항공관련행사참석 #보수적
#비효율적보고체계

자기소개서 기출 문제

한국공항공사 | 2020년 상·하반기 대졸 수준 신입사원 공개 채용 자기소개서

1. [지원 동기] 본인이 알고 있는 한국공항공사에 관한 내용(국내외 환경 변화, 조직 특성, 추진 업무 등)은 무엇이며, 그 정보를 어떻게 얻게 되었는지 기술해 주시기 바랍니다. 또한 어떠한 면에 이끌려 우리 공사에 지원하게 되었는지 기술해 주시기 바랍니다.(200자~400자)

2. [직무 관련 경험] 본인이 지원한 직무와 관련하여 다양한 활동(학교, 회사, 동아리, 동호회 등)을 통해 쌓은 경험 또는 경력에 대해 작성해 주십시오. (각 항목별 100자~300자)
1) 언제, 어디서 활동했던 경험인지 작성해 주십시오.
2) 해당 활동에서 본인이 맡았던 역할에 대해 작성해 주십시오.
3) 해당 활동의 결과와 이를 통해 본인이 배운 점은 무엇인지 작성해 주십시오.

3. [자기 개발] 본인이 한국공항공사의 인재상과 직무에 맞는 인재가 되기 위해 어떠한 면에서 준비가 되어 있으며, 해당 능력을 갖추기 위해 어떠한 노력을 하였는지 아래의 항목에 따라 작성해 주십시오.(각 항목별 100자~300자)

4. [창의적 문제 해결] 집단(학교, 회사, 동아리, 동호회 등)에서 기존보다 더 나은 성과를 창출하기 위해 적극적으로 새로운 방법을 시도하고 성과를 낸 경험에 대해 작성해 주십시오.(각 항목별 100자~300자)

1) 기존 방법이 가진 문제는 무엇이었으며, 본인이 제안한 방법이 어떠한 면에서 기존의 방법과 다른지 작성해 주십시오.

2) 실행 중 직면한 어려움과 이를 해결하기 위해 노력한 방법에 대해 작성해 주십시오.

3) 본인의 방법이 성과 달성에 어느 면에서 도움이 되었다고 생각하며, 이 과정에서 본인이 배우게 된 점은 무엇인지 작성해 주십시오.

5. [의사소통] 집단(학교, 회사, 동아리, 동호회 등)에서 집단 내 구성원들의 입장 차이를 이해하고, 이를 중재하기 위해 노력하여 건설적으로 해결한 경험에 대해 아래의 항목에 따라 작성해 주십시오. (각 항목별 100자~300자)

1) 구성원들이 의견 차이를 보였던 견해는 무엇이었으며, 당시 본인의 입장은 어떠했는지 작성해 주십시오.

2) 상대방을 이해하기 위해 어떤 노력을 하였으며, 설득하기 위해 어떤 방법을 활용하였으며, 결과는 어떠했는지 작성해 주십시오.

3) 상대방을 설득함에 있어 어떠한 부분에 중점을 두어야 한다고 생각했는지 작성해 주십시오.

6. [공동체 윤리] 지역사회참여, 사회봉사, 공공활동 등 사회 공공의 가치 실현을 위해 활동했던 경험을 아래의 항목에 따라 구체적으로 작성해 주십시오.(각 항목별 100자~300자)

1) 언제, 어디서 있었던 일이며, 활동의 목적은 무엇이었는지 작성해 주십시오.

2) 활동에서 본인의 역할과 구체적으로 한 행동을 무엇이었는지, 그리고 그렇게 행동하였던 이유는 무엇인지 작성해 주십시오.

3) 그러한 활동이 본인과 타인에게 미친 영향은 무엇인지 작성해 주십시오.

1. [지원 동기] 본인이 알고 있는 한국공항공사에 관한 내용(국내외 환경 변화, 조직 특성, 추진 업무 등)은 무엇이며, 그 정보를 어떻게 얻게 되었는지 기술해 주시기 바랍니다. 또한, 어떠한 면에 이끌려 우리 공사에 지원하게 되었는지 기술해 주시기 바랍니다.(200자~400자)

출제의도/작성가이드

이 질문은 결국 지원 동기를 묻고 있다. 지원 동기는 한국공항공사에 대한 철저한 조사 및 직무에 대한 조사를 선행한 뒤, 회사에 관심을 두게 된 자신만의 경험을 담고, 뉴스 기사 등을 통한 지원 회사의 현황, 사업 분야 등에 대한 관심을 밝히는 방법이 대표적이다. 기업이 잘한 일과 기업의 앞으로의 미래 구상, CEO 메시지, 인재상, 기업의 비전과 핵심 가치 등 어떤 것이 지원자의 마음을 움직이게 하였으며 어떤 마음으로 어떻게 성장할 것인지를 연결 지어 작성하면 된다. 이 항목의 중요 포인트는 누구나 검색하면 나오는 표면적인 이야기보다는 평소 관심이 있어 깊숙하게 알려고 노력했다는 과정을 통해 다른 사람과 차별성을 두는 것이다.

합격자 샘플
글로벌 항공 기업의 성장 발판 '핵심 인재 박장호의 철저한 회계 감사'

　한국공항공사는 시대의 흐름에 맞게 스마트 앱을 제공하고 있고 관광 활성화와 고객의 편의를 위해서 다양한 기관과 협약을 맺고 있습니다. 이에 글로벌 항공 기업으로 성장하는 과정에서 추진하는 사업이 증가하는 점을 고려해서 예산 편성을 하고 현재의 이익 때문에 차후 더 큰 문제가 생기지 않도록 철저한 회계 감사 업무를 수행하겠습니다. 3년 동안 동아리 회계를 맡게 되면서 예산을 기획하고 재정 운영을 하면서 비용을 최소화하는 동시에 팀원들이 힘들지 않도록 운영했습니다. 회계 업무를 맡으면서 지출 명세서를 동아리 책상 위에 비치해 누구나 쉽게 확인하도록 투명성을 강화했습니다. 제 경험을 바탕으로 한국공항공사에서 추진하는 사업들이 수익을 낼 수 있도록 예산을 편성하고 투명하게 감사하면서 함께 성장하겠습니

다. [433자]

COMMENT 한국공항공사에서 진행하고 있는 사업이 증가 추세인데 그에 따라서 본인의 팀에 미칠 영향을 미리 파악해 자신의 직무를 적절하게 연결해서 작성했다. 그리고 과거 동아리 회계 업무에 대한 경험을 통해 비용 절감과 효율성을 추구했다는 것을 적절히 서술했다. 마지막으로 회계의 가장 중요한 포인트 중 하나인 투명성을 지키기 위한 노력이 잘 나와 있다.

2. [직무 관련 경험] 본인이 지원한 직무와 관련하여 다양한 활동(학교, 회사, 동아리, 동호회 등)을 통해 쌓은 경험 또는 경력에 대해 작성해 주십시오. (각 항목별 100자~300자)

1) 언제, 어디서 활동했던 경험인지 작성해 주십시오.

2) 해당 활동에서 본인이 맡았던 역할에 대해 작성해 주십시오.

3) 해당 활동의 결과와 이를 통해 본인이 배운 점은 무엇인지 작성해 주십시오.

출제의도/작성가이드

이 질문은 결국 사회 경험을 묻고 있다. 제시되어 있는 세부 항목을 가이드대로 작성하면 된다. 1) 육하원칙 2) 본인 역할 3) 결과의 수치화를 정확히 하고 구체적인 수치화가 어려울 경우, 무엇을 얻었는지 적어주면 된다.

합격자 샘플 **책임감과 커뮤니케이션 능력으로 이뤄낸 신제품 프리미엄 김 입점**

대상주식회사 본부영업 담당으로 근무 당시 책임감과 커뮤니케이션 능력으로 갤러리아백화점에 프리미엄 김 제품을 입점시켜 전국 점포에 매장별 입점을 이뤄냈습니다.

당시 김 시장은 대부분 중소기업들의 제품으로 운영되는 제품군으로, 대기업의 제품은 운영하는 데 한계가 있었습니다. 그런 이유로 백화점에 신제품인 명란 프리미엄 김 제품의 입점 요청 시, 들을 수 있는 이야기는 저렴한 가격 운영, 차별화된 제품이 아니라면 입점을 하지 않겠다는 통보뿐이었습니다. 첫 번째 상담을 진행했을 때, 제시한 가격은 중소 업체들보다 터무니없이 비싸 가격 경쟁력을 가지지 못했고 거절을 당했습니다. 이후 회사로 돌아와 어떻게 하면 입점시킬 수 있을지 고민했고, 가격 경쟁력을 가지지 못한다면 제품 경쟁력으로 어필을 해야겠다고 생각했습니다. 제품에 관해 공부 하던 중 마케터를 통해 회사의 김 제품이 업체 중 유일하게 해조류 검사센터를 소유하고 있고, 이에 따라 품질 관리를 받은 좋은 김이라는 정보를 얻을 수 있었습니다. 이에 다시 거래처 바이어에게 재상담을 요청하여 가격 경쟁력은 부족하지만 뛰어난 제품력, 먹거리에 대한 안정성을 어필하였습니다. 이에 바이어는 특별한 제품으로 받아들여 입점을 허락하였고, 백화점 유통 중 최초로 입점 목표를 이룰 수 있었습니다.

업무의 책임감과 커뮤니케이션 능력을 바탕으로 업무 중 어려운 일이 발생하더라도 문제 해결 방법을 찾아 위기에 대처하고 성과를 내겠습니다. [752자]

COMMENT 회사 경험을 바탕으로, 주어진 가이드대로 자세하게 작성했다. 본인이 겪었던 문제점과 그 문제점을 해결하려 고민, 해결하고자 했던 노력을 잘 녹여냈다. 지원자의 직무 역량인 책임감과 커뮤니케이션 능력을 발휘한 사회 경험을 높이 사 합격했을 것이다.

3. [자기 개발] 본인이 한국공항공사의 인재상과 직무에 맞는 인재가 되기 위해 어떠한 면에서 준비가 되어 있으며, 해당 능력을 갖추기 위해 어떠한 노력을 하였는지 아래의 항목에 따라 작성해 주십시오.(각 항목별 100자~300자)

1) 어떤 능력을 개발하였으며, 이를 개발하기 위해 어떤 목표를 세웠는지 작성해 주십시오.

2) 목표 달성을 위한 계획과 이를 실천하는 과정에서 가장 어려웠던 점, 그리고 그것을 어떻게 극복하였는지 작성해 주십시오.

3) 향후 자신의 능력을 어떻게 향상시키고, 이를 어떻게 활용할 것인지 작성해 주십시오.

출제의도/작성가이드

직무와 적합한 인재인지와 입사 후 포부를 물어보고 있다. 직무에 필요한 역량을 발휘하기 위한 노력이나 능력을 보여줄 수 있는 경험을 자세하게 적어 보여준다. 앞으로 직무 역량을 어떻게 개발시킬지 포부를 어필한다.

합격자 샘플

"함께 갈 사람을 찾자! 조기 퇴사율을 낮춘 인사 채용 전략"

열정이라는 인재상이 저에게 부합된다고 생각합니다.

전 직장에서도 자기주도적으로 사내 조기 퇴사 문제를 해결하며 올해의 직원 상을 수상했습니다. 회사의 영업팀 근속 기간이 평균 4개월이었는데, 특히 1개월 채 지나지 않아 퇴사를 희망하는 영업사원이 꽤 많았습니다. 이 부분에 대해 책임감을 느껴 사내 장기근속자분들을 직접 찾아가 인터뷰를 진행하며 우리 회사의 강점과 어떤 것을 보고 입사를 결심했는지 등의 질문을 여쭤봤습니다. 대부분의 경우 직무를 제대로 알고 시작하셨고 관리직으로의 비전에 더 큰 매력을 느끼시는 분들이 많다는 공통점이 있었습니다. 이를 참고해 서류 검사와 면접을 진행하였고, 신입사원이 입사 한 후에도 안부를 주고받으며 근황을 물었습니다. 그 결과, 1년간 약 10명의 영업 사원을 채용했고, 장기근속자 4명 채용 및 우수사원 2명 채용으로 조기 퇴사 문제 해결과 함께 올해의 직원 상까지 받게 되었습니다. 올바른 채용은 기업의 성장과 인지도 향상에도 크게 기여한다고 생각합니다. 앞으로도 적극적인 자세로 조직의 성과에 기여하기 위해 움직이는 사원이 되도록 하겠습니다. [588자]

COMMENT 장기근속자분들과 신입사원에게 지속적인 관심을 통해 조기 퇴사 문제를 해결하려는 주인 의식과 열정 역량을 가지고 있다고 서술했다. 문제를 해결하며 조직에서 구체적인 사례를 잘 제시했다. 이런 식으로 직무 관련 사례와 역량 어필로 포부를 드러냈다. 한국공항공사에서 봤을 때 문제 해결 능력과 기여할 방향성을 제시해 좋은 평가를 받을 수 있다.

4.[창의적 문제 해결] 집단(학교, 회사, 동아리, 동호회 등)에서 기존보다 더 나은 성과를 창출하기 위해 적극적으로 새로운 방법을 시도하고 성과를 낸 경험에 대해 작성해 주십시오.(각 항목별 100자~300자)

1) 기존 방법이 가진 문제는 무엇이었으며, 본인이 제안한 방법이 어떠한 면에서 기존의 방법과 다른지 작성해 주십시오.

2) 실행 중 직면한 어려움과 이를 해결하기 위해 노력한 방법에 대해 작성해 주십시오.

3) 본인의 방법이 성과 달성에 어느 면에서 도움이 되었다고 생각하며, 이 과정에서 본인이 배우게 된 점은 무엇인지 작성해 주십시오.

출제의도/작성가이드

창의성과 연관된 질문으로 고정관념을 탈피하였거나 창의적으로 문제를 개선했던 경험을 적는다. 당시의 상황, 새로운 생각을 하게 된 계기, 그 결과까지 숫자를 활용하여 구체적으로 작성하고, 이런 강점이 향후 한국공항공사에 꼭 필요한 역량임을 어필한다.

합격자 샘플

호주 시드니에서 박장호가 만든 기념일 '푸드 리뉴얼 데이'

호주 시드니에서 유학할 때 창의성을 발휘하여 '남은 음식 해결하는 기념일'을 만들어 기숙사에서 버리는 음식 재료 낭비를 줄였습니다. 한국처럼 식품 재료를 소량으로 판매하지 않아서 항상 사 온 음식 재료 반절을 버려야 했습니다. 이런 식으로 버려지는 음식 재료들이 아깝다는 생각을 했는데, 같은 고민을 하는 외국인 친구가 많다는 것을 알게 되었습니다. 그래서 숙소 친구들을 불러 모아 '푸드 리뉴얼 데이'를 개최하자는 아이디어를 냈고 전체 동의했습니다. 일주일에 한 번 상하기 직전의 음식 재료를 모아 함께 요리해 먹는 파티를 벌였습니다. 이 기념일 덕분에 푸짐한 식탁을 즐겼고 버리는 음식 재료 역시 완전히 없앴습니다. 이처럼 늘 주변 문제를 파악하고 아이디어를 제공하는 한국공항공사 신입사원 박장호가 되겠습니다. [434자]

COMMENT 평상시 주변을 관찰하는 습관으로 음식 재료가 낭비되는 것을 절약해 낸 아이디어가 인상적이다. 모두가 같은 생각을 했지만 먼저 실행하는 능력도 좋은 평가를 받을 수 있다. 혼자 해결한 것이 아니라 여러 사람과 함께 즐기면서 해결한 점도 가산점을 받을 수 있다. 이 글을 읽고 나면 한국공항공사에서 업무를 할 때 생긴 문제점도 즐겁게 풀어낼 수 있을 것이라는 인상을 준다.

5. [의사소통] 집단(학교, 회사, 동아리, 동호회 등)에서 집단 내 구성원들의 입장 차이를 이해하고, 이를 중재하기 위해 노력하여 건설적으로 해결한 경험에 대해 아래의 항목에 따라 작성해 주십시오. (각 항목별 100자~300자)

1) 구성원들이 의견 차이를 보였던 견해는 무엇이었으며, 당시 본인의 입장은 어떠했는지 작성해 주십시오.

2) 상대방을 이해하기 위해 어떤 노력을 하였으며, 설득하기 위해 어떤 방법을 활용하였으며, 결과는 어떠했는지 작성해 주십시오.

3) 상대방을 설득함에 있어 어떠한 부분에 중점을 두어야 한다고 생각했는지 작성해 주십시오.

출제의도/작성가이드

직장 내에서 원만한 조직생활을 할 수 있는 사람인지를 확인하려는 것이다. 공동의 목표를 위해 이해가 상충하는 상황에서도 목표를 달성하기 위한 타인과의 협업 능력, 배려심, 의사소통 능력 등이 필요하다. 갈등 상황은 최대한 간략하게 제시하고, 갈등을 극복하게 된 과정에서 자신이 기여한 역할과 행동에 초점을 맞추어 작성한다. 갈등 극복 방식이 중요하므로 술자리에서의 단순한 대화라든지, 시간이 많이 흘러 해결이 되었다는 서술은 피한다.

합격자 샘플 **문제가 생기면 즉시 투입하는 '갈등 해결사 박장호'**

국토대장정 행군 담당 스태프로 참여해 중재자로서 소통 능력을 발휘하여 대원들의 불만 해소에 기여했습니다. 대장정의 목표인 홍보와 행군을 완료하기 위해 무엇보다 대원과 운영진 간의 소통과 내부 결속이 중요하다고 판단했습니다. 행군하면서 불만 사항을 발견하면 먼저 나서서 중재자 역할을 도맡아 대원 간의 취침 구역 재분배와 행군 순서 등 의견 충돌을 조율했습니다. 또한, 언론 취재와 각종 촬영 시 직접 장소를 찾아 적절한 장소를 제공했습니다. 대원들의 불만 사항을 스태프로서 대변하고, 담당자에게 불만 사항을 전달해 해소 방안을 마련했습니다. 이처럼 소통 능력을 발휘해 한국공항공사의 불만 해소에 적극적으로 기여하는 신입사원 박장호가

되겠습니다. [389자]

조직생활을 하면서 민감한 문제에 대해서 먼저 나서는 직원이 거의 없는데 이 글을 쓴 구직자는 갈등 상황을 발견하면 즉시 조율하는 역량을 가지고 있다고 서술했다. 갈등을 해결하며 타인을 존중하고 배려하는 모습과 조직에서 중재자 역할로 이견을 조율하며 문제를 해결한 구체적인 사례를 잘 제시했다. 이런 식으로 팀원들과 소통을 제대로 하는 인재임을 어필했다.

6. [공동체 윤리] 지역사회참여, 사회봉사, 공공활동 등 사회 공공의 가치 실현을 위해 활동했던 경험을 아래의 항목에 따라 구체적으로 작성해 주십시오.(각 항목별 100자~300자)

1) 언제, 어디서 있었던 일이며, 활동의 목적은 무엇이었는지 작성해 주십시오.

2) 활동에서 본인의 역할과 구체적으로 한 행동을 무엇이었는지, 그리고 그렇게 행동하였던 이유는 무엇인지 작성해 주십시오.

3) 그러한 활동이 본인과 타인에게 미친 영향은 무엇인지 작성해 주십시오.

출제의도/작성가이드

이런 문항은 공기업에서 종종 출제된다. 사회 경험을 바탕으로 작성하고, 세부 항목에 맞게 작성한다. 지원자의 삶이나 행했던 활동들에서 윤리적인 부분이 어떻게 발현되었는지에 대한 질문이다. 한국공항공사는 막중한 업무와 세계로 통하는 관문인 곳인 만큼 책임감과 직업 윤리 의식을 중시하는 회사이다. 지원자가 원칙과 소신대로 일을 처리한 결과와 무엇을 배웠는지도 작성한다.

합격자 샘플 **"아르바이트생 김누리가 급여 과지급 문제를 해결한 비결은?"**

　　2017년 배스킨라빈스에 근무하면서 열정을 발휘해 급여대장을 검토해서 급여 과지급 문제를 해결한 경험이 있습니다. 최저 임금 인상으로 인해 매장의 인건비 부담이 크게 증가하게 되었고, 절감 가능한 비용을 찾기 위해 근태관리대장을 훑어보던 중 주휴 수당이 과지급된 것을 발견했습니다. 근태관리대장이 수기로 작성되다 보니 착오가 발생하여 1주당 소정 근로 시간이 15시간 이상인 근무자 중에서 근로일을 개근한 자에게 지급되어야 하는 주휴 수당이 미개근자에게 지급되는 문제가 발생한 것이었습니다. 이러한 문제를 해결하기 위해 급여대장 양식을 찾아보고 엑셀로 해당 문서를 작성했습니다. 엑셀로 급여대장을 전산화함으로써 업무 시간을 크게 단축시킬 수 있었고, 착오 없이 급여를 계산할 수 있었습니다. 이 경험을 통해서 적극적으로 행동하면 회사에 기여할 수 있을 뿐만 아니라 그 과정에서 스스로도 발전하고 성장할 수 있다는 점을 깨닫게 되었습니다. 한국공항공사 입사 후에도 열정을 갖고 회사의 고민을 해결하기 위해 아이디어를 제시하고 신뢰할 수 있는 사원이 되겠습니다. [570자]

COMMENT 한국공항공사의 지원 직무인 회계 직무와 직업 윤리 의식을 잘 연결했다. 실질적 사례를 통해 한국공항공사에서 '양심'을 지키며 회계 직무를 수행할 수 있는 인재임을 보여주고 있다. 한국공항공사에서 추구하는 인재상에서 융합인이나 배려인으로도 연결된다.

CHECK POINT

한국공항공사 채용 방식에서 보는 2023 채용 트렌드

- 한국공항공사는 신뢰를 중시하기 때문에 이와 관련된 경험을 보유한 지원자가 유리하다.
- 3~4년 재직하면 지방 근무가 있기 때문에 한국전력처럼 타지에 생활하면서 적응했던 것을 자기소개서에 적으면 유리하다.
- 한국공항공사의 주요 임무 중 하나가 공항 및 터미널 관리인데 요즘 트렌드가 백화점, 병원, 터미널, 극장 등을 모두 합친 복합 시설이다. 그래서 기존 공항터미널 중에서 복합 시설이 아닌 곳을 찾아서 그 지역 특성과 결합한 복합 시설 건립 계획 등을 쓰면 실무 인재로서 가능성을 인정받을 수 있다.

"국민을 건강하게, 고객을 행복하게"

기업 소개

국민의 질병, 부상에 대한 예방, 진단, 치료, 재활과 출산, 사망 및 건강 증진에 대한 보험 서비스를 제공하는 회사이다. 국민건강보험공단은 건강보험과 노인장기요양보험을 관리, 운영하며 4대 보험 징수 업무를 수행하고 있다. 산하에 6개 지역 본부와 178개 지사를 두고 단일 체제로 관리하고 있다.

비전과 목표

평생 건강, 국민 행복, 글로벌 건강 보장의 리더라는 목표를 가지고 세계 표준을 선도하는 글로벌 리더가 되고자 한다. 희망과 행복, 소통과 화합, 변화와 도전, 창의와 전문성이라는 핵심 가치를 바탕으로 '국민 보건과 사회 보장 증진으로 국민의 삶의 질 향상'을 미션으로 삼고 있다.

인재상

- **책임** : 약속을 지키기 위해 책임을 다하는 인재
- **신뢰** : 열린 마음으로 소통하기 위해 서로를 신뢰하는 인재
- **열정** : 더 나은 가치를 만들기 위해 열정을 쏟는 인재
- **성장** : 최고의 전문가가 되기 위해 끊임없이 성장하는 인재

기업 리뷰

공기업인 만큼 단순 반복 업무로 어렵지 않게 일할 수 있다. 업무 구조가 안정적이고 체계적이다. 다만 악성 민원이 많아 이에 대한 스트레스를 감수해야 한다. 수평적 조직 문화를 가지고 있다. 업무 강도의 경우 본부와 지사에 따라 차이는 있으나 대체로 일과 삶의 균형을 유지할 수 있는 것이 특징이다.

#여자가다니기좋은곳 #적은연봉 #민원스트레스 #낮은업무강도 #칼퇴

자기소개서 기출 문제

국민건강보험공단 | 2020년도 상·하반기 신규직원 채용

1. 상대방이 수용할 수 없는 사항을 요구할 때 적절한 대처로 해결하였던 경험에 대해 이야기해 주십시오. 당시 상황을 간략히 기술하고, 본인이 사용하였던 의사소통 방식과 그 결과에 대해 구체적으로 기술해 주시기 바랍니다. (1000 Bytes 이내)

2. 어떤 목표를 가지고 일을 추진했으나 뜻대로 되지 않아 고생했던 경험에 대해 이야기해 주십시오. 당시 상황을 간략하게 기술하고 본인이 파악한 문제점과 대처 방식을 구체적인 행동 중심으로 서술해주시기 바랍니다.(1000 Bytes 이내)

3. 소속된 팀이 다른 경쟁 팀들보다 뒤처지고 있는 상황에서 이를 극복하고 좋은 결과를 만들어냈던 경험에 대해 이야기해 주십시오. 당시의 상황을 간략히 기술하고, 소속된 팀의 미흡한 점을 보완한 방법에 대해 구체적으로 기술하여 주시기 바랍니다. (1000 Bytes 이내)

4. 다소 불편하고 부적절하다고 생각했던 조직(팀, 학교 등)의 규칙이나 절차가 있었다면 이야기해 주십시오. 당시 상황을 간략히 기술하고, 어떤 점에서 그렇게 생각했으며 당시 본인은 어떻게 행동했는지 구체적으로 서술해주시기 바랍니다. (1000 Bytes 이내)

1. 상대방이 수용할 수 없는 사항을 요구할 때 적절한 대처로 해결하였던 경험에 대해 이야기해 주십시오. 당시 상황을 간략히 기술하고, 본인이 사용하였던 의사소통 방식과 그 결과에 대해 구체적으로 기술해 주시기 바랍니다. (1000 Bytes 이내)

출제의도/작성가이드

이 문항은 NCS 핵심 역량 중에서 '의사소통 능력과 대인관계 능력'에 대해 묻는 항목이다. 지원자의 의사소통 방식을 통해 실무에 투입되었을 때 기본적으로 상대방의 입장을 이해하고 공감하는 자세가 필요하고, 필요한 부분에 대해서는 정중하게 반대의 입장을 전달할 수 있어야 한다. 국민건강보험공단은 수급 신청자와의 갈등 또는 보험과 관련된 민원 처리 업무가 빈번해 민원인과의 접촉이 많기 때문에 다른 의견을 가진 입장이라도 '정중히 대화' 할 수 있는 자세와 스킬이 요구되는 것이다. 이 문항은 그러한 경험을 묻는 것으로 감성을 활용한 설득이 아닌 납득 가능한 근거와 논리를 통해서 설득에 성공한 사례를 작성해야 효과적이다. 당시 상황보다는 본인의 의사소통 방식인 태도와 마음가짐에 대해서 작성하는 것이 포인트라고 할 수 있다.

합격자 샘플 **소통 에이스 '실습생 박장호' 민원신고 60% 감소 비결**

2015년 2월 한 달간 국민건강보험공단 강동지사의 건강검진팀에서 실습하면서, 민원인들의 불편 사항을 효과적으로 개선하여 민원 만족도 평가에서 우수 등급을 받았습니다. 팀 회의를 통해 관할 구역 주민들의 크고 작은 민원 업무를 수행했습니다. 건강보험료 미납 처리를 담당했는데 민감한 업무이기 때문에 민원이 빈번했습니다. 민원인들의 고충을 방지하기 위해 팀 회의를 했는데 컴퓨터 사용이 익숙하지 않은 어르신들에게 온라인으로 납부하는 것에 대한 어려움과, 높게 책정된 보험료에 대한 불만 사항이 있다는 것을 알게 되었습니다. 이 회의를 바탕으로 민원이 들어오는 대로 즉시 처리하는 것을 규칙으로, 고객이 이해하기 쉽게 보험료 납입 절차를 안내해드리고 투명한 보험료 공개를 통해서 고객들의 만족을 끌어냈습니다. 실습 중 민원 안내를 하며 다양한 고객의 불편함을 해소했던 경험은 국민건강보험공단의 기능과 목적을 이해하는 소중한 기회였습니다. 원리 원칙을 지키는 범위 내에서 고객의 눈높이에 맞게 민원을 처리한 경험을 바탕으로 고객의 목소리를 귀담아들으며 소통을 두려워하지 않는 국민건강보험공단의 적극적인 인재가 되겠습니다. [601byte]

COMMENT 이 회사를 지원할 때 문제의 핵심을 정확히 파악하고 민원 업무를 수월하게 해결한 점을 적으면 높은 평가를 받는다. 위 지원자가 적은 경험은 국민건강보험공단에서 직접 경험한 내용이기 때문에 좋은 점수를 줄 수밖에 없다. 해당 경험에서 책임과 신뢰라는 핵심 가치까지 끌어내어 본인이 국민건강보험공단에 적합한 인재라는 것을 어필했다.

2. 어떤 목표를 가지고 일을 추진했으나 뜻대로 되지 않아 고생했던 경험에 대해 이야기해 주십시오. 당시 상황을 간략하게 기술하고 본인이 파악한 문제점과 대처 방식을 구체적인 행동 중심으로 서술해주시기 바랍니다.(1000 Bytes 이내)

출제의도/작성가이드

NCS 핵심 역량 중에서 '문제 해결 능력'에 대해 묻는 항목이다. 문제 해결에서 그치는 것이 아니라 재발 방지책까지 묻기 때문에, 문제의 근본적인 원인을 파악하고, 문제가 되풀이 되지 않기 위해 노력한 행동에 대해 작성하면 된다. 그리고 이때 중요한 것은 문제 원인을 제거하기 위한 대안, 대안을 실현하기 위한 실천 방안, 최종 결과를 작성하는 것이다.

(합격자 샘플) **불필요한 업무 개선을 위해 직접 만든 '박장호의 노무 매뉴얼'**

임금 현황조사표 작성을 돕기 위한 노무 매뉴얼을 만들어 담당자들에게 배포한 결과, 업무 효율을 개선하여 기존 작업 시간 대비 평균 90분의 작업 시간을 단축시킬 수 있었습니다. 노동청 근무 시 근로감독관님의 업무 과부하로 인해, 사업장별 임금 현황조사표 업무를 대신 맡았습니다. 전임자에게 따로 인수인계를 받지 못하고, 매뉴얼도 따로 없어 처음 업무를 맡은 저와 사업장 담당자들에게 큰 문제였습니다. 익숙하지 않은 낯선 단어들이 가장 큰 문제였고, 문제를 해결하기 위해 백과사전을 참고하여 노무 관련 단어를 공부해 부족한 정보를 수집하고, 해당 자료들을 매뉴얼로 제작하는데 초점을 맞췄습니다. 사업장 담당자들에게는 작년 전산 자료를 토대로 참고 자료를 만들어 보내주며 조사표 작성을 도왔습니다. 정보를 수집하고 이를 바탕으로 작성한 매뉴얼 덕분에 사업장의 문의 사항에 대해 빠른 대처를 할 수 있었고 조사표 제출 작업도 수월했습니다. 이런 성과를 인정받아 성실 업무 수행 표창까지 받았습니다. 행정직으로써 정확한 업무 파악으로 다양한 민원에 대처할 수 있는 직원이 되겠습니다. [582 byte]

COMMENT 업무 담당자들과 협력하고 소통하며 기존에는 존재하지 않았던 매뉴얼을 따로 공부해가면서 만들어 체계적인 업무가 가능하게 만들었다. 이런 내용은 NCS 자소서에서 좋아하는 소스이므로 관련된 경험이 있으면 적어라. 국민건강보험공단은 단순 반복적인 업무가 많아서 난이도는 낮지만, 국가 규모의 업무를 처리해야 하므로 정확하고 효율적인 일 처리가 중요하다. 업무 효율 증진 방안을 끊임없이 연구한 모습과 매뉴얼을 통해 각종 문제를 즉시 처리할 수 있는 모습을 보여주어 국민건강보험공단에 입사해서 빠르게 업무에 적응하고, 돌발 상황을 최소화할 수 있는 인재임을 어필했다.

3. 소속된 팀이 다른 경쟁 팀들보다 뒤처지고 있는 상황에서 이를 극복하고 좋은 결과를 만들어냈던 경험에 대해 이야기해 주십시오. 당시의 상황을 간략히 기술하고, 소속된 팀의 미흡한 점을 보완한 방법에 대해 구체적으로 기술하여 주시기 바랍니다. (1000 Bytes 이내)

출제의도/작성가이드

NCS 핵심 역량 중에서 '조직 이해 능력'에 대해 묻는 항목이다. 본인이 아닌 조직의 장단점을 파악하고 노력한 경험을 통해 조직에 대한 이해도가 있는지 확인하기 위한 항목이다. 조직(팀)의 문제점 및 현황 분석 능력 등을 파악해서 조직을 더욱 나은 방향으로 이끌어 나갈 수 있도록 동료들을 설득하고 보다 바람직한 방향으로 이끌어 갈 수 있는 인재인가를 파악하기 위함이다. 강점을 부각할 때는 조직의 역량을 강화하기 위한 노력에 대해서 작성하고, 약점을 작성할 때는 문제점을 개선하기 위한 접근 방식으로 보완책을 작성하는 것이 좋다.

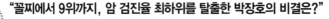

"꼴찌에서 9위까지, 암 검진율 최하위를 탈출한 박장호의 비결은?"

○○보건소에서 3개월간 근무할 때 '암 진단 바로 알기' 캠페인을 벌여 경남 지역 암 검진율 9위를 달성했습니다. 경남 19개 지역 중 국가 암 검진율 최하위였을 때 검진율을 높이기 위해 보건소에서 유선 독려 업무를 맡았습니다. 동료와 매일 200통의 전화 홍보를 했는데 유선 연락을 받았음에도 본인이 대상자인 것을 모른다는 응답이 45%가 될 정도로 암 검진에 대해 무관심한 점을 파악했습니다. 또 검진에 대한 부정적인 인식이 많았습니다. 이런 문제를 개선하기 위해 담당자님께 '암 진단 바로 알기' 캠페인을 제안했습니다. 매주 오전 9시부터 오후 6시까지 사람들이 많은 아파트에서 광고지를 나눠드리며 조기 검진의 중요성과 정확한 정보들을 알려드렸습니다. 보건소에서 실시하는 홍보라 많은 분들이 경계심을 풀고 관심을 가졌고, 특정조건을 만족하면 검진 비용이 무료라는 사실을 알려드리니 관심을 많이 가졌습니다. 그 결과 3개월 후 암 검진율 순위는 9위까지 올랐습니다. 이처럼 늘 고객들의 목소리에 귀 기울여 문제를 정확히 파악하고, 문제를 해결하는 아이디어를 제공하는 국민건강보험공단 신입사원 박장호가 되겠습니다. [606byte]

COMMENT 본인이 속한 보건소에서 암 검진율이 낮다는 것을 분석하고 이 문제를 해결하기 위한 내용을 고민했다는 점이 조직 이해 능력을 갖추고 있다고 판단된다. 암에 대한 부정적인 인식과 암 진단에 대한 무관심한 문제를 중요하게 인식하고 광고지를 제작하는 등 적극적인 자세로 국민 건강 개선을 위해 노력한 모습을 보여주었다. 해당 사례는 국민건강보험공단의 건강관리부에서 담당하는 주요 업무이기 때문에 좋은 평가를 받을 수 있었다.

4. 다소 불편하고 부적절하다고 생각했던 조직(팀, 학교 등)의 규칙이나 절차가 있었다면 이야기해 주십시오. 당시 상황을 간략히 기술하고, 어떤 점에서 그렇게 생각했으며 당시 본인은 어떻게 행동했는지 구체적으로 서술해주시기 바랍니다. (1000 Bytes 이내)

NCS 핵심 역량 중에서 '직업 윤리'에 대해서 묻는 항목이다. 편법을 사용한 상황은 원칙을 무시하거나, 부당한 이익을 취하는 등의 행동 또는 '관행'이라고 이야기하며 부정한 행위인줄 알지만 그냥 넘어가는 것을 의미한다. 부정적인 상황에 몰입하여 서술하거나, 상대방의 행위를 폄하하는 내용으로 채우지 말고, 본인이 그런 상황에 처했을 때 어떻게 행동했고 그 결과가 어땠는지를 작성하면 된다.

합격자
샘플

"박장호가 얻어낸 신뢰의 비결"

의류 매장에서 재고 관리 업무를 맡으면서, 전산에 잡히지 않은 60만 원 상당의 재고를 찾아내 청렴 직원 포상을 받은 경험이 있습니다. 창고형 의류 매장에서 근무할 당시 창고 내부는 전혀 정리가 안 되어 있는 상황에서 전수조사 업무를 맡게 되었습니다. 조사하는 과정에서 전산에 잡히지 않는 코트가 3벌이 있었습니다. 가격표를 확인해 보니 20만 원 상당의 제품이었고, 같이 업무를 맡은 직원은 전산에 등록이 안 된 상품은 예전부터 조사하던 직원들이 부수입으로 가져갔다는 이야기를 하였습니다. 그러나 제가 직접 돈을 주지도 않았는데 물건을 함부로 가져가는 것은 도둑질이라고 생각했기 때문에, 선임 매니저에게 전산 미등재 상품으로 보고했습니다. 이후 선임 매니저께서 그 제품은 리퍼 제품이라 판매가 불가능하다고 알려주셨고, 정직함에 대한 포상으로 조사 업무를 맡았던 직원들에게 한 벌씩 주셨습니다. 이 업무를 통해 동료들로부터 신뢰를 얻는 계기가 되었고, 떳떳하게 행동을 하면 결국 남들도 인정해준다는 사실을 깨달았습니다. 이처럼 국민건강보험공단에서 한 업무의 담당자로서 정직하게 업무를 수행하며 국민의 신뢰를 쌓겠습니다. [590byte]

COMMENT 국민건강보험공단에서 가장 중요시하는 가치는 신뢰와 책임감이다. 본인의 경험에 두 가지의 가치관을 구체적으로 잘 녹여냈다. 정직한 것으로 동료들에게 인정도 받고 포상도 받은 경험은 흔하지 않기 때문에 주제에 잘 맞는 경험을 적절하게 풀어냈다. 건강보험관리공단처럼 공공기관에서 업무를 하다보면 도덕적 해이가 발생할 수 있는데 NCS 핵심 역량 '직업 윤리'에 포함된 사례가 있다면 가점을 받는다.

국민건강보험공단 채용 방식에서 보는 2023 채용 트렌드

- 인재상(책임·신뢰·열정·성장)과 관련된 내용을 자소서 항목과 연결해 작성한다.
- 청년인턴 채용의 경우 접수 마감일 기준 만 34세 이하만 지원할 수 있다. 실제로 교육생 중에서 20대 후반 여자 신입으로 공무원 시험 준비 때문에 4년 공백기가 있었음에도 행정직으로 최종 합격했다.
- 노인장기요양보험은 기본적인 개념만 알고 구체적인 대상이나 혜택 등을 모르는 국민이 많은 상태다. 그렇기 때문에 주변 친척이나 노인에게 이 보험에 대해서 얼마나 알고 있는지 확인하고, 모르는 분들에게 보험 안내를 해드린 내용을 적으면 된다.
- 국민건강보험공단이라는 회사의 본질을 분석해보면 인재상 중에 가장 중요한 것이 '책임' 항목이다. 자기소개서 전체 항목에서 책임과 관련된 내용을 적으면 된다.
- 과거 경험 중에서 고객 서비스 관련된 경험이 있다면 반드시 적어야 한다. 대면 및 전화 업무의 비중이 높기 때문에 관련된 업무를 미리 했다면 실무 역량을 보유한 인재로 본다.

"고객과 함께하는 글로벌 KOGAS"

기업 소개

천연가스를 국민에게 안전하고 안정적으로 공급하기 위해 '좋은 에너지 더 좋은 세상'을 기업 이념으로 1983년에 설립된 대표적인 에너지 공기업이다. 한국가스공사의 주요 업무는 LNG 인수기지와 천연가스 공급배관망을 건설하고 해외에서 LNG를 수입하여 인수기지에서 재기화한 후 도시가스 사와 발전소에 안정적으로 공급하는 것이다. LNG는 주로 중동 아시아(카타르, 오만, 예멘, 이집트), 동남아시아(인도네시아, 말레이시아, 브루나이), 러시아(사할린), 호주 등에서 도입하고 있으며 향후 북미(미국, 캐나다) 등에서도 들어올 예정이다.

비전과 목표

한국가스공사는 사람에 대한 신뢰(상호존중·공정성), 사회에 대한 책임(정도구현·상생추구), 미래를 향한 변화(열린사고·최고지향), 세계를 향한 도전(자기창조·실행중시)을 핵심 가치로 하여 'NEXT Energy, with KOGAS'를 비전으로 삼고 있다. 경기 활성화 및 일자리 창출, 장기적 수익 창출, 동반 성장 지속 확대 실현을 목표로 삼고 있다.

인재상

• 미래에 도전하고 변화를 선도하는 사람
• 믿고 협력하여 공동의 성공을 실현하는 사람
• 자기 분야의 최고를 추구하는 사람

기업 리뷰

공기업인 만큼 안정성이 장점으로 꼽힌다. 전국 각지 사업소와의 기술적 교류, 해외 사업소 등 발전 기회를 다양하게 제공한다. 자기 삶을 돌볼 여유가 있다. 수평적 소통 관계가 큰 강점이다. 연봉이 높은 편이나 순환 근무와 본사의 지방 이전이 단점으로 작용할 수 있다. 부서별 차이는 있으나 업무 강도는 높지 않다. 경쟁보다는 협력하는 분위기로, 퇴근이나 연차 사용이 자유롭다.

#여유롭고따뜻한분위기 #다양한복지(셔틀운행) #가스공사의자원적한계

자기소개서 기출 문제

한국가스공사 | 2020년 상 · 하반기 일반 및 경력직원 자기소개서

1. [지원 동기] 자신의 지원 분야에서 전문성을 높이기 위한 노력(구체적 과정, 경험 등 포함)과 이를 잘 수행할 수 있다고 생각하는 이유를 담아 지원 동기를 작성해 주십시오. 또한, 과거의 교육 과정이나 경력들이 지원 분야 업무와 어떤 관련성이 있는지와 그러한 전공 지식 · 기술 및 경험들이 실제 업무 수행에 어떤 방식으로 도움을 줄 수 있는지 구체적으로 기술해 주십시오. (1500자 이내)

2. [의사소통 능력] 조직 또는 팀의 공동 목표를 달성하는 과정에서 자신과 의견이 다른 사람과 갈등이 발생했던 사례를 작성하고 갈등을 해결하기 위해 상대방을 설득했던 구체적인 행동을 기술해 주십시오. (500자 이내)

3. [문제 해결 능력] 새로운 일 또는 경험을 하는 과정에서 더 나은 결과를 만들기 위해 문제를 분석하고 기획하여 성과를 달성한 경험이 있다면 당시 상황과 본인의 역할, 주변의 피드백을 구체적으로 기술해주십시오. (500자 이내)

4. [자원 관리 능력] 본인이 주도적으로 공동의 목표를 달성하기 위해 필요한 시간, 자본, 재료 및 시설, 인적 자원 등의 필요한 자원을 확인하고 실행하여 해결의 결과가 드러난 사실을 구체적으로 기술해 주십시오. (500자 이내)

5. [기술 능력] 과거의 교육 과정이나 경력들을 통해 습득한 전공 지식 및 기술 경험들이 한국가스공사 지원 분야 내의 업무들과 어떠한 관련성을 맺고 있다고 생각합니까? 또 그러한 지식과 경험이 실제 업무 수행에 어떠한 방식으로 도움을 줄 수 있는지 구체적으로 기술하여 주십시오. [500자 이내]

6. [KOGAS 핵심 가치] KOGAS가 지속적으로 지켜온 핵심 가치는 다음과 같습니다. 1) 세계를 향한 도전 2) 사회에 대한 책임 3) 미래를 향한 변화 4) 사람에 대한 신뢰. 위 네 가지 중 본인의 역량과 부합하는 한 가지 항목을 선택하여 타인과 차별화 될 수 있는 본인의 핵심 역량을 구체적 경험을 바탕으로 기술하여 주십시오. 또한, 지속 가능한 미래 에너지 기업인 KOGAS가 나아가야 할 방향도 함께 고려하여 입사 후 실천할 목표 및 자기계발 계획에 대해 구체적으로 기술해 주십시오. (1500자 이내)

자기소개서 항목별 작성법

1. [지원 동기] 자신의 지원 분야에서 전문성을 높이기 위한 노력(구체적 과정, 경험 등 포함)과 이를 잘 수행할 수 있다고 생각하는 이유를 담아 지원 동기를 작성해 주십시오. 또한, 과거의 교육 과정이나 경력들이 지원 분야 업무와 어떤 관련성이 있는지와 그러한 전공 지식·기술 및 경험들이 실제 업무 수행에 어떤 방식으로 도움을 줄 수 있는지 구체적으로 기술해 주십시오. (1500자 이내)

출제의도/작성가이드

비전을 물어보는 항목이다. 한국가스공사에서 이루고 싶은 것을 구체적으로 설정하고 그것을 어떻게 이루어 나갈 것인지 밝히는 것이 바로 이 항목에서 요구하는 바다. 1,500자를 한 에피소드로 작성하는 것보다 2~3개의 에피소드를 넣는 것이 좋다.

"통일을 대비한 박장호의 장·단기 계획"

한국가스공사는 앞으로는 남북 협력과 통일의 시대에 대비하여 북한 지역의 가스 공급의 기반 건설 및 효율적 이용을 계획해야 한다고 생각합니다. 그것은 한국가스공사만이 할 수 있습니다. 이러한 중요한 임무를 가지고 있는 한국가스공사에서 저의 능력을 펼치고 싶어서 지원했습니다. 앞으로 남북 협력과 통일 과정에 한 축을 담당하는 것이 저의 목표입니다. 입사 후에 한국가스공사의 조직에 빠르게 녹아들어 누구와도 협동하여 성과를 낼 수 있는 팀 플레이어가 되는 것이 단기 목표입니다. 그 후 담당 분야에서 전문가로 성장하고, 다른 분야에 대해서도 공부해 조직 전체를 볼 수 있는 시야를 가질 준비를 하는 것이 중기 목표입니다. 마지막으로 남북통일을 준비하는 한국가스공사의 비전을 제시할 전문가가 되고, 후배들이 능력을 발휘할 수 있도록 저의 지식과 경험을 아낌없이 전수하는 것이 장기 목표입니다. 맡은 부분에서 최고가 될 수 있도록 열심히 노력하겠습니다. [495자]

"한 번의 실수 이후 정확도 100% 달성"

2019년 겨울 캐나다 내 식품 유통 회사의 구매팀에서 일했을 당시 의사소통 능력을 발휘해 물품 입고부터 거래처 배송까지 첫 달 대비 정확도를 11% 증가시켰습니다. 첫 업무로 물품 입고 계획서를 작성해 물류팀에 서류를 전달하고 경영지원팀으로부터 물류 입고 스케줄을 확인받는 업무를 맡았습니다. 사내 창고의 혼잡한 상황 속에서 물류관리자에게 물류 입고 계획서를 전달했지만, 오류가 발생해 서류상 한 건의 물품 입고 누락이 생기며 수용할 수 있는 컨테이너가 초과하여 업무가 마비되는 상황까지 벌어졌습니다. 이로 인해 입고 계획, 출고 작업, 배송 등의 업무가 지연되어 3시간 가량의 작업 손실이 발생했습니다. 이후 어떠한 차질이 생기지 않도록 관련 부서와 소통을 확실히 하고 활발한 커뮤니케이션을 통해 단 하나의 오차 없이 업무를 마무리했습니다. 물류 관리 작업은 순환이 제대로 이루어져야 하며 관련 부서와 소통을 통해 프로세스를 구축하는 것이 중요하다는 것을 알게 됐습니다. 입사 후 다른 부서와 협업을 이루고 생산 활동이 원활히 진행될 수 있도록 소통하는 신입사원이 되겠습니다. [573자]

COMMENT 단기, 중기, 장기적인 포부는 읽는 사람에게 신뢰성을 높여준다. 여기에 한국가스공사만이 할 수 있는 일을 본인의 비전과 연관시켰다. 아마도 이 회사에 제출한 자기소개서 내용들 중 통일과 북한에 대해 작성한 것은 거의 없을 것이다. 이 지원자는 장기적인 안목과 넓은 시야를 가지고 있는 지원자로 판단할 것이다.

2. [의사소통 능력] 조직 또는 팀의 공동 목표를 달성하는 과정에서 자신과 의견이 다른 사람과 갈등이 발생했던 사례를 작성하고 갈등을 해결하기 위해 상대방을 설득했던 구체적인 행동을 기술해 주십시오. (500자 이내)

출제의도/작성가이드

의사소통 능력을 묻는 항목인 만큼 어필하고자 하는 역량을 설정한다. 경청을 통한 이해나 공감은 다소 식상할 수 있다. 때로는 설득이나 주장이 좋은 의사소통 방법일 수 있다. 문제 상황에서 발휘했던 적절한 의사소통 방법을 기술하도록 한다.

합격자 샘플
"위기의 남녀 혼성 축구, 박장호의 해결 방법은?"

대학교 학생회장 대행을 맡아 학과 수련회의 체육 활동 프로그램 기획 회의 때 이견을 조율해 문제를 해결한 경험이 있습니다. 대학교 4학년 때, 학생회장 대행을 맡아 학과 수련회의 체육 활동 프로그램 기획 회의를 하였습니다. 한 학생이 남녀가 함께할 수 있는 스포츠 종목으로 남녀 혼성 축구를 제안하였는데 여학생이 다칠 가능성이 크다는 이유로 남과 여의 의견이 팽팽하게 갈렸습니다. 먼저 "축구라는 종목이 필요한가? 축구를 한다면 남녀 혼성팀이 적절한가?"를 생각해보자고 제안했습니다. 많은 인원이 참여할 수 있는 종목으로는 축구가 적절하다는 점에서는 합의를 이루었고, 이를 바탕으로 보통 스포츠는 동성끼리 하므로 남녀 혼성 축구가 가능하기 위한 대안을 제시하라고 했습니다. 찬성 측에서 추가 규칙들을 제안함으로써 합의점을 찾았습니다. 목표와 지시 사항을 최대한 구체적으로 전달해 이

견을 조율하는 가스공사 신입직원 박장호가 되겠습니다. [495자]

COMMENT 의사소통 능력에 반드시 경청이나 공감만이 있는 것은 아니다. 지원자는 리더십을 발휘해 여러 의견을 모아서 합의점을 찾은 경험을 토대로 작성했다. 대안을 제시함과 더불어 구체적인 실행 방안을 내어 조직을 하나로 통합하는 모습을 보여줌으로써 의사소통 능력에서 좋은 평가를 받을 수 있었다.

3. [문제 해결 능력] 새로운 일 또는 경험을 하는 과정에서 더 나은 결과를 만들기 위해 문제를 분석하고 기획하여 성과를 달성한 경험이 있다면 당시 상황과 본인의 역할, 주변의 피드백을 구체적으로 기술해주십시오. (500자 이내)

출제의도/작성가이드

문제 해결의 프로세스를 갖추었는가를 확인하고자 하는 항목이다. 문제 발생 시 문제 상황 분석, 문제 원인 파악, 적절한 대안 제시를 하는가가 핵심이다.

합격자 샘플 **'통제 집단 및 데이터 확보' 문제 극복**

팀별 과제로 학교보안관 제도를 선택해 이 정책의 효과를 검증하는 연구 설계 계획안을 작성하면서, 통제 집단의 선정과 데이터 확보라는 예상치 못한 문제를 접했습니다. 서울시 전역에서 이 제도가 시행되어 통제 집단을 찾기 어려웠고, 단순한 만족도가 아닌 학교폭력 건수나 안전사고 등 객관적인 데이터가 학교별, 지역별로 존재하는지 불투명했기 때문입니다. 문제를 해결하기 위해서 5주 동안 매일 3시간씩 선행 연구를 검색했습니다. 한편 교육청, 통계청 등 여러 사이트를 검색하고 전화를 걸면서 데이터의 존재 여부도 확인했습니다.

첫 번째 문제의 해결을 위해 미국의 최저 임금 인상 효과를 분석하는 연구에 착안하여 서울을 5개의 권역으로 나누고 권역별로 접해있는 경기도 지역을 통제 집단으로 설정했습니다. 이는 학술적 근거가 존재한다는 점에서 효과적이었습니다. 두 번째 문제는 주관적인 만족도가 아닌 학교폭력, 안전사고 등 보다 객관적인 데이터로 분석을 시도한다는 점에서 타당성 있는 연구 설계 방안이 되었습니다. (498자)

4. [자원 관리 능력] 본인이 주도적으로 공동의 목표를 달성하기 위해 필요한 시간, 자본, 재료 및 시설, 인적 자원 등의 필요한 자원을 확인하고 실행하여 해결의 결과가 드러난 사실을 구체적으로 기술해 주십시오. (500자 이내)

출제의도/작성가이드

능동적인 인재인지 확인하기 위한 사회 경험 항목이다. 어떠한 일을 적극적으로 진행했던 경험을 바탕으로 자세한 과정과 결과를 적어야 한다.

합격자 샘플

"개선 성공의 핵심은 '다른 관점의 시선'이다"

2019년 조이슨세이프티코리아 근무 시 창의적인 분석력을 발휘하여 기존 대비 연평균 3,800만 원 비용 절감, 월평균 360만 원의 생산성 향상을 거두었습니다. 안전벨트 디바이스 관리 담당 시, 마지막 공정인 제품 포장의 개선에 주목했습니다. 랙 공정임과 동시에 사용 부자재의 원활한 재고 관리가 필요했습니다. 절대적 요소였던 비닐튜브 사용이 비효율적이었습니다. 제품에 비닐튜브를 끼워 고무줄로 묶는 방식 대신 보호테이핑을 하는 방식을 고안했습니다. 추가로 소모성 부자재의 담당 업체 선정, 단가 책정, 포장 사양 승인 등 절차상 타 팀의 협조가 필수였습니다. 개선 포장 적용 시 부적합 제품 발생률, 원가 절감, 생산성 향상 등 이점에 대해 분석했습니다. 그 결과 불량 발생률 저하로 고객 만족을 이뤘고, 아이디어 제안으로써 전년 대비 162%의 원가 절감 및 3%의 생산성이 향상되었습니다.

한국가스공사의 인재로서 위 같은 상황에 창의적인 시각으로 대처하겠습니다. [495자]

존중하며 공동체 발전에 기여하는 배려인에도 부합하다.

5. [기술 능력] 과거의 교육 과정이나 경력들을 통해 습득한 전공 지식 및 기술 경험들이 한국가스공사 지원 분야 내의 업무들과 어떠한 관련성을 맺고 있다고 생각합니까? 또 그러한 지식과 경험이 실제 업무 수행에 어떠한 방식으로 도움을 줄 수 있는지 구체적으로 기술하여 주십시오. [500자 이내]

출제의도/작성가이드

기술 능력이라고 제목을 달고 있지만, 이 항목에서 물어보는 것은 교육에 대한 이야기다. 사실 경력직 채용이 되면 기술이라는 말이 어울리지만, 신규 채용에서 이는 어울리지 않는다. 항목을 자세히 보면 '교육받은 것이 어떤 식으로 직무와 연관될 수 있을지를 미래형으로 쓰라'는 이야기라는 것을 알 수 있다.

합격자 샘플

분석적 사고 능력, 규정의 해석과 적용, 문서 작성 및 관리 능력

그동안 행정고시를 준비하면서 교육 과정과 경험을 통해 행정학, 경제학 등에 대한 지식을 쌓았고, 이를 통해 분석적 사고 능력, 규정의 해석과 적용, 문서 작성 및 관리 능력을 길렀습니다. 경제 분야에서 기본적인 경제 개념을 습득한 후, 이를 활용해 사회 문제에 대한 경제학적 해석 및 처방을 내리는 훈련을 했습니다. 이러한 관련 지식으로 경영기획 및 마케팅 측면에서 비용과 편익을 분석하여 더욱 합리적인 의사결정을 하겠습니다. 행정 분야에서는 조사방법론 등과 재정정책, 통상정책 등을 살펴보며 행정문제 대한 적절한 처방을 내리는 공부를 했습니다. 이를 바탕으로 가스공사가 앞으로 지향해야 할 공공 가치 구현이 무엇인지 기획 과정에서 고려할 수 있도록 의견을 제시하겠습니다. 한편 행정법 공부를 통한 규정에 대한 해석과 적용, 문제 해결에 대한 지식은 규정을 준수하는 윤리경영에 적용하겠습니다. 또한, 논문과 리포트 작성을 통해 습득한 문서 작성 능력으로 체계적이고 정확한 업무 처리를 하겠습니다. [487자]

COMMENT 한국가스공사에서 필요한 능력이 무엇인지 정확히 파악해, 본인이 배운 전공 중에 가장 적절한 것을 골라서 기술했다. 대학 시절 전공수업과 행정고시를 준비하면서 공부했던 여러 과목을 NCS 자소서 콘셉트에 맞췄고, 한국가스공사에서 원하는 내용과 부합하기 때문에 좋은 평가를 받았다.

6. [KOGAS 핵심 가치] KOGAS가 지속적으로 지켜온 핵심 가치는 다음과 같습니다. 1) 세계를 향한 도전 2) 사회에 대한 책임 3) 미래를 향한 변화 4) 사람에 대한 신뢰. 위 네 가지 중 본인의 역량과 부합하는 한 가지 항목을 선택하여 타인과 차별화 될 수 있는 본인의 핵심 역량을 구체적 경험을 바탕으로 기술하여 주십시오. 또한, 지속 가능한 미래 에너지 기업인 KOGAS가 나아가야 할 방향도 함께 고려하여 입사 후 실천할 목표 및 자기계발 계획에 대해 구체적으로 기술해 주십시오. (1500자 이내)

출제의도/작성가이드

지원자가 지닌 강점을 인재상과 연결해 작성해야 하는 항목이다. 어필하고자 하는 강점을 제시하고 이러한 강점을 한국가스공사에서 발휘하겠다고 연결해 마무리한다. 미래에 도전하고 변화를 선도하는 사람, 믿고 협력하여 공동의 성과를 실현하는 사람, 자기 분야의 최고를 추구하는 사람 중에서 본인의 강점을 어필할 수 있는 인재상을 선택해야 한다.

합격자 샘플

수강생 4명 A 학점 취득, 비결은 '공동 스터디'

믿고 협력하여 공동의 성공을 실현하는 사람이 저와 부합되는 인재상이라고 생각합니다. 조직 내에서 상호 신뢰에 바탕을 두고 협력할 때 보다 더 큰 성과가 창출될 수 있습니다. 협력을 통해 더 큰 성과 창출이 가능하다고 믿기에 자원을 공유하고 다 함께 성공하는 방향으로 행동합니다. 계량 분석 수업 수강 시 스터디를 10주간 유지해 수강생 4명이 A 학점을 취득했습니다. 수업의 난이도 때문에 80명의 수강생 중 40명이 중도 포기를 할 정도였습니다. 이를 해결하기 위해 스터디를 조직해 매주 공동으로 과제를 작성했습니다. 제가 먼저 논리와 풀이 방법을 이해하게 되었다면 다른 학생들에게 설명했고, 모르는 것은 다른 학생들로부터 배웠습니다. 수강 포기의 유혹 속에서도 스터디원들 간에 식사 자리를 가지고 서로 격려해주면서 10주간 스터디를 유지했고, 5명의 스터디 팀원 중 4명이 A 학점을 취득할 수 있었습니다. 이처럼 앞으로 가스공사에서도 믿고 협력하는 사원이 되겠습니다. [517자]

동기들이 나와 함께 30분 일찍 등교한 이유는?

대학생 시절, 외식 경영을 전공하며 제빵 실습 강의를 수강했는데 재료 준비 담당 학생이 아님에도 불구하고 동기들을 다독여 재료 준비를 마무리했습니다.

실습 강의는 원활한 진행을 위해 강의 시작 전에 재료 준비를 마쳤어야 했는데, 이는 소정의 금액을 받는 근로장학생이 담당하는 일이었습니다. 하지만 근로장학생의 무단결석으로 교수님께서 직접 재료를 준비하시게 되어 강의 시작이 늦어지고 다음 강의까지 미뤄지게 되었습니다. 이런 상황을 신경 쓰지 않는 동기들을 보고 대표로 교수님께 자발적으로 강의 준비를 하겠다고 말씀드렸습니다. 제빵은 계량이 중요하기 때문에 혼자 준비하는 것은 무리라고 판단하였고, 4명씩 당번을 정해 준비하자고 동기들에게 제안했습니다. 처음엔 거절하였지만, 재료 준비를 한 날은 마무리 청소를 빼는 협상안을 내세우니 수락을 했습니다. 이후 서로를 도와 재료 준비를 했고, 저는 당번이 아니어도 매 강의마다 당번 동기들과 함께 30분씩 일찍 등교하여 준비를 도왔습니다. 그렇게 강의가 시간 내에 원활히 진행될 수 있도록 동기들과 함께 노력하여 무사히 종강할 수 있게 되어 굉장히 뿌듯했습니다. 이론 강의라면 개인의 행동과는 무관하게 종강은 할 수 있지만, 실습 강의는 이기적인 개인의 행동으로 인한 피해가 크게 온다는 것을 직접 경험했습니다. 이를 통해 이기적인 행동은 절제하고 공동의 목표를 달성하기 위한 노력을 끊임없이 해야겠다는 생각을 했습니다. [735자]

COMMENT 스터디를 직접 만드는 등의 주도적인 태도와 스스로 찾은 해결 방법을 팀원들과 공유하는 등의 리더십을 통해 공동의 목표를 달성하였다. 회사 내에서는 단기적인 의사소통도 중요하지만, 장기적 관점에서는 팀원의 수준을 향상하여 함께 성장하는 것이 업무 효율 개선 측면과 회사 성장 차원에서 중요하다.

한국가스공사 채용 방식에서 보는 2023 채용 트렌드

• 현 정부가 들어서면서 탈원전 정책을 진행하고 있는 상황에 그 대안으로 대체에 너지 정책이 필요한데 우선순위 중 하나가 LNG 발전이다. 지금까지는 LNG 발전이 수익성이 낮기 때문에 외면받고 있지만, 이제부턴 전환기가 될 것이다. 그렇기 때문에 전국 지자체에서 LNG 발전소를 유치하려는 움직임이 일어나고 있고 LNG 발전과 관련 기업들은 다시 사업을 추진하려고 준비 중이다. 이러한 대한민국 에너지 발전 현황과 관련한 내용을 자기소개서 안에 녹여내면 실무 인재로 적합한 지원자라 판단할 것이다.

• 가스 자원에 대한 이해와 글로벌 경쟁을 강조하고 있으니 세계 가스 자원 개발현황 등 회사와 관련된 이슈를 주제로 참신한 아이디어를 생각해 자기소개서에 작성한다. 수입하는 LNG를 더욱 저렴하게 수입할 방안을 적는 것도 서류 통과확률이 높을 것이다.

• 사회 공헌 프로그램 '온누리'를 운영, 취약 계층에 에너지 복지를 실현하고 있으므로 봉사 활동 경험을 강조해 작성한다. 이때 서류 정리 등 사무 업무 말고 연탄봉사 같은 활동 중심의 봉사 활동을 쓰면 우대한다.

5 | 한국토지주택공사(LH)

"살기 좋은 국토, 행복한 주거 from LH"

기업 소개

한국토지주택공사는 2009년 대한주택공사(1962년 설립)와 한국토지공사 (1975년 설립)가 통합하여 탄생하였으며 토지의 취득·개발·비축·공급, 도시의 개발·정비, 주택의 건설·공급·관리 업무를 수행하고 국민주거 생활의 향상 및 국토의 효율적인 이용을 목적으로 한다. 한국토지주택공사는 모두 243만 채의 보금자리, 6억 1,800㎡의 삶터, 5,516㎞의 도로, 15,932㎞의 생활 수로 등을 건설하여 서민들의 주거 안정과 국가 경제 발전에 기여하고 있다. 공기업으로서 주거 안정과 국토 개발이라는 소임을 뛰어넘어, 튼튼한 재무 안정과 끊임없는 경영 혁신을 바탕으로 공적 역할을 강화하려 한다. 급변하고 있는 사회 환경에 맞춰 행복 주택 건설, 주거 급여 사업을 통해 보편적 주거 복지의 제공과 맞춤형 주거 서비스를 확대하고, 창조경제밸리, 지역 맞춤형 개발 등을 통해 경쟁력 있고 균형 잡힌 국토 공간을 만들기 위해 노력하는 기관이다.

비전과 목표

한국토지주택공사는 국민 감동, 창조 혁신, 상생 협력, 공감 소통을 핵심 가치로 하여 국민의 주거 안정 실현과 국토의 효율적 이용으로 삶의 질 향상과 국민 경제 발전을 선도하는 것을 미션으로 삼고 있다. 국민이 행복한 주거 복지 종합 서비스 실현, 융복합을 통한 미래 국토 가치 창조, 지속 가능한 LH형 경영 체계 구축, 신뢰받는 고객 중심 서비스 강화를 목표로 하고 있다.

인재상

- 소통과 창의, 융합과 통찰로 미래를 개척하는 LH Path-Finder

기본 역량

- 융합과 혁신
- 소통과 화합
- 자율과 창의

기업 리뷰

국가 차원의 건설 시행사로써 건설 업계에서 상위의 포지션을 차지하고 있다. 부서마다 차이는 있지만 워크 앤 라이프를 충족하기 좋고 분위기도 자유로운 편이다. 휴가 사용이 자유롭다. 자기 계발비를 지원해주고 유연 근무제를 시행한다. 여성이 다니기 좋다. 업무 분담의 효율과 보수적인 분위기를 단점으로 꼽는다. 또 본사가 지방에 있다는 점도 단점으로 꼽힌다.

#워크앤라이프충족 #자유로운휴가사용 #보수적 #좋은복지 #유연근무제

자기소개서 기출 문제

한국토지주택공사 | 2020년 NCS기반 신입직원 자기소개서

1. LH 경영 목표 중 어떤 부분에 관심이 있으며 입사 후 어떻게 기여하고 싶은지, 본인의 주요 직무 역량 및 강점을 기반으로 기술해 주십시오.(500자 이내)

2. 본인의 학교생활 또는 사회생활 중 전문성 향상 또는 역량 개발에 가장 도움이 되었던 경험, 경력, 활동을 먼저 기술하고, 귀하가 지원한 업무를 수

행하는데 어떻게 활용(도움)이 될 수 있는지 기술해 주십시오.(500자 이내)

3. 본인보다 나이나 경험이 아주 많은 사람에게 내 의견을 전달하고, 소통했던 경험을 아래 순서에 따라 기술해 주십시오.(가족 제외) (600자 이내)
① 당시 의견 전달 및 소통해야 했던 상황과 이유에 대해 기술
② 사용한 방법과 그 방법을 선택한 이유에 대해 기술

4. 주변 지인과 원만하지 못한 관계를 회복하기 위해서 노력했던 사례를 아래 순서에 따라 기술해 주십시오.(가족 제외) (600자 이내)
① 원만한 대인 관계를 유지하기 위해 평소 견지하고 있는 원칙이나 좌우명을 기술
② 주변 지인과의 평소 관계를 간단하게 기술하고, 그 사람과의 관계가 소홀해졌던 계기 또는 이유에 대해 기술
③ 원만하지 못한 관계를 회복하기 위해 본인이 취한 노력 및 성과에 대해 기술

5. 지원자 개인의 편의와 공공의 이익 사이에서 고민했던 경험을 아래 순서에 따라 소개해 주십시오. (500자 이내)
① 고민되었던 상황을 기술
② 당시 대처 방안과 그 이유를 기술

자기소개서 항목별 작성법

1. LH 경영 목표 중 어떤 부분에 관심이 있으며 입사 후 어떻게 기여하고 싶은지, 본인의 주요 직무 역량 및 강점을 기반으로 기술해 주십시오.(500자 이내)

출제의도/작성가이드

한국토지주택공사의 지원 동기와 직무 수행 역량에 대한 항목이다. 지원하는 이유와

지원하기 위해서 내가 했던 노력, 입사 후에는 내가 하고 싶은 것, 되고 싶은 목표에 대하여 회사와 연관 지어 작성한다. NCS 기반 직무기술서를 반드시 참고한 뒤에 자기소개서를 작성해야 한다. 나의 전공, 경험 등이 지원 분야의 어떤 역량과 연결되는지 가장 먼저 살펴보아야 할 것이며, 이를 통해 앞으로의 목표를 설정하고 실천 항목 중 핵심 내용만을 추려 압축해 두괄식으로 잘 전달해야 한다.

합격자 샘플 **"20년간 꾸준한 도시 발전 예측, 결혼/출산 문제 해결의 실마리"**

한글을 지하철 역명으로 배웠습니다. 지하철에 자연스럽게 관심을 두게 되면서 이후 관심 분야가 인프라로 확대되었고, 20년간 꾸준히 지도를 보며 어느 지역에 신도시가 들어섰는지 확인하는 것이 취미가 되었습니다. 10년 전만 해도 논밭이었던 양주, 미사강변, 동탄, 김포한강, 운정 지역을 보고, 포화 상태인 서울 거주자들이 인근 지역으로 이동할 것으로 예측했었는데 실제로 한국토지주택공사에서 국민의 주거 생활 향상을 위해 많은 아파트 단지들을 건설해 왔다는 사실을 확인하였습니다. 거주할 수 있는 지역은 확대되었지만, 이런 노력에도 불구하고 무주택자로 살아가는 사람들이 주변에 많습니다. 저렴한 비용으로 집을 마련할 수 있는 한국토지주택공사의 분양, 임대 청약의 요건에 해당하는 사람은 일부분에 지나지 않습니다. 이런 상황에 있는 대다수 청년은 주거비 부담에 결혼과 출산을 포기하고 있습니다. 청년들이 집 걱정 없이 사랑하는 사람과 결혼해 아이를 낳을 수 있는 환경을 만들고 싶습니다. [497자]

COMMENT 지하철 역명으로 한글을 공부하면서 자연스럽게 주택공사의 업무에도 관심을 두게 됐다는 것으로 한국토지주택공사에 대한 지원 동기를 흥미롭게 구성했다. 그리고 현재 주택 문제와 이 회사에 입사해서 청년들이 부담 없이 주택을 사용할 수 있게끔 포부를 현 사회 문제와 연결해 잘 표현했다. 회사의 업무 특성과 본인의 관심사가 어릴 때부터 부합했다는 내용으로 이 회사의 실무 인재임을 증명했다.

2. 본인의 학교생활 또는 사회생활 중 전문성 향상 또는 역량 개발에 가장 도움이 되었던 경험, 경력, 활동을 먼저 기술하고, 귀하가 지원한 업무를 수행하는 데 어떻게 활용(도움)이 될 수 있는지 기술해 주십시오. (500자 이내)

희망 직무에서 필요한 역량이 무엇인지 직무 분석을 통해 역량의 우선순위를 체크해야 한다. 채용 공고에 첨부된 한국토지주택공사 직무설명자료를 확인하고 '능력단위·직무수행내용·필요지식·필요기술'을 면밀하게 살펴야 한다. NCS 기반의 채용에서 요구되는 역량 키워드 중 필요지식 및 기술에 자신이 보유한 역량을 매칭해서 그것에 중점을 두고 실제로 경험했던 것을 사례로 제시한다. 내용을 구성할 때 '어떤 활동을 했는지, 그 안에서 자신의 역할은 무엇인지, 이 활동을 통해 함양한 역량을 바탕으로 회사에 입사하여 어떻게 직무에 기여할 것인지'를 구체적으로 작성한다.

합격자 샘플

"○○잡지사 인턴, 자료 취합 녹취와 인터뷰까지 섭렵"

휴학 중 월간 경영·경제잡지사 ○○에서 인턴 활동을 하며 기사에 필요한 자료 갈무리 업무와 선배 기자들을 따라 자산 관리를 주제로 한 대담에서 녹취하는 업무를 수행했습니다.

잡지사에서 한국의 셀러브리티 50인을 선정하는 데 있어 자료 조사를 맡았습니다. 연예·스포츠 분야 유명인들의 영향력에 대한 우열을 가리기 위해서는 방대한 자료를 취합해야 했습니다. 관련 홈페이지에서 일 년 치 분량의 방송 시청률과 영화 흥행 수익을 확인하기도 하고, 뉴스 기사와 구글 검색을 통해 유명인들의 수입 등을 조사하기도 했습니다. 또한, 한국의 CEO 50인을 선정하기 위해 상장 기업의 주가와 내부 지분율을 확인하고, 이를 토대로 재벌 총수들의 재산을 예측하여 산출했습니다. 이와 같이 지리 분야에 대한 제 관심은 수요 맞춤형 도시 조성, 지역 균형 개발 선도 등 전략 과제의 업무를 수행하는 데 있어 큰 도움이 될 것입니다. [484자]

COMMENT 이 회사의 특성과 다른 마케팅 업무 경력을 적었지만, 그 안에서 본인의 업무 스킬과 지원자의 책임감이라는 가치관 등을 확인하게끔 작성했다. 모르는 분야임에도 몰입하는 능력으로 업무를 완성한 것처럼 주택과 관련된 업무를 수행할 때 이러한 특성을 활용해서 이 회사에서도 기여할 수 있는 인재임을 어필했다. 회사에 입사하면 처음 접해보는 정보와 일들이 많은데, 이 지원자처럼 업무를 완성시키려고 다양한 노력을 기울였다는 내용은 NCS자소서뿐 아니라 민간 기업에서도 좋아하는 내용이다.

3. 본인보다 나이나 경험이 아주 많은 사람에게 내 의견을 전달하고, 소통했던 경험을 아래 순서에 따라 기술해 주십시오.(가족 제외) (600자 이내)

① 당시 의견 전달 및 소통해야 했던 상황과 이유에 대해 기술
② 사용한 방법과 그 방법을 선택한 이유에 대해 기술

출제의도/작성가이드

조직생활은 서로 긴밀하게 협조해야 하는 일이 많은 만큼 원활한 의사소통은 그 자체로 업무의 효율을 의미한다. 단순하게 상대를 설득하여 자신의 의견을 듣도록 만들었다는 내용보다는 서로의 의견을 '조율'하고, 그 중 더욱 좋은 점만을 반영하여 최초의 목표보다 더 좋은 결과를 이루어 낸 경험을 사례로 작성하면 된다. 합의점을 찾기 위한 자신만의 노하우를 공감 · 경청 · 되묻기 · 내용 요약 등 의사소통 스킬과 연결해 작성해 보도록 한다.

합격자
샘플
"관객 만족도 10점 만점에 9점, 성공 비결은 고객 중심 사고"

연극을 준비하며 저와 임원들은 무대를 연출하는 역할을 하였고, 후배들은 무대 위에서 연기를 맡았는데 준비 과정에서 연극에 대한 해석 차이 때문에 갈등이 발생했습니다.

동아리 회장은 연극이 패러디 없이 FM 정석대로 가길 원했지만, 후배들은 재미를 위해 웃음 코드들을 넣기 원했습니다. 갈등이 심각해지고 있었기에, 중재를 위해 짧은 부분을 각각 연기 해보고, 어떤 것이 좋을지 비교해보자고 제안했습니다.

예측하지 못하는 상황에서 다들 웃음을 터트렸고, 긍정적인 반응을 보였습니다. 중요한 것은 연극의 완성보다 관객의 즐거움이 우선이라는 추가적인 설득 끝에, 재미 요소를 부각한 연극을 준비하는 것으로 합의하였습니다. 연극이 끝난 후 설문 조사 결과 10점 만점에서 9점을 받았고, 몇몇 관객분들은 연극이 정말 재미있었다고 따로 인사를 하러 오기도 했습니다. 이처럼 여럿의 의견을 듣고, 고객 중심의 사고를 통해 합의점을 찾아내는 신입사원 박장호가 되겠습니다. [516자]

의사소통 능력과 대안책을 잘 제시했다. 조직 내에서 때로는 자신의 의견을 관철해야 할 때도 있기 때문이다. 그렇다고 무리하게 행동한 것이 아니라 감정적으로 침해를 하지 않는 선에서 자연스럽게 의견에 동의하도록 만든 상황이 대인 관계 능력을 보유한 지원자라 판단하게 한다. 회사에 입사하면 지금까지 살면서 비교가 안 될 정도로 의사소통과 관련한 다양한 문제를 겪게 되는데, 위 내용처럼 중간에서 객관적인 입장으로 조율하는 능력을 자소서에 쓰면 좋다.

4. 주변 지인과 원만하지 못한 관계를 회복하기 위해서 노력했던 사례를 아래 순서에 따라 기술해 주십시오.(가족 제외) (600자 이내)

① 원만한 대인 관계를 유지하기 위해 평소 견지하고 있는 원칙이나 좌우명을 기술
② 주변 지인과의 평소 관계를 간단하게 기술하고, 그 사람과의 관계가 소홀해졌던 계기 또는 이유에 대해 기술
③ 원만하지 못한 관계를 회복하기 위해 본인이 취한 노력 및 성과에 대해 기술

출제의도/작성가이드

나와 동료뿐만 아니라 고객까지 그 범위가 확장되는 넓은 의미의 대인 관계 능력이다. 문제에서 조건을 구체적으로 알려주었기 때문에 가이드에 맞추면 되고, 지원자가 가진 역량을 토대로 타인에게 어떻게 접근하여 목적을 달성할 것인지에 대해서 작성하면 된다.

합격자 샘플

"제한 시간 7시간, 언어의 장벽을 뛰어넘은 박장호의 소통 비결"

국제하계 학기에서 조교 활동을 할 때 한국문화 체험활동 당시 관광안내사와 함께 외국 학생들을 인솔했고, 공통 관심사를 어필하여 최우수 인솔자로 뽑혔습니다.

체험활동 당시 제가 맡았던 수업과 관계없이 학생들이 무작위로 관광버스에 탑승했기 때문에, 조교와 학생들 간에는 친분이 없었습니다. 체험활동은 강제가 아닌 직접 신청해야 하는 수업이었기 때문에 모두가 한국문화에 관심이 있다는 점을 알았습니다.

게다가 다들 고국으로 돌아가야 하니 한국에 대해 배울 기회가 앞으로는 많이 없을 것이라 판단했습니다. 20대들이 공통으로 흥미를 가질만한 한국의

음식문화와 놀이문화에 대한 이야기로 분위기를 풀어나갔고, 그러면서 저와 학생들과의 공통점을 찾으며 대화를 이어갔습니다. 그 결과 제가 맡은 외국 학생들은 적극적으로 따라주었고, 저는 최우수 인솔자로 뽑혔습니다. 말하지 않고 행동으로 보여주더라도 고객의 요구 사항을 정확하게 파악하는 한국토지주택공사 신입사원 박장호가 되겠습니다. [523자]

COMMENT 이 지원자는 한국문화 체험활동의 대상자들이 학생들이었기 때문에 어울리는 대화를 통해 자연스럽게 친해지는 것을 어필하면서, 적절한 타이밍에 필요한 도움을 주면서 만족도를 높인 경험을 잘 작성했다. 제한된 시간 안에 최대한의 만족을 주려는 모습을 통해 업무를 맡겨도 신뢰할 수 있다고 확인할 수 있다. 대인 관계 능력을 갖추기 위해 필요한 것은 일의 본질을 파악하는 능력이다. 취업이 될 때까지 일상생활에서 꾸준히 호기심을 가지고 생각하는 습관을 길러라.

5. 지원자 개인의 편의와 공공의 이익 사이에서 고민했던 경험을 아래 순서에 따라 소개해 주십시오. (500자 이내)
① 고민되었던 상황을 기술
② 당시 대처 방안과 그 이유를 기술

출제의도/작성가이드

NCS 직무 역량 중에서 직업 윤리에 대한 부분을 묻고 있는 항목이다. 특히 윤리 의식이라는 키워드를 잘 고려해 어떤 윤리를 위한 행동이었는지 고민한 뒤 작성한다. 내용을 구성할 때 ①, ② 가이드에 따라 구체적으로 풀어내면 되고, 처리 과정에서의 어려움이나 그것을 통해 지원자가 느끼고, 깨닫고, 알게 되고, 배운 것에 대한 부분을 구체적으로 잘 표현하는 것이 중요하다.

합격자
샘플
"부정 수급자를 막기 위한 박장호의 업무 비결"
국민연금관리공단에서 퇴직 연금 관련 판례 수집으로 공정하고, 신속한 법 집행이 가능하도록 시스템을 구축하는데 기여했습니다. 관련 사업을 시작한 지 얼마 되지 않아 퇴직 연금 관련 판례가 수집되어 있지 않았고, 법에 저촉되는 복잡한 지급 건에 대한 신속한 업무 처리가 어려웠습니다. 또한 명확한 기준이 없어서 부정 수급자로 의심되어도 제제할 방법이 없는 답답함이 있었습니다. 국민들의 세금이 투명하게 운영될 수 있도록 업무를 수행하기 위해서는 저부터 제대로 알아야 한다고 생각했습니다. 금융 상품과 관련 법에 대한 전문성 향상이 필요함을 느꼈습니다. 근로자 퇴직급여보장법 및 세법을 공부했으며, 펀드 투자상담사 등 자격증 취득을 통해 금융 상품에 대한 전문성을 높였습니다. 그 결과 정확한 업무 집행으로 부적격자에게 부당한 이익이 돌아가는 것을 막을 수 있었습니다. 이런 경험을 바탕으로 공정한 업무 처리가 가능하도록 전문성을 강화하는 신입사원이 되겠습니다. [495자]

COMMENT 퇴직 연금 업무를 이제 막 시작하는 단계에 과거 사례가 없는 상황 속에서 공직 윤리를 지키기 위해 지식 향상 노력과 전문성을 갖추기 위한 모습이 돋보인다. 그것과 더불어 노력해서 얻은 지식을 팀원과 공유해 '공정한 운영'이라는 공동의 목표에 기여한 점도 잘 어필했다. 직업 윤리 내용이지만 공공기관 민간기업 구분없이 상사가 시키지 않아도 스스로 업무 전문성을 키우기 위해 노력한 해당 경험이 있다면 무조건 적자.

한국토지주택공사 채용 방식에서 보는 2023 채용 트렌드

- 한국토지주택공사에서 취급하는 상품 중에서 행복 주택이나 전세 임대 주택 등 본인에게 해당하는 상품을 바탕으로 장단점을 분석하고 개선점을 적어야 한다. 그리고 이 회사의 주요 상품 중에서 수요자가 이해하기 쉽게 상품 설명이 되어 있는지, 아니면 상품 안내를 들었을 때 이해하기 쉬운지 등을 적으면 서류 통과 확률이 높다.
- 특히 이 회사의 사업 중 청년층을 대상으로 하는 상품들을 숙지하고 각 상품을 주변 친구들에게 설명한다. 그래서 어떤 반응인지 파악하고 좋은 점은 상품 홍보에 주력하고 보완점은 어떻게 해야 되는지 적으면 NCS 자소서에 최적의 내용이다.
- 이 회사는 인턴 경험이 있는 지원자를 우대하지만, 그렇다고 서류 통과를 무조건 시켜주는 것은 아니다. 인턴생활을 하면서 우리 회사를 구체적으로 이해했는지를 중점적으로 평가하기 때문에 본인 경험과 기업 분석을 적절히 섞어서 작성해야 한다.

#2
대기업

삼성의 경우, 2018 하반기 공채부터 계열사마다 채용 접수 날짜가 다르기 때문에 채용 담당자가 자기소개서를 더욱 꼼꼼히 볼 것이다. 그리고 주요 대기업은 직무 역량과 입사에 대한 열정을 중심으로 채용을 진행할 예정이다. 다양한 대기업의 자기소개서 항목을 바탕으로 집중 공략하는 방법을 공개했기 때문에 대기업 직무 적합성 전형의 제1관문인 서류 통과에 도움이 될 것이다. 이번 취업 시장에서는 반드시 서류 통과를 해보자!

"아름다운 사람 아름다운 기업"

기업 소개

금호아시아나그룹은 1946년 설립된 회사로 현재 건설, 타이어, 항공, 육상 운송, 레저, IT 산업 부문 등 다양한 사업군을 거느린 굴지의 대기업으로 성장했다. 금호아시아나그룹은 70년의 역사를 가지고 있으며 이해관계자들의 삶을 향상하고 업계 최고 1등의 기업 가치를 창출하는 아름다운 기업을 지향한다. 대표 사업 분야로는 금호고속(국내 고속버스 시장 점유율 1위), 금호건설(건설 업계 영업 이익률 최고 기업), 항공운송서비스('올해의 항공사' 상을 연이어 수상한 아시아나항공, 에어부산) 등이 있다.

비전과 목표

'업계 최고 1등의 기업 가치를 창출하는 아름다운 기업'이라는 비전 아래 금호아시아나그룹 이해관계자(직원·고객·주주·협력사·사회)들의 삶의 질 향상을 미션으로 삼고 있다. 모든 일에 적극성과 끈기를 가지고 목적한 바를 끝까지 달성해 내는 '열정과 집념'이라는 금호아시아나 정신을 바탕으로 하고 있다.

인재상

- **성실하고 부지런한 사람** : 정직하고 근면하며, 조직과 자신의 발전을 위해 매사에 꾸준히 노력하고 행동이 빠른 사람
- **연구하고 공부하는 사람** : 조직과 자신의 발전을 위해 매사에 깊이 생각하고 연구하며 공부함으로써 개선과 변화를 추진하는 사람
- **진지하고 적극적인 사람** : 책임감과 진지한 태도로 조직과 자신의 발전을 위해 매사에 솔선수범하며 열정적으로 목적한 바를 끝까지 추진하는 사람

기업 리뷰

연봉이 높은 편이고, 자기 계발을 할 수 있는 자율 학습 제도가 있다. 또 실생활에 이용할 수 있는 복지 혜택이 많고, 고용이 안정적이며, 근속 연수가 높은 편이다. 비합리적인 인사 제도와 휴가 사용의 어려움이 단점으로 작용한다.

#자기계발가능 #다양한복지혜택 #비합리적인사제도

자기소개서 기출 문제

금호아시아나그룹 | 2019년 상·하반기 신입사원

1. 귀하가 금호아시아나그룹(1지망 회사)을 지원하게 된 동기에 관해 서술해주십시오. [100자 이상 500자 이내]

2. 입사 후 10년 내 회사에서 이루고 싶은 목표는 무엇이며, 그것을 추구하는 이유와 이를 달성하기 위한 계획을 서술해 주십시오. [100자 이상 500자 이내]

3. 귀하가 지원한 직무는 무엇이며, 해당 직무에 관심을 끌게 된 계기와 이를 잘 수행할 수 있다고 생각하는 이유를 본인의 역량, 준비 과정 및 관련 경험을 근거로 서술해 주십시오. [100자 이상 500자 이내]

4. 도전적인 목표를 정하고 열정적으로 일을 추진했던 경험과 관련 추진 과정에서 겪은 어려움, 이를 극복한 방법, 그리고 그 일의 결과를 중심으로 서술해 주십시오. [100자 이상 500자 이내]

5. 자신의 윤리&도덕적 신념을 지키기 위해 손해나 희생을 감수하고 일을

수행한 경험이 있다면 서술해 주십시오. [100자 이상 500자 이내]

1. 귀하가 금호아시아나그룹(1지망 회사)을 지원하게 된 동기에 관해 서술해주십시오. [100자 이상 500자 이내]

출제의도/작성가이드

지원 동기를 물어보는 항목으로 기업 분석과 본인의 입사 의지를 어필해 작성해야 한다. 다른 지원자와 차별화를 두도록 본인만의 경험과 연결해 작성하는 것이 좋다. 지원 동기는 회사에 대한 이야기만 구구절절 늘어놓기보다 본인이 회사와 지원하는 직무에 적합하다고 어필해야 한다.

합격자 샘플 **'새로움'을 창출하는 신입사원 박장호의 비전**

현실에 안주하지 않고 웰빙 기내식 서비스, 에코 플라이트, 탄소상쇄 프로그램 등 윤리와 책임 경영을 실천하기 위해 끊임없이 도전하는 아시아나항공에서 끊임없는 노력으로 주변 사람들의 신뢰를 얻고 싶은 인생관을 실현하고 싶어서 지원하게 되었습니다. 고객들에게 최고의 서비스를 제공해야 한다는 책임의식을 가지고 고객들과 활발하게 소통하겠습니다. 이를 통해 고객이 가지고 있는 우리 서비스에서의 기대치와 실질적인 충족도 간의 격차를 학습해서 기내 서비스, 판촉, 판매망 그리고 가격 측면에서 보완해야 하는 부분을 찾아서 이를 실행에 옮기겠습니다. 또한, 현재 제공하고 있지 않은 서비스 중 미래에 어떠한 부분에서 수요가 있을지 파악해 아시아나만의 만족시킬 수 있는 서비스를 창출하겠습니다. 이를 통해 고객들에게 신뢰받는 아시아나항공으로 입지를 다지는 데 힘쓰면서 저 또한 고객들에게 그리고 동료들에게 신뢰받는 아시아나인으로 성장하고 싶습니다. [492자]

COMMENT 지속적으로 서비스를 개선하려는 아시아나항공의 노력이 자신의 인생관과 맞음을 강조하며 아시아나와 도전하며 끊임없이 노력할 수 있는 인재임을 어필했다. 승무원으로서 고객과 소통하며 서비스 등의 보완할 점을 실천하고 개선하려는 의지가 돋보인다. 하지만 기업의 최신 동향이나 서비스 개선 사항 등을 이야기하지 못한 부분이 아쉽다. 보완할 점이 무엇인지 좀 더 구체적으로 설명하고 이를 위한 해결 방안도 제시하면 더 좋은 어필이 될 것이다. 잊지 마라, 지금 기업은 실무에 바로 투입될 수 있는 인재를 원한다.

2. 입사 후 10년 내 회사에서 이루고 싶은 목표는 무엇이며, 그것을 추구하는 이유와 이를 달성하기 위한 계획을 서술해 주십시오. [100자 이상 500자 이내]

출제의도/작성가이드

자기소개서 기본 항목 중 입사 후 포부에 대한 항목으로 10년 이내라는 시간 안에서 본인이 이루고 싶은 비전을 구체적으로 작성해야 한다. 입사 후 포부를 작성할 때는 실현 가능한 목표 안에서 작성하고, 단순히 배운다는 관점보다는 회사에 기여할 점과 같이 작성한다. 또한 계획을 서술하라고 했기 때문에 10년을 1년 후, 3년 후, 5년 후, 10년 후 등처럼 나눠서 작성하는 것이 좋다.

> 입사 후 포부에 대한 작성법이 궁금하다면 PART2를 참고하면 된다.

합격자 샘플 **위기를 기회로 바꾸는 단계별 로드맵**

최근 항공 업계는 가격 경쟁이 점점 치열해지고 있으며, 이 때문에 Cash Cow라고 할 수 있는 좌석 판매에 대한 가격 차별성이 거의 사라진 상태입니다. 저가항공의 본질적인 장점이었던 낮은 가격이라는 요소도 더는 장점이라고 볼 수 없게 되었습니다. 따라서 가격이 아닌 요소를 통해 고객을 유인해야 한다고 볼 때 부가 판매 분야는 아시아나만의 차별성을 둘 수 있는 요소라고 생각하게 되었습니다. 따라서 부가 판매 증대를 위한 중장기적인 계획을 수립하고 이를 달성하기 위한 로드맵을 단계별로 수립해야 할 것입니다. 부가 판매는 경향에 따라 고객의 요구에 맞는 제품을 구성하는 것이 첫 번째 임무이고, 합리적인 판매처를 구하는 것이 두 번째 역할입니다. 입사 1년 차까지 직접 발로 뛰며 고객이 선호하는 부가 서비스를 파악하는 것에 주력하겠습니다. 또한 고객 만족을 달성할 수 있는 상품 구성을 마치고 3

년 차까지는 본격적으로 합리적인 거래처 파악을 하겠습니다. [499자]

COMMENT 아시아나만의 차별성을 두고 다른 항공 업계와 경쟁을 해야 한다는 구체적 방향성과 실천 방안을 제시했다. 입사 후 부가 판매 증대를 위한 파악에서부터 자신이 제시한 전략에 따른 실천 계획을 어필했다. 다만 소제목이 조금 아쉽다. 소제목은 본문 내용을 한눈에 알아볼 수 있는 핵심이 전달돼야 한다. 신문의 헤드라인처럼 작성해라.

3. 귀하가 지원한 직무는 무엇이며, 해당 직무에 관심을 끌게 된 계기와 이를 잘 수행할 수 있다고 생각하는 이유를 본인의 역량, 준비 과정 및 관련 경험을 근거로 서술해 주십시오. [100자 이상 500자 이내]

출제의도/작성가이드

지원 동기 중에서 직무 지원 동기라고 볼 수 있는 항목으로 직무에 지원하게 된 계기를 작성해야 한다. 단순한 동기보다는 직무에 대한 이해를 바탕으로 본인이 직무를 하기 위해 어떤 노력을 했는지 구체적으로 작성해야 한다. 직무와 관련된 본인의 강점을 어필할 수 있는 경험을 작성하는 것을 가장 추천한다.

합격자 샘플

다양한 항공 서비스 경험, 영어와 프랑스 등의 어학 실력

부모님의 국외지사 발령으로 대부분의 청소년기를 호주에서 보내 어린 나이에 공항과 항공기를 접했습니다. 또한 현재까지 약 21개국의 해외 여행을 하면서 아시아나항공, QANTAS, 에어 프랑스 등의 고급항공사와 에어 인디아, 에어 튀니스 등의 제3세계 항공사 및 진에어, Easy jet 등의 LCC도 이용해보았습니다. 다양한 항공사들을 이용하면서 각 항공사의 장단점을 자연스럽게 분석하였고 결론적으로 서비스의 질이 가장 중요한 요소임을 인식하게 되었습니다. 특히 공항 및 항공사의 서비스는 고객에 대한 관심과 친밀도가 중요한 요소임을 깨달았고, 출중한 외국어 실력과 고객에 대한 배려가 필요함을 느꼈습니다. 원어민 수준의 영어 실력과 의사소통이 가능한 프랑스어 실력을 갖추었으며 경험을 통한 공항 서비스에 대한 간접적 이해도가 풍부합니다. 이러한 개인적 경험에 의한 관심과 본인의 어학 실력

을 기반으로 본 회사에 지원하게 되었습니다. [497자]

COMMENT 취업준비생일 때 아시아나항공을 처음 알게 돼서 지원한 사람보다 어릴 적부터 외국을 다니면서 여러 항공사 경험이 풍부한 인재를 원할 것이다. 그래서 여러 항공사를 이용하면서 서비스의 질이 항공사의 중요한 요소라고 적었는데 아시아나항공에서 봤을 때 서비스 교육이 따로 필요 없을 정도의 준비된 인재라 생각할 것이다. 적극적인 인재를 원하는 아시아나항공에 본인의 능력이 그에 부합하는 것을 구체적인 경험을 통해 설명했다.

4. 도전적인 목표를 정하고 열정적으로 일을 추진했던 경험과 관련 추진 과정에서 겪은 어려움, 이를 극복한 방법, 그리고 그 일의 결과를 중심으로 서술해 주십시오. [100자 이상 500자 이내]

출제의도/작성가이드

도전 정신이나 열정을 발휘했던 경험과 연관된 항목으로 단순한 경험 나열보다 경험의 과정에서 겪은 어려움, 극복한 방법, 그에 따른 결과를 구체적으로 서술해야 한다. 경험을 작성하다 보면 단순한 흐름으로만 나열이 될 수 있으니 주의해서 작성해야 한다. 중요한 경험을 우선순위로 사용하기 위해 자소서 프로파일링 작업을 해서 작성하는 것을 추천한다.

자기소개서를 작성하기 전에 필요한 경험을 우선순위로 나열하기 위해서 지금까지 경험했던 것을 적게끔 하는 것이 자기소개서 프로파일링이다.

합격자 샘플 | 인명 구조를 하기 위해 준비한 185시간

2주일간 140시간을 준비해 대한적십자사 수상 인명 구조원 자격시험에 합격했습니다. 도전한 이유는 해병대에 입대하기 위한 목표와 누군가가 생명이 위험할 때 도와줄 수 있는 능력을 갖추기 위해서였습니다. 수상 인명 구조원 자격은 2주간의 수영 및 구조법 실전연습, 그리고 실기시험 및 1주일간의 이론교육과 필기시험으로 이루어져 있으며, 모든 관문에 합격해야 자격을 취득할 수 있는 극한의 자격시험이었습니다. 2주일 내내 매일 10시간씩 수영장에서 구조법 연습을 했는데 그 과정이 정신적으로 체력적으로 매우 고통스러웠습니다. 인명 구조원의 임무 자체가 위급 상황에서 사람을 구하는 것이다 보니 교관들이 의도적으로도 응시생들을 위험하고 극한 상황에 놓이게 하여 교육 기간 내내 두려움과 신체적 한계에 부딪혀야 했습니다. 매일 아침 포기하고 싶은 마음이 굴뚝같았지만, '이러한 어려움도 견디지 못하면 미래에 아무것도 할 수 없을 것이다.'라는 오기로 결국 수상 인명 구조원 자격을 취득하게 되었습니다. [494자]

COMMENT 자격증 취득을 준비하는 과정에서 어려움을 극복하기 위한 끈기와 인내심을 잘 표현했고, 아시아나항공에서 필요로 하는 열정과 도전 정신이 보이는 에피소드이다. 수상 인명 구조원 훈련을 하면서 매일 10시간씩 수영장에서 연습했는데 이는 체력적으로 많은 소모가 있다는 것이다. 하지만 포기하지 않고 성공시킨 내용인데 이걸 읽는 회사 입장에서는 야근이나 주말 출근도 잘할 수 있는 체력과 정신력을 갖춘 인재로 볼 것이다. 이렇게 고생한 내용을 적으면 회사에서는 미리 고생을 해봤기 때문에 조기 퇴사할 가능성이 작아서 우대한다.

5. 자신의 윤리&도덕적 신념을 지키기 위해 손해나 희생을 감수하고 일을 수행한 경험이 있다면 서술해 주십시오. [100자 이상 500자 이내]

출제의도/작성가이드

본인의 신념이 있는지 확인하고, 손해나 희생을 감수할 수 있는지 확인하는 항목이다. 조직생활이 가능한지 판단할 수 있고 본인의 소신이 있는지 확인하는 것이니 솔직함이 묻어나도록 작성하는 것이 좋다.

합격자 샘플 **한미연합해병훈련에서 책임감으로 절도사건 해결**

2013년 한미연합해병훈련에 작전보좌관 및 통역장교로서 본 훈련에 참여했을 때, 절도사건을 해결했습니다. 미 해병대와의 연합훈련이다 보니 일반훈련과는 다르게 몇 가지 변수들이 있었습니다. 특히 미군들은 병기 및 군용품 대부분이 개인용품이지만 한국 해병대원들은 간부를 제외하고는 모두 보급 군용품을 사용했는데, 이 부분에서 문제가 발생했습니다. 훈련 중에 미군 병사가 선글라스를 분실했다고 보고를 하였는데, 이는 약 $200 상당 고가의 오클리 선글라스였습니다. 자초지종을 들어보니 절도가 의심되는 상황이었고 누군가가 나서서 대원들의 신체 수색을 해야 했습니다. 결국 대원들의 비난을 무릅쓰고 본인의 책임으로 신체 수색을 진행하였는데 예상대로 부대 직속 대원 1명이 선글라스를 절도한 것이 확인됐습니다. 물론 수색 당시 훈련 전체에 영향을 미쳤고 많은 대원이 불만을 털어놓았지만 어떠한 경우에서도 절도는 올바르지 않은 행동이라고 판단하였기에 스스로 책임지고 문제를 해결했습니다. [498자]

COMMENT 비난받기 쉬운 상황에서 자신의 가치관을 지키기 위해 행동하는 것은 어려운 일이다. 지원자의 신념이 확고하다는 것을 볼 수 있는 사례로 정직하고 조직과 자신의 발전을 위해 행동하는 사람으로 아시아나항공의 인재상과 부합하는 내용이다.

CHECK POINT

금호아시아나그룹 채용 방식에서 보는 2023 채용 트렌드

- 면접 시 질문의 50% 이상을 차지할 정도로 아르바이트, 인턴 등 사회 경력을 유난히 좋아한다. 사회 경력 중에서도 진지하고 적극적인 행동으로 목표한 것을 끝까지 달성했던 사례를 작성해야 이 회사의 인재상과 맞다.
- 외국어 능력을 중요시하지만 한자시험을 보기도 하므로 자기소개서 본문에서는 영어를 쓰면 좋고 소제목에서는 사자성어나 생활신조 등을 쓰면 좋다.
- 항공사에서 만년 2위이기 때문에 진취적인 마인드를 가진 지원자를 선호하며 본인이 속한 조직이나 단체에서 역량을 발휘해 성장시킨 사례를 특히 좋아한다.
- 성실/근면한 인재상 아래 연구하고 공부하는 인재를 선호한다. 본인이 실제로 자기 계발을 위해 하는 활동(매일 영단어 10개 암기, 아침마다 신문 읽기 등)을 활용하여 작성한다면 가산점을 받을 수 있다.

2 | SK텔레콤

"Welcome to 5G Korea"

기업 소개

대한민국 이동 통신 1위 기업. 1984년 한국전기통신공사의 자회사인 한국
이동통신서비스주식회사에서 시작했다. 이후 1994년 SK그룹에 인수되어
민영화되었다. 주요 사업은 무선 통신 사업, 유선 통신 사업, 플랫폼 서비스
사업, 인터넷 기반의 서비스 사업 등이다. 자회사로는 SK하이닉스, SK커뮤
니케이션즈, SK플래닛 등이 있다.

비전과 목표

SK텔레콤의 주요 비전은 '파이낸셜 스토리'이다. 이는 사회적 가치를 기반
으로 고객, 투자자, 시장 등 이해관계자에게 미래 비전과 성장 전략을 제시
하고 신뢰와 공감을 얻기 위한 기업의 성장 스토리를 뜻한다. 현재 주목 받
고 있는 ESG 경영을 하기 위한 의지가 담겨 있다.

인재상

- **지향(Aim)** : 내가 가는 길에 세상과 고객이 더 행복해지는 미래가 있습니다.
- **사고(Think)** : 나는 열린 마음으로 다르게 보고 다르게 생각해 새로운 세
상을 열어갑니다.
- **행동(Act)** : 나는 가슴 뛰는 목표를 향해 세상이 놀랄 때까지 절대로 멈추
지 않습니다.

기업 리뷰

대기업인 만큼 화려한 복지 시스템을 갖추고 있다. 물론 연봉도 높다. 장점
이자 단점이 될 수 있으나 수평적인 조직 분위기이며 경쟁이 심하다. 계약

직, 파견직의 경우 정규직 전환율이 낮다. 야근이 잦고 업무 강도가 높은 편이다. 보고 체계가 비효율적이고 의사결정이 느리다는 평가가 있다.

#화려한복지 #경쟁심화 #잦은야근 #보고를위한

자기소개서 기출 문제

SK텔레콤 | 2020년 상·하반기 신입 공개 채용 자기소개서

1. 지원 분야와 관련하여 가장 많은 시간을 투자하고 노력했던 경험은 무엇입니까? 목표는 무엇이었고, 구체적인 계획 및 행동, 그로 인한 결과에 대해 구체적으로 작성해 주십시오. (1000자 10단락 이내)

2. 스스로 높은 목표를 세워 도전해 본 경험은 무엇입니까? 과정상에 아쉬웠던 점이나, 그때 느꼈던 한계는 무엇이었나요? 이를 극복하기 위해 했던 행동과 생각, 결과에 대해 구체적으로 작성해 주십시오. (1000자 이내 10단락 이내)

3. 조직에서 다른 사람들과 조화를 이루어 결과를 내 본 경험은 무엇입니까? 소속한 조직에 대해 설명해 주시고, 조직 구성원과의 협력을 이끌어 내기 위해 한 행동 및 결과에 대해 구체적으로 작성해 주십시오.(1000자 10단락 이내)

4. 어떤 일에 깊게 빠져 몰입해서 즐겁게 했던 경험은 무엇입니까? 그 일에 열정을 다한 이유는? 목적은 무엇이었고, 어떠한 노력을 통해 행동하였나요? 결과에 대해 구체적으로 작성해 주십시오. (1000자 10단락 이내)

1. 지원 분야와 관련하여 가장 많은 시간을 투자하고 노력했던 경험은 무엇입니까? 목표는 무엇이었고, 구체적인 계획 및 행동, 그로 인한 결과에 대해 구체적으로 작성해 주십시오. (1000자 10단락 이내)

출제의도/작성가이드

해당 직무에서 어떻게 적용할지 난관을 인지하고 해결해 나가는 경험을 통해 문제 해결 능력과 개선 의지 등을 알아보고자 하는 출제 의도가 숨어 있다. 본인이 설정한 목표와 수행 과정에서 부딪혔던 어려움, 그때의 감정, 목표 달성을 위한 구체적인 노력과 실제의 경험을 바탕으로 진실성을 증명할 수 있는 근거가 잘 나타나도록 작성하여 지원자의 적극적인 입사 의지와 태도, 업무 문제 해결 능력을 녹여내도록 한다.

합격자 샘플

"불편함을 개선하여 10만 명에게 인정받은 박장호의 실행력"

대학교 4학년 여름방학 때 1년간의 현장 조사 후, 오락실 평가 어플을 제작하여 10만 건의 다운로드 수를 달성한 경험이 있습니다. 친구들과 여행 중 오락실에 가게 되었는데 화려한 간판과 입구 장식에 끌려서 들어갔습니다. 그러나 화려한 외관과는 달리 관리를 소홀히 했는지, 오락실 기기 상태가 좋지 않고, 음료수를 흘린 자국이 있는 등 매우 불만족스러웠습니다. '왜 다양한 앱 중에 오락실 후기를 찾는 앱은 없을까?' 하는 생각에 오락실 후기 앱이 있는지 검색해보았지만 적합한 앱이 없다는 것을 확인하고 오락실을 이용하는 사람 중에 불편을 겪지만, 실제로 문제를 해결하는 사람은 없다고 판단했습니다. 그리하여 불편함을 개선한다면 확실히 도움이 될 것이라 생각해, 직접 관련 자료를 수집하기 시작했습니다. 조사하면서 오락실 사장님께 조사하는 취지와 목적을 상세하게 설명해 드리고 오락실 위치뿐만 아니라 오락실 기계 상태, 매장 인테리어, 가격 등 다양한 자료를 모았습니다. 강남 지역을 시작으로 조사 대상을 점차 늘려나가며 강북 지역까지 확장하였으며, 1년이 넘는 기간 동안 꾸준히 조사했습니다. 그동안 취합한 많은 정보를 활용하고자 오락실 평가 앱을 만들었고 누적 다운로드 수 10만 건 이상을 올려 관련 해당 애플리케이션 중 1위를 차지했습니다. 이처럼 늘 불편함 속에 개선할 부분이 있는지 돌아보고, 생각에서 그치는 것이 아닌 직접 실천하는 SK텔레콤 신입사원 박장호가 되겠습니다. [757자]

COMMENT 오락실을 이용하면서 발생한 문제를 해결하기 위해 직접 실행하며 성과를 올린 경험은 동아리, 팀 프로젝트 등 자기소개서에서 흔히 볼 수 없는 차별화된 경험이다. 이렇게 차별화된 본인의 실제 경험과 진실성을 증명할 수 있는 근거를 명확히 제시하며 문제 원인, 분석, 결과, 이후 포부까지 자세히 작성했다. 다른 자소서 항목도 이런 식으로 적는다면 가산점을 준다.

2. 스스로 높은 목표를 세워 도전해 본 경험은 무엇입니까? 과정상에 아쉬웠던 점이나, 그때 느꼈던 한계는 무엇이었나요? 이를 극복하기 위해 했던 행동과 생각, 결과에 대해 구체적으로 작성해 주십시오. (1000자 이내 10단락 이내)

출제의도/작성가이드

창의성과 독창성을 확인하고자 하며 신사업 및 기타 업무 발생 시 업무 대체 능력을 확인하고자 하는 출제 의도를 내포하고 있다. 본인이 하고자 했던 내용과 기존의 방법의 차이가 있어 새로운 시도를 하게 된 계기와 구체적인 실행 방법, 결과, 시도를 통한 주변 반응은 어떠했는지를 근거가 잘 드러나도록 작성한다.

합격자 샘플 "공무 수행 중 발생한 민원을 90% 감소시킨 비결"

군대에서 예산 업무를 맡으며 발생한 300여 건의 민원을 30건 미만으로 감소시킨 경험이 있습니다. 군대에서 행정병으로 근무 시 연 200억 상당의 예산을 관리하고 집행하며 군용 토지와 관련 건물을 매입하는 업무를 담당했습니다. 해당 업무는 처음 해보는 업무이기에 지난 관련 자료들을 토대로 사업계획서 및 예산집행 내용을 확인해 업무 파악을 했고 군대에서 불가피하게 민간 토지를 무단 사용함으로써 300여 건의 민원과 5건의 소송이 있다는 점을 파악하여 예산 관리와 집행에 차질이 있는 것을 확인했습니다. 이런 문제를 해결하고자 토지를 무단으로 사용한 부대를 방문하여 사유 재산 침해 사례를 정리하고, 토지 소유자들과 면담을 했습니다. 지속적으로 대화의 시간을 가지면서 사업 내용을 공유하고, 실제 사업 진행시 주민분들께 돌아올 수 있는 이익에 대해 구체적으로 설명을 해드리니 긍정적인 반응을 얻어내어 민원이 30건 미만으로 줄어들었습니다. 이러한 변화는 매년 민원과 소송으로 낭비되던 약 3천만 원 가량의 예산을 절약하였고, 사업 이행률도 높아져 이 부분을 인정받아 포상 휴가를 받게 되었습니다. 이런 경험을 토대로 SK텔레콤에 입사한다면, 정확한 정보를 파악하고 사업에 방해가 되는 위협 요소들을 진단하여 현명하게 피할 수 있는 대안을 제시하겠습니다. 또한 이러한 운영 기획을 통해 고객 만족을 높여 회사 브랜드 가치를 높일 수 있는 신입사원 박장호가 되겠습니다. [740자]

> **COMMENT** 처음 맡은 업무를 위해 그동안 수행했던 파일과 자료를 충분히 숙지한 행동은 업무 수행 능력이 뛰어난 지원자로 판단하게 한다. 민원과 소송 문제에 대해 분석하고 예산 절감을 위해 자기 주도적으로 문제를 해결해 나가는 적극성과 창의성을 잘 표현했다. 또한, 3천만 원 예산 절감이라는 구체적인 수치를 보여주면서 효율성 추구와 목표 지향적 성향을 잘 어필했다. 직무 적합성에 부합한다고 판단되는 내용이 많다.

3. 조직에서 다른 사람들과 조화를 이루어 결과를 내 본 경험은 무엇입니까? 소속한 조직에 대해 설명해 주시고, 조직 구성원과의 협력을 이끌어 내기 위해 한 행동 및 결과에 대해 구체적으로 작성해 주십시오. (1000자 10단락 이내)

출제의도/작성가이드

사회성과 협동성, co-work 능력을 확인하기 위한 질문으로, 주변 사람들과의 관계(친구, 지인 기타) 및 역할을 설명한 뒤 혼자 하기 어렵다고 판단한 상황과 그 이유를 설명하고, 목표 설정 과정에서 자원(사람, 자료, 기타 활용 가능 자원)을 활용하였던 계획과 행동, 결과를 기술한다. 협력 활동을 하기 위한 대응 방법과 협조를 끌어내기 위한 구체적인 나만의 행동과 목표 달성 및 본인의 기여도를 기술한다.

"세 마리 토끼? 다 잡아 내는 박장호"

전공과목 수강 시 다른 두 강의의 프로젝트가 동일 기간에 진행되는 일이 발생하였습니다. 두 과제 모두 기말고사 대체 과제였고 학점 평가에 40%가 반영되기에 어느 하나의 프로젝트라도 소홀히 할 수 없는 상황이었습니다. 게다가 두 프로젝트 모두 팀장이 되어 책임감은 배로 늘어 더욱 어려움을 느꼈습니다. 이러한 상황에서 양쪽 프로젝트 모두 최선을 다해 다른 조원들에게 피해가 가지 않는 것을 최우선의 목표로 삼았습니다.

그러기 위해 우선 시간 단축이 필요했습니다. 개인에게 할당된 시간을 최대한 효율적으로 사용하기 위해 팀원 간 직접 만나는 시간을 줄이는 대신 그 시간을 활용하자고 팀원들을 설득하였으며, 개개인에게 일정 과제를 부여하여 취합하는 형태로 진행하기로 하였습니다. 각 팀원에게 과제를 부여하고 저 자신에게 과제를 조금 더 부여하여 잠을 줄여가며 고군분투하였습니다. 과제가 마무리되어갈 때쯤이면 아침 해를 보는 것이 다반사였고, 처음에는 커뮤니케이션이 잘 안 된다는 불평을 토로하던 팀원들도 저의 책임감 있는 모습을 보고 이해해주었습니다. 이런 끈기와 책임감 덕분에 두 과제 모두 상위권의 점수를 얻어 팀원이라는 인적 자원과 개인의 시간적 자원, 높은 점수라는 세 마리 토끼를 거머쥐는 경험을 하였습니다. 이러한 경험을 바탕으로 SK텔레콤에서도 인정받는 소중한 인적 자원이 되겠습니다. [693자]

COMMENT 세 마리 토끼라는 소제목으로 호기심을 끄는 데 성공했고 난처한 상황임에도 불구하고 인적 자원, 시간적 자원, 최고의 결과를 얻어낸 경험치를 잘 녹여냈다.

4. 어떤 일에 깊게 빠져 몰입해서 즐겁게 했던 경험은 무엇입니까? 그 일에 열정을 다한 이유는? 목적은 무엇이었고, 어떠한 노력을 통해 행동하였나요? 결과에 대해 구체적으로 작성해 주십시오. (1000자 10단락 이내)

출제의도/작성가이드

바라는 인재상에서 자발적이고(Boluntarilty) 의욕적인(Willingly) 두뇌 활용(Brain Engagement)을 통한 행복 구현을 알아보기 위함이다. 사회 경험 중 열정을 다해서, 어떤 목적을 위해 어떻게 노력을 했는지 구체적으로 풀어 작성한다.

합격자 샘플 "출석률 20%인 그룹 과외, 출석률 100%로 만들다"

영어 그룹 과외를 했을 때 출석률이 저조했던 반을 출석률 100%로 끌어올린 경험이 있습니다. 최소 50% 정도로 출석률을 올리고 싶었으나 성인들이었기 때문에 참여를 강요하기 어려웠습니다. 문제를 해결하기 위해 출석률이 높은 반 학생들에게 이 과외를 하는 이유를 물어보니 영어도 배우고 새로운 사람을 만나고 싶어서라는 대답이 제일 많았습니다. 출석률이 높은 반은 활발한 구성원들이 많아 큰 노력을 하지 않아도 참석률이 높았던 것이고, 출석률이 높지 않은 반은 낯을 가리는 구성원이 모여 있어 참석률이 낮다는 것을 알게 됐습니다. 이를 해결하기 위해 수강생들에게 부담 갖지 말고 우선 같이 모여 놀자고 했습니다. 주말에 이태원에서 칵테일도 마시고 외국인이 많은 펍에 가 자연스럽게 말을 걸어보도록 했습니다. 그 결과, 수업 때는 바로 영어로 말해야 한다는 압박감 때문에 사람들이랑 친해지지도 못하고 어색해서 출석 의욕이 떨어졌었는데, 따로 시간을 가져 서로 친해지고 자연스럽게 외국인을 만나는 경험을 하고 나니 수업 참여 의욕이 생겼다는 피드백을 듣게 되었습니다. 또한 이를 계기로 그룹 수업의 출석률을 100% 달성하였고, 적극적인 수업 참여로 즐거운 시간을 보낼 수 있게 되었습니다. 이러한 경험을 통해 팀워크를 위해서는 사람의 마음을 끄는 것이 중요하다는 것을 알게 되었습니다. 이처럼 직원들을 의욕적이고 자발적으로 만드는 신입사원이 되겠습니다. (725자)

COMMENT SK텔레콤에서는 변화와 혁신을 추구한다. 성인 영어 그룹 과외의 출석률을 올리고자 지원자가 주도적으로 친근한 분위기를 형성한 에피소드는 목적, 행동, 결과를 인재상에 맞게 잘 담아내어 좋은 평가를 받을 수 있었다.

SK텔레콤 채용 방식에서 보는 2023 채용 트렌드

- SK텔레콤은 주력 사업인 이동 통신 사업이 정체기에 있기 때문에 새로운 활로를 찾고 있다.
- 어떤 사실도 다르게 보고 다르게 생각하는 '사고형' 인재를 선호한다. 때문에 이 책을 읽는 독자 중에서 대학생이 있다면 신문이나 뉴스를 보면서 있는 그대로 받아들이지 말고 생각하는 힘을 발휘해 본인만의 주관을 가져라. 그래야 현재 SK텔레콤의 자기소개서를 더 수월하게 작성할 수 있다.
- SK텔레콤뿐 아니라 SK그룹에서는 사회적인 책임을 중요하게 생각하기 때문에 봉사 활동이나 CSR(사회 공헌 활동) 등의 경험을 쓰면 우대한다.
- SK텔레콤에서는 다양하고 특이한 인재 선발을 위해 캠퍼스 리크루팅을 실시한다. 이때 본인이 지원할 직무를 미리 조사해서 노력한 내용을 포스터, 포트폴리오 등으로 준비한 후 채용담당자에게 어필하면 좋은 점수를 받을 수 있다.
- 인문학적 소양을 중요하게 생각하기 때문에 신문과 책을 많이 읽어두고 자기소개서에서 간결하고 이해하기 쉬운 문장체로 써야 서류 통과 확률이 높다.

"우리는 아름다움으로 세상을 변화시킵니다."

기업 소개

1945년 창업 이래, 아모레퍼시픽은 아시아 미(美)의 정수를 세계에 전하겠다는 기업 소명인 '아시아 뷰티 크리에이터(Asian Beauty Creator)'를 실현하기 위해 정진해 왔다. 아모레퍼시픽은 한국에서 최초의 화장품 연구실을 개설하고 아시아의 원료 식물을 집중적으로 연구하여 피부에 최적화된 기술과 제품들을 개발하였으며 한국 최초로 화장품을 수출하는 등 한국의 화장품 산업을 이끌어 왔다. 1990년대부터는 글로벌 브랜드 전략을 펼치며 현재는 중화권, 동남아시아, 일본 등 아시아 지역을 넘어 북미, 유럽 지역에서도 아모레퍼시픽의 다양한 글로벌 브랜드들을 만나볼 수 있다.

◆ ⋯⋯⋯⋯⋯⋯⋯
최근에는 코스메틱 제품 이외에도 건강식품 및 의약품 등의 개발을 하고 있다.

비전과 목표

아모레퍼시픽은 반드시 품고 있어야 하는 특성이자 덕목으로 핵심가치(개방, 정직, 혁신, 친밀, 도전) 및 '인류봉사, 인간존중, 미래창조' 비전을 통해 아시안 뷰티 크리에이터(Asian Beauty Creator)로 기억될 것을 소명으로 삼고 있다. 아모레퍼시픽은 세상을 바꾸는 아름다움을 창조하는 '원대한 기업(Great Global Brand Company)'으로의 도약을 준비하고 있으며, '원대한(Great)' 성장을 위해 모든 측면에서의 최고를 지향하고 환경에 대한 영향을 최소화하며, 사람 중심의 경영을 통해 사회적인 책임을 다하는 기업이 되고자 한다.

인재상

- **공감** : 아름다워지고자 하는 고객의 마음을 함께 절실히 느끼며, 성장하고자 하는 동료의 바람을 지지하며, 더 나은 사람이 되고자 하는 자신의

의지를 굳건히 합니다.

- **몰입** : 공감이 있기에, 자기 일을 사랑하게 되며 또한 깊게 집중하게 되므로 일 자체로 기쁨을 느낍니다.
- **전문성** : 고객의 바람과 요구를 구체적으로 이해하고, 이를 충족시키려는 방법들을 찾고 만들어 가는데 최고가 됩니다.
- **창의** : 어느 날 불현듯 찾아오는 순간의 영감이 아닙니다. 이미 아는 것에 새로운 것을 더하고, 생각과 질문을 반복하여 깊어지는 가운데 창의의 기운은 솟아오르게 됩니다.

기업 리뷰

추구하는 비전과 가치가 확실하며 부서에 따라 다르나 대체로 딱딱하지 않은 수평적인 분위기다. 시장 선도적인 위치, 글로벌 성장 가능성이 장점으로 꼽힌다. 휴가가 많고 비교적 자유롭게 쓸 수 있으며 여성 우대 복지 혜택이 많아 여성이 다니기 좋다. 부서에 따라 다르나 대부분 정시 출퇴근이 가능하고 복지에 대한 만족도는 높은 편이다. 직무에 맞는 경영 방침이나 유연하고 효율적인 교육 체계가 잡히길 바란다고 평가된다.

#효율적경영방침필요 #여성이다니기좋은기업 #자유로운연차사용
#정시출퇴근

자기소개서 기출 문제

아모레퍼시픽 | 2020년 상·하반기 신입직원 채용 자기소개서

1. 귀하가 회사를 선택하는 기준은 무엇이며 왜 그 기준에 AMOREPACIFIC 이 적합한지 기술하시오. (최소 100자 ~ 최대 800자)

2. 아모레퍼시픽 그룹은 아름다움으로 세상을 변화시키겠다는 특별한 소명을 갖고 있습니다. 세상을 변화시키는 아름다움이 왜 필요한지 정의하고, 입사한다면 이러한 소명을 어떻게 실현할 수 있을지 기술하시오. (최소 100자 ~ 최대 600자)

3. 본인이 지원한 직무에 대해 아래의 내용을 포함하여 기술하시오.
1) 해당 직무를 지원한 이유
2) 해당 직무를 수행함에 있어 예상되는 어려움
3) 이를 극복해 나갈 수 있는 본인만의 강점 (관련 경험 기반)
4) 해당 직무 분야에 있어 본인의 직무 비전 및 목표
(최소 100자 ~ 최대 1000자)

4. 자기주도적으로 목표를 설정하고 끝까지 완수해 낸 경험을 서술하시오.
(최소 100자 ~ 최대 600자)

5. 과제(업무) 수행 시 구성원 간의 갈등을 해결하기 위해 노력했던 경험에 대해 서술하시오. (구체적인 상황과 인물 간의 관계, 해결 방법을 구체적으로 제시할 것) (최소 100자 ~ 최대 600자)

자기소개서 항목별 작성법

1. 귀사가 회사를 선택하는 기준은 무엇이며 왜 그 기준에 AMOREPACIFIC 이 적합한지 기술하시오. (최소 100자 ~ 최대 800자)

출제의도/작성가이드

지원자가 아모레퍼시픽을 선택하게 된 이유와 함께 지원자가 회사를 고르는 기준이 어떻게 적용되었는지에 대해서 작성해야 한다. 아모레퍼시픽의 인재상과 최근 기업 뉴스를 검색한 후, 지원자가 회사 선택 기준을 통해 바라본 아모레퍼시픽의 좋은 점,

그리고 지원자 본인이 과연 아모레퍼시픽과 지원한 부서에서 어떻게 영향력을 발휘하는 사람이 될 것인지에 대해 작성하도록 한다.

합격자 샘플 **바닥을 찍던 참가율, 한 달만에 40% 증가시킨 창의적 인재 박장호**

아모레퍼시픽은 도전과 혁신을 통해 장기적 성장 비전을 가지고 있으며, 국내 1위 화장품 기업에 안주하지 않고 해외 시장 개척 등 끊임없이 할 수 있는, 그리고 그 이상을 해내는 무한 성장의 필드를 보여주는 기업입니다. 그 비전에 박장호가 가진 도전적 역량을 더하여 아모레퍼시픽과 무한 성장의 미래에 함께하고 싶어 지원하게 되었습니다. 2015년 ○○기업에 근무하며 도전 정신을 발휘해 창의적으로 운영 시스템을 개선하여 참가자 수를 전월 대비 40% 증가시켰습니다. 당시 '책 모임' 진행 중반에 다수의 참가자 이탈로 효율적인 모임 관리가 힘든 상황이었지만 자유로운 참여가 특징이기 때문에 선불리 개선하기 어려웠습니다. 우선 참가율을 예측해 탄력적으로 대여 공간을 조절하며 평균 10만 원 이상 장소 대여료를 절감시켰습니다. 모임 중간에는 '자리 재배치 시간'을 만들어 기존 모임과 차별화를 두었습니다. 그 결과 참여 효과가 2배가 되어 참가자들에게 꾸준한 참가 의지를 심어주었고, 참가자가 전월 대비 40% 증가해 평균 47명을 달성했습니다. 도전 정신을 바탕으로 한 단계 더 성장하며 세계로 뻗어 나갈 아모레퍼시픽의 발전에 기여할 수 있는 신입사원 박장호가 되겠습니다. [637자]

COMMENT 본인의 확고한 취업 가치관을 아모레퍼시픽의 가치관에 조화롭게 녹였고, 자신의 역량, 능력을 구체적으로 작성했다. 특히 모임 참가자를 증가시키고 결속력을 다지기 위해 업무 프로세스 개선으로 자리 재배치 시간을 도입한 것은 아모레퍼시픽에서 원하는 혁신적 인재와 일치한다. 입사해서도 배치받은 부서에서 상사가 시키지 않아도 스스로 업무를 수행하고 업무 개선이 가능한 인재로 보인다.

2. 아모레퍼시픽 그룹은 아름다움으로 세상을 변화시키겠다는 특별한 소명을 갖고 있습니다. 세상을 변화시키는 아름다움이 왜 필요한지 정의하고, 입사한다면 이러한 소명을 어떻게 실현할 수 있을지 기술하시오. (최소 100자 ~ 최대 600자)

아모레퍼시픽은 단순히 화장품을 판매하는 기업이 아니라 아름다움이라는 가치를 전 세계에 널리 알리고자 하는 기업이다. 지원자가 생각하는 아름다움의 정의를 한 가지 만들어본 후, 이것이 왜 필요하며 입사하여 이것을 어떻게 실현해 나갈 것인가를 작성한다. 중요한 것은 전 세계로 이러한 아름다움을 전파해 나가는 것을 어떻게 할 것인가에 대한 부분이다. 아모레의 기업 문화나 인재상, 그리고 그들이 가진 아름다움을 세계에 전파하려는 노력 등을 염두에 두고 답을 작성한다.

합격자 샘플 **행복을 선사하는 '당신만의 아리따움'**

아름다움은 세상이 '행복'해지는 변화를 선물합니다. 아름다움은 자신을 사랑할 수 있게 만듭니다. 사람은 자신을 존중할 때 비로소 나아가 타인을 아끼며 인류 전체가 행복해질 수 있습니다. 입사 후 아모레퍼시픽 정신을 공유하여 세상 모든 이가 자신을 사랑하는 방법을 터득하고 행복해질 수 있도록 그대만의 아리따움을 선사하겠습니다. [182자]

아름다움을 준비하는 시간,

남들보다 1시간 일찍 출근해 업무 준비 시간을 갖겠습니다. 업무 준비 시간은 진행 중인 기획 문서와 선배들의 업무 매뉴얼을 정독하며 소비자 기호와 시장 동향, 트렌드를 분석하는 데 쓰겠습니다. 고객층 모니터링을 통해 문제점과 필요를 파악해 각각의 고객층에게 맞는 차별화된 '아름다움'을 실현할 방안을 모색하겠습니다. [170자]

다양한 아름다움을 선사하는 글로벌 전문 인재

'혜초 프로젝트'와 같은 아모레퍼시픽의 인재 육성 제도를 착실히 활용하여 글로벌 역량을 갖춘 전문가로 성장하겠습니다. 세계를 무대로 체득한 다양한 아름다움으로 제품과 기획에 활용할 수 있는 방안을 모색하겠습니다. 배움에 대한 열정과 열린 마음으로 세계적인 뷰티 트렌드의 다방면에서 활약

할 수 있는 역량을 유지하겠습니다. [176자]

COMMENT 3가지 주제를 가치관 / 실천 방법 / 미래 역량으로 구분하여, 본인이 아모레퍼시픽에 입사했을 때 어떤 사람이 될 수 있을지를 적절하게 제시했다. 제품을 판매하는 회사가 아니라 가치를 판매하는 회사가 진정한 1등 기업이다. 이 지원자는 아모레퍼시픽의 제품을 자신의 가치를 증가시키는 '자존감 상승'이라는 가치로 정의했는데 이 회사에서 추구하는 가치와 부합한 내용이다.

3. 본인이 지원한 직무에 대해 아래의 내용을 포함하여 기술하시오.

1) 해당 직무를 지원한 이유
2) 해당 직무를 수행함에 있어 예상되는 어려움
3) 이를 극복해 나갈 수 있는 본인만의 강점 (관련 경험 기반)
4) 해당 직무 분야에 있어 본인의 직무 비전 및 목표
(최소 100자 ~ 최대 1000자)

> 적극적이고 능동적인 자세로 직무 수행 시 생길 어려움을 잘 예측하며 지원자의 강점을 제시해 주어야 하는데, 체계적, 목표 지향적 같은 강점들을 강조하면 좋을 것이다.

출제의도/작성가이드

직무를 선택하게 된 이유를 작성할 때는 자신의 경쟁력 위주로 작성해야 한다. 직무 수행의 어려움을 작성할 때는 업계 시각 및 직무의 전문가로 성장하는데 장애 요인이 될 요소들을 작성하도록 한다. 여기서 주의할 점은 '배워서 성장하려고 한다. 열심히 배울 것이다.'와 같은 자세를 취하지 않는 것이다. 단순히 열심히 한다, 혹은 열정이 있다 이런 형태는 지양하고, 어떤 것을 어떻게 하는 장점이 있는데 이런 어려움에 이런 장점으로 이렇게 풀어가겠다는 구체적인 형태로 작성하도록 한다.

〰️〰️〰️〰️〰️〰️〰️〰️〰️〰️〰️〰️〰️

합격자 샘플 **현직자의 조언을 통한 영업지원 직무 역량 업그레이드**

많은 직무 중 영업관리 직무를 선택하게 된 이유는 다른 직무에 비해 기획, 판촉, 재고 관리, 직원 관리 등 다양한 일을 할 수 있고, 고객과의 접점에서 제가 노력하는 만큼 즉각 고객의 반응을 기대할 수 있는 매력 때문입니다. 각종 서비스 아르바이트를 통해 이러한 점들을 직접 경험하였고, 영업관리 직무는 저와 적합할 것이라고 확신했습니다. 하지만 정식으로 회사에서의 영업관리 직무는 경험해보지 못했기에 현직자 선배들을 만나 조언을 구했습니다. 영업관리 직무를 담당하는 선배들로부터 '매장 직원들과의 마찰'과 '계획의 차질'이라는 두 가지 어려움을 알 수 있었으며, '세일즈 매니저'와 '마케팅 조사 분석사' 자격증 과정을 수강하면서 이러한 어려움을 극복할 수 있는 역량을 키우기 위해 노력했습니다. 이 과정들을 통해 직원들이 업무에 대해 주인의식을 가질 수 있도록 동기를 부여하며, 조건 없는 지시가 아니라 대화를 통해 그들의 협조를 끌어내는 것이 중요하다는 것을 배웠습니다. 또한, 엑셀을 활용한 데이터 분석과 GAP 분석을 통해 고객의 특성을 파악하는 능력을 키울 수 있었으며, 세부 계획부터 철저히 실행해나가는 꼼꼼함도 기를 수 있었습니다. [615자]

COMMENT 보통 입사지원자는 1개의 경험과 업무 수행을 위해 노력한 내용을 적는 것이 일반적이고 저자 또한 교육생에게 그 방식을 추천한다. 하지만 이 지원자는 다양한 아르바이트 경험만 있고, 정식 직장인으로서 업무 경험이 없음에도 불구하고 회사에서 원하는 수준의 업무 수행을 위해 준비할 것들을 적었다. 이렇게 색다른 자기소개서 표현 방식은 평범한 내용 전개 방식에 익숙한 채용담당자에게 차별화될 수 있는 좋은 포인트다. 그리고 본인이 경험한 것을 통해서 자신의 강점을 보여주고, 해당 경험에서 얻은 교훈을 아모레퍼시픽의 비전과 일치시켰다.

4. 자기주도적으로 목표를 설정하고 끝까지 완수해 낸 경험을 서술하시오. (최소 100자 ~ 최대 600자)

출제의도/작성가이드

진취적 사고를 바탕으로 자기주도적으로 일을 한 경험을 묻고 있다. 자신이 속했던 단체나 조직에서 담당했던 업무 내용과 문제를 해결한 과정을 구체적으로 서술해야 한다. 과정을 서술한 후 결과치도 꼭 함께 작성해야 한다. 경험을 나열하듯이 적으면 절대 안 된다. 경험이 있다는 것이 포인트가 아니라 경험에서 자신의 역량을 보여주는 것이 핵심이다. '직무 역량'을 보는 항목인데 그 중에서도 자기주도적인 면모를 드러내는 것이 좋다.

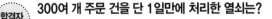

300여 개 주문 건을 단 1일만에 처리한 열쇠는?

2017년 아나나스푸드에서 근무하며 '리더십'을 발휘해 극성수기 때 들어온 주문 100여 건을 1일 만에 입력 처리했습니다. 생산이 없는 금요일마다 주간 발주서가 들어오는데 당시 300여 건에 10여 톤이나 되어 양이 너무 많았고, 발주서 받는 곳이 다양해서 업무가 분산되어 있었습니다. 이러한 문제를 해결하기 위해 구성원들에게 업무를 배분하자고 제안했습니다. 2명은 전화를 받고, 저 포함해서 2명은 입력을 했습니다. 먼저 자체 발주 사이트, 이메일을 확인해서 사소하지만 놓치기 쉬운 것부터 처리했고, 그 다음 과일별, 제품 특성별, 주문 모양별로 구분하여 입력 처리했습니다. 주문 특이 사항이 있거나 수량이 애매한 건인 경우에는 업체에 통화하거나 영양사 선생님과 통화해서 전부 확인하는 솔선수범의 모습을 보여줬습니다. 결과적으로 하루만에 발주서를 모두 입력 처리했으며, 이후에 더 많은 주문이 들어왔을 때도 역할 분배를 통해 효율적으로 처리했습니다. 이러한 경험을 바탕으로 추후 아모레퍼시픽의 영업관리 업무를 진행하며 '리더십'를 통해 적절한 업무의 배분과 실행을 통해 조직의 성과에 기여하는 신입사원 박장호가 되겠습니다. [597자]

COMMENT 내용 이해에 도움을 주는 두괄식 작성이 훌륭하다. 당시 상황과 해결책을 구체적으로 제시해서 능동형 인재상의 면모를 잘 담아냈다. 경험의 성과를 300여 건이라는 숫자를 활용한 부분도 잘했다. 누가 시키지 않더라고 해야 될 일을 찾아서 수행했던 경험을 적어 가산점을 받았다.

5. 과제(업무) 수행 시 구성원 간의 갈등을 해결하기 위해 노력했던 경험에 대해 서술하시오. (구체적인 상황과 인물 간의 관계, 해결 방법을 구체적으로 제시할 것) (최소 100자 ~ 최대 600자)

출제의도/작성가이드

팀워크를 위해서 지원자가 어떤 관점과 가치관을 가지고 행동했는지 서술하는 항목이다. 아모레퍼시픽 그룹의 핵심 가치 중, 친밀과 연결될 수 있다. 이 가치를 발취했던 경험을 가이드에 따라 구체적으로 작성해야 한다. 본인이 직무를 수행함에 있어 세우는 기본적 원칙이나, 동료를 대하는 태도 등 회사생활의 전반적인 부분에서 했던 일들을 작성하는 것이 좋다.

합격자 샘플

"거래 중단 위기를 넘긴 박장호의 비법은?"

2018년 알벗 재직 당시 주문 클레임이 들어왔을 때 강점인 '창의력'을 발휘해 직접 쓴 자필 편지로 거래 중단의 위기를 넘겼습니다. 업체에서는 관공서 납품 건이라 무지 상자, 투명 테이프로 포장해달라고 요청했는데 물류팀 쪽 실수로 자사 박스와 테이프로 포장되어 납품됐습니다. 이후 업체 담당자가 특이 사항 전달이 하나도 되지 않아 관공서 납품이 틀어진 일에 대해 거래처의 클레임을 들었다고 말씀했습니다. 사과를 하고자 담당자에게 여러 차례 연락 했으나 받지 않았습니다. 1주일 뒤 업체에서 다시 주문이 들어왔을 때 사과의 마음을 전하기 위해 직접 쓴 손 편지를 물건과 함께 동봉해서 보냈습니다. 다음날 담당자가 자필 편지가 재치 있다고 하시면서 화를 풀게 되어 거래 중단의 위기를 넘겼습니다. 이후 신뢰도 상승으로 업체의 전월 대비 주문 건수가 50% 이상 증가했습니다.

이 경험을 통해 업무 중 위기를 통상적인 방법으로 해결하기 어려울 때는 발상의 전환이 문제 해결의 열쇠라는 것을 깨달았습니다. 이처럼 업무 중 위기가 왔을 때 '창의력'을 활용하여 위기를 현명하게 극복하는 신입사원 박장호가 되겠습니다. [589자]

COMMENT 아모레퍼시픽에서는 고객 중심, 끊임없는 시도, 열린 마음과 관련한 인재상을 추구하고 있다. 직무 역량과 연결점이 높은 단어들을 선택해서 자신의 강점을 어필했다. 창의력과 신뢰도를 키워드로 잡았다. 직무 강점을 보여줄 수 있는 에피소드를 바탕으로 진정성을 보여주어 좋은 평가를 받았다.

아모레퍼시픽 채용 방식에서 보는 2023 채용 트렌드

- 창의적이고 종합적인 사고를 강조한다. 그렇기 때문에 보유한 경험 중에서 업무 프로세스 개선 사례를 중점적으로 적으면 좋다. 이 회사의 기업 문화가 시키는 일만 하는 것을 좋아하지 않고 알아서 스스로 하는 신입사원을 원한다. 하지만 창의적인 사고를 신입사원이 상품 기획 등 큰 업무에 적용하는 것을 좋아하는 것은 아니다.
- 아시아 식물 원료인 인삼, 콩, 녹차 등 화장품 라인에 대한 기본 지식을 알아야 한다. 중국 시장을 중점 공략하고 있는데 북미나 유럽도 공략 대상이기 때문에 이들 나라의 문화를 잘 알고 있는 구직자는 지원하면 우대한다.
- 이 회사의 필드 업무를 지원하는 구직자는 참고할 것이 사람과 조화를 이루고 적극적인 소통 능력을 좋아하기 때문에 자기소개서 작성 시 이러한 내용을 반영하도록 한다.
- 인재상 중에서 업무 전문성이 가장 중요하다. 과거 경험에서 조직 구성원 중 역량을 인정받아서 중요한 직책을 맡았던 경험을 써라. 참고로 이 회사 복지가 다른 기업에 비해 좋은데 능력이 있어야 복리 후생을 누릴 수 있다.

4 | 현대자동차

"새로운 생각이 새로운 가치를 창조합니다"

기업 소개

세계 100대 브랜드, 판매량 세계 5위(2013년 기준)의 자동차 제조 기업. 고 정주영 회장이 1967년 미국 포드자동차와 합작한 것에서부터 시작했다. 1976년 국내 최초 자체 모델인 '포니'를 생산한 이후 그랜저, 소나타, 아반떼, 에쿠스 등 주요 브랜드를 만들었다. 주요 생산 품종은 승용차, RV차량, 택시, 트럭 등이며 최근에는 수소 연료 전지차 등 차세대 자동차를 개발, 제조하고 있다.

비전과 목표

현대자동차의 5대 핵심 가치를 바탕으로 '자동차에서 삶의 동반자로'라는 비전 실현을 목표로 한다. 구체적으로는 하이브리드카, 전기차, 수소 전기차 등 친환경 차 분야와 자율 주행차 등 미래 자동차 산업의 패러다임 전환에 대응해 고객의 삶을 편리하고 안전하게 만드는 진정한 동반자가 되겠다는 계획이다.

현대자동차 5대 핵심 가치
①도전적 실행
②소통과 협력
③고객 최우선
④글로벌 지향
⑤인재 존중

인재상

• **도전** : 실패를 두려워하지 않으며 신념과 의지를 갖추고 적극적으로 업무를 추진하는 인재

• **창의** : 항상 새로운 시각에서 문제를 바라보며 창의적인 사고와 행동을 실무에 적용하는 인재

• **열정** : 주인의식과 책임감을 바탕으로 회사와 고객을 위해 헌신적으로 몰입하는 인재

• **협력** : 개방적 사고를 바탕으로 타 조직과 방향성을 공유하고 타인과 적

극적으로 소통하는 인재

- **글로벌마인드** : 타 문화의 이해와 다양성의 존중을 바탕으로 글로벌 네트워크를 활용하여 전문성을 개발하는 인재

기업 리뷰

급여 수준이 높고 복지가 좋다. 직원들이 가장 좋은 점으로 꼽는 것은 역시 높은 연봉과 네임밸류. 하지만 다소 보수적인 사내 문화를 가지고 있다. 계약직의 정규직 전환율은 낮지만 오래 일할 수 있다. 업무 강도는 부서에 따라 다르지만, 해외 근무 가능 등 다양한 업무를 경험할 수 있다. 퇴근 시간이 이른 편이며 국내 자동차 브랜드라는 자부심을 가질 수 있다.

#높은연봉 #높은네임밸류 #보수적인사내문화

자기소개서 기출 문제

현대자동차 | 2020년 하반기 신입 자기소개서

1. 본인이 회사를 선택할 때의 기준은 무엇이며, 왜 현대자동차가 그 기준에 적합한지 기술해 주십시오.(1000자)

2. 지원 분야를 선택한 이유와 본인이 해당 직무에 적합하다고 판단할 수 있는 근거를 기술해 주십시오.(1000자)

3. 위 항목에서 언급하지 못한 내용이 있다면 자유롭게 서술해 주십시오.(1000자)

1. 본인이 회사를 선택할 때의 기준은 무엇이며, 왜 현대자동차가 그 기준에 적합한지 기술해주십시오.(1000자)

출제의도/작성가이드

이 항목은 본인의 직업관과 비전 공감, 조직 문화의 일치, 가치관 등을 확인하고자함에 있다. 현대자동차를 택하게 되고 직업관을 가질 수 있었던 계기와 현대자동차에 대한 경험과 사례를 통해 직업관을 제시하고 사례 작성 후 직업관에 부합하는 비전을 작성할 수 있어야 한다.

합격자 샘플

"장애인을 위한 자율 주행 자동차를 생각하다."

현대자동차를 선택한 이유는 장애인을 위한 자율 주행 자동차를 만들고자 한 계획을 중요하게 생각하기 때문입니다. 대학 수업 시간에 자율 주행 자동차의 주제를 가지고 토론을 했습니다. 토론을 준비하면서 자율 주행 자동차의 장점들을 먼저 살펴보았는데 그중 가장 눈에 띄었던 것이 '노인, 장애인 이동의 편리성'이었습니다. 평소 관절염으로 거동이 불편한 할머니께서 자율 주행차를 타신다면 조금 더 편안한 보행을 하실 수 있을 것으로 생각했습니다. 이러한 생각은 2년 전 '현대-빈 차 호송대'라는 동영상을 접하게 되면서 더욱더 큰 자극으로 제게 다가왔습니다. 자율 주행이 가능하기 위해선 최고의 기술과 최고의 재료가 뒷받침되어야 한다고 생각합니다. 재료 공학을 전공하면서 미래 자동차 개발의 팀원이 되어 가족뿐만 아니라 모든 사람에게 편안함과 행복을 주는 사람이 되고 싶습니다. 최고의 자동차 기업, 현대자동차에 입사하여 그동안 배운 전공 지식을 이론으로 끝내는 것이 아닌 실무에 적용해 현대자동차의 빠른 성장에 동참할 수 있는 박장호가 되겠습니다. [553자]

"직무 만족도 무엇보다 소중한 가치"

회사를 선택하면서 회사의 비전, 발전 가능성도 중요하겠지만 또 하나의 기준은 '직무 만족도'가 아닐까 합니다. 직무 만족도를 높이기 위해서는 직무에 대한 정확한 이해와 함께 열정은 필수 사항 중 하나입니다. 지난 여름방학, 모 연구소의 코팅 용액을 만드는 부서에서 2달간 인턴생활을 했습니다. 평소 코팅 부분과 표면 처리에 많은 관심이 있었기에 연구 하나하나에 촉각을 곤두세워 배우면서 업무를 진행했습니다. 아직 익숙지 않아 많은 실패를 반복했지만 실패 원인은 무엇인지 분석하고 수많은 시행착오 끝에 최종 결과물을 만들어 냈을 때의 그 짜릿한 설렘은 아직도 마음에 남아 있습니다. 이처럼 좋아하는 일을 하며 느낄 수 있는 카타르시스는 열정이 없으면 불가능하다고 생각합니다. 그리고 이러한 기준을 충족시킬 수 있는 최고의 회사는 현대자동차라고 생각합니다. [438자]

COMMENT 자율 주행차 실험을 진행하면서 비전과 목표, 본인이 선택한 회사와 직무를 인턴생활의 경험을 통해 얻은 교훈으로 공감을 주기에 충분한 내용을 구성하였다. 자동차에 관심이 많고 직무에 적성이 맞음을 구체적인 사례를 통해 이야기하며 지원 직무에 적합한 인재임을 어필했다.

2. 지원 분야를 선택한 이유와 본인이 해당 직무에 적합하다고 판단할 수 있는 근거를 기술해 주십시오. (1000자)

출제의도/작성가이드

해당 항목의 출제 의도는 직무 분야를 정확하게 이해하고 있는지 업무 적합성을 보기 위함이다. 이공계 지원자의 경우 경험이 부족할 수 있기에 전공 및 직무 관련 성취도 중심으로 역량을 강조하면서 본인이 깨달은 점을 제시하고 포부까지 작성해주면 좋다.

합격자 샘플 "매일 아침 이력서를 보내 인사담당자의 마음을 잡다."

전공수업의 세라믹, 플라스틱, 철강 재료 등 다양한 소재를 공부하며 재료공학에 대한 흥미를 느끼게 되었습니다. 자율 주행차에 대한 교양수업을 듣는 도중 자율 주행차는 장애인이나 노인 등 몸이 불편한 사람들의 생활 편의를 높여 줄 것이라 예상했고, 현대자동차의 '프로젝트 아이오닉'의 최종 목표와 같음에 흥미를 느껴 재료개발 직무에 지원했습니다. 재료 분야는 모든 산업의 기술 수준을 좌우하고, 누가 먼저 더 뛰어난 재료를 개발하느냐에 따라 성공에 대한 주도권을 갖게 됩니다. 뛰어난 재료를 개발하기 위해서는 수많은 도전과 실패가 있어야 하고 포기하지 않는 자세가 필요하다고 생각합니다. 이러한 도전 정신은 호주 어학연수 시절 끊임없는 방문으로 호주에서 가장 큰 레스토랑에서 일하게 된 경험에서 찾아볼 수 있습니다. 당시 레스토랑은 인원 채용 계획이 없었으나 호주로 가기 전 가장 큰 곳에서 일하겠다는 목표가 있었기에 포기하지 않고 하루에 한 번씩 찾아가 이력서를 제출했습니다. 이러한 노력의 결과 마침내 일할 기회가 찾아와 일자리를 찾는 데 성공했습니다. 이렇듯 도전 정신은 큰 노력이 요구되는 연구개발에 큰 장점으로 다가갈 것이라고 확신합니다. 또한, 하나의 재료를 개발하기 위해서는 개개인의 역량도 중요하지만, 연구원들과의 아이디어 교환, 현장과 연구소 팀원들 간의 협업이 무엇보다 중요합니다. 전공 공부를 하면서 저 역시 어려워했고 심지어 전과하는 친구도 있었습니다. 이는 전공과목에 대한 이해도가 많이 부족하다고 생각하여 전공과목에 스터디 그룹을 만들어 서로 정보를 공유해 부족한 부분을 채워 나갔습니다. 스터디 그룹을 통해 많은 친구와 함께 재료공학에 대한 이해를 도왔고, 3명의 친구는 A 학점을 받을 정도로 성적도 높일 수 있던 소중한 경험이었습니다. 재료개발에 대한 확고한 목표의식과 도전 정신, 소통의 힘을 필두로 빠르게 성장하는 현대자동차에 부응할 수 있는 재료개발팀의 인재가 되어 성장 구심점이 되도록 하겠습니다. [999자]

COMMENT 생활 편의를 높여주는 자율 주행차 기능과 재료에 대한 연구개발 등 본인의 주요 관심사를 직무 연관성으로 자연스레 연결했다. 그리고 일반적인 역량보다 기술적 역량을 더 강요한 스페셜리스트임을 보이며, 해당 지식을 주변과 나누며 서로 협력하는 모습을 보여주었다. 인사담당자가 읽을 때 혼자서 독단적인 업무를 하는 사람이 아닌 주위를 둘러보고 같이 나아가는 리더 자질이 있는 사람이라고 판단할 것이다.

3. 위 항목에서 언급하지 못한 내용이 있다면 자유롭게 서술해 주십시오. (1000자)

출제의도/작성가이드

기존 항목에서 서술하지 못한 답변 혹은 하고 싶은 이야기를 이 항목에 자유롭게 작성해도 된다. 현대자동차는 신년사에서도 창의적이고 도전적인 자세로 적극적으로 소통하고 협력함으로써 사업 목표를 달성하고자 함을 강조했다. 본인의 역량 이외의 가치관과 인성 관련 키워드를 선정하여, 키워드를 증명할 수 있는 스토리텔링으로 본인을 움직이게 하는 것이 무엇인지 깨달았던 경험과 결과를 서술하면 좋다.

합격자 샘플

나를 움직이는 하나의 원동력, '소속감'

대학 학부 시절 학생회 활동과 로봇동아리 활동을 통해 많은 것을 깨달았습니다. 소속감이라는 단어, 이 하나만으로도 저를 움직이게 하는 원동력이 되었습니다. 공동 목표를 위해 함께 일하며 쌓아가는 유대감은 가장 큰 즐거움이자 기쁨이었습니다. 서로 공감하고 동질감을 느끼며 나에게 즐거움과 기쁨을 주는 조직을 최고로 만들고 싶은 주인의식을 심어 주었고, 이러한 주인의식은 로봇대회에서 팀을 위해 끊임없이 열정을 쏟을 수 있는 원동력이 되었습니다. [270자]

주인의식을 통한 또 하나의 원동력을 찾다 '로봇대회 우승'

매년 주최하는 로봇대회에서 팀원들과 동고동락하며 최종 우승컵을 거머쥐었습니다. 우승을 목표로 삼고 팀원들과 합심해 바퀴를 제작했습니다. 바퀴 제작은 시간도 오래 걸릴 뿐 아니라 여러 개를 만들어 실험해야 하고 제작하기도 까다로워 꺼리는 팀원들이 있었습니다. 지난 대회에 사용하였던 바퀴를 재사용하자는 의견이 많았으나 팀원들과 우승컵을 목표하고 있었기에 직접 제작하기로 했습니다. 각고의 노력 끝에 총 4세트 바퀴를 만들고 실험에 실험을 거듭하여 평소의 힘보다 6kg을 향상해 최종 우승컵을 거머쥐는 쾌거를 이뤘습니다. [321자]

"후배들의 마음을 움직인 박장호의 비법"

학생회 시절 가장 재미있는 학생회를 만들어 보고 싶었고 후배들에게 잊지 못할 추억을 만들어 주고 싶었습니다. 이러한 마음가짐은 오히려 소속감과 유대감을 더 느끼게 해주었고 능동적으로 모든 행사에 임하게 되었습니다. 각 부원이 맡은 주요 행사를 주체적으로 추진할 수 있도록 도와주었고, 회의 전날 미리 아이디어를 생각해 행사를 주도하는 부원을 만나 가이드라인을 잡아 주었습니다. 부원이 생각했던 아이디어에 살을 붙여주고 회의 당일에는 제시한 의견을 적극적으로 지원해 주었습니다. 그 결과 부원은 자신감을 얻게 되어 많은 행사를 성공적으로 마칠 수 있게 되었고, 학생회 신분이라는 자랑스러움과 소속감을 선물해 주는 좋은 경험이었습니다. [376자]

COMMENT 소제목, 원인, 결과, 교훈의 자소서 작성 4단계를 잘 지켰다. 가독성도 뛰어나지만, 끝까지 읽게 만드는 소제목 선택과 직무 연관성을 잘 매치했다. 자기소개서를 작성할 때 1000자 분량이라면 경험 2개를 작성해야 하지만 이 지원자는 3개를 작성했다. 하지만 각각 경험을 간결하고 이해하기 쉽게 작성했기 때문에 서류 통과가 된 것이다. 이번 현대자동차에서 눈여겨본 도전적 실행, 소통과 협력이라는 핵심 가치와도 부합한다.

현대자동차 채용 방식에서 보는 2023 채용 트렌드

- 현대자동차는 국내보다 해외 시장에서 활발하게 움직이는 기업이다. 해외 자동차 시장을 개척하기 위한 도전 정신과 글로벌 역량을 어필하는 것이 도움이 되고, 세계 수입 차량과의 경쟁에서 우위를 차지하기 위한 전략을 수립한다면 인재로 인정받을 수 있다. 중국과 미국 시장에서 점유율이 낮아지고 있는데 이에 대한 분석과 해결책을 제시하면 된다.
- 현대차가 국내 소비자를 차별한다는 잘못된 인식이 증가하고 있다. 기업 이미지에 치명적인 문제인데 지원자가 블로그나 다양한 SNS 채널에서 현대차에 대한 좋은 이미지를 가질 수 있도록 활동하고 그 내용을 자기소개서에 적어라.
- Connected Car(자동차와 IT 기술을 융합해 인터넷 접속이 가능한 자동차) 관련해 아이디어를 생각하고 지원 동기에 작성한다.
- 정기 공개 채용 외에도 상시 공개 채용(신입/경력), 발굴형 채용(The H) 등 다양한 채용 전형이 있다.
- 북미/유럽/일본 등 해외 소재 학교 박사 졸업 예정자나 해외 경력 소유자는 연 1회 '해외 채용'으로 채용을 진행한다(경력).

5 | 포스코

"POSCO the Great"

기업 소개

포스코는 제선, 제강 및 압연재의 생산과 판매를 주요 사업으로 영위하고 있는 철강업체로, 연결 대상 종속회사는 국내 52개이다. 또한 열연, 냉연, 스테인리스 등 철강재를 단일 사업장 규모로 세계 최대 규모인 포항제철소와 광양제철소에서 생산 중이다. 회사는 사업의 성격에 따라 4개의 부문(철강, 무역, 건설, 기타)의 사업 영역을 영위 중이다. 세계 경제에 대한 불확실성은 지속되고 있는 가운데, 중국의 조강 생산 확대로 세계 조강 생산량은 2013년 5월 월간 기준으로 사상 최고치를 경신하는 등 꾸준한 증가세를 보이고 있다. 매출액 비중은 철강 52.97%, 무역 28.53%, 건설 10.52%, 기타 7.98%이다.

비전과 목표

국가 경제 발전에 지속적 기여로 국민으로부터 사랑받고 끊임없는 새로운 가치를 인류에게 제공해 세계인으로부터 존경받는 기업이 되자는 것이 기업 목표이다. 또 POSCO the Great를 이룩하기 위한 토대가 되는 '혁신 POSCO 2.0'은 자만과 허울을 벗고 초심으로 돌아가자는 것으로, 2.0은 새롭게, 하나가 되어, 일등이 되는 것을 의미한다. 새로운 아이디어로 고객 가치를 창출하고 전 임직원이 같은 비전 아래 일치단결하여 모든 사업에서 세계 일등을 추구한다.

인재상

- **업무 전문성** : 세계 최고의 전문가 - 글로벌 역량과 리더십을 겸비한 인재
- **도덕적 인간미** : 신뢰받는 인재 - 서로의 다름을 인정하며 함께 소통할 줄

아는 인재
- **변화 추진력** : 도덕적 인재 - 창의와 열정으로 미래를 준비하고 녹색창조를 선도하는 인재

기업 리뷰

우수한 직원들로 주어진 지시 내에서 사원 단계부터 기안이나 의사결정 권한이 높으며 해외 근무 기회가 높다. 근무 강도가 높은 편은 아니며, 퇴직 후철강 분야에 재취업하기가 쉽고 사업으로도 확장할 수가 있다. 출퇴근 시간이 보장되어 있고 포스코에 대한 자부심이 상당하다. 다만 철강 회사이다보니 다소 딱딱한 느낌의 군대 문화가 있다.

#복지혜택 #출퇴근시간보장 #비교적낮은업무강도 #높은연봉

자기소개서 기출 문제

포스코 | 2020년 하반기 신입직원 자기소개서

1. 본인의 회사 선택 기준은 무엇이며, 포스코가 그 기준에 적합한 이유를 서술하시오. (900자)

2. 희망하는 직무를 수행함에 있어서 요구되는 역량이 무엇이라 생각하며, 이 역량을 갖추기 위한 노력 또는 특별한 경험을 기술하여 주십시오. (900자)

3. 가장 힘들었던 순간과 이를 극복한 과정에 대해 기술하여 주십시오. (900자)

4. 최근 국내외 이슈 중 한 가지를 선택하여 본인의 견해를 서술하시오. (900자)

1. 본인의 회사 선택 기준은 무엇이며, 포스코가 그 기준에 적합한 이유를 서술하시오.(900자)

출제의도/작성가이드

포스코는 지원자의 진정성을 많이 요구하는 기업이다. 지원 동기 부분이 가장 중요한데 지원자가 포스코를 바라보는 시각이 어떠한가를 확인하는 것이다. 지원자의 역량과 잘 맞는지 확인하고 직무 연관성 있는 스토리텔링으로 지원자가 성장하고 회사도 커 나갈 수 있게 만들어 주는 것이 있는지를 찾아본 뒤, 그러한 요소를 중심으로 이야기를 만들어 가는 것도 좋은 방향이 될 수 있다.

합격자 샘플

도전 정신으로 미래 가치를 실현하는 기업

도전 정신은 제 삶의 가치관이자 행동 방식입니다. 현재에 안주하지 않고 끊임없이 새로운 변화를 추구하며 성장하게 만들어 주었던 하나의 원동력입니다. 유년 시절 중국 유학 결정을 한 시점부터 수많은 어려움을 이겨내고 목표를 향해 끊임없이 도전하고 극복해 나간 도전 정신은 저를 더욱 단단하게 만들어 주었습니다. 포스코는 지난 3년간 글로벌 철강 경기 침체에도 유연하게 대처를 하며 해외 철강 자회사들의 실적이 개선되어 4년 만에 다시 1조 클럽으로 복귀를 했습니다. 이러한 구체적인 성과는 외부 환경 변화를 극복하고 새로운 방안을 구축하는 끊임없는 도전 정신이 있었기에 가능하다고 생각합니다. 이러한 포스코의 가치관은 저의 가치관과 일맥상통합니다. 국가 경제 발전에 지속적 기여하며 국민으로부터 사랑받으며, 자만과 허울을 벗고 초심을 지키고자 노력하는 포스코에서 새로운 아이디어로 고객 가치를 창출하는 인재가 되겠습니다. 글로벌 무역 시장에서 포스코와 함께 도전 정신으로 미래 가치를 열고 창의적인 기업을 만들어 가고 싶습니다. [541자]

COMMENT 자신의 가치관을 포스코에서 추구하는 핵심 역량과 일치시키면서 꼼꼼한 기업 분석을 통해서 무차별 지원자가 아닌 소신 지원자임을 명확하게 보여주며, 해외 시장에 대한 관심도 놓치지 않는 글로벌 역량을 지닌 인재임을 어필하고 있다.

2. 희망하는 직무를 수행함에 있어서 요구되는 역량이 무엇이라 생각하며, 이 역량을 갖추기 위한 노력 또는 특별한 경험을 기술하여 주십시오.(900자)

출제의도/작성가이드

포스코는 NCS를 활용한 역량 베이스의 채용을 진행하고 있다. 희망 직무에 대해서 NCS 사이트를 참고하여 자신의 직무에 필요한 역량을 확인한 후, 이를 위해서 지원자가 했던 노력을 기재한다. 이때 단순 나열식의 기재는 지양하고 얼마 만큼의 시간을 들이고 노력하여 어떤 결과가 나왔는지, 그것을 통한 본인의 노력 이후 모습 등이 잘 제시되어야 한다.

합격자 샘플

"해외 바이어들을 사로잡은 박장호의 비결은?"

다양한 시각으로 만들어진 원활한 커뮤니케이션 스킬이 필요하다고 생각합니다. 군 복무 시절 코너 우드맨의 〈80일간의 거래일주〉라는 책을 접하게 되었습니다. 한 청년이 세계를 돌며 물건을 사고팔아 이익을 얻고 시장을 개척하는 내용이었는데, 개척하는 일을 해보고 싶었기에 이 꿈을 실현하고자 국제 무역사 공부를 시작했고, 지난여름 KOTRA 베이징 무역관에서 인턴으로 중국 시장 정보 조사, 동향 분석 등을 담당하며 중국으로 진출을 희망하는 기업들과 바이어들의 파트너십을 따내는 성과를 이뤘습니다. 또한, 중국 시장 동향과 경쟁사 파악, 잠재적인 구매 고객 간의 글로벌 파트너를 연결하는 GP 차이나 업무에 지원했습니다. 그 외에 프로젝트에서 원활한 커뮤니케이션 능력으로 팀장 및 팀원으로서 다양한 포지션에서 팀원들의 다양성과 창조적인 역할을 존중하며 성공적인 결과를 이끌었습니다. 그동안 해온 프로젝트는 교내 공공 자전거 앱 개방 프로젝트, 수면 카페 서비스 창업 프로젝트, 동아리 사진 전시회 개최, 한·중·일 GMIC 회의에서 기업 간의 통역 업무들이었습니다. 포스코에서 팀원들과 원활한 소통을

통해 발전하는 신입사원 박장호가 되겠습니다. [608자]

COMMENT 포스코는 '더불어 함께'라는 이념을 추구하고 있다. 위 자소서 항목에서 이해관계자와 더불어 함께 발전하고, 배려와 공존, 공생이 가치를 보여주고 있다. 해외 영업 성공 사례를 통해 국제 시장에서 역량 있음을 표현하였고, 세계 시장 동향과 경쟁사를 파악하는 통찰력과 넓은 시야를 가진 지원자라고 생각된다.

3. 가장 힘들었던 순간과 이를 극복한 과정에 대해 기술하여 주십시오. (900자)

출제의도/작성가이드

힘든 순간을 어떻게 극복했는지를 확인하여 포스코가 원하는 인재상을 찾으려는 의도가 숨어 있다. 문제의 발생과 그 발생 과정에서 이를 극복하기 위해 지원자가 했던 구체적인 행동과 노력을 작성하고 그로 인한 결과물이 어떠하였는지 그 결과물을 통해 느낀 점, 배운 점을 사례에 맞추어 작성하며 강인함이 느껴지는 서술이 필요하다.

합격자 샘플 "학생 기자 박장호, 그의 위기 탈출 비법은?"

재학 시절 통일부에서 학생 기자로 활동했습니다. 당시 경색된 남북 관계 및 북한의 핵실험으로 인하여 활동에 많은 제약이 있었으며, 담당 부서에서 취재를 제한하고 작성한 기사를 편집 및 삭제했습니다. 많은 기자는 열정을 갖고 먼 지방 행사를 찾아가 산업 현장의 바쁜 탈북자들을 인터뷰했고, 영어 및 독일어 등 해외 학술 자료를 어렵게 번역한 기사가 편집되고 발행이 보류되어 기자들의 사기가 떨어졌습니다. 이를 해결하기 위하여 담당 사무관의 성향을 분석하고, 편집된 기사를 모두 읽으며 분석하는 작업을 거쳤습니다. 이후에는 원하는 내용의 편집을 최소화하며 발행할 수 있었고 많은 기자가 저에게 송고 전 검토를 부탁해 오기도 했습니다. 담당 공무원들과 학생 기자들의 중간에서 소통을 원활하게 한 점과 최다 월별 우수 기자 등의 성과를 인정받아 활동 종료 시 활동 우수자로 선발되어 장관 표창을 받았습니다. 해단식 때 사무관님이 제 기사는 "많은 정책 협력과 공무원들이 신뢰하고 읽을 수 있었다."며 엄지를 치켜세워 주셨습니다. 이처럼

늘 문제 상황을 분석하고 원만한 의견 조율로 해결책을 제시하는 신입사원 박장호가 되겠습니다. [598자]

COMMENT 어려웠던 상황을 원활한 의사소통과 철저한 분석을 통해 극복하여 장관 표창까지 받았고, 인사담당자에게 능동적이고 문제 해결 능력을 갖춘 지원자로 느껴지게 한다. 위기 대처 능력을 제대로 어필하기만 한다면 인사담당자 입장에서는 서류는 무조건 통과시켜 면접을 통해 해당 지원자의 자질을 파악해보고 싶을 것이다.

4. 최근 국내외 이슈 중 한 가지를 선택하여 본인의 견해를 서술하시오. (900자)

출제의도/작성가이드

포스코는 단순 사고에서 복합 사고를 할 수 있는 다방면으로 뛰어난 지원자를 선호한다. 최근 이슈에 대해 깨어 있고 이를 잘 받아들여 미래를 준비한다는 시각에서도 중요한 질문이라 하겠다. 너무 동떨어진 이슈를 찾기보다는 회사와 관련이 있거나 본인 직무와 연관성 있는 이슈를 선별하는 것이 포인트이다. 마지막으로 이슈의 해결 방안에 대한 본인만의 생각을 정리하여 작성한다.

합격자 샘플 "사드가 미치는 중국 철강업의 미래"

국내 사드 배치 결정으로 발생한 중국과의 외교적 마찰은 경제적 보복으로 이어져 화장품, 물류, 중국 및 국내 관광 업계가 쓰라린 눈물을 흘려야 했습니다. 중국이 관광 산업뿐만 아니라 제조업까지 영향을 미칠 것으로 예상, 중국 '제조 2025'의 지침 및 방향성 또한 해외 우수 자원 의존이 아닌 자체적으로 개발 및 연구를 통해 내수를 살리고 스스로 성장하는 전략 노선을 보였습니다. 중국의 지난 철강 생산량은 조강 능력 감축 목표인 45,000톤의 수요를 넘어선 65,000톤으로 공급 과잉 현상을 보였습니다. 이러한 시점에 지난달 베이징에서 열린 양회의 경제 정책을 유심히 살펴보면 지난해 생산된 철강재 중 저급 철강재가 포함되어 있어서 철강재에 대한 품질 관리에는 크게 신경 쓰지 않는 부분을 보였습니다. 이는 포스코에 긍정적인 작용을 할 것입니다. 중국의 정책은 외국계 기업에 배타적인 부분도 있으나 제조업에서는 여전히 호혜적으로 보고 있다고 생각합니다. 이에 중국에 대한 문화 이해 배경과 고급 중국어를 구사하는 능력을 기본으로 중국 시장의 전략적인 접근을 끌어내도록 하겠습니다. [573자]

COMMENT 포스코와 연관된 이슈로 자연스럽게 연결해 복합적인 사고가 가능하다는 것을 어필했고, 최근 화두가 되었던 사드 문제를 철강 산업까지 연결했으며 본인의 다각적, 다차원적 시야를 강점으로 부각해 꼭 필요한 인재임을 어필했다.

CHECK POINT

포스코 채용 방식에서 보는 2023 채용 트렌드

- 강인한 사람을 선호하므로 이력서에 강인한 정신이 스며들게 한다. 하지만 강인한 이미지를 강조하기 위한 '강철의, 강철같은' 식상한 표현은 오히려 진정성을 떨어뜨릴 수 있기 때문에 표현에 유의해야 한다. 힘든 업무를 처리하는 중에 강인한 정신력을 키웠다는 식으로 자연스럽게 표현하는 것이 좋다.
- 지원자의 진정성을 많이 요구하는 기업이기에 진정성 있는 접근이 필요하다. 인근 포스코 지사에 방문하여 개선점을 찾는 노력, 해외 철강업체 사례를 통해서 포스코에 가져올 수 있는 이익 분석 등, 구체적인 방안을 제시해야 한다. 또한 말로만 창의적인 아이디어라는 문장으로 시작하지 말고, 경쟁사 및 해외 업체와의 차별화된 사업 전략을 제시한다면 유리하다.
- 지원자의 직무 역량 파악을 위해 2003년부터 구조적 선발 기법으로 인재를 선발하고 있다.
- 채용 절차는 일반적으로 서류 전형 → 인·적성 검사 → 직무 역량 평가 → 가치 적합성(면접) 평가 순으로 진행한다.

"미래사회에 대한 영감, 새로운 미래 창조"

기업 소개

삼성전자는 1969년 수원에서 창립한 이래 전 세계 200개가 넘는 자회사를 거느린 TI 리더 기업으로 성장했다. 삼성전자 제품에는 주력 제품인 스마트폰과 태블릿 같은 모바일 통신 제품은 물론 TV, 모니터, 냉장고와 같은 가전 제품들이 있다. 삼성은 과감한 혁신과 가치 창조를 지속해서 추구하면서 글로벌 커뮤니티를 개선하는 데 여념이 없다.

> 삼성은 전 세계 고객들이 편리하고 더욱 스마트한 라이프 스타일을 즐길 수 있도록 수준 높은 제품과 서비스를 만들고 공급하고 있다.

비전과 목표

2023년 삼성전자의 목표는 '더 나은 미래를 위한 기술을 통해 세상의 바람직한 변화에 앞장선다'이다. COVID-19가 일상의 위기를 가져왔지만, 이를 극복하기 위한 적극적인 방법을 모색하고 있다.

인재상

- **열정** : 끊임없는 열정으로 미래에 도전하는 인재
- **창의혁신** : 창의와 혁신으로 세상을 변화시키는 인재
- **인간미 · 도덕성** : 정직과 바른 행동으로 역할과 책임을 다하는 인재

기업 리뷰

높은 연봉 수준과 업무 실적이 좋으면 국내 1위 기업답게 인센티브 또한 두둑이 챙겨 준다. 하지만 업무적으로 주요 보직을 맡기 전에는 단순 업무의 반복으로 직무에 대한 만족감이 다소 떨어질 수 있다.

> 삼성전자에서의 근무 경험을 토대로 다른 기업에서 국내는 물론 해외 부문의 영업 마케팅 업무까지 가능하고, 해외 지역에서의 현장 영업과 국내 시장의 특성을 경험하며 축적된 경영 노하우를 통해 주재 국가 지역에서 업계 독보적인 위상을 달성했다.

#높은 연봉수준 #복지혜택 #업무강도 복불복 # 국내1위기업

자기소개서 기출 문제

삼성전자 | 2020년 하반기 신입직원 자기소개서

1. 취미/특기(40자)

2. 존경 인물(10자)

3. 존경 이유(40자)

4. Essay 1 삼성전자를 지원한 이유와 입사 후 회사에서 이루고 싶은 꿈을 기술하십시오. (700자)

5. Essay 2 본인의 성장 과정을 간략히 기술하되 현재의 자신에게 가장 큰 영향을 끼친 사건, 인물 등을 포함하여 기술하시기 바랍니다. (※작품 속 가상 인물도 가능) (1500자)

6. Essay 3 최근 사회 이슈 중 중요하다고 생각되는 한 가지를 선택하고 이에 관한 자신의 견해를 기술해 주시기 바랍니다.(1000자)

7. Essay 4 본인의 경험 중 다양한 배경과 생각을 가진 사람들과 의견을 조율하여 문제를 해결한 경험에 대해 기술해 주시기 바랍니다. (당시 상황, 본인의 해결 방법, 결과 포함) (1000자)

1. 취미/특기(40자)

2. 존경 인물(10자)

3. 존경 이유(40자)

출제의도/작성가이드

자소서 항목들 중 특이 사항은 취미/특기/존경 인물/존경 이유를 작성하는 부분이다. 지원자의 성향 및 가치관을 파악하기 위한 질문으로 지원 직무 역량과 연결시켜 생각하고 작성하는 것이 중요하다. 에세이 2번 문항과 자연스럽게 연결되도록 작성하는 것 또한 중요 포인트이다.

 취미 : 스트레스 체력을 기르기 위한 무에타이 / 특기 : 트로트 부르기
존경하는 사람 : 호머 히컴

존경하는 이유 : 어려운 상황에 굴하지 않고 꾸준히 노력해 목표를 이뤘던 모습을 존경합니다.

COMMENT 취미와 특기를 구체적으로 작성해서 스트레스, 체력 관리를 한다는 점도 같이 어필했으며, 트로트 부르기로 담당자들에게 성향을 보여주었다. 존경하는 인물과 이유에서는 지원자도 닮아가고 싶은 모습을 심플하게 작성해 지원자의 가치관과 삶의 태도를 반영해서 보여주었다.

4. Essay 1 삼성전자를 지원한 이유와 입사 후 회사에서 이루고 싶은 꿈을 기술하십시오. (700자)

출제의도/작성가이드

에세이 1번 항목에서 중요한 점은 삼성전자를 선택한 이유인 지원 동기와 회사에서 이루고 싶은 비전을 직무 적합성과 연결지어 작성해야 한다는 점이다. 지원 동기를 작성할 때는 삼성전자의 장점을 늘어놓는 회사소개서가 되지 않도록 주의해야 하며 자신의 비전이나 목표와 연결하여 자신이 그에 부합하는 인재임을 어필해야 한다.

더불어 이와 결부시켜 어떠한 활동을 하겠다는 포부까지 밝혀주면 된다.

합격자 샘플

데이터 집계 시간 80% 단축시킨 도전 정신으로 생산성 향상

팹리스에서 생산관리 업무 경험을 통해 반도체 제조에 있어 팹의 중요성을 인식하게 되었습니다. 운용 방식과 공정 기술에 따라 제조 시간과 원가에 큰 영향을 미치기 때문입니다. 업계에 관심 두던 중 삼성전자 파운드리 사업부의 도전이 돋보였습니다. 특히 QPT의 한계점을 인식하고 경쟁 팹들과 달리 과감히 EUV 기술에 투자하는 점이 인상적이었습니다.

이점은 개선을 위한 '도전 정신'을 중요하게 생각해온 제 가치관과 부합합니다. 팹리스 근무 당시 재고 현황 집계 시간 단축을 위해 60개 파일의 데이터를 자동 집계하는 엑셀 매크로를 만들었습니다. 그 결과 2시간 이상 걸리던 작업을 20분 이내로 줄였습니다. 이처럼 도전하는 파운드리 사업부에 저의 도전 정신을 더하여 고객 만족도를 높이고, 생산성 향상에 기여하는 생산관리자가 되고 싶어 지원했습니다.

이를 위해 R 교육을 받으며 데이터 분석 역량을 쌓기 위해 노력했습니다. SQL 패키지 활용 데이터 가공기법, 통계모형 활용 분석기법을 배웠습니다. 또한, 공정 공부를 위해 '반도체 전공 NCS 과정'을 이수했습니다. 'Recipe'에 따라 생산성이 영향받는 것을 배우며 총 작업 시간을 관리하기 위해 각 부서와 협업할 일이 많다는 생각이 들었습니다.

이러한 지식을 활용해 유관 부서와 협업해 '제약 조건'을 개선하고 생산성 향상에 기여하고 싶습니다. [705자]

COMMENT 삼성에서는 체계적인 시스템 안에서 잘 적응할 수 있는 인재를 원한다. 꼼꼼한 기업 분석, 체계적인 전략 수립 방안과 적극적인 행동력, 갈등 해결 능력을 보여주는 것으로 인사담당자의 눈길을 끌었다. 실제로 이 정도 수준이라면 지원자 중 상위 10%에 속하고, 신입사원 이상의 능력을 발휘할 것을 기대하며 서류 통과 후 면접을 통해 심층적인 대화를 나눠보고 싶은 지원자이다.

5. Essay 2 본인의 성장 과정을 간략히 기술하되 현재의 자신에게 가장 큰 영향을 끼친 사건, 인물 등을 포함하여 기술하시기 바랍니다. (※작품 속 가상 인

물도 가능) (1500자)

성장 과정을 기술하는 항목이지만, 실제로 초·중·고등학교 시절의 성장 과정을 나열하는 것보다 성장 과정을 통해 어떤 사람이 되어 있는지 보여주는 것이 중요하다. 나의 직업관에 영향을 준 사건이나 특정 인물을 선택하여 왜 그 사건, 인물이 나에게 중요한 영향을 미쳤고, 그 결과 어떠한 생각을 하게 되었는지 집중해서 작성한다. 해당 사건과 특정 인물의 내용은 반드시 연관성을 가지고 작성해야 한다.

해봤어 - 아버지께 배운 도전 정신

합격자 샘플

생산직 사원에서 전무 이사가 되신 아버지께서 항상 하시는 말씀은 "그래서 해봤어?"입니다. 해보지도 않고 안 되는 이유를 만들지 말라는 것이었습니다. 아버지의 영향을 받아 도전 정신을 중요하게 생각해왔습니다. 생각하는 도전 정신은 '문제의식'을 바탕으로 비효율을 '개선'하기 위해 노력하는 자세라고 생각합니다. 작은 일에도 능률을 올릴 수 있는 방법은 존재합니다. 이러한 성과를 얻기 위해 평소에 문제의식을 가지고 끊임없이 노력한다면 결과는 조금씩 커지리라 생각합니다. 아래 경험을 통해 이러한 가치관은 더욱 견고해졌습니다.

휴먼 에러 방지에 앞장섰던 문제의식

3학년 때 생산관리 과목을 듣고 생산 현장에 관심이 생겼습니다. 현장을 경험하고자 대진엔터프라이즈라는 작은 제조업체에서 여름방학 기간 일했습니다. 완제품 포장 및 납품 보조를 주로 했습니다. 그러던 중 영업부 직원의 실수로 납기 차질을 빚은 적이 있었습니다. 100% 주문 생산 방식인 회사는 영업에서 전달하는 고객 요구 사양 정보가 중요했습니다. 그런데 한 영업부 직원이 제품 사양을 잘못 전달하는 바람에 고객 요구와 다른 제품이 만들어졌고 회사는 손실을 입었습니다.

이후 같은 휴먼 에러의 재발생을 막고자 현장에 큰 판서를 설치해 진행 중인 작업 내용을 적어두도록 하여 사람들이 볼 수 있게 할 것을 건의했습니다. 그 결과, 현장 옆 사무실의 영업부 직원들이 중간중간 작업 내용을 점검할 수 있었고 실수 방지에 도움이 되었습니다. 이 경험으로 업무 개선은 작은 것부터 시작된다는 것을 배웠습니다.

회사 최초로 생산관리 업무를 매뉴얼화한 박장호

팹리스에서 생산관리 업무 당시 업무 매뉴얼을 수립했습니다. 당시 회사는 업무 매뉴얼이 없었고 오가는 메일을 읽고 업무를 파악하는 분위기였습니다. 하지만 이런 방식으로는 업무 이력을 잘 모르는 사람이 문제 상황 발생 시 신속하게 대처하기 힘들었습니다. 따라서 업무 진행에 필요한 지식을 집대성해 문서화하는 목표를 세웠습니다.

우선 팀 업무 절차, 10개 협력 업체별 담당자 정보를 기록했습니다. 그 후, 타 부서 선배님들께 양해를 구해 커피를 대접하며 생산관리 업무에 필요한 부분에 대해 강의를 들었습니다. 이런 식으로 제품기술팀을 시작으로 연구개발팀까지 5개 유관 부서 선배님들께 각각 강의를 들었습니다. 이를 통해 각 부서의 업무 절차와 관리 항목을 집중적으로 파악해 기록했습니다. 예를 들면, 'Probe Test' 단계에서 저수율 발생 시 크게 6가지 항목별로 해결 방법이 달랐습니다. 이때 항목별 발생 원인을 파악한다면 단순히 담당자한테 분석을 요청하는 것을 넘어 분석에 드는 시간을 추측할 수 있었습니다. 따라서 신속히 담당자와 협업해 생산 일정에 차질이 생기지 않도록 조치했습니다. 이와 같이 누구도 하지 않았던 업무 매뉴얼을 수립해 회사에 기여할 수 있었습니다. 삼성전자에서도 '업무 history' 기록을 습관화해 문제 상황 발생 시 유사 문제 발생 이력을 검토하고 신속히 대처하는 신입사원 박장호가 되겠습니다.[1498자]

COMMENT 이 교육생의 경우 1,500자 이내의 3개 에피소드를 활용하였다. 대학 시절 최대한 직무와 관련된 경험을 작성하고, 실수와 관련된 에피소드를 활용했다. 성장하고 개선되는 모습을 보여주면 입사했을 때도 쉽게 좌절하여 포기하지 않고 적극적으로 해결 방법을 찾는 인재라는 생각이 들게 하기 때문이다.

6. Essay 3 최근 사회 이슈 중 중요하다고 생각되는 한 가지를 선택하고 이에 관한 자신의 견해를 기술해 주시기 바랍니다. (1000자)

출제의도/작성가이드

에세이 3번은 최근 사회적 이슈에 대한 자신의 견해를 솔직담백하게 작성하되 특정한 정치색을 띄거나 극단에 치우친 주장보다는 열린 결말 혹은 중용의 마인드로 접근하는 것이 좋다. 하나의 주제보다 산업과 연관지어서 견해를 많이 쓸 수 있는 주제를 고르는 것이 좋다.

합격자 샘플 빅데이터가 내포한 문제점과 이를 대하는 올바른 자세

4차 산업 근본 분야로 빅데이터를 꼽을 수 있습니다. 4V로 표현되는 빅데이터는 추천 알고리즘, 머신러닝과 같은 다양한 알고리즘을 통해 분석되어 AI, IoT, 자율 주행과 같은 크게 이슈가 되고 있는 분야를 비롯해 여러 분야에 활용되고 있기 때문입니다. 이러한 빅데이터 분석은 이전에는 다루지 못했던 거대한 데이터를 통해 과거에 어떤 일이 일어났고, 그 원인이 무엇이며, 앞으로 어떤 일이 일어날 것인지 예측할 수 있어 각광받고 있습니다.

하지만 빅데이터는 사생활 침해 문제점 역시 내포하고 있습니다. 예를 들어 디지털 마케팅 회사들은 SNS에 공유되는 개인 사용자들의 사진과 메시지를 광범위하게 수집하여 최신 트렌드 분석 및 타깃 마케팅 활동에 활용하고 있습니다. 이때 이러한 사진과 메시지의 출처인 개인 사용자들은 본인의 콘텐츠가 쓰이고 있다는 것을 알지 못하기 때문에 사생활 침해라는 논란이 야기되고 있습니다.

그러나 빅데이터가 미치는 긍정적 영향 또한 부정할 수 없습니다. 미국 샌프란시스코에서는 빅데이터 활용 범죄 예측 시스템을 통해 우범 지역의 절도 사건을 33%, 폭행 사건을 21% 가량 낮춘 사례가 있습니다. 분석 결과에 따른 범죄 예상 지역 집중 순찰로 달성한 결과였습니다. 앞서 언급한 문제점이 있지만, 그것은 정부와 기업이 명확한 가이드라인을 세우고 데이터를 다루는 최초 단계부터 프라이버시를 보호하는 구조의 구축을 추진해 나가는 '프라이버시 바이 디자인'을 통해 해결해 나가야 한다고 생각합니다. 또한, 기업이 활용할 수 있는 비식별화 데이터 범위에 대한 사회적 합의도 도출해야 할 것입니다.

지금 이 순간에도 데이터는 계속 만들어지고 분석되어 활용되고 있습니다. 데이터가 올바르게 활용되고 인류의 이익에 기여할 수 있도록 관련 법 제도를 개정, 개선해 나가는 것이 다가오는 4차 산업을 맞이하는 올바른 자세라고 생각합니다. 분석은 컴퓨터가 하지만 어떻게 활용할지 결정하는 것은 결국 인간이기 때문입니다.[997자]

COMMENT 최근 사회 이슈에 대해 한 주제를 선택함에 있어 이슈의 정의로 주목을 왜 받았는지, 주요 화두는 무엇인지 서론으로 풀어내어 이슈에 대한 본인 주장으로 이어진다. 각광받는 분야이지만 문제점들을 내세우고 지원자의 생각들을 여러 측면에서 고려해 서술하는 것이 다양한 분석과 사고가 가능한 지원자로 보였을 것이다. 펜데믹 이후 세상은 많은 변화를 겪고 있다. 이동이 제한되고 학교조차 갈 수 없다. 이러한 관점에서 봤을 때 본인의 생각들과 가치관을 항목에 잘 녹여 내었다.

7. Essay 4 본인의 경험 중 다양한 배경과 생각을 가진 사람들과 의견을 조율하여 문제를 해결한 경험에 대해 기술해 주시기 바랍니다. (당시 상황, 본인의 해결 방법, 결과 포함) (1000자)

출제의도/작성가이드

소통에 대해서 작성할 때 중요한 키워드는 역지사지이다. 면접을 갔을 때 면접관이 '소통을 잘하는 것은 무엇이라고 생각합니까?'라고 물어보면 90% 이상은 경청, 공감을 얘기한다. 즉, 소통의 의미를 정확히 이해하지 못하고 소통을 잘한다고 주장하고 있는 것이다. 상대의 입장이 된 상태에서 상대의 니즈를 파악할 수 있는가를 알아보기 위한 문항이므로 이를 중심으로 작성하면 된다.

합격자 샘플

불필요한 의사소통 83% 줄이고 납기 100% 달성

팹리스에서 생산관리 업무 당시 가장 힘들었던 일은 외주 업체와의 생산 일정 조율이었습니다. 협력 업체 유일 고객이 아니었기 때문입니다. 처음에는 하루 6차례 이상 독촉 전화를 했고 결국 업체 영업 담당자와 갈등이 생겼습니다. 이는 생산 차질을 가져왔고 반드시 해결이 필요했습니다. 시행착오 끝에 혼자 고민하기보다 담당자와 대화를 통해 해결해야 한다고 판단했고 개인적으로 연락을 취해 "상황을 같이 해결해 보자"고 제안했습니다.

대화를 통해 문제를 정리하니 구체적 데이터와 일정을 기준으로 협의하지 않았다는 것, 담당자도 경험이 부족한 사원이라 생산관리 지식이 부족하다는 것을 알게 되었습니다. 따라서 다음과 같이 했습니다.

첫째, 최근 3개월 고객사 납품 추세 분석과 MRP 로직으로 담당 20개 제품별 생산 우선순위 및 기한을 파악했습니다. 담당자에게 작업량, 생산 능력을 계산하고 그 둘을 비교해 리드 타임을 도출하는 CRP 로직을 설명했습니다.

둘째, 도출된 리드 타임을 기준으로 '기준 일정'을 제시했습니다. 이를 기준으로 양보와 타협을 하며 우선순위에 따라 일정, 수량에 대해 구체적으로 협의했습니다. 또한, 협력 업체 생산 계획이 매일 오후 4시에 갱신되는 것을 파악했고 반영 필요 사항을 오전에 전달해 반영되도록 했습니다.

정확한 데이터를 근거로 협의하며 업무의 합을 맞추려고 노력한 결과 전화 횟수가 기존 6차례 이상에서 1차례 진행 상황 점검 및 특이 사항 공유로 줄었고, 납기 100%를 달성했습니다. 입사 후에도 위 경험을 바탕으로 차질 없는 일정 관리를 실현하겠습니다.[806자]

COMMENT 전공 분야, 지원 분야와 연관이 있는 경험을 갈등 상황, 문제 인식으로 작성하고, 해결 방안은 우선순위 및 기한 파악 후 기준 일정을 제시한 점, 그리고 그 결과 납기 100% 달성이라고 적극적으로 강조한 부분이 호감을 주었을 것이다.

CHECK POINT

삼성전자 채용 방식에서 보는 2023 채용 트렌드

- '창의성'에 대한 에피소드를 준비하면 창의성 면접에서 도움이 된다. 무에서 유를 창조하는 것만 창의성이 아니다. 가장 손쉬운 방법은 평소에 행동하며 느꼈던 불편한 점들에서 개선점을 찾아내는 것이다. 감자칼, 실리콘 신발끈, 소맥 계량컵 등은 기존에는 없었지만, 좀 더 편한 작업을 위해서 개선한 아이디어 상품이다. 그래도 창의적인 아이디어가 생각나지 않는다면 얼리어답터, 킥스타터, 아이디어 고릴라 등의 사이트를 참고하자.
- 사회 이슈에 관한 항목은 '삼성전자'와 관련된 최근 이슈 및 내용을 확인한다. 단순히 삼성전자 관련 이슈만 찾는 것이 아닌 삼성전자의 제품군과 경쟁사 제품군 비교(예를 들어 갤럭시/아이폰, 삼성 TV/LG TV), 평택 반도체 공장, 베트남에 갤럭시 부품 양산을 위한 공장 설립 등 다양한 검색어를 통해서 삼성전자와의 연관성을 찾아야 한다. 삼성전자의 경우 전 세계의 주목을 받기 때문에 국제 뉴스를 참고하는 것도 도움이 된다.
- 허들 방식을 채택하여 통과 시 이전 단계는 무시, 과거 지원자라도 재지원 가능하다. 재지원할 땐 자기소개서 전체 내용을 바꾸지 말고 1번 항목만 수정하며, 전체 항목의 소제목을 다듬어서 제출하면 된다.
- 이공계(연구개발, 기술, 소프트웨어) 직무 적합성 평가는 전공 공부가 최고의 스펙이 된다. 그렇기 때문에 자기소개서에서 전공 지식이 풍부하다는 것을 알릴 수 있도록 실험, 실습 프로젝트 등을 적는 것이 좋다.

7 | CJ제일제당

기업 소개

CJ제일제당은 CJ그룹에서 식품, 생명 공학 사업 부문을 담당하고 있는 핵심 계열사다. 1953년 제일제당공업주식회사로 시작하여 사업을 확대하다가 2007년 CJ주식회사에서 분할됐다. 현재는 식품 사업, 생명 공학 사업을 두 축으로(Food&Bio) 성장하고 있다. 핵심 가치는 정직, 열정, 창의이며, 이를 바탕으로 최초, 최고, 차별화를 추구하여 핵심 역량을 갖춘 1등이 된다는 'Only One'을 기업 철학으로 하고 있다.

비전과 목표

CJ제일제당은 국내 종합식품 1위 기업으로서, 앞으로는 글로벌 사업을 강화할 예정이다. 이에 '비비고 김치'가 베트남 시장에서 전년 대비 25% 성장한 것을 예로 들 수 있다. 또한, 바이오 사업 부문에서 자원 고갈, 환경 파괴 등 글로벌 환경 이슈에 대응하기 위해 2012년 'Beyond BIO, Renew Earth'로 사업 부문의 비전을 선포했다.

인재상

- **정직하고 열정적이며 창의적인 인재** : 하고자 하는 의지가 있는 반듯함이 있으며 최선을 다하는 인재
- **글로벌 역량을 갖춘 인재** : 글로벌 시장에서 경쟁력 있는 어학 능력과 글로벌 마인드를 지닌 인재, 문화적 다양성을 존중하는 인재
- **전문성을 갖춘 인재** : 자신의 분야에서 남과 다른 핵심 역량과 경쟁력을 갖춘, 자신이 속한 비즈니스의 트렌드에 민감하며 끊임없이 학습하는 인재

기업 리뷰

대기업인 만큼 높은 복지 혜택이 강점이다. CJ 계열사라면 35% 할인이 되는 임직원 카드가 쏠쏠하다. 이외에도 휴식 공간과 헬스장 등 복지에 신경 쓰는 편이다. 분위기는 밝은 편이나 생각보다 보수적인 문화가 남아 있다. 직급이 낮으면 높은 연봉을 기대하기 어려우며 잦은 야근 등 업무 강도는 높은 편이다.

#복지혜택 #계열사할인 #야근 #보수적문화 #높은업무강도 #성장가능성

자기소개서 기출 문제

CJ제일제당 | 2020년 하반기 신입직원 자기소개서

공통 부분 → 인사(HRM), 교육(HRD), SCM, 재경, 생산기술, 공무(engineer), 기획/관리, 구매, 기술마케팅, 수의컨설팅, RA(등록), 품질관리, 환경관리

1. CJ제일제당에 지원하게 된 동기와 여러 지원자들 중 본인이 'ONLYONE' 이라고 생각하는 부분은 무엇인지 작성해 주십시오. (CJ에서 ONLYONE의 의미 참조) (800자 이내)

2. 본인이 지원한 직무 수행시 필요하다고 생각하는 역량을 중심으로 직무를 정의해보고, 해당 직무를 본인이 잘 수행할 수 있다고 판단하는 근거를 기술해 주십시오. (본인의 강점, 가치관, 관련 경험에 근거) (800자 이내)

3. CJ제일제당이 속한 식품 산업군은 급속한 환경의 변화가 이루어지는 시장입니다. 식품 산업군의 지원 직무 Specialist로 어떤 미래를 그리고 싶은지, 본인의 성장 계획을 작성해 주십시오. (800자 이내)

1. CJ제일제당에 지원하게 된 동기와 여러 지원자들 중 본인이 'ONLYONE' 이라고 생각하는 부분은 무엇인지 작성해 주십시오. (CJ에서 ONLYONE의 의미 참조) (800자 이내)

출제의도/작성가이드

CJ제일제당에 대한 열정이 높을수록 회사와 함께 성장해 나갈 수 있기에 지원 동기는 인사담당자들이 주의 깊게 살펴보는 항목이다. 기업의 사업 영역, 가치, 비전, 미션을 통해 자신과의 연관성을 찾아 CJ제일제당에서 자신이 이루고자 하는 바가 무엇인지를 명시한다. 또한, 홈페이지의 직무 소개를 참고해 조직 내에서 자신이 할 수 있는 역할이 무엇인지, 직무를 명확히 이해하고 지원 동기를 작성해야 한다.

합격자 샘플

싱글족의 재미와 만족을 동시에 충족시킨 신입사원 박장호의 비결

사회가 변화하며 소비 트렌드의 초점이 1인 가구에 맞춰지고 있습니다. 간편식 관련된 시장 규모 역시 2조 7천억 원으로 2011년에 비해 3.5배 증가했습니다. 이러한 흐름 속에 국내 최대의 식품회사인 CJ제일제당은 그 위상을 충분히 발휘하고 있고, 거기에 〈집밥 백선생〉, 〈삼시세끼〉와 같은 요리 예능도 강세를 보이고 있습니다. 소비자들의 니즈를 파악하여 맞춤형 냉동 가정 간편식을 출시하는 것으로 대한민국 식탁을 이끌어 나가는 자리에 서 있습니다. 이 분야의 핵심 인재가 되기 위해 '화공양론', '반응공학', '열역학' 등을 수강하면서 공정 관련 공부를 했습니다. 설계 수업의 팀 활동에 적극적으로 참여하여 협업하는 법도 배웠습니다. 간편식은 빠르고 든든하게 배를 채울 수 있다는 장점으로 소비자들을 사로잡았지만, 똑같은 패턴에 똑같은 맛만 제공하기 때문에 쉽게 질릴 수 있습니다. 이에 '3분 믹스 레시피'를 제안합니다. CJ제일제당 홈페이지에는 본사 제품을 활용한 요리 레시피를 제공하고 있지만, 시간이 걸리고, 손재주가 없다면 실패할 가능성도 있습니다. 하지만 '콤비네이션 피자'와 '고메 스테이크'를 합쳐 '스테이크 피자'를 만드는 것처럼 기존 상품들을 재결합하여 새로운 음식을 만들어 낸다면 판매가 저조한 상품의 매출 증대와 고객들의 흥미를 유발하여 제품별로 판매 시너지 효과를 낼 수 있습니다. 이처럼 아이디어를 제안하고 전문적 지식을 함양하여 CJ제일제당의 매출을 증진시키는 방법을 연구하는 신입사원 박장호가 되겠습니다. [785자]

COMMENT CJ제일제당의 주력 상품을 1인 가구 트렌드 및 요리 예능과 연관시키는 통찰력을 보여주었고, 본인의 전공을 살려 확실한 직무 방향을 설정하였다. 또한 자연스럽게 CJ제일제당에서 특히 좋아하는 홈키트 사업과 관련된 실현 가능한 아이디어를 제시, 추가적인 수익 창출에 대해서도 언급했다. 트렌드를 파악하는 넓은 시야로 주위를 관찰하여 수익을 낼 수 있는 아이디어를 제공할 수 있는 사람이라면 진정한 인재라고 생각하지 않을까?

2. 본인이 지원한 직무 수행 시 필요하다고 생각하는 역량을 중심으로 직무를 정의해보고, 해당 직무를 본인이 잘 수행할 수 있다고 판단하는 근거를 기술해주십시오. (본인의 강점, 가치관, 관련 경험에 근거) (800자 이내)

출제의도/작성가이드

직무를 선택하게 된 이유를 작성할 때는 자신의 경쟁력 위주로 작성해야 한다. 그리고 직무 수행의 어려움을 작성할 때는 업계 시각 및 직무의 전문가로 성장하는데 장애 요인이 될 요소들을 작성하도록 한다. 여기서 주의할 점은 '배워서 성장하려고 한다. 열심히 배울 것이다.'와 같은 자세를 취하지 않는 것이다. 적극적이고 능동적인 자세로 직무 수행 시 생길 어려움을 잘 예측해야 하며 지원자의 강점을 제시해주어야 하는데, 체계적, 목표 지향적 같은 강점들을 강조하면 좋을 것이다. 즉, 단순히 '열심히 한다, 혹은 열정이 있다.' 이런 형태는 지양하고, '어떤 것을 어떻게 하는 장점이 있는데 이런 어려움에 이런 장점으로 이렇게 풀어가겠다.'는 구체적 형태로 작성하도록 한다.

합격자 샘플

소통과 분석력으로 이태원 디제잉 파티에 성공을 이루다

인사 담당에서 필요한 세 가지 역량은 글로벌 소통 능력, 분석력,

그리고 공동의 목표 달성 능력입니다.

대학생 때 이태원 라운지 바에서 디제잉 파티를 주최하여 300명의 방문객과 150만 원의 입장료 수익을 얻은 경험이 있습니다. 이태원에서 디제잉을 하고 싶다는 동아리원들의 요구가 많았습니다. 그러나 아마추어인 대학생들에게 기회란 없었습니다. 열망을 이루기 위해 바의 개업 시간에 방문하여 사장님께 동아리의 특성을 설명하고 만들어 놓은 음악 세트를 들려주면서 장소에 맞는 디제잉을 어필했습니다. 이태원 클럽의 특성을 파악해 사장님께 동아리에 외국인 회원이 많은 점과 외국인 친구를 많이 초대할 수 있다는 것을 강조했습니다. 처음엔 부담스러워 하시던 사장님께서 제 적극적인 행동과 구체적인 제안에 허락하셨습니다. 대신 업계 관습대로 입장권 만 원에 무료 음료 한잔으로 안정된 수입을 원했습니다. 그러나 재미로 오는 파티에 입장료로 만 원을 낼 의향이 있는 대학생이 많지 않다는 것이 현실인 점을 사장님께 말씀드리며, 무료 음료를 없애고 입장료를 오천 원으로 낮추는 대신 고객들이 바에서 원하는 술을 주문하는 것을 제안했습니다. 그 결과 파티는 총 300명의 방문객과 150만 원의 입장료 수익, 라운지 바는 약 300만 원의 술 매출을 이루고, 사장님도 만족하셨습니다. 이를 바탕으로 사람들과의 소통, 니즈를 충족시키는 법에 대한 분석, 공동의 목표를 위한 자원 확보에 자신이 생겼습니다. 이처럼 CJ제일제당에서도 소통 능력으로 국내외 직원들과 조직 전체의 필요를 채우는 박장호가 되겠습니다.[792자]

COMMENT 소통 능력, 분석력, 목표 달성 등 눈에 띄는 성과는 가점 요인이다. 300명, 150만 원, 300만 원이라는 구체적인 수치는 글의 신뢰성을 높여준다. 어떻게 수치를 인정받고, 소통하였는지에 대한 구체적인 이야기를 자세하게 풀어서 작성하였다. CJ제일제당이 추구하는 행동 원칙으로 정직·열정·창의·존중을 중요로 여기고 있어, CJ제일제당 인사담당자는 이러한 소통 능력, 전체를 보는 분석력을 좋게 평가했을 것이다.

3. CJ제일제당이 속한 식품 산업군은 급속한 환경의 변화가 이루어지는 시장입니다. 식품 산업군의 지원 직무 Specialist로 어떤 미래를 그리고 싶은지, 본인의 성장 계획을 작성해 주십시오. (800자 이내)

CJ제일제당의 비전은 건강, 즐거움, 편리를 창조하는 글로벌 생활문화기업이다. 입사 후 포부가 아니라 전문성을 갖기 위한 구체적인 노력과 계획을 기술해야 하는 항목이다. 국내외 식품 산업의 환경 변화에 대해 거시적인 안목으로 먼저 접근해야 한다. 직무 수행자로서 성장하기 위해 자세한 계획을 작성한다.

HMR 시장에 걸맞은 인재를 확보하는 인사관리자

합격자 샘플

1인 가구의 증가, 55세 이상 10끼 중 4끼는 혼밥, 편리함과 다양성을 동시에 추구하는 등의 소비자 추세에 의해 HMR 시장은 점점 커지고 있습니다. CJ제일제당은 출시 100일 만에 비비고 죽 누적 판매량 500만 개 돌파 및 냉동 죽 시장 점유율 1위 달성, 비비고 밥 출시 3년 만에 500억 매출 달성, 만두 제품 해외 매출 비중 50% 돌파 등 HMR 시장에서 식품의 종류를 가리지 않고 강세를 보입니다. 식당 식품에 버금가는 품질의 간편식을 만드는 개발자들과 품질관리자들, 소비자를 끌어들일 수 있는 전략을 짜는 마케터, 현지 정서를 잘 알아서 해외에 맞는 판매 전략을 수립하는 해외 인재 등 모든 직무에 인재들이 필요합니다.

식품 업계에서 가장 큰 약진을 보이는 CJ제일제당의 성장 가능성을 믿기에 인사담당자로서 CJ제일제당의 성장을 돕고 싶습니다. 인간 행동의 동기를 궁금해하는 성격, 심리학 전공, 그리고 삶의 경험들을 종합해 봤을 때 인사 직무가 가장 잘 맞는다는 결론을 내렸습니다. 또한, 월간 HR Insight나 HRD 전문가의 유튜브 채널을 구독하면서 인사 관련 최신 지식을 쌓고 있습니다. 채용, 수행-평가, 보상 관리를 단위로 AI를 이용하여 관리하는 것을 제안합니다. 인사의 현 상황을 한눈에 보이는 그래프나 표의 형식으로 제시, 인재 풀 분석의 시간 단축, 수행과 평가의 동시 진행 등 AI를 이용하면 더 효율적이고 효과적으로 인재를 관리할 수 있습니다. 이처럼 사회와 직무의 트렌드를 반영하는 지식으로 CJ제일제당의 매출 증진에 기여하겠습니다. [799자]

COMMENT 인재상과 자신의 기업 가치관에 적합한 사람이라는 것을 어필해야 한다. 직무와 관련하여 어떤 지식과 능력을 적극적으로 제시해야 하는데 AI 이용 관리 제안과 그래프나 표의 형식 제시 등 트렌드를 반영한 자세한 계획들을 담아 인사담당자로부터 호감을 얻었다.

CHECK POINT

CJ제일제당 채용 방식에서 보는 2023 채용 트렌드

- 직접 CJ제일제당 제품을 판매하는 매장을 방문해서 주력 판매 상품을 숙지하고 어떤 아이디어로 매출을 증대할 것인지 생각해본다. 편의점과 일반 마트, 대형 마트의 가격 차이, 경쟁사 제품과의 차별성, 대형마트 PB제품에 대항하는 법 등을 고려하면 현실적으로 실현 가능한 아이디어로 연결하기 좋다. CJ제일제당은 국내 1위 기업인 만큼 주위에서 찾을 수 있는 상품이 다양하다. 저자의 경우에도 밀가루를 구매할 때 백설을 이용할지 곰표를 이용할지 고민한다. 이 외에도 다양한 상품과 경쟁 상품이 있기 때문에 경쟁사와의 차별성을 강조하며 글을 풀어나간다면 실무 능력을 겸비한 인재로 인정받을 것이다.
- 세계 시장으로 사업을 확장해 나가는 만큼 글로벌 역량을 어필하는 것이 도움이 된다. CJ제일제당과 같은 시장을 공유하는 해외 경쟁사에 대한 지속적인 관심과 연구, 글로벌 스탠더드에 걸맞은 지원자의 노력과 역량 등을 어필하면 가점을 받기에 유리하다.
- 설탕 제조 사업을 시작을 필두로 회사가 성장했지만, 현재는 식품과 생명 공학 사업을 축으로 사업을 확장해 나가고 있다. 이 중에서 본인이 가장 관심 있는 분야 하나를 구체적으로 파고들고, 그 외의 사업군을 연관시킨다면 기업과 직무에 대한 폭넓은 이해와 전문 역량을 갖춘 인재로 보일 수 있다.
- 스펙보다는 실무 능력을 중시한다. 아르바이트, 인턴 경험을 통해 본인이 지원한 직무와의 연결고리를 찾고, 아르바이트 중 CJ제일제당 제품을 이용하면서 아쉬웠던 점, 경쟁사 제품과 비교했을 때 들었던 느낌들을 활용하여 향후 발전 방향과 개선 방향을 제시하는 방향으로 작성해 입사 전부터 준비된 인재임을 어필하자.

"Life is Good LG"

기업 소개

LG그룹 계열사 중 가전제품, 정보통신기기를 제조·판매하는 업체이다. 주로 에어컨, 냉장고, 세탁기, 청소기, TV 등을 생산한다. LG전자의 모태는 1958년 설립된 금성사이며 국내 최초로 흑백 TV, 에어컨, 세탁기를 생산한 이력이 있다. 1995년 LG로 사명을 변경한 후 글로벌 확장을 시도하며 세계 최초의 핸드폰용 블루투스 헤드셋 출시, 세계 최대 곡면 울트라 HD TV 개발 등 기록을 만들어 나가고 있다.

비전과 목표

고객을 위한 가치창조, 인간존중의 경영을 LG의 행동 방식인 정도경영으로 실천함으로써 '일등 LG' 달성을 목표로 삼고 있다. 비전은 'LG의 비전으로 시장에서 인정받으며 시장을 앞장서 가는 선도기업이 되는 것'이다. 이처럼 LG전자는 단순 가전제품 제조기업을 넘어서 다양한 제품군으로 전 세계 홈 엔터테인먼트 산업을 이끌고 있다.

인재상

* **꿈과 열정** : 꿈과 열정을 가지고 세계 최고에 도전하는 인재
* **고객과 혁신** : 고객을 최우선으로 생각하고 끊임없이 혁신하는 인재
* **자율성과 창의성** : 팀워크를 이루며 자율적이고 창의적으로 일하는 인재
* **꾸준함과 정정당당** : 꾸준히 실력을 배양하여 정정당당하게 경쟁하는 인재

기업 리뷰

가족적인 분위기와 부드러운 조직 문화로 개인의 생각을 자유롭게 표출할 수 있다. 대기업이라는 네임밸류와 그만큼의 복지 시스템이 잘 되어 있다. 보고 체계가 다소 비효율적이고 부서별 업무 편차가 큰 편이다. 인사 적체의 경향이 있고 연봉 인상률이나 성과급에 대한 만족도가 낮다고 평가된다.

#가족적분위기 #좋은복지 #업무강도복불복 #네임밸류

자기소개서 기출 문제

LG전자 | 2020년 하반기 신입직원 자기소개서

1. My Competence 본인의 역량과 열정에 대하여 본인이 지원한 직무와 관련된 지식, 경험, 역량 및 관심 사항 등 자신을 어필할 수 있는 내용을 구체적으로 기술해주시기 바랍니다. (핵심 위주로 근거에 기반하여 간략하게 기술 부탁드립니다.) (1000자)

2. My Future 인턴십 수행을 통해 본인이 향후 얻고자 하는 바에 대해 구체적으로 기술해 주시기 바랍니다.(500자)

자기소개서 항목별 작성법

1. My Competence 본인의 역량과 열정에 대하여 본인이 지원한 직무와 관련된 지식, 경험, 역량 및 관심 사항 등 자신을 어필할 수 있는 내용을 구체적으로 기술해주시기 바랍니다. (핵심 위주로 근거에 기반하여 간략하게 기술 부탁드립니다.) (1000자)

이 항목을 통해 지원 직무에서의 잠재 능력을 확인할 수 있기 때문에 인사담당자가 가장 관심을 가지는 항목이다. 직무를 수행하기 위한 핵심 역량을 선정하여 직무와 직접 연관된 자신의 경험, 노력이 있는 사례를 구체적으로 서술하면 된다. 전공 지식, 프로젝트 등 지원 직무에 대한 역량과 경험을 통해 회사 업무 시 성과를 낼 수 있는 사람이라는 것을 어필해야 한다.

합격자 샘플

"분석력, 더 나아가 고객의 마음까지"

제가 LG전자 한국영업본부 Sales 분야에 지원하게 된 동기는 영업이라는 직무를 통해 고객과의 접점을 만들고, 이를 바탕으로 LG전자와 미래를 함께 하기 위해서입니다. 대형마트에서 맥주 진열 아르바이트를 하면서 국내 맥주와 세계 맥주의 진열 위치 및 매장 내 동선을 파악하고, 고객들이 자주 문의하는 맥주를 조사하였습니다. 주로 잘 나가는 맥주나 이벤트 맥주에 대한 문의였고, 실제로 창고에서 부족한 맥주가 무엇인지 확인하였습니다. 이런 정보를 토대로 일별 판매량을 분석하여 주류담당자님께 인기 맥주에 대한 추가 발주를 제안하였습니다. 그 결과 기존 주말 대비 150%의 매출 향상에 기여한 경험이 있습니다. 고객의 목소리를 전달했던 경험부터 여러 시장을 분석했던 경험이 현장에 대한 분석력과 데이터 활용 능력을 갖추어야 하는 직무인 국내 영업에 적합하다고 생각합니다. 우선 고객과 상권 관리 등 영업의 기반이 되기 위한 분석력이 필요합니다. 기초 과학 중 수학을 전공하여 문제 해결 능력과 논리력을 기를 수 있었고, 통계 과목을 통해 데이터의 정량적 분석과 유의미한 데이터 도출 방법을 배울 수 있었습니다. 이를 바탕으로 아르바이트를 할 때 최대한 효율을 내는 방법을 실제 업무에 적용했습니다. 또한, 교내 학회 활동을 통해 다양한 산업에 대한 포괄적인 분석을 할 수 있었고 개별 기업의 사업 시나리오를 통해 미래 수요 예측으로 다양한 사업 전략을 구상할 수 있었습니다. 이러한 경험으로 리서치 인턴을 수행 중 직접 발로 뛰며 실제 산업에 대한 전문가의 의견도 들을 수 있었고, 좀 더 세밀하고 정확한 정보와 구체적인 전략을 제시하며 회사의 미래 투자에 밑거름이 되기도 했습니다. 이러한 경험을 바탕으로 최적의 상권 분석과 고객의 목소리를 통합하여 모두가 만족할 수 있는 LG전자를 만들 수 있도록 노력하겠습니다. [926자]

COMMENT 항목에서 요구한 사항을 결론 위주로 서두에 제시한 점이 좋다. '고객과의 접점'을 왜 만들고 싶었는지도 제시하면 더욱 좋은 호감을 줄 것이다. 전공이 지원 직무에 어떻게 쓰일 수 있는지 적극적으로 제시한 부분과 단순 판매나 영업의 일반 사례보다 산업에 대한 분석 경험을 제시한 점이 호감을 준다.

2. My Future 인턴십 수행을 통해 본인이 향후 얻고자 하는 바에 대해 구체적으로 기술해 주시기 바랍니다. (500자)

출제의도/작성가이드

이 항목은 입사 후 포부로 생각하면 된다. '입사하여 직무 관련 능력 향상이나 업무를 잘하기 위해 어떻게 하겠다.'라고 직무와 관련해서 작성하는 것이 좋다. 작성할 때의 포인트는 실제로 입사해서 어떤 역량을 발휘하고 싶은지, 달성하고 싶은 목표는 무엇인지 등 실천하고 싶은 내용을 막연하게 작성하지 말고, 구체적인 입사 의지를 제대로 어필해야 한다.

합격자 샘플 "12,000명의 목소리, 박장호의 영업 바탕이 되다"

고객 영업의 최전선인 리서치 업무를 6개월 동안 했습니다. 스마트폰 사용 고객 12,000여 명의 의견을 들었는데, 적극적인 홍보와 주변에 노출이 많이 되는 상품을 이용한다고 응답한 고객이 80%가 넘었습니다. 고객들에게 친숙한 상품이 실제 구매로 이어진다는 사실을 알았습니다. 이에 이동식 체험형 매장 운영을 제안합니다. LG전자의 다양한 전자제품을 실은 컨테이너 차량을 이용하여 잠재 고객인 주부님들을 잡기 위해 대형 아파트 단지를 대상을 순회하고, 실제로 체험하는 방식의 부스를 운영한다면 소비자의 적극적인 체험이 실구매로 이어지는 효과를 볼 수 있을 것입니다. 이를 통해서 잠재적 고객 확보와 고객의 요구를 적시에 파악하고, 탁월한 분석력과 문제 해결 능력을 바탕으로 인사이트를 제시해 미래의 가전 시장을 선도할 수 있는 LG전자가 되는데 도움이 되는 영업전문가가 되겠습니다.
[469자]

COMMENT 고객과의 소통은 영업에서 요구하는 필수 역량이다. 이를 리서치 인턴에서 얻은 구체적인 수치를 통해 자연스럽게 고객 응대 기술 습득 및 숙달로 연결시켰다. 유사 경험을 통해 해당 지원자의 빠른 업무 적응과 조기 퇴사 방지까지 생각할 수 있게 하였고, 인사담당자 역시 이러한 인재를 쉽게 넘기지는 않을 것이다. LG전자가 바라는 인재상은 신념과 실행력을 겸비한 사람이다. 위 지원자는 고객을 최우선으로 생각하고 끊임없이 혁신하는 LG전자의 인재상과 일치한 점을 볼 수 있다.

CHECK POINT

LG전자 채용 방식에서 보는 2023 채용 트렌드

- 유럽 및 중동으로 프리미엄 가전 시장을 본격적으로 준비하므로 해외에서의 근무에 대한 의지, 열정을 강조한다. 이와 관련해서는 지방에서 활동했던 경험, 지방 출장 등을 바탕으로 적응력이 뛰어난 인재임을 어필하면 가점을 얻을 수 있다.
- 핵심 사업과 비전, 인재상, 직무에 관한 정보를 숙지해야 한다. 특히 LG전자의 최신 이슈에 지속적인 관심을 가져야 한다. 삼성전자와 LG전자의 양강 구조, 세계로 눈을 돌리면 중국의 저가 상품, 샤오미의 급성장은 위협으로 다가올 수 있는 요소이므로 이를 현명하게 해결하는 방법을 언급한다면 통찰력 있는 인재로 두각을 나타낼 수 있다.

9 | 롯데코리아세븐

"7-Eleven은 고객의 만족을 위해 존재합니다."

기업 소개

코리아세븐은 1989년 편의점 세븐일레븐을 처음 국내에 들여와 한국 최초 편의점 1호를 개점했다. 1994년 국내 최고의 유통 노하우 및 인프라를 자랑하는 롯데에서 인수하여 경영하게 되면서 고도성장의 기반을 탄탄히 다져나갔으며 2000년 코오롱 유통에서 운영하던 편의점 로손(LAWSON) 248개 점을 인수하였고, 이후 공격적인 점포 확장을 계속하여 2001년 12월 말 편의점 최초는 물론, 다점포를 기본으로 하는 프랜차이즈 업계 최초로 1,000호점을 달성하게 되었다.

편의점 업계를 선도하는 선두 주자로서 타 경쟁사 등에서 쉽게 따라 할 수 없는 과감한 전진과 투자를 하고 있으며, 새로운 상품과 서비스 개발로 고객의 변함 없는 생활 Station으로서 자리 잡기 위한 노력을 계속하고 있다. 2017 대한민국 퍼스트브랜드 대상 편의점 부문 1위(3년 연속)를 수상했다.

비전과 목표

세계 1등의 자부심, 대한민국 1등 편의점이란 비전을 가지고 도전적인 마인드로 영리하게 일하고 정정당당한 실행으로 신나게 동반 성장한다는 핵심 가치(새로운 길을 가는 도전 : 일을 대하는 마인드, 일을 즐기는 스마트 : 일하는 방법, 정정당당한 실행 : 일의 결과에 대한 자세, 신나는 동반 성장 : 이해관계자를 대하는 태도) 아래 일상의 행복을 충전시키는 해피 리더를 미션으로 삼고 있다.

인재상

- **고객 지향** : 일상의 행복을 충전시키는 인재
- **창의와 혁신** : 새로운 길을 가는 도전적인 인재
- **정직성** : 정정당당하게 실행하는 인재

기업 리뷰

롯데 대기업 계열 타이틀과 계열사 할인 등의 복지가 있다. 튼튼한 인사 제도로 고용이 안정적이며 트렌디한 상품을 경험할 수 있다. 유통업, 특히 CSV에 대해 A to Z까지 경험해 볼 수 있다. 영업 실적에 대한 스트레스와 수직적인 업무 환경이 단점이다. 투명한 업무 체계와 복리 후생이 필요하다.

#고용의안정성 #전도유망한편의점사업 #복리후생필요 #수직적기업문화

자기소개서 기출 문제

롯데코리아세븐 | 2020년 하반기 신입직원 자기소개서

1. 지원 동기 : 코리아세븐에 지원한 이유에 대해 설명하여 주십시오. (500자)

2. 역량 : 영업관리자로 성장하기 위한 본인만의 경쟁력 및 보유 역량에 대해 설명하여 주십시오. (500자)

3. 입사 후 포부 : 입사 후 코리아세븐에서 이루고 싶은 포부에 대해 기술하여 주십시오. (500자)

4. 방문 후기 : 인근 세븐일레븐 점포 방문 후, 그 후기를 적어주십시오. [일주일 이내, 점포명, 방문시간 기재 포함] (500자)

5. 기타 사항 : 자기소개서에서 기술하지 못한 내용이 있다면 기술하여 주십시오. (500자)

1. 지원 동기 : 코리아세븐에 지원한 이유에 대해 설명하여 주십시오. (500자)

출제의도/작성가이드

'왜 코리아세븐이어야 하는가?'에 대한 답이다. 따라서 구구절절한 회사의 이미지 혹은 정보를 이야기하는 것은 크게 의미가 없다. 기본적인 기업 분석을 바탕으로 차별화된 기업 지원 동기가 명시되어야 한다.

합격자 샘플

"회사도 시장도 고속 성장, 반할 수밖에 없습니다"

회사를 지원하기 전, 재무재표, 신문기사를 통해 그 회사와 타겟 시장의 지속 가능성을 먼저 확인합니다. 타겟 업계의 성장 가능성은 경영이 지속 가능하고 역량을 지속적으로 발전시킬 수 있는가로 연결되기 때문입니다. 이러한 면에서 코리아세븐은 차별화된 경쟁력으로 매년 높은 성장률을 기록하고, 세븐카페, 도시락카페 등 시장을 선도하는 Issue Maker로서의 역량을 가졌기에 지원했습니다. 그 이상의 의미를 이제 현장에서 고객에게 전달해주어야 하는 것이 중요할 것입니다. 저는 주어진 가능성이 아니라 가능성을 스스로 찾는 사람이 되고자 노력했습니다. 영농아인 자립 재활 프로젝트를 진행할 당시, 기업 후원을 받기 위해 독창적인 스토리텔링 전략을 구축함으로써 후원 성과를 얻을 수 있었습니다. 주어진 정보와 가능성에 한정할 것이 아니라 스스로 매출 증가의 기회를 찾아가는 신입사원이 되겠습니다. [471자]

COMMENT 평소 관심있는 태도를 통해 충성심을 보여주어 가능성이 있는 지원자임을 어필했다. 중간에 간단하지만 독창적인 스토리텔링 전략을 구축해서 후원 성과를 낸 것과 스스로 업계 전망, 최근 이슈 및 동향 등을 통해 회사와 함께 같은 곳을 바라보며 성장해갈 인재임을 피력한 점이 눈에 띈다.

2. 역량 : 영업관리자로 성장하기 위한 본인만의 경쟁력 및 보유 역량에 대해 설명하여 주십시오. (500자)

출제의도/작성가이드

역량, 즉 직무 강점에 대한 질문이다. 자신의 경험 중에서 해당 직무에 대한 강점이 있다고 말할 수 있는 근거가 무엇인지를 명확하게 작성하는 것이 좋다. 현재형으로 능력이 없더라도 추후에 자신이 직무를 충실하게 수행할 수 있다는 근거를 이야기하는 것도 하나의 방법이 될 수 있다.

합격자 샘플

주인의식을 가진 박장호의 매출 3배 달성기

2017년 유니클로에서 근무할 당시 주인의식을 발휘하여 매출을 3배 올려 모범 매장을 만들었습니다. 신상 팬츠가 발매되었으나 판매량이 낮아 목표 매출액 달성이 어려웠습니다. 판매량 향상 방안 모색을 위해 다른 의류 브랜드 10군데 이상을 돌아다니며 고객을 사로잡는 VMD부터 유행 컬러, 진열 방법 등을 꼼꼼히 시장 조사하고 매장에 맞게 반영했습니다. 상품의 위치를 들어오자마자 볼 수 있는 입구 중앙으로 옮기고, 매출을 견인할 수 있는 카디건과 두 상품을 더욱 어필할 수 있는 마네킹을 설치해 두었습니다. 그 결과, 일일 팬츠 판매량이 3배로 증가했고 함께 매치했던 카디건의 판매율 또한 급증했습니다. 단기간에 비인기 상품의 판매 급증으로 모범 사례가 되어 전 점포의 판매 지침으로 공유가 되기도 했습니다. 영업관리 업무에서도 스스로가 최고 경영자라는 주인의식으로 점포를 관리하고 매출을 증가시킬 수 있는 판매 방안을 지속적으로 제안하겠습니다.[497자]

COMMENT 이 항목을 통해 목표의식을 강조하고, 자신의 커리어 패스 속에 코리아세븐의 성장도 포함되어 있다는 것을 확실하게 어필해야 한다. 달성했던 기한과 성과를 수치로 표기했고, 결과를 이루기 위한 전반적인 행동 계획 액션 플랜을 함께 풀어냈다. 이번 코리아세븐에서는 고객 지향과 창의, 혁신, 정직성을 추구하고 있어 위 항목에서 인재상에 맞는 지원자로 인식되었을 것이다.

3. 입사 후 포부 : 입사 후 코리아세븐에서 이루고 싶은 포부에 대해 기술하여 주십시오. (500자)

출제의도/작성가이드

구체적이고 객관적인 단어 표현을 하는 것이 좋다. 추상적이고 주관적인 단어 사용은 결국 지원자의 분명한 자기 개발을 보일 수 없다.

합격자 샘플 **"이윤을 넘어선 인연을"**

　첫째, 원활한 커뮤니케이션을 통해 본사와 가맹점 사이의 의견 조율로 성과에 기여하겠습니다. 3년간 유니클로 점장 대행자로 관리를 맡아 다양한 고객을 접하고 클레임 대응 및 OJT 등을 통해 소통 능력을 익혔습니다. 점주와 끊임없는 소통으로 문제점을 해결하고, 회사 방침을 바탕으로 각 점포별 판매 계획을 수립해 매출을 향상시키겠습니다. 둘째, 주변 상권 및 고객 분석을 통한 상품 구성과 레이아웃을 작성해 팔리는 점포를 만들겠습니다. 입사 후 점포 관리의 흐름과 세븐일레븐만의 영업 지침을 익히고, 이를 바탕으로 FC로 성장하겠습니다. 셋째, 끊임없는 아이디어를 제시하겠습니다. 급증하는 1인 도시락 차별화를 위해 단품 반찬과 각종 소스들을 1인분으로 만들어 진열해 기호에 따라 도시락을 만드는 'DIY도시락'을 제안하겠습니다. 기본 반찬 및 제철 반찬을 기간 한정으로 제공함으로써 선택을 다양화해 고객의 기대치를 높이고 고객 만족을 실현해 세븐일레븐만의 경쟁력을 갖추겠습니다. [496자]

COMMENT 신입으로 지원하는 취준생들은 자기소개서의 입사 후 포부를 거창하게 생각하지 말고 자신이 지원하는 직무에 대해 잘 알고 쓰는 것이 좋다. '내가 선임(회사)이라면 이런 후임과 계속 일하고 싶다'라는 생각이 들면 오케이다. 직무적으로 어떤 변화, 어떤 시도, 어떤 업무를 배우고자 하는지를 지원자의 경험을 바탕으로 설명했고, 기여할 점도 첫째, 둘째, 셋째로 분명하게 드러냈다.

4. 방문 후기 : 인근 세븐일레븐 점포 방문 후, 그 후기를 적어주십시오. [일주일 이내, 점포명, 방문시간 기재 포함] (500자)

출제의도/작성가이드

요즘 리테일 기업들의 특징 중 하나가 바로 '방문 후기'에 관한 문항이다. 실제로 기업 방문을 통해서 지원 기업의 장단점을 파악하여 지원자의 열정이나 역량을 가늠하는 문항이다. 따라서 유사 리테일 기업들의 매장도 방문하여 코리아세븐만의 차별화된 부분들을 잘 파악하는 것이 좋다. 작성 시에는 육하원칙에 근거해 논리적이고 명료하게 작성하는 것이 좋다.

합격자 샘플

20년 3월 20일 오후 9시경 세븐일레븐 서교2호점을 방문했습니다. 들어서자 음악이나 인사도 없었습니다. 입구에 화이트데이를 겨냥했던 초콜렛 집기가 눈에 띄었으나 진열 상품이 10개 미만으로 부족해 보였고, 저녁 시간대를 감안해도 재고 보충이 안 되어 있었습니다. 해결을 위해 첫째, CS 교육을 통한 친절한 서비스와 맞이·배웅 인사를 100% 실시해 서비스에 만족과 재방문하도록 하고, 고객을 의식하고 있다는 것을 알립니다. 둘째, 체크 시트를 실시합니다. 재고, POP, 청소, 유통기한 등을 체크하는 시트를 만들어 시간대별 체크를 통해 실시간 상태 확인 및 상품 보충과 발주, 직원 교대 시 간단한 인수인계도 가능합니다. 셋째, 레이아웃 변경입니다. 불필요한 진열대는 철거, 남은 재고는 기존 초콜릿 집기에 흡수가 우선이고, 주위에 상가와 인가가 공존하고 슈퍼, 대형마트가 없어 생필품을 입구에서 보이는 우위치로 진열한다면 매출 상승에 기여할 것입니다. [481자]

COMMENT 방문 시기나 문제점을 인지하고, 해결책을 제시해 어필했다. 방문했던 시즌이 특수 이벤트 시즌이라는 점, 구매자 입장, 관리자 입장에서 고려했을 때 매장 안의 분위기, 스텝의 맞이, 진열대별 재고와 진열대 위치, 주위 상권 등을 파악하였고, 지원자는 그에 대한 해결책으로 CS 교육, 체크 시트, 레이아웃 변경의 세 가지를 이유와 함께 제안했다. 이 부분은 즉시 실무 투입이 가능한 인재로 파악되었을 것이다. 직무에 따라 영업관리면 품목별 트렌드나 판매 데이터, 제품 정보 등 DB를 활용해 영업 전략을 어필하면 좋을 것이다.

5. 기타 사항 : 자기소개서에서 기술하지 못한 내용이 있다면 기술하여 주십시오.(500자)

출제의도/작성가이드

위 항목에서 어필하지 못한 부분을 이 항목에서 하면 된다. 자신의 강점이나 역량을 드러내는 것이 좋으나 과유불급이니 적당히 작성하도록 한다.

합격자 샘플

"고객의 니즈 파악으로 새로운 요금 체계를 만든 아르바이트생"

타인의 요구를 파악하는 분석력과 공감 능력을 통해 독서실에서 고객 관리 시, 고객들의 니즈를 파악해 새 요금 서비스 체계를 제공하고, 신규 회원 10명을 추가로 가입시킨 경험이 있습니다. 주 고객층은 학원에 다니는 학생과 주말에 이용하는 직장인이었습니다. 이들은 요금 절감을 위해 원하는 요일에만 등원하기 위해 자주 상담을 해왔습니다. 이를 통해 고객들이 시간 부족으로 원하는 시간만 이용하는 것과 요금 절감을 원한다는 것을 파악했습니다. 사장님께 고객들의 니즈 사항을 알려드리고 요일별 요금 체계 설립을 제안했습니다. 이후 해당하는 고객을 관리하는 엑셀 파일을 따로 만들고, 적극적으로 안내와 홍보에 앞섰습니다. 그 결과 10명의 신규 회원이 추가되었고, 주변 6개의 독서실과 차별화로 꾸준한 신규 회원 등록과 해당 요금 체계를 사용하는 연장률이 증가했습니다. 이러한 경험을 통해 고객의 목소리에 귀 기울이고 요구를 파악하는 박장호가 되겠습니다.[500자]

COMMENT 이전 경험에서 얻었던 소통이나 이루었던 업무 성과를 어필해서 고객과 경영주의 신뢰를 얻고, 그것을 기반으로 매출이라는 성과를 도출한 경험 내용을 구체적인 수치와 함께 잘 녹여내었다. 능동적으로 활발히 업무를 수행할 수 있는 역량을 코리아세븐의 인사담당자에게 잘 어필했을 것이다.

롯데코리아세븐 채용 방식에서 보는 2023 채용 트렌드

- 편의점에서 카페 사업까지 진출하며 새로운 시장 개척에 대한 적극적인 의지를 보여주고 있기 때문에 판매 아르바이트를 보유한 지원자는 고객 서비스, 매장 관리, 돌발 상황 대처 능력 3가지 키워드를 이 회사 자기소개서 전체 항목에 골고루 녹여내야 한다.
- 고객들과 가장 가까운 거리에서 언제, 어디서든 이용 가능한 부분을 이해하고 고객들의 반응에 민감하고, 고객들의 입장에서 공감할 줄 아는 인재를 선호한다.
- 세븐일레븐은 지원자의 인성을 중요하게 생각한다. 그렇기 때문에 요즘 성장 과정 항목은 없어지고 있지만, 이 회사의 자기소개서 항목 중 성장 과정 항목이 있는 것이다. 이 회사의 인재상은 고객 지향을 추구하는 회사이기에 사람들과 친하게 지내는 친화력이나 상대방이 기분 나쁘게 했어도 유화적으로 대처했던 사례를 적는 것이 좋다. 그래야 편의점 점주나 아르바이트생과 원활한 관계를 맺을 수 있다.
- 우리나라의 편의점 업계는 세븐일레븐, CU, GS25 등 3개 업체가 치열한 경쟁 상태에 있다.

"Always KT"

기업 소개

유무선 전화, 초고속 인터넷 등 유무선 통신 서비스업을 주요 업종으로 하는 한국 유무선 매출액 1위의 통신 회사. 1981년 한국전기통신공사로 창립하여 2002년 케이티(KT)로 상호를 변경하고 완전히 민영화되었다. 아시아 최초의 첨단 인터넷망과 위성 통신망 구축, 초고속 인터넷 서비스 개시 2년 만에 600만 고객 돌파 등의 기록을 보유하고 있다.

비전과 목표

핵심 가치는 1등 KT, Single KT(전체가 하나같이 움직인다), 고객 최우선, 정도 경영이다. ICT를 기반으로 세계에서 가장 빠르고 혁신적인 통신과 융합 서비스를 제공, 국민의 편익을 도모하는 최고의 국민 기업이 되는 것을 미션으로 하고 있다. 비전은 글로벌 1등 KT이며, 세계적 수준의 디지털 플랫폼 기업으로 변화하는 것을 목표로 하고 있다.

- **1등 KT** : 최고의 품질과 차별화된 서비스로 글로벌 1등을 지향한다.
- **Single KT** : 경청과 협업으로 부서 간 벽을 허물고 전체가 하나같이 움직인다.
- **고객 최우선** : 고객 최우선으로 회사의 모든 역량을 결집한다.
- **정도 경영** : 올바른 의사결정과 윤리적 판단으로 회사의 미래를 도모한다.

인재상

- **끊임없이 도전하는 인재** : 시련과 역경에 굴하지 않고 목표를 향해 끊임없이 도전하며 최고의 수준을 달성하는 인재. 변화와 혁신을 선도하여 차별화된 서비스를 구현하는 인재.

- **벽 없이 소통하는 인재** : 동료 간 적극적으로 소통하여 성장과 발전을 위해 끊임없이 노력하는 인재. KT의 성공을 위해 상호 협력하여 시너지를 창출하는 인재.
- **고객을 존중하는 인재** : 모든 업무 수행에 있어 고객의 이익과 만족을 먼저 생각하는 인재. 고객을 존중하고 고객과의 약속을 반드시 지키는 인재.
- **기본과 원칙을 지키는 인재** : 회사의 주인은 나라는 생각으로 자부심을 느끼고 업무를 수행하는 인재. 윤리적 판단에 따라 행동하며 결과에 대한 책임을 지는 인재.

기업 리뷰

장점이자 단점일 수 있으나 공기업에서 민영화된 만큼 공기업인 분위기가 남아 있다는 평이다. 경쟁사 대비 임직원이 월등히 많은 만큼 급여나 복리 후생은 상대적으로 약한 편이다. 부서별로 차이는 있으나 인원이 많은 만큼 업무 강도는 높지 않으며 인간관계로 인한 스트레스가 적다고 평가된다. 조직 개편으로 다양한 업무를 경험할 수 있으나 장기적 커리어를 쌓기는 어렵다.

#일과삶의균형 #경쟁사대비낮은연봉 #민영화된공기업 #다양한업무경험

자기소개서 기출 문제

KT | 2020년 하반기 신입직원 자기소개서

1. KT 및 해당 직무에 지원한 동기와 KT 입사 후 해당 직무의 전문가로 성장하기 위해 어떤 노력을 할 것인지 구체적으로 기술해 주십시오. (최대 500자 입력 가능)

2. 최근 3년 내 가장 어려웠던 도전은 무엇이었으며, 그 경험을 통해 무엇을

배웠는지 기술해 주십시오. (최대 500자 입력 가능)

3. 공동의 목표 달성을 위한 협업 경험을 본인이 수행한 역할 중심으로 제시하고, 그 경험을 통해 무엇을 얻었는지 기술해 주십시오. (최대 500자 입력 가능)

4. 지원 직무와 관련된 주요 연구/업무 경험 및 보유 역량(skill)에 대해 구체적으로 기술해 주십시오. (최대 1000자 입력 가능)

자기소개서 항목별 작성법

1. KT 및 해당 직무에 지원한 동기와 KT 입사 후 해당 직무의 전문가로 성장하기 위해 어떤 노력을 할 것인지 구체적으로 기술해 주십시오. (최대 500자 입력 가능)

출제의도/작성가이드

일반적으로 지원 동기에서는 입사에 대한 관심과 의지를 드러내고, 이를 바탕으로 향후 이루고자 하는 자신만의 목표를 구체적으로 기술하도록 한다. 우선 지원 동기는 기업 및 직무 지원 동기를 함께 밝히는 것이 좋다. 기업의 최근 이슈 및 과거 주요 사례 등 객관적인 이야기를 소재로 활용하도록 한다. 한편 입사 후 목표는 해당 지원자가 얼마나 해당 기업에 대해 잘 알고 있고, 입사에 대한 의지가 있는지 알 수 있는 지표다. 따라서 지원자들은 최근 신년사, 비전 선포 등을 숙지하고 자신의 직무에 맞게 목표를 기술할 필요가 있다.

합격자 샘플

"산 속에서 터지는 스마트폰, 연결의 소중함"

통신장교로 복무 중 산악 훈련에 참여했습니다. 산악용 통신장비를 사용했지만 산에선 송수신이 원활하지 않아 훈련에 차질이 있어서 통신의 소중함을 깨달았습니다. 전역 후 등산을 즐겼는데 KT 통신망을 이용한 휴대폰은 산 속에서도 통화가 되었고, 위급 상황 시 응급 통화가 가능한 것에 안정감을 느꼈습니다. 네트워크는 모든 IT 인프라의 핵심이자 개인과 사회를 연결하는 기술이라는 점에 매료되었습니다. 통신 기술의 다양성으로 복잡해진 통신망을 유연하게 관리하기 위한 네트워크의 중요성은 더욱 강조될 것입니다. CCNA, CCNP 자격증 취득과 네트워크 온라인 강좌를 통한 독학으로 전문성을 높였습니다. 전국적으로 구축된 망을 보유한 KT의 강점을 활용해 지역별 특화된 산업과 연동 가능한 융합 전략을 세워야 합니다. 입사 후 기존 망의 상호 운용성의 확보 여부에 대해 분석하고 다양한 산업과 연동할 수 있는 안정적인 망을 구축해 KT만의 경쟁력을 높이겠습니다.[497자]

COMMENT CCNP의 경우 차별성을 기대하기는 어렵지만, 국제 공인 자격증으로 취득하는 경우 세계적으로 공인을 받을 수 있다. 차별성을 갖기에 부족한 부분은 사업을 분석하여 4차 산업혁명과 연관시키는 폭넓은 시야를 보여주는 것으로 보충하였다. 실제로 백엔드 개발은 상대적으로 인재 부족에 시달리고, 고정 수요가 있기 때문에 본인의 역량과 능력을 적극적으로 보여주며, 성장 가능성이 있는 인재임을 어필한 훌륭한 사례이다.

2. 최근 3년 내 가장 어려웠던 도전은 무엇이었으며, 그 경험을 통해 무엇을 배웠는지 기술해 주십시오. (최대 500자 입력 가능)

출제의도/작성가이드

자신이 맡은 업무에 대한 이해와 책임감, 직업의식을 묻는 항목이다. 자신이 맡은 일을 끝까지 처리하겠다는 책임감을 바탕으로 빠르게 상황을 판단하고, 대안을 마련하여 문제를 해결하고 추진하는 능력이 필요하다. 지원자의 과거 유사 경험을 통해 이런 능력을 확인하고자 하는 것이니 지원 직무와 연관성이 높은 경험을 선택하고, KT의 인재상 중 하나인 '끊임없이 도전하는 인재'의 의미처럼 시련과 역경에 굴하지 않고 목표를 향해 끊임없이 도전하는 모습이 드러나도록 한다.

"모두가 실패한 LED 광효율 개선 프로젝트에 도전한 박장호"

6개월 동안 한 주제로 연구를 발표하는 정보 통신 프로젝트에서 기존 광효율보다 6.25%를 개선한 경험이 있습니다. 학부 이상의 지식이 필요했기에 주제의 난이도는 높았습니다. 이 난관을 해결 못한 채 중간 평가에서 최하위권을 기록했습니다. 그러나 포기하지 않고 매일 1시간씩 조교님을 찾아가 Light Tools 활용법에 대해 조언을 구했고, 공강 시간을 활용해 주제와 관련된 강의를 듣고 돌파구 마련을 위해 노력했습니다. Light Tools 활용법과 이론을 이해하니 실패 원인을 알았고, 표면의 거칠기 부분에 적용해 기존 광효율을 6.25% 증가시켰습니다. 최종 평가에서 표면 거칠기를 활용한 새로운 방법의 제시가 주제 의도에 정확히 접근했다는 평을 받아 A의 우수한 성적을 얻었습니다. 도전 정신을 바탕으로 문제를 다양한 방식으로 접근한다면 어떠한 난관도 이겨낼 수 있음을 배웠습니다. 입사 후에도 도전하며 역량을 키워나가겠습니다. [500자]

COMMENT 두괄식으로 한눈에 무슨 내용을 썼는지 알 수 있고, 정확히 수치와 사례를 제시해 잘 작성했다. 본인이 취약한 부분을 노력과 도전 정신을 통해 극복하였다는 것을 어필하여 업무에 대한 책임감과 직업의식을 갖춘 지원자임을 알 수 있다. 문제 해결 과정을 구체적으로 적어서 비전공자가 보기에도 이해하기 쉽게 작성했기 때문에 높은 점수를 받았다.

3. 공동의 목표 달성을 위한 협업 경험을 본인이 수행한 역할 중심으로 제시하고, 그 경험을 통해 무엇을 얻었는지 기술해 주십시오. (최대 500자 입력 가능)

출제의도/작성가이드

지원자가 얼마나 같이 일하고 싶은 인재인지, 얼마나 유능한 팀워크를 가진 인재인지 알아보고자 하는 항목이다. 예전 크고 작은 조직에 속해, 혹은 타인과 함께 일정한 목표를 위해 노력하고 달성한 사례를 본인이 수행한 역할, 그리고 경험을 통해 얻은 것을 포함해 성과를 중심으로 작성한다.

합격자 샘플 **"박장호의 리더십, 53명의 부대원을 3위로 만들다"**

본부 중대장을 1년간 수행하며 중대원들과의 팀워크를 바탕으로 전투력 우수 중대에 선정된 경험이 있습니다. 중대원들에게 주인의식을 심어주는 것이 중요하다고 판단했습니다. 참모부 소속 인원이 많아 서로의 업무는 철저하게 분리되어 있었습니다. 팀워크가 발휘될 수 있는 환경을 조성하기 위해 참모부 간부와 협의하여 달랐던 일과 시간을 통일시켰습니다. 또한, 체력이 뒤처지는 중대원의 속도에 맞춰 달리고, 사격 자세를 영상으로 남겨 부족한 부분에 대한 자유로운 토의 진행을 하는 등 연습에 직접 참여하며 중대원들과의 유대감 형성을 위해 노력했습니다. 이러한 노력의 결과, 연대 전투력 평가에서 14개 중대 중 3위를 기록, 전투력 우수 중대로 선정되었습니다. 협업의 중요성을 몸소 체험한 경험을 바탕으로 주어진 업무를 100% 수행하여 KT의 발전에 기여하겠습니다. [453자]

COMMENT 팀워크를 발휘한 과정을 상세하게 잘 썼다. 문제 발생 후 해결책 부분을 쓸 때 해결책 내용을 문제 발생을 서술할 때보다 적게 쓰는 경우가 많은데, 해결책 제시에 더 많은 내용을 기술해 신빙성을 준다. 우수한 인원과 그렇지 못한 인원의 능력 차이를 잘 이해하고, 전체적인 수준을 고려하여 지시하는 모습을 통해 넓게 보는 시야와 팀 전체 능력 향상을 중요시하는 것을 확인할 수 있다.

4. 지원 직무와 관련된 주요 연구/업무 경험 및 보유 역량(skill)에 대해 구체적으로 기술해 주십시오. (최대 1000자 입력 가능)

출제의도/작성가이드

지원자의 경험을 통해 직무에 대한 역량과 적합성을 확인하고자 하는 항목이다. 이 항목을 완벽히 작성하기 위해서는 지원하고자 하는 직무에 대한 사전 분석이 필요하다. 어떤 업무를 담당하는지, 기업 내에서 어떤 역할을 하는 부서인지 등 입사 후 자신이 일할 분야에 대한 이해를 하고 자신의 강점을 어필한다.

"신기술이 두렵지 않은 신입개발자 박장호"

네트워크 관제/운용 업무에는 다양한 상황과 변수를 고려하는 역량이 필요하다고 생각합니다. 기존의 망을 최적으로 유지함과 동시에 새로운 망을 구축하면서 발생하는 돌발 상황에 당황하지 않고 대비하는 능력이 필요하기 때문입니다. 가상의 망을 구축하는 프로젝트를 통해 얻은 경험은 배우지 않은 기술도 현장 상황에 맞게 적극적으로 활용하는 위기 대처 능력을 키웠습니다. 기업의 네트워크망을 가상 구축하는 프로젝트를 진행했습니다. 지사 신축이라는 가상의 상황을 설정하여 고객의 요구를 파악하는 것부터 장비 선택 및 기술 적용까지 망을 구축하면서 필요한 전반에 참여했습니다. 본사와 지사 간 WAN 구간에서의 최적화된 통신 기술 선택에 있어 본사와의 거리, 회사의 규모 등을 고려하고자 Ipsec VPN 기술을 활용하기로 했습니다. Ipsec VPN 기술은 실무 과정을 수료하며 학습하지 않았던 기술이었기에 적용함에 어려움이 있었지만, 그간 학습한 기술을 프로젝트에 적용하여 발생한 문제점을 보완하다 보니 Ipsec VPN 기술이 현 상황에 적합하다고 판단했습니다. 해당 기술을 적용함으로써 프로젝트와 접목이 수월해졌고, GNS 프로그램을 통해 100명 규모의 지사 네트워크망을 구축하는 예상 시나리오를 구현할 수 있었습니다. 그리고 이러한 경험은 새로운 기술을 접하는 데에 있어 다양성을 고려하는 자세를 기를 수 있었던 뜻깊은 시간이었습니다. [716자]

COMMENT 네트워크 관리 직무에 필요한 핵심 역량을 기른 내용을 자세하게 잘 설명했고, 100명이라는 구체적 숫자를 제시해 신뢰감을 준다. IT 분야는 신기술을 직접 적용하지는 않더라도 발 빠르게 대처해야 한다. 커리큘럼에 나와 있지 않은 새로운 기술을 적용하기 위해 노력한 사례는 지원자가 신기술 동향 파악에 관심이 있다는 것을 보여주며, 새로운 도전을 두려워하지 않는 열정을 지녔다는 것을 알 수 있게 한다. 이번 KT에서는 고객 최우선, 준법 경영, 기본 충실, 주인 의식, 사회적 책임을 신윤리 경영 원칙으로 삼았는데, 이에 위 샘플은 그러한 항목들을 토대로 작성되어 있는 점이 좋은 인상을 남겼을 것이다

CHECK POINT

KT 채용 방식에서 보는 2023 채용 트렌드

- KT는 현재 정부에서 통신비 인하를 강조하고 있기 때문에 수익성이 당분간 낮 아질 것이다. 이 회사의 사업군과 연결된 사업 확장 아이디어를 자기소개서에 적는다면 회사의 인재상 중에서 '끊임없이 도전하는 인재'에 적합한 내용이 될 것 이다.

- 최근 주요 대기업 그룹의 공익재단이 설립 목적에 맞는 사업에 지출하는 비용이 낮다는 통계치가 나왔는데 KT 희망 나눔재단도 역시 목적 사업비의 비중이 작다 는 지적이 있었다. 그렇기 때문에 KT의 현황과 새로운 공익 사업을 발굴해 공익 사업을 추진하겠다는 내용을 적으면 좋은 평가를 받을 것이다.

- 현재 인터넷 통신 사업 분야는 포화 상태에 도달해 있다. KT에서 시장 점유율을 높이기 위해 집에서 KT의 인터넷을 이용하고 있다면 서비스 품질과 고객센터에 서 친절도 민원, 만족도를 조사해서 적는 것도 좋은 방법이다. KT를 이용하고 있지 않다면 현재 이용하는 인터넷 회사의 문제점을 구체적으로 적고 KT 인터넷 의 장점을 적으면 된다.

11 | SK하이닉스

"최고의 메모리 기반 반도체 Solution Company"

기업 소개

SK그룹의 계열사 중 하나로 반도체를 제조하는 업체이다. 특히 모바일과 컴퓨터 등 IT 기기에 들어가는 D램(DRAM), 낸드플래시(NAND Flash), CIS(비메모리 반도체) 등을 주요 사업군으로 하고 있다. D램, 낸드플래시 메모리 등의 분야에서 다양한 '세계 최초' 타이틀을 가지고 있으며, 2013년 에는 다우존스 지속가능경영(DJSI) 월드지수에 4년 연속 선정된 바 있다.

비전과 목표

최고의 메모리 기반 반도체 솔루션 기업으로의 도약을 목표로 하고 있다. 현 재 이미 중국, 미국, 영국, 독일, 싱가포르, 홍콩 등 해외 10개국에 판매 법인을 운영하고 있다. 앞으로 PC램, STT-M램, Re램과 같은 차세대 메모리 기술에 대한 준비를 바탕으로 세계 반도체 시장을 선도하기 위해 노력할 계획이다.

인재상

- **Passion** : 항상 높은 의욕 수준과 할 수 있다는 확실한 신념을 가지고 주 도적이고 적극적인 자세로 일을 수행하는 인재.
- **Love** : 모든 일상 경영 활동에 있어 회사, 구성원, 고객에 대한 애정을 가 지고 임하는 인재.
- **Challenge** : 현실에 안주하지 않고 끊임없이 더 높은 수준의 목표를 위 해 도전하고 이를 끝까지 완수해 내려고 하는 인재.
- **Innovation** : 기존 방식에서 탈피하여 다양하고 창의적인 방법을 끊임 없이 모색하고 변화를 주도하는 인재.
- **Integrity** : 명확한 공사 구분과 높은 수준의 정직과 윤리 의식을 가지고

경영 활동에 임하는 인재.

- **Accountability** : 자신이 맡은 업무를 반드시 완수해내고, 그 결과에 대해서는 책임지려고 하는 인재.

기업 리뷰

연봉이 높다. 복지는 두말하면 잔소리이고, 대기업 중에서도 상위권의 급여를 제공하며, 반도체 업계의 호황으로 성장 지속이 예상된다. 또한 고졸, 여성 등 상대적으로 불리할 수 있는 조건을 가진 재직자라도 연봉과 복지에 불합리한 점이 없다. 업무 강도는 부서별로 차이는 있으나 퇴근 시간이 자유롭지 못하며 당번제로 근무한다.

#다양한복지 #차별없음 #3교대근무 #높은연봉

자기소개서 기출 문제

SK하이닉스 | 2020년 하반기 신입직원 자기소개서

1. 자발적으로 최고 수준의 목표를 세우고 끈질기게 성취한 경험에 대해 서술해 주십시오. (본인이 설정한 목표/ 목표의 수립 과정/ 처음에 생각했던 목표 달성 가능성/ 수행 과정에서 부딪힌 장애물 및 그 때의 감정(생각)/ 목표 달성을 위한 구체적 노력/ 실제 결과/ 경험의 진실성을 증명할 수 있는 근거가 잘 드러나도록 기술) (700자 ~ 1000자, 10단락 이내)
* 해당 채용 사이트 자기소개서에서 줄바꿈(엔터)을 할 경우 2글자로 계산되어 자소설닷컴의 글자수와 차이가 발생합니다. 이를 참고하여 자기소개서를 작성해주시길 바랍니다.

2. 새로운 것을 접목하거나 남다른 아이디어를 통해 문제를 개선했던 경험

에 대해 서술해 주십시오. (기존 방식과 본인이 시도한 방식의 차이/ 새로운 시도를 하게 된 계기/ 새로운 시도를 했을 때의 주변 반응/ 새로운 시도를 위해 감수해야 했던 점/ 구체적인 실행 과정 및 결과/ 경험의 진실성을 증명할 수 있는 근거가 잘 드러나도록 기술) (700자 ~ 1000자, 10단락 이내)

3. 지원 분야와 관련하여 특정 영역의 전문성을 키우기 위해 꾸준히 노력한 경험에 대해 서술해 주십시오. (전문성의 구체적 영역(예. 통계 분석)/ 전문성을 높이기 위한 학습 과정/ 전문성 획득을 위해 투입한 시간 및 방법/ 습득한 지식 및 기술을 실전적으로 적용해 본 사례/ 전문성을 객관적으로 확인한 경험/ 전문성 향상을 위해 교류하고 있는 네트워크/ 경험의 진실성을 증명할 수 있는 근거가 잘 드러나도록 기술) (700자 ~ 1000자, 10단락 이내)

4. 혼자 하기 어려운 일에서 다양한 자원 활용, 타인의 협력을 최대한으로 이끌어 내며, Teamwork를 발휘하여 공동의 목표 달성에 기여한 경험에 대해 서술해 주십시오. (관련된 사람들의 관계(예. 친구, 직장 동료) 및 역할/ 혼자 하기 어렵다고 판단한 이유/ 목표 설정 과정/ 자원(예. 사람, 자료 등) 활용 계획 및 행동/ 구성원들의 참여도 및 의견 차이/ 그에 대한 대응 및 협조를 이끌어 내기 위한 구체적 행동/ 목표 달성 정도 및 본인의 기여도/ 경험의 진실성을 증명할 수 있는 근거가 잘 드러나도록 기술) (700자 ~ 1000자, 10단락 이내)

자기소개서 항목별 작성법

1. 자발적으로 최고 수준의 목표를 세우고 끈질기게 성취한 경험에 대해 서술해 주십시오. (본인이 설정한 목표/ 목표의 수립 과정/ 처음에 생각했던 목표 달성 가능성/ 수행 과정에서 부딪힌 장애물 및 그 때의 감정(생각)/ 목표 달성을 위한 구체적 노력/ 실제 결과/ 경험의 진실성을 증명할 수 있는 근거가 잘 드러나

도록 기술) (700자 ~ 1000자, 10단락 이내)

*해당 채용 사이트 자기소개서에서 줄바꿈(엔터)을 할 경우 2글자로 계산되어 자소설닷컴의 글자수와 차이가 발생합니다. 이를 참고하여 자기소개서를 작성 해주시길 바랍니다.

출제의도/작성가이드

지원자의 창의성, 능동적인 모습과 도전 정신, 책임감을 확인하고 해당 직무에 어떻게 적용하고 난관을 인지하며 해결해 나가는지를 통해 문제 해결 능력과 개선 의지 등을 알아보고자 하는 출제 의도가 숨어 있다. 본인이 설정한 목표와 수행 과정에서 부딪혔던 어려움, 그때의 감정, 목표 달성을 위한 구체적인 노력, 실제의 경험을 바탕으로 진실성을 증명할 수 있는 근거가 잘 나타나도록 작성하여 지원자의 적극적인 입사 의지와 태도, 업무 문제 해결 능력을 녹여내면 좋다.

합격자 샘플 끊임없는 도전 정신으로 무장한 '불도저 박장호'

대학 전공수업 중 전파통신실험 강의를 수강하면서 VCO를 설계했습니다. 첫 과제는 주파수를 선택하여 설계하는 과제였는데 설계가 힘든 주파수와 비교적 쉬운 주파수로 나누어져 있었고 대부분 팀은 설계가 쉬운 주파수를 선택하였습니다. 설계가 어려운 주파수를 선택하더라도 가산점이 없기에 대부분 쉬운 주파수를 골랐지만, 남들과 다른 작품을 보이고 싶었고 layout을 진행할 때, 발진기의 크기를 좌우하는 인덕터를 줄이기 위해 5GHz 대역을 선택했습니다. 발진기를 처음 설계하는 상태에서 차동 구조를 이해하고 제한된 시간 내에 주파수 대역을 구현하는 것이 가장 큰 문제였기에 당시 팀원들은 해당 주파수 대역을 모두 커버하는 것을 기대하진 않았습니다. 하지만 5GHz를 완벽하게 커버하는 VCO 설계를 진행하기 위해 끊임없는 노력을 기울였습니다. 차동 구조 발진기를 공부하기 위해 도서관에서 다양한 책들을 빌려 몇 번이고 되풀이하면서 읽었고, 실험실에 상주하여 주파수 대역을 모두 커버하는 VCO를 만들기 위해 인덕터와 버랙터, 커패시터 소자들을 바꿔가며 시뮬레이션을 진행했습니다. 이러한 끊임없는 노력으로 5GHz를 커버하는 VCO를 설계하였고, 팀원들과 교수님께도 인정받으며 최종 보고에서 최고점을 받는 영예를 안았습니다. 이처럼 포기하지 않는 도전 정신으로 하이닉스에서도 맡은 바 업무를 진행하여 회사 및 고객사에도 인정받는 뛰어난 결과물 창출을 위해 노력하겠습니다.[735자]

COMMENT 남들이 선호하지 않는 프로젝트를 맡아 솔선수범하여 끝까지 책임지고 완료하는 도전 정신과 책임감을 잘 표현했다. 자세한 설명을 통해 문제 해결 능력을 지녔고, 주어진 정보에서 만족하지 않고 끊임없이 연구하고 도전하는 모습을 통해 실제 업무를 맡겼을 경우에도 기존의 방법보다 더 나은 해결책을 찾으려는 인재임을 확인할 수 있다.

2. 새로운 것을 접목하거나 남다른 아이디어를 통해 문제를 개선했던 경험에 대해 서술해 주십시오. (기존 방식과 본인이 시도한 방식의 차이/ 새로운 시도를 하게 된 계기/ 새로운 시도를 했을 때의 주변 반응/ 새로운 시도를 위해 감수해야 했던 점/ 구체적인 실행 과정 및 결과/ 경험의 진실성을 증명할 수 있는 근거가 잘 드러나도록 기술) (700자 ~ 1000자, 10단락 이내)

출제의도/작성가이드

창의성과 독창성을 확인하고자 하며 신사업 및 신규 프로젝트, 또는 기타 업무 발생 시 업무 대체 능력을 확인하고자 하는 출제 의도를 내포하고 있다. 본인이 하고자 했던 내용과 기존의 방법의 차이가 있어 새로운 시도를 하게 된 계기와 구체적인 실행 방법과 결과, 그 시도를 통한 주변 반응은 어떠했는지를 근거가 잘 드러나도록 작성하면 좋다.

합격자 샘플

"제로에서 시작한 박인턴의 도전은?"

모바일 소프트웨어 회사 인턴 시절에 매출 보고 자료 프로그램을 효율적으로 개선하여 작업 소요 시간을 30분 단축시킨 경험이 있습니다. 입사해서 상품별, 판매 채널별 판매량 및 매출 데이터 자료를 설계하는 업무를 담당했습니다. 당시 회사는 ERP 프로그램을 사용하지 않아 재무팀에서 제공하는 매출 일보 자료를 통해서는 정확한 판매량 및 매출 데이터를 파악하기 힘든 상태였습니다. 이러한 문제를 발견해서 개선 방안에 대해 팀장님께 말씀드렸습니다. IT 운영팀으로부터 판매 내용 원자료를 공유받아 실적 보고 자료에 사용할 것을 제안했고, 팀장님께서는 지금까지 이런 제안을 한 사원도 없었고 시도한 적도 없으셨다며 흔쾌히 허락해주셨습니다. IT 운영팀으로부터 판매 내용 데이터를 넘겨받아 데이터를 입력하면 제품별, 판매 채널별 판매량 및 매출이 자동으로 계산되도록 실적 보고 자료를 만들었습니다. 기존 회사에서 운영하던 것과는 다른 저만의 방식으로 판매량 및 매출 데이터를 정리하여 실적 보고 자료의 정확성과 효율성을 높여 업무 진행 시간을 30분가량 단축할 수 있었고, 정확도는 오차 범위 3%를 넘지 않는 보고 자료를 개선하여 상사분들께 좋은 평가를 받는 경험을 했습니다. 모르는 업무를 맡더라도 단순하게 해결하는 것에서 끝나는 것이 아닌 개선할 수 있는 방법에 대해 연구하며, 업무를 효율적으로 수행할 수 있는 방법을 찾는 신입사원 박장호가 되겠습니다. [725자]

COMMENT 궁금증을 자아내는 소제목은 인사담당자의 눈길을 끈다. 아무도 하지 않았던 업무 효율화를 시도하였고, 업무 시간 단축이라는 성공적인 결과를 만들어 낸 경험은 입사하였을 때 스스로 업무를 찾는 능동적인 인재임과 동시에 회사에서 낭비되는 불필요한 자원들을 효율적으로 개선하려고 노력하는 준비된 인재임을 보여준다.

3. 지원 분야와 관련하여 특정 영역의 전문성을 키우기 위해 꾸준히 노력한 경험에 대해 서술해 주십시오. (전문성의 구체적 영역(예. 통계 분석)/ 전문성을 높이기 위한 학습 과정/ 전문성 획득을 위해 투입한 시간 및 방법/ 습득한 지식 및 기술을 실전적으로 적용해 본 사례/ 전문성을 객관적으로 확인한 경험/ 전문성 향상을 위해 교류하고 있는 네트워크/ 경험의 진실성을 증명할 수 있는 근거가 잘 드러나도록 기술) (700자 ~ 1000자, 10단락 이내)

출제의도/작성가이드

이 문항은 지원자에게 주어진 업무를 수행하는 방식을 통해, 해당 직무에 대한 업무를 정확히 인지하고 지원자만의 차별화된 강점, 역량 등을 확인하고자 하는 문항이다. 기존 방식과 지원자가 도입한 방식의 차이점을 정확히 설명하고 경험을 통해 느낀 점을 제시한 후, 입사한다면 어떻게 일을 할 것이라는 내용을 서술하면 된다.

"어려운 문제일수록 힘이 나는 도전자 박장호"

대학 전공 강의를 선택할 때 회로 설계의 다양한 프로그램을 경험해보기 위해 대부분의 학생이 꺼리고 피하는 전파통신실험 강의를 수강하였습니다. 이 강의는 시험도 어려울뿐더러 실험 보고서 채점 기준도 상당히 까다롭기 때문에 선호하는 강의가 아니었습니다. 무엇보다 ADS, HFSS, Cadence 등 3가지 프로그램을 사용하여 진행하는 프로젝트는 상당한 난도였지만, 이러한 난도가 오히려 꼭 넘어야 할 산처럼 매력적으로 다가왔습니다. 논리 연산을 하는 회로를 그리고, Layout을 설계하면서 트랜지스터와 소수의 Metal을 이용하여 진행해보았는데, 아주 간단한 회로임에도 설계와 오류가 자주 발생하여 많은 시간이 소요되었습니다. 하지만 이러한 과정들을 통해 트랜지스터의 배치를 할 수 있게 되었고, 칩 설계 과정상 주의해야 할 사항들을 알게 되었습니다. 또 이 경험을 통하여 VCO 설계 시 Layout 설계에서 다른 팀보다 빠르게 오류를 잡아낼 수 있었습니다. 비록 깊이 있는 고급 설계는 아니었지만 다양한 프로그램들과 시행착오를 겪으면서 각 프로그램의 장단점과 주된 사용법을 익힐 수 있는 소중한 시간이었습니다. 이런 경험치를 바탕으로 SK하이닉스의 엔지니어로서 설계에 투입되는 시간을 줄이고, 더욱 우수한 품질 개발을 하는 엔지니어로 거듭나겠습니다. [675자]

COMMENT 이번 SK하이닉스에서는 구성원들의 강한 집념, 기술 혁신, 함께 성장을 추구하고 있다. 대학 시절을 까다로운 작업임에도 끝까지 완수한 경험의 사례를 통해 입사 후에도 업무를 책임감 있게 해낼 수 있는 인재임을 어필했다.

4. 혼자 하기 어려운 일에서 다양한 자원 활용, 타인의 협력을 최대한으로 이끌어 내며, Teamwork를 발휘하여 공동의 목표 달성에 기여한 경험에 대해 서술해 주십시오. (관련된 사람들의 관계(예. 친구, 직장 동료) 및 역할/ 혼자 하기 어렵다고 판단한 이유/ 목표 설정 과정/ 자원(예. 사람, 자료 등) 활용 계획 및 행동/ 구성원들의 참여도 및 의견 차이/ 그에 대한 대응 및 협조를 이끌어 내기 위한 구체적 행동/ 목표 달성 정도 및 본인의 기여도/ 경험의 진실성을 증명할

수 있는 근거가 잘 드러나도록 기술) (700자 ~ 1000자, 10단락 이내)

출제의도/작성가이드

사회성과 협동성, co-work 능력을 확인하기 위한 질문으로, 주변 사람들과의 관계(친구, 지인 기타) 및 역할을 설명한 뒤 혼자 하기 어렵다고 판단한 상황과 그 이유를 설명하고 목표 설정 과정에서 자원(사람, 자료, 기타 활용 가능 자원)을 활용하였던 계획과 행동, 결과를 기술한다. 협력 활동을 하기 위한 대응 방법과 협조를 끌어내기 위한 구체적인 나만의 행동과 목표 달성 및 본인의 기여도를 기술한다.

합격자 샘플 — 협력으로 이끈 후원금 25만 원 달성

2017년 대학교 3학년 여름방학 때 밀알복지재단에서 모금 캠페인 아르바이트를 하면서 적극성을 발휘하여 협력을 이끌고, 후원금 25만 원을 기록한 적이 있습니다. 지하철 안이나 인근 야외에서 부스를 피고 2인 1조로 구성되어 서명 및 후원을 받는 업무를 했습니다. 직원분은 사람들의 관심을 끌거나 서명받는 것만 해도 된다고 하셨지만, 저는 사람들에게 서명을 부탁하고 후원을 받는 설득 과정에 흥미를 느껴 적극적으로 후원금 설득에 나섰습니다. 서명 부탁을 하면서 좀 더 귀 기울여 주는 분들에게 전략적으로 설명을 깊게 하였습니다. 그리고 날씨에 영향을 받기 때문에 더위를 피해 장소를 이동하며 설명할 시간을 늘리기도 하였습니다. 적극적으로 설득한 결과, 후원을 받게 되는 횟수가 늘어 2시간 만에 25만 원이라는 실적을 달성했습니다. 재단에서는 5만 원 후원금을 기록하면 조기 퇴근이라는 제도가 있어 1시간 빠르게 가도 됐지만 그날은 정시에 퇴근했습니다. 이와 같은 적극성으로 입사 후에도 회사의 수익을 높이는 신입사원 박장호가 되겠습니다. [550자]

COMMENT 기본적으로 배경 설명이 우선적으로 진행된 점, 협업의 가치를 스스로 어떻게 깨달았는지 등을 구체적인 경험을 통해 써나갔다. 또 사람들의 참여나 반감 등의 불협화음, 지원자가 기여한 부분에 대해 구체적으로 적었고, 2시간만에 25만 원을 달성한 성과를 수치화한 점으로 SK하이닉스의 협업, 팀워크에 대해 묻는 항목에 잘 답변한 케이스라고 볼 수 있다.

CHECK POINT

SK하이닉스그룹 채용 방식에서 보는 2023 채용 트렌드

- SK하이닉스의 인재상 중에서 도전과 혁신 2개 인재상을 바탕으로 관련된 에피소드를 자기소개서에 중점적으로 공략해야 된다. 얼마 전 SK하이닉스가 도시바를 인수하는데 불리한 상황에도 불구하고 우선 협상자로 선정되기까지는 도전과 혁신이 뒷받침됐기 때문이다.
- 도시바를 인수하려고 하는 이유는 치열한 반도체 시장에서 SK하이닉스가 삼성전자처럼 독보적 1위 기업이 아니기 때문에 도시바가 가진 우수한 기술을 갖기 위해서다. 여기서 기술력을 통한 시장 주도권을 가지려는 SK하이닉스의 고민이 보인다. 이 회사가 어떻게 반도체 기술력을 높일 수 있는지 반도체 업계 현황과 기술 발전 방안을 구체적이지 않더라도 꼭 언급해야 된다.
- 과거 경험 중에서 안주하지 않고 끊임없이 더 높은 수준의 목표를 위해 도전하고 이를 끝까지 완수해 내려고 노력했던 경험을 적는 것이 유리하다.
- SK하이닉스 자소서가 타 기업보다 양도 많고 주제도 어려운 편이기에 다른 기업에 비해 작성 시간을 많이 투자하면 안 된다.
- 자기소개서 제출 시, 인지도 높은 기업인만큼 항상 접수 마감일에 시스템 접속이 어렵다. 따라서 마감 기준 2일 전에 제출하도록 한다.

CHECK POINT

CHECK POINT

CHECK POINT

취업의 신 박장호 대표가
매주 진행하는
취업 특강 저자 강연회에 초대합니다.

취업의 신 잡콘서트

1. 취업 입문
· 취업할 때 스펙이 정말 중요할까?
· 기업은 어떤 인재를 필요로 할까?

2. 자소서 공략법
· 인사담당자 기억에 남는 소제목 작성법
· 일상생활에서 지원 동기 소스를 찾아라!

3. 면접 노하우
· 면접의 기초부터 고급까지 마스터하기
· 말 못해도 이거 한방이면 면접 통과!
· 2023년 채용 트렌드에 따른 면접 질문과 답변 대비 방법

4. 신입부터 시작하는 커리어 관리법
· 4차 산업혁명에 따른 미래 일자리 직업 전망
· 100세 시대, 취업부터 커리어 관리, 인생 계획 만드는 법

문의 : 취업의神 kakao Talk Plus친구 플러스친구 (@취업의신) 추가

CHECK POINT

Foreign Copyright:
Joonwon Lee
Address: 3F, 127, Yanghwa-ro, Mapo-gu, Seoul, Republic of Korea
        3rd Floor
Telephone: 82-2-3142-4151
E-mail: jwlee@cyber.co.kr

취업의 신

자기소개서 혁명

2020. 3. 17 초판 1쇄 발행
2022. 1. 10 개정 1판 2쇄 발행
2023. 2. 22 개정 2판 1쇄 발행

지은이 | 박장호
펴낸이 | 최한숙
펴낸곳 | [BM] 성안북스
주 소 | 04032 서울시 마포구 양화로 127 첨단빌딩 3층(출판기획 R&D 센터)
       10881 경기도 파주시 문발로 112 파주 출판 문화도시(제작 및 물류)
전 화 | 02) 3142-0036
       031) 950-6300
팩 스 | 031) 955-0510
등 록 | 1973.2.1 제406-2005-000046호
출판사 홈페이지 | **www.cyber.co.kr**
이메일 문의 | smkim@cyber.co.kr
ISBN | 978-89-7067-429-2 (13320)
정가 | 22,800원

이 책을 만든 사람들
책 임 | 김상민
교정·교열 | 김동환
본문·표지 디자인 | 디박스
홍 보 | 김계향, 유미나, 이준영, 정단비
국제부 | 이선민, 조혜란
마케팅 | 구본철, 차정욱, 나진호, 오영일, 강호묵
마케팅 지원 | 장상범
제 작 | 김유석

■ 도서 A/S 안내

성안북스에서 발행하는 모든 도서는 저자와 출판사, 그리고 독자가 함께 만들어 나갑니다.
좋은 책을 펴내기 위해 많은 노력을 기울이고 있습니다. 혹시라도 내용상의 오류나 오탈자 등이
발견되면 "좋은 책은 나라의 보배"로서 우리 모두가 함께 만들어 간다는 마음으로 연락주시기
바랍니다. 수정 보완하여 더 나은 책이 되도록 최선을 다하겠습니다.
성안북스는 늘 독자 여러분들의 소중한 의견을 기다리고 있습니다. 좋은 의견을 보내주시는 분께는
성안당 쇼핑몰의 포인트(3,000포인트)를 적립해 드립니다.
잘못 만들어진 책이나 부록 등이 파손된 경우에는 교환해 드립니다.